国家社科基金
GUOJIA SHEKE JIJIN HOUQI ZIZHU XIANGMU
后期资助项目

欧阳修日常生活与文学创作研究

The Research of Ouyang Xiu's
Daily Life and
Literary Creation

孙宗英　著

中国社会科学出版社

图书在版编目(CIP)数据

欧阳修日常生活与文学创作研究／孙宗英著. --北京：中国社会
科学出版社，2024.9
ISBN 978-7-5227-3420-0

Ⅰ.①欧…　Ⅱ.①孙…　Ⅲ.①欧阳修（1007-1072）—人物研究
②欧阳修（1007-1072）—文学研究　Ⅳ.①K825.6②I206.441

中国国家版本馆 CIP 数据核字（2024）第 073849 号

出 版 人　赵剑英
责任编辑　宫京蕾
责任校对　秦　婵
责任印制　李寡寡

出　　　版　中国社会科学出版社
社　　　址　北京鼓楼西大街甲 158 号
邮　　　编　100720
网　　　址　http：//www.csspw.cn
发 行 部　010-84083685
门 市 部　010-84029450
经　　　销　新华书店及其他书店

印　　　刷　北京君升印刷有限公司
装　　　订　廊坊市广阳区广增装订厂
版　　　次　2024 年 9 月第 1 版
印　　　次　2024 年 9 月第 1 次印刷

开　　　本　710×1000　1/16
印　　　张　25.25
插　　　页　2
字　　　数　456 千字
定　　　价　139.00 元

国家社科基金后期资助项目

出版说明

后期资助项目是国家社科基金设立的一类重要项目，旨在鼓励广大社科研究者潜心治学，支持基础研究多出优秀成果。它是经过严格评审，从接近完成的科研成果中遴选立项的。为扩大后期资助项目的影响，更好地推动学术发展，促进成果转化，全国哲学社会科学工作办公室按照"统一设计、统一标识、统一版式、形成系列"的总体要求，组织出版国家社科基金后期资助项目成果。

全国哲学社会科学工作办公室

中文摘要

欧阳修是北宋时期最著名的政治家、文学家和学者，欧阳修研究向来是包括古代文学在内的许多学科的重中之重，但相较于欧阳修的政治生活、社会生活、学术贡献以及各方面的事功研究，其日常生活研究的成果是相当薄弱的。实际上，欧阳修的日常生活，是他生命的最大组成部分，也是欧阳修文学创作的重要源泉。同时，也是唐宋变革以来宋代文人日常生活的典型代表。因此，本书致力于欧阳修日常生活与文学创作二者关系的探究。首先，通过爬梳各种史料还原欧阳修日常生活的本初状态；其次，从存世作品考察欧阳修对日常生活的呈现；再者，从日常生活与文学创作的互动揭示二者的深层特征；最后，在考察过程中始终关注欧阳修日常生活与非日常生活的关系和相关时代背景。基于此，本书分上下编，共设十章，主要有如下内容：

上编为日常生活研究，主要探讨欧阳修的饮酒、集古、家庭生活、身体疾病等方面与文学创作之关系。

第一章《"六一"：欧阳修日常生活的意义追寻》。欧阳修晚年自号"六一居士"，"六一"的构成和自我阐述说明欧阳修对自己的日常生活状态有着清醒意识和自觉概括，体现出他对日常生活的关注和自得情趣。欧阳修的"五物"之爱贯穿终生，它们承载了欧阳修的人生思考、理念追求，彰显了他的性格特征、生活旨趣、价值定位。"老翁"与"五物"并置，是欧阳修借以建构自我形象的方式，赋予"六一"以主客混一的姿态，是欧阳修对日常生活审美的超越。同时，五物皆属室内可容纳摆放的事物类型，凸显出欧阳修个体的日常生活与时代的共融之处。

第二章《醉翁：诗文中的自我形象建构》。醉翁之号体现了欧阳修中年借以建构自我形象的努力。欧阳修日常生活中饮酒频繁，酒在其一生不同时期有着差异性的呈现。酒是慰藉心灵的浇愁之具，亦为身份认同之物和友情见证，同时也是日常生活的情趣象征。但其饮酒行为比较理性，少有狂醉之态。在不同文体之间，欧阳修对酒的描绘风格颇不相同。欧诗关于饮酒的描述多偏纪实、保守、节制，欧文中对酒意象的描摹除了《醉翁亭记》中的寄寓内涵，其他篇章少见涉及。这是欧阳修追求不同文体风格刻意营造出的结果，诗言志，词娱情，文载道。酒意象是折射他这种观念的具体表征。

第三章《〈集古录〉：日常爱好的学术化及文学意义》。集古是欧阳修日常频繁进行的重要活动，是学术生活化的体现，改造了欧阳修及当时文人的日常生活，引领了有宋一代文人的集古风潮，体现出其一贯的探索意识与创新精神。集古历程从广义说贯穿了欧阳修一生，幼年以碑学书的经历使其对碑文产生兴趣，后经零散收录和系统收集两个阶段聚集了数千篇碑刻铭文，成千卷之巨。集古缘由大略有好古之癖、追求不朽、热爱书法等诸多方面。《集古录跋尾》的撰写集中于嘉祐、治平间，以治平元年（1064）为最。撰写跋尾从深层上说是欧阳修对自己人生已过去的主体岁月的回顾反思，是其预备隐退之际内心世界的投影折射。《跋尾》文学内涵丰富，涉及文体的复古与革新、文辞的尚真与求工等多方面问题，个别精心结撰的跋尾还呈现出感慨淋漓的"六一风神"。

第四章《家庭人伦生活及其文学意蕴》。家庭是日常生活的基础性空间。家庭生活以及父子、夫妇等伦理关系构成每个人日常生活的重要内容和基础框架，也是解读个体性格特征与内心世界不可或缺的有效方式。欧阳修幼年丧父，与母亲寡妹相依为命，他成长过程中有着深重的遗孤心态及传家使命。这与他的文学创作关联甚密，集中体现在《泷冈阡表》中"有待"情结的抒发。在丁母忧时，欧阳修哀毁过礼的表现和对"丁忧不赋诗"习俗的遵守皆体现了母教对他的深广影响。在夫妻关系中，欧阳修年轻时两度丧妻，与薛夫人得以终老。夫妻关系对他的性格及生活影响甚大，早年生活放纵而后期趋于严肃，皆多由薛夫人严格机敏之管束。就创作而言，早年悼亡诗沉痛又充满愤郁不平之气，中年寄内诗篇幅宏阔叙事绵密议论慷慨，皆为同类题材中精警之作。在教育子侄方面，因子女夭亡过多，他采取宽简全性的教育理念，不苟责科场成败。同时养育族中子侄，教导其为学为官之道，体现出他性格中的宽厚温情。

第五章《身体疾病：生命底色的文学抒写》。欧阳修的身体状况是传统文学研究中易忽视的角度。他因先天遗传及幼年环境等因素而体弱早衰，并早生华发，中年后患足疾、风眩、目疾、消渴等多种严重疾病。白发、瘦弱、衰容等早衰特征的描写是他疾病书写的主要内容。其衰病书写有以下几个特征：一是淡化疾病名称，粗笔勾勒；二是多以青春、鲜花等反差对立意象与衰病并置；三是以戏谑自嘲笔调及卑陋物象来营造衰暮生活情境，以诙谐气氛化解衰病的沉重感。在衰病书写中，欧阳修内心的情愫较为复杂，有对老病之苦、世路艰难的哀叹，亦有对疾病衰老的抗争、玩味、自嘲、接纳与满足。前者是衰病书写的常见内涵，是继承前贤之处，后者则体现欧阳修的开拓以及时代特色。衰病书写的穷愁内涵在欧阳修笔下并不占主要比例，其创作在体现宋诗"扬弃悲哀"特点的同时，更鲜明地凸显出"不以己悲"的人格范型和对"乐"的践行。

下编为文学创作研究，主要从诗、词、文、笔记、诗话、书简等文体视角探讨欧阳修的日常生活与文学创作之关系。

第六章《日常生活视域下的欧诗创作》。首先，欧诗扩大了日常生活题材，举凡日常中的饮食、宴会、日用、起居、读书、疾病等皆形诸笔下。欧阳修还以极大热情开辟新诗材，并广邀和作，在构思时常以小见大，引申联想，俯仰古今，辅以感慨化议论，极具历史纵深感。其次，处理日常生活题材时，欧诗多采用规避细节、对某些事实进行变形虚构的方式，而非细致实录描摹。此外，欧诗拓展了戏谑诗风，其戏谑对象主要聚焦于自我形象及好友梅尧臣的"穷而后工"，戏谑方式主要为男女之情、以物喻人、雅俗突转等，在"放言"背后体现出其理性的自持及严肃的诗歌观念。最后，日常生活中的物质基础对欧诗影响颇深。早年的贫寒家境使得其尽力于时文，其诗学观念也对杨、刘多所宽容，"不好杜诗"的态度与杨亿一脉相承；中年的优裕生活又使得其诗多"廊庙富贵气"。

第七章《日常生活视域下的欧词创作》。日常宴饮生活是欧词的创作情境。纵向考察，欧阳修早年在洛阳时期的纵游生活是其创作艳词的环境，其艳词亦多化用晚唐艳情诗，代言性质明显。但艳词的接受者在阅读过程中易由作品解读构建出相应的作者个人私生活，进一步用此构建之私生活来解释作品内涵。这种循环论证的困境通常只会带来阐释的无效性，但在云谲波诡的政治斗争中以及南北宋之交时代巨变衍生的词体雅俗之辨思潮中，艳词创作与解读、词人的狎妓生活与个人品行、词作的真伪混杂遂与党争弹劾、修史立场、科场改革等诸多问题交织缠绕，颠倒错乱互为因果，是欧词传播中的独具特色的现象。经历滁州之贬，欧阳修的生活不复洛阳式纵游。初次知颍时的藏拙心态是其决定终老于此的关键因素，这一时期的《采桑子》十首在宋代山水词发展史上值得关注，可视为宋代山水词至此确立。词中对春景之媚、游赏之乐的描摹抒发则是山水词中的别调，呈现出欧词一贯的热烈风格。此后居京时宴饮多为家宴，预者多为京官同僚，其抒情逐渐侧重士大夫之宦途感慨。饮酒行为与词创作关系密切。酒意象是欧阳修词作中的典型意象之一，近二分之一的欧词中皆有运用。酒意象不仅数量众多，意蕴丰富，可分为感官享受、遣玩之兴、身世之感、生活情趣等类型；而且与花意象形成独特的"把酒花前"并列意象组合方式，包蕴欧阳修深沉的世事感怀；同时在艺术风格上呈现出清狂与热烈的美学特征。酒意象的引入和多层次呈现是欧词跳脱花间藩篱，自出蹊径开拓宋词新境界的重要手段。

第八章《日常生活视域下的欧文创作》。欧文的创作及其特色与其日常生活状态密不可分。首先，在物质生活上，早年的贫寒使其家无藏书，这是他儿时于好友敝箧中发现韩集的直接原因，而与韩集结缘正是欧文自成一家的发轫点；其次，物质困窘使其年少早衰，对易逝之物尤为敏感，时间意识强烈，痛心于朋友散亡，执念于青史留名，这种身心状态是欧文"感慨系之"的深层背景。第三，欧文的创作大部分源于其日常交游。交游情境直接影响欧阳修作文时的多样心态。在碑铭撰写中，对于道义相期的至交好友，他会有"文字是本职"的使命感和责任感，亦会主动请铭。总体上，他也以较为开放的心态广纳铭墓的请托而少有拒绝，并以严格谨慎"有意于传久"的作史理念来创作，以强硬姿态面对与丧家之冲突。但晚年多病疲惫的身体状况和越来越多的请托还是让他产生"痛自惩艾"的自悔想法，作铭成为一种不可承受之重。与数量繁多的碑铭相比，少量的祭文则呈现出欧阳修交友圈的核心层。其祭文颇多新变，形式上以散体为主，间插韵语，技巧上多插入独立成段的议论，与抒情叙事结合，形成对生死之际、生命意义等问题的探讨，使祭文具有不同的哲思内涵，同时，风格上力求与所悼念之亡友"文如其人"，各篇祭文着意呈现不同文风，也体现了作祭文之匠心。在记体文中，欧阳修扩大了对自我日常生活的呈现，叙述风格早年偏于工丽，晚年趋于平实，体现出他在记体文取材方面的新尝试。其中，营建记以释建筑命名之由来立一篇之警策，表达或超脱隐逸或洞彻明达的某种人生理念。

第九章《笔记与诗话：日常化的个人撰述及文学融会》。《归田录》与《六一诗话》二者皆以其自身的独特性开创了笔记体著作和诗话体著作的风气之先。同时，这两部著作与欧阳修的日常生活具有密切的关系，就《归田录》而言，首先，内容上由注重志怪、宫廷轶事转向日常生活和普通民众，目的转为日常中的自我消遣。其次，叙述风格上，个性化议论、闲适诙谐笔调突出，与欧阳修生活中好戏谑的性格有关。第三，记录场景时喜用日常对话的方式展开情节，注重细节，用词多口语化。就《诗话》而言，其零散体式与日常闲谈的零散随性相呼应；"资闲谈"的目标表明其诞生与日常生活场合密不可分；内容多为欧阳修日常生活中文学感受的融会。

第十章《书简：日常交往中的情感与文学》。欧阳修书简所包蕴的丰富特性，让它处在日常生活与文学创作衔接的焦点之上。首先，它是欧阳修日常生活的丰富记录和创作呈现。包括 96 篇佚简在内的书简多为政事之外日常生活细节的记录，诸如饮食、疾病、交游、酬赠往还、宴请聚会、创作研讨、风土人情等。其次，由于写作的即时性与随意性，书简中较多展示了欧阳修性格中思绪缜密又直率爽利、颇有情趣的一面，可了解其性格的多维度。另外，书简中亦多有关于文学创作的感受，与诗友酬唱的记载，体现欧阳修文学创作的实时情态及精英阶层的"我辈"身份认同。

目　录

绪　　论

一　研究对象的选择及研究定位

随着 20 世纪 70 年代西方日常生活史理论的盛行，中国古代史中的社会生活、日常生活研究逐渐兴盛①。与此相联系，日常生活视角也被引入中国古代传统文学研究中，成为近年来方兴未艾的热点。廖可斌提出古代文学研究要"回归生活史和心灵史"②，张剑提出构建"情境诗学"③，认为"日常生活史的视角能够拓展传统文学研究，他关注具体人的物质活动和思想活动，试图从'日常琐碎'中发现普遍性的命题。"④ 除宏观理论的倡导和体系建构外，相关具体研究成果亦不断涌现。从较长时段着眼整体研究日常生活与文学创作或某一文体关系的专著及博士论文有彭梅芳《中唐文人日常生活与创作关系研究》⑤、韩梅《唐宋词与唐宋文人日常生活》⑥、黄一斓《异彩纷呈的明晚期民间日常生活》⑦ 等，而从具体问题或作家个案出发，如魏晋交际诗、北宋诗、南宋茶、杜甫、苏轼等角度

---

① 刘新成:《日常生活史:一个新的研究领域》,《光明日报》2006 年 2 月 14 日理论周刊;常建华《从社会生活到日常生活——中国社会史研究再出发》,《人民日报》2011 年 3月 31 日理论版。

② 廖可斌:《回归生活史和心灵史的古代文学研究》,《文学遗产》2014 年第 2 期, 第122—125 页。

③ 张剑:《情境诗学:理解近世诗歌的另一种路径》,《上海大学学报》2015 年第 1 期,第 92—102 页。

④ 张剑:《日常生活史与中国古典文学研究》,《苏州大学学报》2018 年第 1 期, 第 116—119 页。

⑤ 人民出版社 2011 年版。

⑥ 博士学位论文,浙江大学,2007 年。

⑦ 博士学位论文,浙江大学,2007 年。

研究日常生活与文学之关系的硕士论文则不胜枚举①。博硕士论文选题的集中体现了这一视角的可行性，但学位论文重在构建体系全面论述，在具体思路的论证、研究方法的深化以及研究范式的确立方面，部分单篇论文无疑取得了更深入更具启示性的推进。就宋代而言，如对诗歌日常化、饮食题材、昼寝现象、日记体诗、戏谑与交游、礼物馈赠、文房用具等问题的探讨②，呈现出日常生活引入古代文学研究后的勃勃生机，其阐发之细致、思辨之精微皆极大拓展了宋代文学研究的新天地。以上先行成果，专著类研究宏观开阔但略显笼统，不易呈现文人个体独特性；单篇论文多微观视角，细致深入，也因此缺少整体观照及对作家个人特性的全面探索。基于此，选择典型阶层士大夫群体中的重要个案，对其日常生活进行较为具体化针对性的整体研究，进而通过这一个案以观照某一历史时期文人群体日常生活与文学创作的关系，就是一种将古代文学中的日常生活研究推向纵深发展的途径之一。再者受"唐宋转型论"的启发，笔者认为研究日常生活与文学创作的关系，时间跨度定位在中唐至北宋时期最具有典型意义。"唐宋转型论"实则上是唐宋文化转型论，由日本学者内藤湖南

---

① 陈芳：《东坡笔下的日常生活情趣——苏轼日常生活题材诗歌创作初探》（安徽大学2006年硕士学位论文）、刘景会：《杜甫诗歌中的日常生活物象》（江西师范大学2007年硕士学位论文）、邱丽清：《苏轼诗歌与北宋饮食文化》（西北大学2010年硕士学位论文）、张亮《魏晋交际诗的日常生活化研究》（中南民族大学2011年硕士学位论文）、熊莹：《汉代文学中的日常生活》（华中师范大学2012年硕士学位论文）、赵静：《北宋日常生活题材诗歌研究》（北方民族大学2016年硕士学位论文）、黄敏：《南宋茶诗研究——以茶与文人的日常生活为中心》（华中师范大学2017年硕士学位论文）、王英杰：《陆游诗歌日常化书写研究》（山东师范大学2020年硕士学位论文）。

② 张蜀蕙：《北宋文人饮食书写的南方经验》（《淡江中文学报》2006年6月第14期）、莫砺锋：《饮食题材的诗意提升：从陶渊明到苏轼》（《文学遗产》2010年第2期）、朱刚：《"日常化"的意义及其局限——以欧阳修为中心》（《文学遗产》2013年第2期）、黄若舜：《"游戏"与"规范"：谈论中的宋代诗学》（《文学遗产》2014年第3期）、曹逸梅：《午枕的伦理：昼寝诗文化内涵的唐宋转型》（《文学遗产》2014年第6期）及《中唐至宋代诗歌中的南食书写与士人心态》（《文学遗产》2016年第6期）、姚华：《诗到相嘲雅见知：论宋代交游文化语境中的"戏人之诗"》（《浙江学刊》2017年第3期）、马东瑶：《论宋代的日记体诗》（《文学遗产》2018年第3期）、刘宁：《盛衰体验对欧阳修诗歌日常化书写的影响》（《苏州大学学报》2018年第1期）、邓淑露：《礼物：苏轼的诗歌创作与文化效力》（《浙江学刊》2020年第5期）、钱建状：《宋代文人与墨》（《文学遗产》2020年第2期）、钱建状：《几案尤物与文字之祥：宋代文人与砚》（《中山大学学报》2020年第5期）。

提出，其主要观点是中国文化由中唐到北宋，向着平民化和世俗化转型①。因而文人对于日常生活的关注，较之以前有了很大幅度的提高。受此理论影响，首先也是日本学者吉川幸次郎关注到以欧阳修、梅尧臣诗歌为代表的宋诗具有日常化写作的特点②。因此，笔者将目光聚焦于文人型官员欧阳修。选择欧阳修是因为他的日常生活既是北宋时期文人士大夫的缩影，是形成其文学创作和文学风格独特个性的基础，也能体现他日常生活与非日常生活的紧密联系。欧阳修首先是一个政治家，他的政治生活与日常生活有着显著的不同但也有着重要的关联；其次欧阳修是一个学问家，他的经学著述、史学著述以及考古著述在中国学术史都具有崇高的地位，这样就使他的日常生活带有明显的学术化倾向；再次欧阳修是一位著名的文学家，就文而言，他是"唐宋八大家"的代表人物，就诗而言，他是北宋诗坛革新的领袖人物，就词而言，他是宋词的开创者之一，他的日常生活在其文学作品中都有较为全面的映现。因此，选择欧阳修并从其日常生活研究入手，就不仅着眼于欧阳修本身，而是具有以点带面的研究意义。

下面对本书的研究范围"日常生活"略作界定。本书所论"日常生活"，思考起点源于20世纪西方世界兴起的日常生活批判命题，以及延伸到历史学领域的日常生活史学。众多学者如胡塞尔、维特根斯坦、许茨、海德格尔、列斐伏尔、卢卡奇、赫勒等人都曾对"日常生活世界"进行过思考和价值评判。匈牙利学者阿格妮丝·赫勒把"日常生活"界定为"那些同时使社会再生产成为可能的个体再生产要素的集合"③。法国年鉴学派第二代学者费尔南·布罗代尔认为"历史事件是一次性的，或自以为是独一无二的；杂事则反复发生，经多次反复而取得一般性，甚至变成结构。它侵入社会的每个层次，在世代相传的生存方式和行为方式上刻下印记。……我们发掘琐闻轶事和游记，便能显露社会的面目。社会各层次的衣、食、住方式绝不是无关紧要的。"④ 国内亦有学者提出定义："日常生活是以个人的家庭、天然共同体等直接环境为基本寓所，旨在维

---

① ［日］内藤湖南：《概括性的唐宋时代观》，林晓光译，《东洋文化史研究》，复旦大学出版社2016年版，第104页。

② ［日］吉川幸次郎：《宋元明诗概说》，李庆、骆玉明等译，复旦大学出版社2012年版。

③ ［匈］阿格妮丝·赫勒：《日常生活》，衣俊卿译，黑龙江大学出版社2010年版，第15页。

④ ［法］费尔南·布罗代尔：《十五至十八世纪的物质文明、经济和资本主义 第1卷 日常生活的结构：可能和不可能》，商务印书馆2017年版，第10—11页。

持个体生存和再生产的日常消费活动、日常交往活动和日常观念活动的总称，它是一个以重复性思维和重复性实践为基本存在方式，凭借传统、习惯、经验以及血缘和天然情感等文化因素而加以维系的自在的类本质对象化领域。"① 在历史研究中，"日常生活史研究具有三个特点：一是生活的'日常性'，即重视重复进行的'日常'的活动；二是一定要以'人'为中心，不能以'物'为中心；三是'综合性'。"② 鉴于此，文学研究领域内的日常生活视角，张剑强调"关注的是活生生的人——不仅仅是自然的人，还是作为文学家的人，他们如何通过创作，呈现和成就了他们自己。"③

西方理论思潮的兴起有其自身的社会历史情境和要针对解决的具体问题，未可直接套用中国古代社会，但其在建构过程中对概念的辨析颇具启发作用，其理论思考和深入探讨皆给本书的研究范围提供了诸多指导及借鉴。结合文学研究领域以"人"为中心的基本原则，本书无意于划定一个清晰而普泛化的日常生活范围，而是基于"日常消费活动、交往活动、观念活动"等概念，重点针对研究对象的个体性勾勒出专属欧阳修的日常生活范围，大致包括以下两类：一、日常生活的基本层面，主要指衣食住行等一系列与个人生活生存相关的活动，如物质生活、家庭人伦关系、身体状况等；二、文人士大夫阶层日常生活的特有层面，如弹琴、弈棋、饮茶、交游情态、宴饮生活、文房清玩之爱、集古活动等。欧阳修因日常的集古兴趣而最终完成《集古录》撰著，开宋代金石研究的风气。因此，笔者的这项研究，着重点就不再定位于日常生活的基本层面，而是注重以下三点：一是以欧阳修日常生活的基本层面如衣食住行为基础探讨他个人兴趣爱好和家庭生活；二是立足于文学研究，注意诗、文、词等典范文体与笔记、诗话、书简等应用文体中日常生活的蕴涵及其表现方式；三是通过欧阳修日常生活与文学创作联系，以探究其自我形象的塑造过程，从而展现北宋士大夫有异于社会角色和政治人物的另一个世界。

---

① 衣俊卿：《现代化与日常生活批判——人自身现代化的文化透视》，人民出版社 2005 年版，第 31 页。

② 常建华：《从社会生活到日常生活——中国社会史研究再出发》，《人民日报》2011 年 3 月 31 日理论版。

③ 张剑：《日常生活史与中国古典文学研究》，《苏州大学学报》2018 年第 1 期，第 118 页。

二　研究史的回顾和学术空间的开拓

作为北宋历史上一大转关人物及兼贯四部的通人巨擘，欧阳修研究向来是包括古代文学在内的许多学科的重中之重。就古代文学领域而言，近二十年来他多居于宋代文学研究热点前五位，其研究积累的深厚与成熟非其他多数宋人可比。本绪论不拟对欧阳修的总体研究情况进行总结，而仅就欧阳修与日常生活相关研究史进行简略回顾。

学术界从日常生活视角研究欧阳修已经有了一些成果，其探索方式和观点本身为本书的进行提供了颇具启示性的借鉴。

就国外而言，日本学者吉川幸次郎在《宋元明诗概说》中首次注意到了欧阳修诗歌的日常化倾向①。英国学者柯霖（Colin Hawes）在《凡俗中的超越——论欧阳修诗歌对日常题材的表现》② 一文中认为，欧诗"对日常生活的细致描绘是其成熟诗风的核心特征"，对欧诗处理日常生活题材方式的总结颇有创见。柯霖其后出版专著 The Social Circulation of Poetry in the Mid-Northern Song：Emotional Energy and Literati Self-Cultivation，③，其中第二章 Poetry as a Game，第三章 Poetry and Relationship Building，第四章 Poetry as Therapy 皆以欧、梅诗歌为重点剖析他们与日常生活相关的诗歌取材与表现技巧，视角新颖独特。马来西亚学者陈湘琳《欧阳修的文学与情感世界》④ 一书是从私人情感和生命情境的角度分析欧阳修的力作。用文本细读和体察的方式从欧阳修面对衰病、死亡、碌碌无为的内心坚守，重点论述夷陵、滁州、颍州等地方书写及记忆在欧阳修生命中的特殊意义，剖析细密，观点独到。美国学者艾朗诺新著《美的焦虑——北宋士大夫的审美思想与追求》⑤ 中关于欧阳修的部分是其重点论述对象，细致分析欧阳修集古、撰写诗话、赏牡丹、写词等种种日常行为背后独特的内心体验和思维活动，笔触细腻，论述精妙，同时具有非常

---

① ［日］吉川幸次郎：《宋元明诗概说》，李庆、骆玉明等译，复旦大学出版社 2012 年版。

② ［英］柯霖：《凡俗中的超越——论欧阳修诗歌对日常题材的表现》，中文译本见朱刚、刘宁主编：《欧阳修与宋代士大夫》（思想史研究第四辑），上海人民出版社 2007 年版，第 88—121 页。原文 Mundane Transcendence：Dealing with the Everyday in Ouyang Xiu's Poetry，见 Chinese Literature：Essays，Articles，Reviews（CLEAR，《中国文学：短论、论文和评论》，vol. 21，Dec.，1999，pp. 99-129.）

③ State University of New York，2005.

④ 复旦大学出版社 2012 年版。

⑤ 上海古籍出版社 2013 年版。

宏观的眼光，"独具慧眼地看到了一种基于个人趣味的、精致、文雅而偏向柔情的审美意识，正在这个时代……发展起来。"①

就国内而言，台湾学者黄美铃在其专著《欧、梅、苏与宋诗的形成》第四章《渊雅自适与日常生活化的特色》中对欧阳修日常生活之"古物珍艺的赏玩""赏花""品茶""琴书之乐""饮食之趣""饮酒为欢"几个方面与诗歌的关系作了考察。② 朱刚《"日常化"的意义及其局限——以欧阳修为中心》③，则由吉川氏的观点引申，认为吉川氏把欧阳修的日常生活置于唐宋变革的大背景下，指出欧阳修反对险怪、提倡平易、容纳"日常化"的倾向在后期遭到了主张以儒学价值观改造日常生活的"新儒学"的指责，显露出其局限性。胡可先、徐迈在《风格·渊源·地位：欧阳修词论》一文中指出欧阳修的词作与其日常生活的关系："他的政治生活是规则的，而他的日常生活则是艺术的，也是丰富多彩的。他的不少词作，就是其日常生活的记录和随性而发的情感抒写。"④ 王秀云《欧阳修"六一"形成考论》⑤ 从日常生活角度探讨了"六一"之物在欧阳修生命中的形成及意义。刘宁《盛衰体验对欧阳修诗歌日常化书写的影响》⑥ 论析盛衰体验对于欧阳修诗歌创作中的日常题材有着深刻影响。有关欧阳修佚简与其日常生活的研究成为近年来集中讨论的话题。佚简虽由日本学者东英寿公布，但研究成果的集中出现则在中国国内，如熊礼汇《初读欧阳修九十六通佚书所想到的》⑦、《略论欧阳修书简的艺术特色：从日本学者新发现的96通书简说起》⑧，欧明俊有《从新发现的96通书简看欧阳修的日常生活》⑨，洪本健有《东英寿教授新见欧阳修散佚书简

① 朱刚：《从"焦虑"到传统——读艾朗诺〈美的焦虑：北宋士大夫的审美思想与追求〉》，《文汇报》2014年3月24日第11版。

② 黄美铃：《欧、梅、苏与宋诗的形成》，台北文津出版社1998年版，第85—96页。

③ 《文学遗产》2013年第2期，第51—61页。又收入氏著《唐宋"古文运动"》第三章第三节，复旦大学出版社2013年版，第154—173页。

④ 胡可先、徐迈：《风格·渊源·地位：欧阳修词论》，《河南社会科学》2012年第1期，第85页。

⑤ 《国学学刊》2015年第2期，第125—135页。

⑥ 《苏州大学学报》2018年第1期，第120—127页。

⑦ 《长江学术》2012年第2期，第128—133页。

⑧ 《武汉大学学报》2012年第3期，第29—34页。

⑨ 《武汉大学学报》2012年第3期，第35—38页。

解读》①，朱刚有《关于欧苏手简所收欧阳修尺牍》②，陈尚君有《关于新发现的欧阳修佚简》③。洪本健还进一步对 96 封书简作了笺注，于 2014 年出版④。对于书简的研究，还有李强《沟通与认同：欧阳修书简中的文人世界》⑤、洪本健《欧阳修书简略论》⑥，对欧阳修包括佚简在内的整体书简有较为深入的探讨。

　　但相较于欧阳修的政治生活和社会生活，以及各方面的事功研究，其日常生活研究的成果是相当薄弱的，甚至与学术界对前代诗人陶渊明、韩愈、白居易、宋代诗人苏轼的日常生活研究成果都相差甚远，其所涉及的方面与欧阳修丰富的日常生活内容及其文学创作的表现相比只是一鳞半爪，因此这一研究还是欧阳修及宋代文人士大夫研究的一个亟待开掘的重要方面。基于此，本书拟从日常生活视角，以其日常生活与文学创作之间的关系为主线，对欧阳修作系统而全面的探讨。本书所主要讨论欧阳修的诸多方面，如生活中俸禄收入、日常开支、交游、起居、日常习惯、个人爱好、性格特征、家庭生活及背景等皆可囊括于日常生活的范畴之中。不过，就文人这一特殊身份来说，欧阳修的集古、学书、阅读、抚琴等，既是其精神活动，也是他有别于其他普通文人的日常生活的一部分，因此也是本书所要论述的重要方面。

　　作为北宋政治史上的重要人物，欧阳修的政治生活与学术生活常常不会局限于朝堂之上和公廨之间，它们往往延展到退朝之后的日常时间，对日常生活之中的交游、处事、休憩、身体产生不同程度的影响；另一方面，在政事的闲暇之间，值夜的空闲中，锁院的间隙中，日常生活也会以悄然无声的方式渗透于政治生活之中，呈现出它琐碎而又鲜活、丰富的特点。因此在具体的论证分析过程中，日常生活往往与非日常生活或并置或交叉予以阐述，而在归纳重点上有所侧重。

三　基本思路与研究方法

　　欧阳修的日常生活，是他生命的最大组成部分，也是其文学创作的重

---

① 《武汉大学学报》2012 年第 3 期，第 20—28 页。
② 《武汉大学学报》2012 年第 3 期，第 39—42 页。
③ 《东方早报》2012 年 5 月 6 日。
④ [日] 东英寿考校，洪本健笺注：《新见欧阳修九十六篇书简笺注》，上海古籍出版社2014 年版。
⑤ 《史林》2013 年第 1 期，第 59—68 页。
⑥ 《福州大学学报》2014 年第 5 期，第 36—45 页。

要源泉。本书致力于欧阳修日常生活与文学创作二者之间关系的挖掘，主要思路围绕以下几个方面展开：

首先，通过爬梳各种史料还原欧阳修日常生活的本初状态，考察他的传世作品、同时代人的记录、北宋及后世各种相关史料，尽力勾勒出在肃穆庄严的政治生活之余欧阳修丰富而细腻的日常生活情态，他的"六一"之藏、性格秉赋、处事习惯、家庭生活、交际过从、兴趣爱好、经济收支，诸如此类。在梳理的过程中，立足于把握属于欧阳修个体独特的生活状态、性格特征、思维习惯、生命体验。通过把握日常生活这一交汇点，在整体上可以考察领略北宋的时代风貌之微观特征，在个体上可以体会欧阳修个人理念、坚守的渊源所在，体察他内心情感的涌动状态，从而进一步解读重在情感表达的文学创作活动以及作品内在意蕴。

其次，从欧阳修存世的作品出发，考察他笔下对于日常生活的呈现。这种呈现有时候是较为明显的单向反映，如涉及生活题材的部分诗作及大部分的书简，但更多的时候作品中呈现出来的日常题材、日常情境是经过变形和解构，是经过处理后典雅化重塑的日常，如词作、诗话、笔记等作品。如果说以上两个方面皆有欧阳修的主观能动性在其中，那么他笔下的作品中还有颇为特殊的一种现象，它昭示出日常生活在作者无意察觉之下对作品的影响与渗透。它通过塑造作者主体的生活质量、价值观念、性格特征、精神气质从而间接参与塑造作品的风貌特征、情感类别、价值归属，这可能在欧阳修的自觉意识之外，却是其作品中客观呈现出来而读者能感知到的。由作品这一立足点去透视其中呈现的欧阳修日常生活世界，可以看到这个过程如同阳光经过三棱镜折射后由单一到多彩的变化。文学对生活所施与复杂的熔铸功能以及生活对创作全方位的影响皆值得深入体察。

再者，从日常生活及文学创作二者的互动关联来探讨二者之间互相生发的关系。在上述两种有先后次序的思路之外，本书在探索过程中还尽量采取关注二者交汇点的思考方法，梳理日常生活与文学创作活动发生关系的节点，探索这种交互关系的缘由和特点。人际交游、朋友间的往复过从是日常生活中的常见行为，属于"日常交往活动"，而应请作记文、作碑志、唱和诗皆是交游与创作之间发生联系互为因果的典型表现。经济生活、日常收支是日常生活的基础，属于"日常消费活动"，而经济的窘迫及富足皆对其文学创作有着强大的制约和影响作用，其集古活动的缘起与正式展开背后皆有经济因素的制衡作用。

最后，在考察过程中，始终关注欧阳修的非日常生活以及时代背景。

欧阳修生活中的政治风波、宦海浮沉、学术撰述等内容皆为非日常生活，因为二者的互相交织，以及作为同一行为主体下的不同生活侧面，它们之间的关联和互相影响是本书进行过程中不可忽视的因素。同时，欧阳修交游广泛，他与同时代人的联络互动相当频繁，与时代背景有着极为紧密的联系，他的日常生活特征有着时代的积淀和友人的影响，并非脱离现实的独立存在。

然而，无论是欧阳修的日常生活状态，还是作品的日常生活呈现，甚至或日常生活与文学创作的相互影响，都是相互融合的，有时会有所侧重，但并不能完全分开，因此，在具体论证的开展中，上述四种思考路径会经常交叉出现在分析实践中，而较难作出严格的界限划分。

研究方法上，基于本书重专题和重个案的特点，也就着力注重文本细读和问题追踪。日常生活覆盖于欧阳修的一生，其文学创作经常是从其生活细节中展开表现的。而作为古人，欧阳修距离我们的时代已有千年，其生活的具体形态已经淹没在历史当中，只有从文本中去寻找蛛丝马迹。欧阳修留下了大量的作品作为文献宝库供我们去爬梳挖掘，只有通过文本细读才能进入欧阳修日常生活和创作的原生状态。但仅仅文本细读还是不够的，因为日常生活往往非常琐屑也非常平面化，仅仅注重文本细读也会漫无所归，因此笔者更注重在文本细读的基础上进行问题追踪，也就是在这项研究中特别具有问题意识。欧阳修作为一位文学大家，几乎每一个方面都被古今中外的学者有所提及，似乎是再创新不易，但如果进行问题追踪的话，事实并不如此。比如欧阳修自号"六一居士"，成为文学史上的常识，历代学者都会述及，而其深层内涵往往并没有被细加挖掘。对这一问题的深入探讨，不仅能够全面认识欧阳修这样士大夫型的文学家形象，更能表现出他是如何从一个侧重于社会活动的政治家向一个侧重于日常生活的居士转变的。当然，在文本细读和问题追踪的前提下，笔者也借鉴生活史、心灵史的研究方法，但注意并不被这些惯用的方法所左右，尽可能使得欧阳修日常生活与文学活动有着立体化呈现。

四　目标制订与论述要点

根据上述研究视角的选取和研究思路的确定，笔者逐渐明确这一选题的研究目标，即以迄今为止学术界对欧阳修研究取得的丰硕成果及新发现资料为基础，以日常生活角度为切入点，通过阐释日常生活与欧阳修各体文学创作之间互相生发互相渗透的关系，从新的视角推动欧阳修研究的进一步深化。同时，由于欧阳修在宋代举足轻重的地位，试图通过这一研究推动宋代文学研究向更广阔纵深的方向发展。

本书共分上下两编共十章，主要以日常生活为基础，以文学类型为线索展开。文学类型又关注到典范文体和应用文体两个方面。上编以日常生活为中心：

第一章《六一：欧阳修日常生活的意义追寻》。"六一居士"的构成和自我阐述说明欧阳修对自己的日常生活状态有着清醒意识和自觉概括，体现出他对日常生活的关注和自得情趣，这成为考察其日常生活一个较集中的入手点。但以往的研究一般只点明"六一"称号体现出他的日常生活情趣，较少深究。本章通过考察六一之中每个构成部分，可以发现伴随"老翁"的"五物"之爱是贯穿终生的，并不等同于他晚年生活的简单概括。细察"五物"的相伴历程，可以看出它们皆承载了欧阳修诸多的人生思考、理念追求，彰显了他的性格特征、生活旨趣、价值定位。"老翁"与"五物"的并置，是欧阳修借以建构自我形象的方式，这一提炼过程赋予"六一"以主客混一的姿态，是欧阳修对日常生活审美的超越。同时，五物皆属室内可容纳和摆放的事物类型，凸显出欧阳修个体的日常生活与时代的共融之处。

第二章《醉翁：诗文中的自我形象建构》。"醉翁"很大程度上包含着形象的自我建构成分，在欧阳修一生不同时期有着不同的呈现。这在他的文学作品尤其是诗、文、词中表现得非常丰富，这些表现往往又聚焦于"酒"上。因此，本章从他的诗、文中探讨其与酒的关系，进而勾勒出这对于"醉翁"自我形象建构的意义。首先梳理欧阳修的生平酒事，继而归纳出酒于其日常生活、生命中地位、角色，提炼出欧阳修于饮酒过程中的理性精神，这是饮酒文人中较为特殊的状态；然后通过分析酒意象之在诗、文中的文学呈现来重点考察酒与创作二者相互碰撞融合的方式和产生的交互影响。同时，酒不仅在欧阳修整体的日常生活中占有重要地位，还参与了欧阳修自我形象的建构过程。从中年到晚年，酒这一事物于欧阳修自我定位中角色的演变也折射出他对自我体认的深化过程和生命渐趋自由的历程。

第三章《〈集古录〉：日常爱好的学术化及文学意义》。在欧阳修的日常生活中，集古是频繁进行的重要活动，是学术生活化的体现，其辛勤结晶为《集古录》及《集古录跋尾》两部著作。本章的讨论兼容日常活动和著作二者。集古活动是欧阳修的日常生活中迥异于前代文人的一个方面，改造了自己以及当时文人的日常生活构成，体现出他一贯的探索意识与创新精神。虽然他不停地论证集古活动的合理性，但焦虑感始终伴随。

这一结合日常活动、学术活动、文学活动的综合体蕴含欧阳修丰富的个人内涵。具体的分析内容包括四个部分：集古历程、跋尾撰写、集古之缘由及思考、《跋尾》之文学内涵。其中第一、二点是偏重日常生活的考察，三、四则以心理状态及文学特征为重点关注对象。

第四章《家庭人伦生活及其文学意蕴》。家庭是日常生活基础性空间。家庭生活以及父子、夫妇等伦理关系构成每个人日常生活的重要内容和基础框架，也是解读个体性格特征与内心世界不可或缺的有效方式。欧阳修幼年丧父，与母亲寡妹相依为命，他成长过程中有着深重的遗孤心态及传家使命。这与他的文学创作关联甚密，集中体现在"有待"情结的抒发以及严守"丁忧不赋诗"的居丧习俗。在夫妻关系中，欧阳修年轻时两度丧妻，与薛夫人得以终老。夫妻关系对他的性格及生活影响甚大，早年生活放纵而后期生活趋于严肃，皆多由薛夫人严格机敏之管束。较为复杂的婚姻历程影响了其悼亡诗、寄内诗的创作特征以及艳词作年等问题。在教育子侄方面，因子女夭亡过多，他采取宽简全性的教育理念，不苟责科场成败。同时养育族中子侄，教导其为学为官之道，体现出他性格中的宽厚温情。

第五章《身体疾病：生命底色的文学抒写》。欧阳修的身体状况是传统文学研究中易忽视的角度。他因先天遗传及幼年环境等因素而体弱早衰，并早生华发，中年后患足疾、风眩、目疾、消渴等多种严重疾病。身体状况是决定心理状态的重要因素。衰弱的身体塑造了他细腻锐感的心灵和丰富的文学呈现。本章首先考索欧阳修一生所患疾病的种类及时间顺序，其次分析衰病书写的特点及情感内涵，再次考察衰病书写的文学史意义。

下编以文学体裁为中心：

第六章《日常生活视域下的欧诗创作》。首先，从题材的类型分析欧诗的开拓性，举凡日常中的饮食、宴会、日用、起居、读书、疾病等皆形诸笔下。其次，分析欧诗处理日常生活题材的具体方式，欧诗多采用规避细节、对某些事实进行变形虚构的方式，而非实录。此外，通过重点分析欧诗的戏谑特色来进一步探讨欧诗与日常之深层关联。欧诗拓展了戏谑诗风，其戏谑对象主要聚焦于自我形象及好友梅尧臣的"穷而后工"，戏谑方式主要为男女之情、以物喻人、雅俗突转等，在"放言"背后体现出其理性的自持及严肃的诗歌观念。最后，纳入日常生活中的物质基础这一维度，考察物质生活对欧诗的影响。欧阳修早年的贫寒家境使其尽力于时文，其诗学观念也对杨、刘多所宽容，"不好杜诗"的态度与杨亿一脉相承；中年的优裕生活又使得其诗多"廊庙富贵气"。

第七章《日常生活视域下的欧词创作》。相对于政治生活的责任与严谨规则，欧阳修的日常生活是丰富多彩极具艺术化的。其词的创作即是这种艺术化的表征之一。如果说诗文作品大部分作于独居静思时的书斋中，那么词作则大多诞生于嬉笑喧哗的群居宴饮场合。这一静一动的两种生活形态构成了日常生活的主体情形。日常宴饮生活是欧词的创作情境。首先纵向考察，欧阳修一生各个时期作词具有不同的环境进而呈现出不同风格及内涵。其次，通过聚焦于饮酒行为、词中酒意象来探讨饮酒与欧词创作的密切关系，并论析酒意象的引入对于欧词的开拓意义。

第八章《日常生活视域下的欧文创作》。欧文创作及其回环往复、雍容闲雅之特色与其日常生活状态密不可分。首先，从物质生活上考察欧文创作的"内在制约性。"早年的贫寒使得家无藏书，这是他儿时发现韩集的直接原因，而与韩集结缘正是欧文创作的发轫点；而年少早衰，对易逝之物尤为敏感，时间意识强烈，这种身心状态是欧文"感慨系之"的深层背景。其次，从交游情境考察欧文创作的缘起。欧文的创作大部分源于交游之间的请托，交游直接影响欧阳修作文时的多样心态。以碑志文、祭文、记体文三种文体为例，分析欧阳修的创作心态、创作理念、创作风格等问题。

第九章《笔记与诗话：日常化的个人撰述及文学融会》。《归田录》与《六一诗话》这两部著作引领了笔记体和诗话体著述的风气之先。二者有重要共通之处，与欧阳修日常生活也具有密切关系。第一，从记录内容、写作目的、叙述风格、用词特征等方面考察《归田录》与日常生活之关联。在记录内容上转向日常生活和普通民众，其目的也变为自我消遣。这一观念影响深远。在叙述风格上，个性化议论、闲适诙谐的叙述笔调突出，这与欧阳修日常生活中喜好戏谑的性格有关。在记录场景时喜用日常对话的方式展开情节，注重记录事件细节，用词多口语化，类似的努力使《归田录》与日常生活的关系颇为交融。第二，《诗话》与日常生活的关系体现在：其零散体式独创一格，与日常生活的零散随性相呼应；"资闲谈"的目标指向日常消遣；内容多为欧阳修日常生活中文学感受的融会；通过重塑日常闲谈现场来传达欧阳修的文学见解，这种重塑在虚构中暗含了欧阳修与梅尧臣诗学观的交叉与错位。

第十章《书简：日常交往中的情感与文学》。书简是古代重要的通讯工具，也是古代文人日常交往活动之重要方式，古代文人的别集之中也多收入书简，因此可以视为应用文创作的一部分。欧阳修的《书简》所包蕴的丰富特性让它亦处在日常生活与文学创作关联的焦点之上，非常值得深入探索。首先，书简是欧阳修日常生活的丰富记录和创作呈现。包括新发现96篇佚简在内的欧阳修全部书简多为政事之外日常生活细节的记录，诸如饮食、疾病、交游、朋友酬赠往还、宴请聚会、诗文创作研讨、风土人情等，很大程度上能够帮助尽量还原欧阳修的日常生活。其次，由于写作的即时性与随意性，书简中较多展示了欧阳修个人性格中思绪缜密又直率爽利、颇有情趣的一面，可了解欧阳修性格的多维角度。另外，书简中亦多有关于文学创作的感受，与诗友酬唱往还的记载，体现欧阳修文学创作的实时情态以及作为精英阶层的"我辈"身份认同。

欧阳修是文学史上成就斐然的大家，其作品精粹情深的动人魅力使欧阳修研究成为日久弥新的学术课题，其学术增长点也将会随着时代的推移而增加新的空间。本书仅是从日常生活层面对于这一课题进行研究的尝试，但即便如此，也觉得有关欧阳修的这项研究，仍然头绪纷繁，问题众多。限于学养和能力，书中还有诸多缺漏和不尽完善之处，对于欧阳修这样一位兼文人、学者与官员于一身的士大夫，在其政治生活、社会生活和日常生活纷繁复杂关系的把握和梳理上，其作为政治的参与者和文化的承载者的日常生活和私人关系的定位上，也有力不从心的地方。欧阳修日常生活的研究，也还有一些重要空间需要着重开拓，如欧阳修的词作与日常生活关系密切，词中往往呈现出与诗文不同的特点，本书虽有所论及，但并不深入，这就有待于以后再作为专门的课题加以研究；再如欧阳修日常生活与北宋文人士大夫尤其是著名文学家生活的对比研究，欧阳修日常生活影响下的文学创作在后人的传承与接受，这些都是值得进一步研究的重要问题。

上　编

第一章 "六一"：欧阳修日常生活的意义追寻

欧阳修晚年号"六一居士"，他在《六一居士传》中说："吾家藏书一万卷，集录三代以来金石遗文一千卷，有琴一张，有棋一局，而常置酒一壶。……以吾一翁，老于此五物之间，是岂不为六一乎？"① 这是他晚年生活状态、情怀的生动写照。欧阳修是北宋时期著名的政治家、文学家和学者，北宋前期重大的政治活动几乎都与欧阳修有关联，而其所致力的文学活动也在诗、赋、文、词多方面开启了影响至巨的革新，推进和改变了中国文学史发展的进程。晚年他以"六一居士"自居，政治事功的追求逐渐让位于日常闲适的愉悦，而这些与他经世治国的政治活动是有所不同的，大体可归入日常生活的范围。细察"六一"可以发现，欧阳修的"五物之爱"并不始于晚年，除自身以外的"五物"是陪伴他整个人生历程的重要事物，寄寓其诸多感慨情怀，是其日常生活的高度概括。当然，作为政治家的欧阳修，他的日常生活一定与政治生活具有密切的联系，因而我们在对"六一"进行阐释之时，侧重于他的日常生活，而以政治生活作为参照比较的重要方面。

"六一"所囊括的事物不等同于欧阳修日常生活的全部内容，诸如饮茶、赏花、观画等众多日常活动就没有被选入。但正因为这一概括行为具有遴选性质，它标举的"五物"在欧阳修的日常生活中无疑具有不同他物的内蕴价值，是我们考察欧阳修日常生活之价值归属的关键切入点。

---

① 本书引用欧阳修作品，《居士集》《居士外集》所收作品依据洪本健《欧阳修诗文集校笺》，上海古籍出版社 2009 年版；词依据欧阳明亮校笺《欧阳修词校笺》，中华书局 2019 年版；其余作品依据《欧阳修全集》，中华书局 2001 年版。由于引文数量甚夥，不再一一注出页码，特此说明。

第一节　藏书:"至哉天下乐，终日在几案"

《六一居士传》称其"藏书一万卷"，藏书活动在欧阳修日常生活中占据着重要的位置。他一生喜欢读书，认为"至哉天下乐，终日在几案"，晚年尤其如此，其子欧阳发说他"虽至晚年，暇日惟读书，未尝释卷"（《先公事迹》）。藏书、读书、校书的日常活动奠定了他文学创作和学术研究的基础，同时他的相关书写也折射出内心对于这一活动的投入与满足。以"六一"命名的建筑"六一堂"首先是作为藏书室的身份而存在，体现出藏书活动作为文人欧阳修的日常生活之地位基础。

欧阳修的藏书活动可分为三个阶段，每个阶段之间差异显著。由早年环堵萧然的单薄基础到晚年"插架一万轴"① 的富足，藏书是他政事之外日常生活中最为持久的主题之一。

第一阶段为早期，从读书识字开始到二十五岁进士及第任西京留守推官前后。这一阶段的特点为藏书数量稀少，但却收获了一部至关重要且影响深远的韩愈文集。因幼年失怙，物质贫困，家中几无藏书，欧阳修少年时的阅读积累基本以借书、抄书为主。欧阳发《先公事迹》云:"先公四岁而孤，家贫无资，太夫人以荻画地，教以书字，多诵古人篇章，使学为诗。及其稍长，而家无书读，就闾里士人家借而读之，或因而抄录，抄录未毕，而已能诵其书。以至昼夜忘寝食，惟读书是务。"欧阳修自己在《记旧本韩文后》亦云:"予少家汉东，汉东僻陋无学者，吾家又贫无藏书。"所以在这一阶段末尾，欧阳修二十六岁任职西京时，其非非堂中藏书数量仅有数百卷。这一段藏书的最大收获，是对欧阳修一生的文学理念和创作道路都产生了深远影响的韩愈文集。治平元年（1064）欧阳修48岁时在金石跋尾中写道:"余家所藏书万卷，惟《昌黎集》是余为进士时所有，最为旧物。"其《记旧本韩文后》云:"予之始得于韩也，当其沉没弃废之时，予固知其不足以追时好而取势利，于是就而学之，则予之所为者，岂所以急名誉而干势利之用哉？亦志乎久而已矣。故予之仕，于进不为喜、退不为惧者，盖其志先定而所学者宜然也。"欧阳修关于藏书的记述中，没有哪一本书能再获此殊荣，即使是御赐书籍或罕见秘本，韩集

---

① （宋）陈师道:《观充国文忠公家六一堂图书》，《后山诗注补笺》第三卷，中华书局1995年版，第98页。

不可替代的特殊地位由来尚矣。

第二阶段是中期，指欧阳修从二十五、六岁明道初西京留守推官任到五十六、七岁嘉祐末参知政事任之间的三十年。这是欧阳修最主要的聚书时期，从数百卷迅速发展积累至万卷。这一阶段藏书有两个重要特点：一是馆阁任职的经历为藏书的迅速增加提供了良好的条件。欧阳修任职馆阁凡三次，前后共计十一余年。第一次是景祐元年（1034）闰六月任馆阁校勘，至景祐三年（1036）五月贬夷陵为止，时间为两年；第二次为康定元年（1040）六月自滑州召还复充馆阁校勘，至庆历二年（1042）九月通判滑州为止，时间亦为两年；第三次为至和元年（1054）回朝后，八月诏修《唐书》，兼史馆修撰，至嘉祐五年（1060）十一月拜枢密副使为止，首尾凡七年。景祐至嘉祐年间，三馆、秘阁历经数次较大规模的访书，藏品极为宏富。馆阁任职的经历首先使得欧阳修得以遍阅天下珍藏书籍，比如他曾见到《孙子》的多种注本[1]、民间所献的《春秋繁露》[2]；其次还培养了敏锐的版本意识，比如对郑玄《诗谱》的搜求："世言郑氏《诗谱》最详，求之久矣不可得，虽《崇文总目》秘书所藏亦无之。庆历四年，奉使河东，至于绛州偶得焉。"（《诗谱补亡后序》）再次，任职馆阁的职务之便使得欧阳修的藏书数量迅速增长。这主要通过两个途径：其一为皇帝赐书。虽然现存欧集中并无皇帝赐书的记载，但由史书中皇帝赐书于馆臣的史料可以推知他应有不少机会得到赐书。如太宗淳化二年（991），"诏翰林学士苏易简以上三体书石本遗……三馆学士……明年，以新印《儒行篇》赐中书、枢密院、两制、三馆"[3]；宋绶"大中祥符元年，复试学士院为集贤校理，与父皋同在馆阁，每赐书辄得二本，世以为荣。"[4] 其二为借馆阁藏书抄录副本。据史料记载，馆阁藏书当时是可以出借的。真宗咸平二年（999）三月，"点检三馆秘阁书籍司封郎中知制诰朱昂等言：'四部书散失颇多，今点勘为朝臣所借者凡四百六十卷。'诏许诸王宫给本抄写外，余并督还。"[5] 与欧阳修同样长期任职馆阁的王洙就抄录过副本。《直斋书录解题》卷十三著录《金匮要略》三卷，云

① （宋）欧阳修：《孙子后序》，《欧阳修诗文集校笺》，第 1089 页。

② （宋）欧阳修：《书春秋繁露后》，《欧阳修诗文集校笺》，第 1913 页。

③ （宋）程俱撰，张富祥校证：《麟台故事校证》卷五，中华书局 2000 年版，第 185 页。

④ （宋）程俱撰，张富祥校证：《麟台故事校证》卷三，第 121 页。

⑤ （宋）程俱撰，张富祥校证：《麟台故事校证》卷二中，第 259 页。

"此书王洙于馆阁蠹简中得之……乃录而传之。"① 作为同样供职馆阁又爱好藏书的士人，欧阳修抄录馆阁书籍以自藏，也是情理中事。在嘉祐六年（1061），欧阳修的藏书已具万卷规模②。二是自庆历初欧阳修主盟文坛后，远近慕名投谒的士子纷至沓来投递作品请教，同时在亡友身后代为整理编集的机会亦增多，所以在欧阳修的藏书中，数量众多的同时代人著作是一大特色。欧阳修或主动请缨编纂体例、删削篇目，如苏舜钦文集、梅尧臣诗集等；或受家人亲属拜请撰写序文，如谢希孟诗集、廖偁文集、杜衍文集等。编集作为文坛领袖的常规工作，历时弥久，成果丰硕，这些著作成果也顺理成章的成为欧阳修藏书的重要部分。

第三个阶段为欧阳修的晚年，从嘉祐八年（1063）到熙宁五年（1072）的十年间。这个阶段规模并没有太大增长。欧阳修嘉祐六年（1061）已记载有藏书万卷，九年后至熙宁三年（1070）仍是"群书一万卷"。晚年因身体衰弱和政治风波的双重打击，他决意致仕归隐，藏书的节奏也变得缓慢。这个阶段的主要工作开始转向：一是在谋划归身之所的同时，也在为其万卷藏书修建栖息之处。颍州私第之六一堂即为其藏书室。清代光绪年间所修《安徽通志》仍有记载："六一堂在府城内，欧阳修致政归颍时所构。"③ 藏书万卷及金石拓本千卷的六一堂，尽管欧阳修个人使用的时间只有一年左右，但自建成之日起就成为文人士子心系向往之处，后世更和它的主人一起成为文化史上一个具有久远魅力的符号。欧阳修过世十九年后，时任颍州教授的陈师道带着崇仰之情参观了六一堂图书："集古一千卷，明明并群雄。……插架一万轴，遗子以固穷。"④ 二是临近晚年，身边过世之好友增多，这一时期代友编集、撰写序文较为频繁。诸如《跋杜祁公书》《仲氏文集序》《江邻几文集序》《薛简肃公文集序》等，有时所序之集也就成为自己的藏书，如《跋杜祁公书》："予既泣而论次公之功德而铭之，又集在南都时唱和诗为一卷，以传二家之子孙。又发箧，得公手书简尺、歌诗，类为十卷而藏之。"三是致仕后精心编纂自己的文集及其他著作。欧阳修著述宏富，由于积累多年代友人编集

---

① （宋）陈振孙：《直斋书录解题》卷十三，上海古籍出版社 1987 年版，第 384 页。

② （宋）欧阳修《记旧本韩文后》："余家藏书万卷"，这是其万卷藏书数量的最早记录。《欧阳修诗文集校笺》，第 1927 页。

③ （清）何绍基：《光绪重修安徽通志》卷五十一，江苏广陵古籍刻印社 1986 年版，第 75 页。

④ （宋）陈师道：《观充国文忠公家六一堂图书》，《后山诗注补笺》第三卷，第 98—99 页。

的经验，加上持有传世久远的信念，他对自己的别集去取甚严。同时，预感到时日无多，他也在紧急整理结集各种其他著述。据严杰所编《欧阳修年谱》，治平四年（1067）九月，《归田录》初成；熙宁元年（1068），撰进《濮议》四卷；熙宁二年（1069）二月，嘱欧阳棐编《集古录目》十卷，并成《欧阳氏谱图》；熙宁三年（1070），《诗本义》成书；熙宁四年（1071），《诗话》编成；熙宁五年（1072），与子发编定《居士集》五十卷。

　　欧阳修藏书来源主要有五种途径：第一，借书抄录。在欧阳修生活的北宋前期，印刷术的普及程度并不高，书籍流通以传抄为主。欧阳修也经常以抄录副本的方式来增加其藏书。其早年因家贫借闾里士人之书来读，"或因而抄录"；入仕后任职馆阁，亦曾借阅抄录馆阁藏书；中年官位日隆后家中还有专门的"笔吏"，曾抄录过孙复关于《春秋》的著作。第二，搜购。晁补之曾云："君不见庐陵公，往为学士修书日，诏畀千金访遗逸，遗文逸字往往出。"① 点明了欧阳修集古的经济实力。相较搜集古碑石刻的辗转和艰辛，到书肆购买书籍无疑是太过寻常的行为，以至于要"买书载舟归，筑室颍水岸"（《读书》）。第三，御赐。在欧阳修现存的记载中，得到御赐的书籍有两部：治平四年（1067）的《仁宗御集》一百卷②及熙宁二年（1069）的新校定《汉书》③。因为在馆阁任职的大臣经常能得到皇帝赐书，欧阳修又任职馆阁长达十一年之久，推知其万卷藏书中来自御赐之书应占有一定的比例。第四，友人赠与。如任西京留守推官时，友人魏君赠《李翱集》五十篇④；景祐四年（1037）贬夷陵时，友人田画曾赠《春秋繁露》一书⑤；至和二年（1055），在出使契丹时，得宋咸赠其自撰《补注周易》一书⑥；嘉祐八年（1063），好友蔡襄惠赠《荔支谱》一书，欧阳修暇日作跋尾于其后，且录呈蔡襄，叹为"一时佳

① （宋）晁补之：《胡戬秀才效欧阳公集古作琬琰堂》，《鸡肋集》卷九，《景印文渊阁四库全书》1118 册，第 468 页。
② （宋）欧阳修：《谢赐仁宗御集表》，《欧阳修全集》，第 719 页。
③ （宋）欧阳修：《谢赐汉书表》，《欧阳修全集》，第 728 页。
④ （宋）欧阳修：《书李翱集后》，《欧阳修诗文集校笺》，第 1905 页。
⑤ （宋）欧阳修：《书春秋繁露后》，《欧阳修诗文集校笺》，第 1913 页。
⑥ （宋）欧阳修：《答宋咸书》，《欧阳修诗文集校笺》，第 1185 页。

事"（佚简 48《与蔡忠惠公》）①。第五，代编文集。欧阳修屡次主动为好友编次文集，使其文字传世不朽。如编梅尧臣集："余既哭而铭之，因索于其家，得其遗稿千余篇，并旧所藏，掇其尤者六百七十七篇，为一十五卷。"（《梅圣俞诗集序》）编苏舜钦集："近为子美编成文集十五卷，……后世视之，为如何人也！"（书简《与梅圣俞》二十五）

欧阳修的藏书具有三个显著的特点，其一，抄本众多。这是由时代所决定的。苏轼《李氏山房藏书记》云："余犹及见老儒先生，自言其少时，欲求《史记》、《汉书》而不可得。幸而得之，皆手自书，日夜诵读，惟恐不及。"② 欧阳修长苏轼三十岁，正属于苏轼所云"老儒先生"之类。因常借书抄录，其藏书应以抄本居多。其二，校勘精审，有编目。欧阳修预修《崇文总目》的经验，也运用到了其私人藏书上。《通志·艺文略四》载有"欧阳参政书目一卷"③，当为其家藏书目。其三，多当代文人别集藏本。他既藏古书又收当代别集，与一味崇古的藏书家心理不同，他的藏书理念中蕴含着包容、开放，重视当下、传之久远的文化精神。但他对时人著作的去取非常严格，编辑苏舜钦文集时，即云"凡述作中人可及者，已削去之，留其警绝者"（书简《与梅圣俞》二十五），体现出他对精品的崇尚和对于文化传承的责任感。

第二节　集古："足吾所好，玩而老焉"

《六一居士传》言"集古一千卷"，欧阳修还自云"性颛而嗜古"，"足吾所好，玩而老焉可也"（《集古录目序》），可见在集古方面欧阳修倾注了极多的心血。《集古录跋尾》就是他持续几十年收集碑刻的理论成果，在金石学领域具有重大的开创意义，同时具有重要的史学、文献学、考古学和书法艺术价值。更值得我们重视的是，他的集古活动是他生活、学术和文学的一部分，是他个体生命的融注。

欧阳修的集古活动持续时间为"盖自庆历乙酉，逮嘉祐壬寅，十有

---

① 本书所引欧阳修新发现 96 封佚简，皆依据［日］东英寿考校，洪本健笺注《新见欧阳修九十六篇书简笺注》，上海古籍出版社 2014 年版。新发现佚简首次披露于《中华文史论丛》2012 年第 1 期，第 1—28 页，题为《新见九十六篇欧阳修散佚书简辑存稿》。

② （宋）苏轼：《苏轼文集》卷十一，中华书局 1986 年版，第 359 页。

③ （宋）郑樵：《通志》卷六十六，中华书局 1987 年版，第 785 页。

八年，而得千卷"（《与蔡君谟求书集古录目序书》），其实这只是他自述的系统收集时间，零散的收集在庆历五年（1045）之前已开始且嘉祐七年（1062）之后仍在持续。集古活动贯穿其生命三分之二时间。集古始于儿时以碑学书的经历，以及由此引发的对碑刻凋敝残破的惋惜。《唐孔子庙堂碑》跋云："余为童儿时，尝得此碑以学书，当时刻画完好。后二十余年复得斯本，则残缺如此。因感夫物之终敝，虽金石之坚不能以自久，于是始欲集录前世之遗文而藏之。殆今盖十有八年，而得千卷，可谓富哉！"由嘉祐八年（1063）上溯十八年为庆历五年（1045），再上溯二十余年为天禧末年（1020—1022），时欧阳修十三四岁。

庆历五年（1045）八月，欧阳修除龙图阁直学士、河北都转运按察使。俸禄较之前增长了近十倍，经济条件大为宽裕，集古条件具备。正式开始收集后，积聚迅速，庆历八年（1048）梅尧臣已云"古碑手集一千卷，河北关西得最多"①。此后于知滁州、居颍州、还朝居京时集古活动皆不曾有一刻停歇。除了自己细心搜访外，金石碑刻更多来自朋友赠予。庆历六年（1046），梅尧臣曾赠"碑文数本"（书简《与梅圣俞》十七）；皇祐二年（1050），韩琦"惠《宋公碑》二本，……《张迪碑》并《八关斋记》"（书简《与韩忠献王》十）；皇祐四年（1052），拜托张洞于长安访碑，张洞赠碑（佚简61、62封《答张仲通》）；嘉祐四年（1059），托王素"蜀中碑文，虽古碑断缺，仅有字者，皆打取来"（书简《与王懿敏公》五）；嘉祐五年（1060），冯京于金陵"惠碑"（书简《与冯章靖公》六）；嘉祐五年（1060）底，刘敞出守永兴，所惠碑文尤多。蔡襄、曾巩、江休复、苏轼等友人皆曾寄过碑刻拓本。

欧阳修收集的碑文总数难以确考，至嘉祐七年（1062）已有"数千篇"（《跋尾》卷四《范文度摹本兰亭序一》），其后十年所收亦复不少。在卷数上欧阳修始终云千卷，这只是约数，且一篇碑文并不等于一卷，有数篇辑为一卷者，亦有一篇分列数卷的。欧阳修在《与蔡君谟求书集古录序书》中云："向在河朔，不能自闲，尝集录前世金石之遗文，自三代以来古文奇字，莫不皆有。中间虽罪戾摈斥，水陆奔走，颠危困踬，兼之人事吉凶，忧患悲愁，无聊仓卒，未尝一日忘也。"叙述了漫长而艰辛的集古历程。欧阳修集古的极大热忱还体现在对同一件碑刻执着追寻数十年。如熙宁三年（1070）他在《唐鹡鸰颂》跋尾中说："当皇祐、至和之

---

① （宋）梅尧臣：《观永叔集古录》，梅尧臣著，朱东润编年校注：《梅尧臣集编年校注》卷十八，上海古籍出版社2006年版，第467页。

间，余在广陵，有敕使黄元吉者，以唐明皇自书《鹡鸰颂》本示余，把玩久之。后二十年，获此石本于国子博士杨褒。又三年，来守青州，始知刻石在故相沂公宅。"（《跋尾》卷六）这样的题跋在《集古录》跋尾中还有多处，可见欧阳修集古之痴迷、历时之久。

集古活动从类型上分碑刻收集和跋尾撰写两个部分。碑刻收集是《集古录》成千卷规模的基础，而跋尾撰写则是基础工作完成后的理论提升，赋予这一活动以深远意义。与收集活动类似，跋尾的撰写亦穿插于繁忙的公务之余及节假休沐日，是其从政事中的短暂休整，也是深化日常生活意义的主要方式；撰写年代集中于嘉祐八年（1063）、治平元年（1064）两年内，有231篇，在有纪年可考的267篇中占近87%，其中后者尤多，有181篇。此时正是欧阳修人生仕隐二者转换的节点。内容丰富的跋尾不仅是对一生收藏活动的回顾总结，亦是准备做出出处选择时刻内心状态的折射。

嘉祐六、七年，《集古录》初成千卷规模；欧阳修在此时集中大量作跋尾，是为归老做准备。他与好友约定的致仕时间在五十八岁①，即治平元年（1064）。现存四百余篇跋尾的主体在这两年内已写定，盘算整理完毕，第二年正月，他即连上《乞外任第一表》等三表、二札子，时濮议事未起（事起在次年四月），欧阳修当是践行致仕之约的举动。

跋尾内容涵盖面广，其中有较为系统的长篇精品，或论文学，或谈书法，或斥释道，或发质疑，或抒幽思。如卷二《后汉太尉刘宽碑阴题名》，述谱牒之源流、功用、意义，叹今俗苟简，谱学之亡，堪为一部小型谱牒概论。卷四《晋王献之法帖》追溯法帖源流，欣赏其逸笔余兴、百态横生的特殊美感，反对今人弃百事以学书为事业的态度，是立意鲜明的书法小论。卷六《唐华岳题名》幽思深远，以伤逝的笔调描述湮沦于历史长河中的五百人，对于归于共尽的悲剧结局发出深深喟叹。卷六《唐华阳颂》批判佛道，颇为系统有条理，是欧阳修略加整理的宗教小论。跋尾中精彩之作，多是有为而发且内在逻辑完整自成体系。欧阳修作文态度一向严谨，跋尾亦不例外，其创作时有思考有整合有锤炼。对往昔的追忆、书写，对诸多理论问题的思考概括是跋尾的主体部分，这种写作模式是对时间阶段性极为敏感的一个表征。跋尾撰写从深层上说是欧阳修对人生已过去的主体岁月的回顾反思，对自己思考的各方面问题的梳理总结，是其预备隐退之际内心世界的投影折射。

---

① （宋）欧阳修：《寄韩子华》诗序，《欧阳修诗文集校笺》，第1518页。

　　欧阳修对金石碑刻的兴趣缘于几种心理因素的综合作用。第一为好古心理。促使他一生毫无倦息地从事集古活动，关键在于他对古物的癖好。"夫好古之士所藏之物，未必皆适世之用，惟其埋没零落之余，尤以为可惜，此好古之癖也。"（《后汉无名碑》）"好古"是欧阳修价值体系中的关键词。欧阳修在多种场合皆屡言自己"好古"："徒知好古之勤，自励匡躬之节。"（《扬州谢上表》）"徒值向者时文之弊，偶能独守好古之勤。"（《谢知制诰表》）在结交友人时亦喜称道其"好古"："元珍言足下好古自守，不妄接人。"（《答孙正之侔第一书》）他赏识并推荐人才亦看重其"好古"，可见这是一项重要的衡量标准。与杜衍荐曾巩云："进士曾巩者，好古，为文知道理。"（书简《与杜正献公》四）好古这一行为特点由自我定位扩展为对他人的重要评价标准，蕴含着欧阳修对于这一行为特征的自得及期许。第二是耳目之玩。"好古"延伸到日常中的集古活动及跋尾撰写中，其价值和意义发生了微妙变化。从经术、文化上的"好古"到私人爱好之中的"好古之癖"，是从无须证明自身存在意义的正当地位降为需寻找立足点的无根状态，揭示出集古活动的私人化色彩和娱兴遣玩的本质。欧阳棐《录目记》中转述其父之语云："吾集录前世埋没阙落之文，……岂徒出于嗜好之癖，而以为耳目之玩哉？"（《跋尾》前附）语意力避"嗜好之癖、耳目之玩"，然而却从反面说明这八个字是集古避不开的缘由。《跋尾》关于集古原因的述说中，"耳目之玩"亦不时见于笔下，如《唐韩愈盘谷诗序》云："刻石乃当时物，存之以为佳玩尔，其小失不足较也。"（《跋尾》卷八）第三为不朽之思。刻石立碑的本意是使人或事传世不朽，但作为自然物的碑刻终究难以抵挡岁月的侵蚀，文字又大多残阙磨灭。面对碑刻时，立意不朽的本意与终将湮灭的现实之间尖锐的矛盾冲突首先会涌现出来。欧阳修在集古时亦多有对这个问题的思索，感慨中有对人、对物、对迹而发，同时包蕴着复杂的情绪。这种叹息在他的多篇跋语诸如《后汉桂阳太守周府君纪功铭》《后汉沛相杨君碑》《后汉繁阳令杨君碑》等跋语中都有所呈现。他屡次感叹"士有负绝学高世之名，而不幸不传于后者，可胜数哉！可胜叹哉！"（《唐辨法师碑》）这种同情未尝没有自伤、自喻之深意。深受儒家"三不朽"之说影响的欧阳修早年自励奋发，初撰五代史时期望"聊欲因此粗申其心，少希后世之名"（《与尹师鲁第二书》）。也正是如此，他提出真正不朽的途径在于"君子之道"："凡物有形必有终敝，自古圣贤之传也，非皆托于物，固能无穷也。乃知为善之坚，坚于金石也。"（《唐人书杨公史传记》）这种思想被他不断地在跋尾中重申。但矛盾的是，出于对历史上湮灭删汰之人、事、物、迹、文的"可惜"情怀，欧阳修仍然想以一己之力的收集来对抗强大的时间流逝，使之以特殊的方式暂时凝结甚至回溯。因此他把集古的历程喻为披沙拣金，重新把删汰之物复原归位。这是他追求实现不朽的一种方式，也传达出他对于碑刻之义留名青史的认同。第四为书法之爱。欧阳修非常喜爱书法，他虽不以书家出名，但其耽于学书、以书为乐的记载屡见笔下。在欧阳修的世界中，集古与书法之间的关系一直颇为密切，二者互相生发、影响。对碑刻书法的喜爱是诱发欧阳修集古的重要原动力之一。在现存四百余篇跋尾中，传达欧阳修对于拓本书法的喜爱、赏玩、评价、议论、惋惜等情怀的有近四分之一。有大量的碑刻拓本因其字法不俗、字画颇工而得以存录，因此欧阳修敏锐地意识到"书虽学者之馀事，而有助于金石之传"（《唐吴广碑》）。他在请求蔡襄给《集古录目序》书石时亦出于类似的考虑："字书之法虽为学者之馀事，亦有助于金石之传也。"（《与蔡君谟求书集古录序书》）

第三节 抚琴：节性自适与真趣欣赏

琴作为古代弦乐器，一直承载了远远超出乐器本身的历史文化内涵，它是儒家借以提倡礼乐教化思想的重要工具，"琴音调而天下治"[1]；是道家返璞归真的理念追求，"昔伏羲氏之作琴，所以御邪辟，防心淫，修身理性，反其天真也。"[2] 是文人士大夫的阶层标识、生活必备之物，"士无故不徹琴瑟"[3]。其博大丰富的文化底蕴浸润影响了每个学琴弹琴的人，尤其成为文人士大夫生命境界的象征。欧阳修选择琴作为"六一"之一，除了出自其个人的音乐旨趣与音乐造诣外，在深层上还缘于琴道所代表的传统琴文化内涵，缘于琴为载道之器。

一 知音与真趣

欧阳修一生爱弹琴，尤爱《小流水曲》；爱蓄琴，家藏三张珍贵古

---

① （宋）陈旸：《乐书》卷一百五十五《歌琴》，《中华再造善本》本第 30 册，北京图书馆出版社 2004 年版，第一页下。

② 旧题（汉）蔡邕撰：《琴操》，人民音乐出版社 1990 年版，第 1 页。

③ 《礼记》卷五《曲礼下》，（清）孙希旦撰，沈啸寰、王星贤点校：《礼记集解》，中华书局 1989 年版，第 124 页。

琴。因其琴乐与文学两方面的突出造诣成为宋代文人琴系统中的代表人物。在欧阳修有关琴的诗文中，寻求知音亦是常见心态和主题。明道二年（1033）作《江上弹琴》云："琴声虽可状，琴意谁可听？"就流露出对知音的强烈渴望。不过知音难觅，"戏君此是伯牙曲，自古常叹知音难。"（《奉答原甫见过宠示之作》）且择人要求颇高，"自非曾是醉翁客，莫向俗耳求知音。"（《赠沈遵》）因此知音、得意之境界常不易得。嘉祐元年（1056），太常博士沈遵游琅琊后作《醉翁吟》一曲，以琴声写醉翁之幽思。欧阳修闻之深感琴音得其心意，"子有三尺徽黄金，写我幽思穷崎嵚"，连作《赠沈遵》《赠沈博士歌》等诗述其事，还作《醉翁吟》为沈遵的琴曲配辞。

在寻求知音的主题之外，晚年的欧阳修还提出无须知音的主张。实则无须知音是就是以琴为知音，更是爱琴的最高境界。嘉祐四年（1059）所作《夜坐弹琴有感二首呈圣俞》其一云："吾爱陶靖节，有琴常自随。无弦人莫听，此乐有谁知。君子笃自信，众人喜随时。其中苟有得，外物竟何为。寄谢伯牙子，何须钟子期。"陶渊明是欧阳修喜爱并崇敬的先贤，也是历代文人琴系统中有代表性的一位，其无弦琴的典故意象在后世引发了丰富广博的审美内涵。欧阳修之推崇陶渊明，其旨在于保持独立的人格，不随俗流，不为物累，一如陶渊明之于无弦琴，不求知音，唯自得其乐而已。① 欧阳修写作此诗又是赠送给好友梅尧臣的，对梅而言实际上是需求知音之举，渴求知音和无须知音在这一首诗中达到了平衡。弹琴时无论是渴求知音还是无须知音，都体现了欧阳修对琴乐真趣的欣赏，对琴意琴道的内在体悟，而体悟的重心在人不在物，因此他在《书琴阮记后》说："乃知在人不在器，若有以自适，无弦可也。"

二 琴道观：节性到自适

在琴道思想体系中，"琴禁说"与"琴心说"是影响较大的两种基本对立的观念，"琴禁说"主张琴的制约、平衡、修身、理性功能，在音乐审美方面强调"平和""中和"，突出古琴的非艺术功能，是儒家乐教观念的反映。"琴心说"视琴乐为抒发内心感情的艺术，重视琴乐的自娱自适功能，是道家思想在古琴美学领域长期积淀形成的。

欧阳修的生命中，上述两种形态的琴道观都曾经鲜明地存在过，不过

---

① 参见孟二冬《"无弦琴"的认同与启示》（下篇），《国学研究》第十四卷，北京大学出版社 2004 年版，第 203—253 页。

在人事变故、生活磨砺中其琴道观经历了互相渗透而逐渐由"琴禁说"主导向"琴心说"主导的转变过程。欧阳修对音乐发表的看法以天圣七年（1029）赴国学解试所写试策为最早，这篇对策中的音乐理论基本吻合《礼记·乐记》中的观点，欧阳修所推重音乐的"节情""和性"功能，正来源于传统的儒家思想，是儒家经典阅读在他知识结构中的统一塑造。欧阳修约于天圣八年（1030）左右学琴于友人孙道滋，其琴道观也和早期音乐思想成一体系。明道二年（1033）所作《江上弹琴》云："经纬文章合，谐和雌雄鸣。飒飒骤风雨，隆隆隐雷霆。无射变凛冽，黄钟催发生，咏歌文王《雅》，怨刺《离骚经》。二《典》意澹薄，三《盘》语丁宁。"诗中欧阳修对琴声的地位推崇备至，把琴声比附于二典、三盘，赋予琴声厚重的承载，使得其琴声具有儒家经典般的意义。

　　早年欧阳修也经常以琴声来排遣谪居苦闷，发挥琴的遣兴自娱功能，如《送琴僧知白》《奉答原甫见过宠示之作》都记载了在谪居时期援琴以遣怀寄意的经历，琴不单单是教化之具，而渐趋象征个人情怀之领域，体现出生命历程中两种琴道观的交织。庆历五年（1045）的滁州之贬是欧阳修生命的大转折，他对人生的定位、自省、反思都较为深入，而其心态与精神面貌也有了很大程度的改变。庆历七年（1047），欧阳修于滁州作《送杨寘序》，体现出音乐思想的重大转变。序文渲染琴声的和性、忘疾功能，描述自我以琴疗养心疾的经历，且以此理论开解身陷困境内心积郁的友人，说明对于琴声关注的焦点已从社会转向个人和内心。作于同时的《弹琴效贾岛体》诗亦有类似的心理展示，诗中所描述的梦境之幻灭亦是现实生命过程中的礼乐教化梦想之幻灭，备尝仕途及人生坎坷况味的欧阳修此时政治理想已趋残破。至和元年（1054）回朝后，仕途上的得意并没有让欧阳修重建往日的政治理想和音乐观念，他的琴道观沿着庆历年间的转变轨迹越来越趋于私人生活和内心情怀，向"琴心说"逐渐皈依。在欧阳修50岁后的中晚年，他对于琴、琴声、琴意的论述不再比附经典，而是从个体生命历程、内心细腻感受出发。或怀想有琴相慰的谪居岁月，如《奉答原甫见过宠示之作》，或玩赏断纹、琴徽，偶尔弹奏数曲聊以自娱，如《三琴记》提出"琴曲不必多学，要于自适"，"这个观点被认为是中国文人一般对待古琴态度中的代表。"① 《琴枕说》云："老庄之徒，多寓物以尽人情。信有以也哉！"（《试笔》）更是以直接的方式向道家思想的象征"琴心说"予以认同。

---

① ［荷］高罗佩：《琴道》，宋慧文、孔维锋、王建欣译，中西书局 2013 年版，第 19 页。

三 琴与文的互相生发

欧阳修既是文坛宗师，音乐素养又高，"得琴之理深"①，在欧阳修的笔下，琴与文学发生了奇妙的组合变化，展示出不同艺术门类之间互相生发的魅力，而且这种生发极具个性特征。

首先表现在论文时的诗与乐一体观。关于文学与音乐的关系，欧阳修有着深入的思考并形成一定的理论认识。《书梅圣俞稿后》中，欧阳修提出"诗者，乐之苗裔"之论断，阐明诗与乐的相同之处有三：一是二者同为"天地人之和气相接者"，本源为一体；二是二者皆能感人至深，富于情感渲染力，使人可以喜、可以悲、手足鼓舞；三是二者之美皆难以具体言传，需要心得意会。并进一步指出："然夫前所谓心之所得者，如伯牙鼓琴，子期听之，不相语而意相知也。余今得圣俞之稿，犹伯牙之琴弦乎！"欧阳修把自己对梅诗的欣赏体会比为"伯牙鼓琴，子期听之"，这就从音乐与文学的共通之处实则把握住了琴与诗二者之内在审美本质及美学情韵。

其次表现在创作过程中文与琴的情韵互通。欧阳修有多篇诗文述及自己的弹琴经历、弹琴体验、琴道观等，如《江上弹琴》《送琴僧知白》《赠无为军李道士》《奉答原甫见过宠示之作》《三琴记》之类，以文记琴，以文述琴，可视作文学与琴的结合。二者情韵互通的深层境界体现为欧文名篇《醉翁亭记》中"天机畅则律吕自调，文中亦具有琴焉"②，文字之美与音乐之美合二为一，视觉诉求幻化出听觉诉求，在通感中焕发出感人至深的力量。《送杨寘序》被评为"真有琴声出于纸上"③，"满纸皆琴声"④。

再次表现在琴与文的体制转换。比如名篇《醉翁亭记》，从一篇记体文始，由文变琴曲，再衍出琴词，进而演化成词调⑤，同时琴曲亦留

---

① （宋）朱长文：《琴史》卷五，《景印文渊阁四库全书》第 839 册，第 60 页。
② （清）爱新觉罗·弘历编选：《御选唐宋文醇》卷二六，《景印文渊阁四库全书》第 1447 册，第 496 页。
③ （清）爱新觉罗·弘历编选：《御选唐宋文醇》卷二五，第 477 页。
④ 唐文治：《国文经纬贯通大义》卷二，王水照编：《历代文话》第 9 册，复旦大学出版社 2007 年版，第 8272 页。
⑤ 参见吕肖奂《从琴曲到词调——宋代词调创制流变示例》，《中国韵文学刊》2008 年第 3 期，第 66—71 页。

存①，流变过程复杂而漫长，是音乐与文学具体结合且互为转换的典型个案。庆历六年（1046），欧阳修在滁州作《醉翁亭记》。太常博士沈遵慕名前往滁州谱写琴曲《醉翁吟》三叠。至和二年（1055），沈遵追随奉使契丹的欧阳修，在恩、冀之间为其弹奏《醉翁吟》，欧阳修被其诚意与琴声深深打动。嘉祐元年二月回京，欧阳修作七言歌行体《赠沈遵》以及楚辞体《醉翁吟》，好友梅尧臣亦为琴曲《醉翁吟》填辞。嘉祐二年（1057），沈遵通判建州，梅尧臣、刘敞赠诗饯行，欧阳修又作《赠沈博士歌》。欧阳修、梅尧臣、刘敞的赠歌，大大提升了沈遵及其《醉翁吟》的声誉，为《醉翁吟》填辞的大有人在。王令就曾作《效醉翁吟》，苏轼作《醉翁操并引》。在文学与琴乐两个领域的体制转换中，《醉翁亭记》是转换的原始起点，它内在兼具的文学与琴乐情韵之美是转换得以实现的前提，而后世衍生的纷繁文体演变和文琴体制互换则把《醉翁亭记》的兼美情韵发挥得淋漓尽致，也把欧阳修于后世的魅力演绎得极为充分。

第四节　弈棋：寓物于心与无欲于物

棋，即围棋，又称弈或奕，属于竞技性游戏之一。有宋一代，围棋在士人生活中非常流行，至有"木野狐"之称，其诱惑魅力之大远非其他游戏可比。欧阳修浸染于这一时代氛围之中，对围棋也情有独钟，其生命的各个时期皆可见楸枰身影。棋虽为小道，但在欧阳修的诗文中，也能折射出欧阳修一贯的儒者状态。

一　日常弈棋活动

欧阳修自少年时代即热衷下围棋，天圣五年（1027）应举前后与友人交往之作中就有对弈之事："六著比犀鸣博胜，百娇柘矢捧壶空。解衣对子欢何极，玉井移阴下翠桐。"（《刘秀才宅对弈》）任职西京洛阳时的公务之暇，也常与三五知己在游赏名园时为棋酒之欢："红薇始开，影照波上，折花弄流，衔觞对弈。"（《游大字院记》）景祐三年（1036）欧阳修被贬夷陵令，自京师沿汴水过淮水溯长江而上，历时五月方到贬所，行程中多次写到与友人下棋（《于役志》）。谪居夷陵时期，热爱下棋之

---

①　参见章华英《宋代古琴音乐研究》，中华书局 2013 年版，第 498—502 页。

兴有增无减，虽然旧日棋友已云散，新交友朋却也相得甚长。峡州知州朱正基、军事判官丁宝臣（字元珍）、军事推官朱处仁（字表臣）皆是夷陵时新交好友，他们意气相投，"平日相从乐会文，博枭壶马占朋分"（《龙兴寺小饮呈表臣元珍》），俨然重现洛阳旧友相从的生活。甚至在请假迎娶薛夫人的归途中依旧"棋酒甚欢"（《自枝江山行至平陆驿五言二十四韵》）。自夷陵召还以后，欧阳修在政务闲暇，常同二三同僚好友仍经常饮弈为乐。作于皇祐元年（1049）的名篇《梦中作》云："夜凉吹笛千山月，路暗迷人百种花。棋罢不知人换世，酒阑无奈客思家。"嘉祐四年（1059），欧阳修在翰林学士任，与吴奎、刘敞等好友六人在编修院观古碑，相与饮弈："时余在翰林，以孟飨致斋《唐书》局中，六人者相与饮弈欢然，终日而去。盖一时之盛集也。"（《赛阳山文》）

二　棋道观：寓心与无欲

纵观欧阳修一生的弈棋活动，他对于棋的热爱与迷恋不言自明。面对生活中如此喜欢的一项重要内容，他内心的看法如何，他对于棋的意义如何界定，是值得探讨的一个问题。

首先，欧阳修对于棋的表达幽微隐曲。在欧阳修的笔下，棋被书写的次数相较其余四物远为少。欧阳修日常生活中的"六一"，除"老翁"外，"五物"根据其性质可以分为静态物事和动态娱乐两类，其中藏书、集古属于前者，弹琴、饮酒、弈棋属于后者。在动态的消闲娱乐中，欧阳修的书写并不均衡，弹琴、饮酒的书写比重较大，而弈棋的描写零星琐屑，其正面描写弈棋的作品仅有《新开棋轩呈元珍表臣》一诗。书写中的缺席在某种程度上是欧阳修对弈棋看法的幽微表达，他的回避传递出这样的信息：他无法从正面意义上给予弈棋以个体内心及人生境界的深层肯定，弈棋仅为日常生活中一项消遣，难登大雅之堂，他虽然热爱，却不愿过多记载谈论。

其次，晚年欧阳修对围棋略有贬抑之词。熙宁二年（1069），在知青州的欧阳修屡上乞寿州札子，谋计早日致仕退隐，在闲暇时他回顾平生爱好发出一通感慨云：

> 士有所好，虽万金不以为多，盖务济其欲，宁复顾惜耶？老懒常患多事为劳，偶得闲暇，则又学书，是所好为累者，不问何事皆然也。……然则无欲于物，人之至难，苟有至焉，可以御敌。学书劳力，可以寓心，亦所谓贤与博弈者也。昔人以此垂名后世者，盖爱其

为人，因以贵之尔。(《书琴阮记后》)

此段重点谈论书法，捎带述及弈棋，并由此引申出心与物之关系。欧阳修认为心与物之关系分三重境界：一是心不为外物所囿，即"无欲于物……可以御敌"；二是寓心于物；三是心为外物所系所累，即"士有所好，虽万金不以为多，盖务济其欲"。这三重境界高下判然有别。"无欲于物"的"至人"境界，欧阳修认为自己只有仰望，尚未可及，所幸自己钟爱的书法属于"有益者"，胜于他事，自己勉强可称达到"君子"境界。末尾提出书法"因其人以贵之"的观点，言下之意是书法作为技艺本身并不具有多少尊崇意义，而是作书之人的人格魅力使之珍贵，而不及书贤的博弈在技艺层面上更等而下之。在这种境界秩序的安排中，弈棋地位显然最低，虽然并未明言弈棋属于"伐性汩情"的范畴，但已难归于"君子"境界层次。这也许可以解释他关于弈棋书写缺失的深层原因。

再次，欧阳修的棋道观体现出儒者之心。欧阳修"学书寓心，贤于博弈"的观点可以溯源到《论语》关于博弈的著名论述。《论语·阳货》载："子曰：饱食终日，无所用心，难矣哉！不有博弈者乎？为之，犹贤乎已。"刘宝楠正义云："博弈之人，知其用心，若作他事，当亦用心，故视无所用心者为胜也。"[1] 意思是博弈比啥也不干要好一些，孔子这里仅仅把围棋看作有闲阶层娱乐消遣的工具。弈棋在儒家理论体系中的低下地位由此发端，并影响深远。《孟子·告子》亦有云："今夫弈之为数，小数也。"[2] 此外，长久以来，因追求胜负的竞技性、充满杀伐之气和攻算之机心，围棋屡以小道之名而被相当一部分文人士大夫轻视。这种接受困境的解决往往表现为赋予围棋以法阴阳、象天地、"制胜保德"等道德教化的色彩，班固《弈旨》即是较为明显的此类努力。欧阳修受儒家思想浸染颇深，他虽然首开疑经风气，且在晚年有宽容释道的倾向，但其一生思想观念和信仰整体上是纯儒者，对于弈棋的界定仍不出儒家畛域。面对围棋在儒家思想体系中的接受困境，他没有采取赋予围棋以更多道德附加意义的方式，而是在笔端将其淡化，尽量避免正面涉及。欧阳修仅仅把围棋纳入日常生活娱乐和游戏范畴，回归它的消遣功能和技艺本色，从中透露出他内心深处的儒者观念。

---

① (清) 刘宝楠：《论语正义》，中华书局 1990 年版，第 705 页。

② (清) 焦循：《孟子正义》卷二十三，中华书局 1987 年版，第 779 页。

第五节 饮酒：韬晦弥迹与情趣表达

《六一居士传》提到酒的方式颇为特别，不是"有酒一壶"，而是"常置酒一壶"，语句暗含极强的高频率、动作感以及源源不断的富足状态，这种表达拥有的途径尤为点明饮酒活动的频繁与不同寻常。虽然在"六一"的五物中，酒最后登场，却以压轴的姿态盖过之前的列举。实际上，酒在"六一"之中的重要性居于前列。就发生的频率与生命中持续的时间来考察，集古活动与饮酒活动皆可称为在欧阳修的日常生活中"不可一日无此君"，但在写作《六一居士传》的当下，集古活动已化为一千卷的静态存在，跋尾撰写也告一段落，而饮酒则以无与伦比的影响力一直持续到欧阳修的生命终点，堪称五物之中的领衔角色。

欧阳修一生，与酒结下了不解之缘。他在日常生活中极爱饮酒，以酒会友，以酒浇愁，以笔写酒，酒所带来的生理与心理上的满足是他物所不能比拟的。现存最早的写于及第前的诗中就有"巷有容车陋，门无载酒过"（《闲居即事》）的喟叹，至及第后出仕，经济状况好转，饮酒活动增多。洛阳时期的交游之盛是欧阳修后来屡屡咏叹追思的起点，这段伴随着青春记忆的岁月最大特色便是诗酒风流的快意："谈精锋愈出，饮剧欢无量"（《答梅圣俞寺丞见寄》）的激辩场合，"平时罢军橄，文酒聊相欢"（《七交七首·自叙》）的日常情形，"日相往来，饮酒歌呼"（《张子野墓志铭》）的欢畅；"夜饮翠幕张红灯"（《送徐生之渑池》）的喧哗；"念昔逢花必沾酒，起坐欢呼屡倾榼"（《谢观文王尚书惠西京牡丹举正》）的热闹，对洛阳的纪念和书写无一不伴随着饮酒活动的发生。

西京任满，欧阳修回京任馆阁校勘，俸禄微薄，失去了留守相公的优待资助，常有无钱买酒的抱怨。[①] 不过在京城任职日久，交游逐渐扩大繁盛，蔡襄、薛仲孺、王拱辰、胡宿、刁约、王洙等皆是此时结交好友。景祐三年（1036）被贬夷陵前后，从《于役志》中可以看出，他与三五好友的聚饮、会饮几乎无日无之。"戊子，送希文，饮于祥源之东园。""明日，道卿、损之、公期、君贶、君谟、武平、源叔、仲辉，皆来会

---

① （宋）欧阳修：《与梅圣俞》六，《欧阳修全集》卷一百四十九，第2446页。原题"明道二年"，误。据信中"仆来京师，已及岁矣"，欧阳修景祐元年五月至京师改官，见胡柯《欧阳文忠公年谱》，可知应作于景祐二年五六月间。

饮。""过君谟家，遂召穆之、公期、道滋、景纯夜饮。""庚子，夜饮君贶家，会者公期、君谟、武平、秀才范镇。""景纯、穆之、武平、源叔、仲辉、损之、寿昌、天休、道卿，皆来会饮。"频繁的聚饮固然是因为贬谪途中的诸多饯别，也折射出欧阳修日常交游与饮酒的情态之一斑。到夷陵之后他分外怀念昔日"月中琴、弈、尊酒之会"（《与薛少卿》二），不过夷陵生活也很快结识了新的文酒之友，与丁宝臣、朱处仁等好友或宴集聚饮："平日相从乐会文，博枭壶马占朋分。罚筹多似昆阳矢，酒令严于细柳军。"（《龙兴寺小饮呈表臣元珍》）或携酒游赏："幕府文书日已稀，清尊岁晏喜相携。"（《冬至后三日陪丁元珍游东山寺》）"有时携酒探幽绝，往往上下穷烟霞。"（《寄圣俞》）文酒之会是慰藉欧阳修度过贬谪苦闷的最主要因素。

庆历年间欧阳修先后知谏院、出使河东、河北，迁龙图阁学士，官阶攀升后经济随之宽裕，饮酒不再有景祐初无钱购买的烦恼，加上任职之地多为繁剧大郡，公使库所酿之酒已是极为富足，不需要自己买酒了。在滑州时他就曾叹息"公厨美酒"无法送到好友梅尧臣手上。

"盛游西洛方年少，晚落南谯号醉翁"（《禁中见鞓红牡丹》），从年少到老翁的时间流逝，不变的是对酒始终如一的热爱。但滁州之贬的打击和人格侮辱让欧阳修饮酒的心境和状态已有了很大改变，饮酒时意气飞扬的情态不复存在，而转为借酒浇愁、以酒为晦的消沉郁结。"长松得高荫，磐石堪醉眠"（《游琅琊山》）的遣怀场景，"人生行乐在勉强，有酒莫负琉璃钟"（《丰乐亭小饮》）的无奈表达皆传递这种转变的深刻。同是见逐谪远，滁州的心理困境较之夷陵有数倍之深，因此饮酒情态与心境皆与以往有本质的不同。《醉翁亭记》云："太守与客来饮于此，饮少辄醉，而年又最高，故自号曰醉翁也。醉翁之意不在酒，在乎山水之间也。山水之乐，得之心而寓之酒也。"自号醉翁，将人、酒与山水融合在一起，赋予酒以自我象征的角色定位，使之超越了日常活动的本身内涵，具有深沉的寄寓感慨。解读酒之于欧阳修的意义，"醉翁"称号是重要的切入口。"醉翁"之号是自取而非泛泛而言，其中寓有深意不言而喻。当他的友人富弼评论说"公年四十号翁早"① 时，他回应道："四十未为老，醉翁偶题篇。醉中遗万物，岂复记吾年。"（《题滁州醉翁亭》）不过他是否真的遗忘万物，甚至他是否真的醉，都逃不过那些真正懂得他的知

① （宋）陈鹄：《西塘集耆旧续闻》卷十，中华书局 2002 年版，第 394 页。

己的解读。富弼云"醉翁醉道不醉酒，陶然岂有迁客容"①，指出他能于苦难中超越的精神，与酒无关。刘敞云"醉翁昔时逃世纷，恋此酩酊遗朝簪。心虽独醒迹弥晦，举俗莫得窥浮沈"②，点明酒只是浅层表达，其内心清醒，以酒为晦。曾巩云："一山之隅，一泉之旁，岂公乐哉？乃公所以寄意于此也。"③ 这是对"太守之乐"的内在诠释，酒为"寄意"之具。杨万里云："醉翁若是真个醉，皂白何须镜样明？"④ 亦指出欧阳修不曾忘却世事、是非混一，关注到了醉翁之醉的寄寓内涵。

嘉祐、治平重新回朝时期，欧阳修位望日隆，备位二府，饮酒活动褪去寄寓的内涵重新恢复至日常生活的常规活动。此阶段欧阳修交际广泛，宾客盈门，酒在日常往来、宴集小聚中频繁出现，极具生活气息。"昨日早至薛二家，空心饮十数杯，遂醉，归家却与诸薛饮。……节下，外处送酒颇多，往时介甫在此，每助他为寿，昨只送王乐道及吾兄尔。"（《与梅圣俞》三十二）类似情形便是欧阳修嘉祐、治平时期饮酒活动的常态，喧闹中透露出富足盈余的状态，"常置酒"的物质基础也在这一时期大备。不过因身体逐渐衰老，健康恶化，他表达不得饮酒的遗憾也多在这个时期。"酒绝吃不得，闻仲仪日饮十数杯，既健羡，又不能奉信。"（《与王懿敏公》五）治平四年（1067）离京外任最后致仕归颍的五年间，因为健康的原因欧阳修常常不能饮酒，"某一向不饮，遂不复思。"（《与韩忠献王》三十六）"病齿妨饮，遂不成主礼。"（《与薛少卿》十九）朋友不远千里造访，他才勉强就饮，"公能不远来千里，我病犹堪醑一钟。"（《会老堂》）但他对饮酒的热爱并没有消退，在晚年回顾人生时，酒屡屡出现在象征人生历程的描述中："无穷兴味闲中得，强半光阴醉里销。"（《退居述怀寄北京韩侍中二首》其二）"一生勤苦书千卷，万事销磨酒百分。"（同上其一）

在欧阳修的生活中，酒之不可或缺还可以从以下资料中可见一斑：至和二年（1055），欧阳修为故相王旦作神道碑，其子王素所送润笔资即是

① （宋）陈鹄：《西塘集耆旧续闻》卷十，第394页。
② （宋）刘敞：《同永叔赠沈博士》，《公是集》卷十六，《丛书集成初编》本，第474页。
③ （宋）曾巩：《醒心亭记》，曾巩著，陈杏珍、晁继周点校：《曾巩集》卷十七，中华书局1984年版，第276页。
④ （宋）杨万里：《和曾无疑赠诗及欧阳公事》，杨万里撰，辛更儒笺校：《杨万里集笺校》卷三十八，中华书局2007年版，第1977页。

酒具，"金酒盘盏十副，注子二把"①。王素与欧阳修私交甚笃，当是了解其平日嗜好而为；欧阳修晚年所撰《归田录》中记鲁宗道、张齐贤、寇准、杨亿、华元郡王允良、石延年、刘潜等多人酣饮事，更撰有《九射格》一文，首创九射格的宴饮游戏，可知其对于饮酒的熟稔与热爱。

因此在《六一居士传》中，酒再一次参与构建欧阳修的自我形象，不过六一中的酒所传达的是欧阳修中晚年对酒的认识与定位，即生活必需品和情趣本色的表达，充满闲适意味，与醉翁中的寄意深慨大有不同。

从中年的"醉翁"到晚年的"六一居士"，欧阳修一生中最重要的两个称号的命名皆与酒大有关系，这种角色归属进一步昭示了酒在其生命中的深层意义。

第六节　六一居士：政治家—醉翁—居士

欧阳修《六一居士传》所称"藏书""集古""琴""棋""酒"是属于客体方面，而加上"一翁"即自己则是主体。实际上，"六一居士"是客体和主体的融合混一，是欧阳修生活状态发展到晚年的集中体现，因此也是动态的。作于皇祐元年的名篇《梦中作》云："夜凉吹笛千山月，路暗迷人百种花。棋罢不知人换世，酒阑无奈客思家。"其中"六一"之物占其半，昭示出"六一"在其生命中的重要位置。"六一"的每个部分，在其生活的各个时段都有所体现，而到作《六一居士传》时得到完整总结和直接表述，因此理解"六一居士"的内涵就是把握欧阳修一生各个方面的关键。

一　仕与隐：从政治家到"居士"

欧阳修自号"六一居士"最早是治平三年（1066）他六十岁的时候②，他于熙宁三年（1070）作《六一居士传》并刻之于石，充分说明了"六一居士"的自号是欧阳修一生最重要的事件之一。这一年四月，他由知青州除检校太保、宣徽南院使、判太原府、河东路经略安抚监牧使

---

① （宋）曾慥：《高斋漫录》，《全宋笔记》第四编第五册，大象出版社 2008 年版，第99 页。

② （宋）欧阳修《跋尾》卷五《隋泛爱寺碑》署："治平丙午孟飨摄事斋宫书，南谯醉翁、六一居士。"《欧阳修全集》（中国书店），第 1157 页。

兼并代泽潞麟府岚石路兵马都总管。但在赴阙朝见时，欧阳修上《辞宣徽使判太原府》六札子坚辞任命，而请蔡州。因而在该年四月，诏其为观文殿学士知蔡州，九月到任。次年四月，欧阳修连上表札要求告老，终于在六月以观文殿学士、太子少师致仕。

因此，我们可以说，欧阳修在作《六一居士传》之前，其主体是作为一个政治家身份的，而该文的出现，融注了欧阳修坚于退隐的居士情怀，终于在次年的六月完全致仕成为一位名副其实的居士了。但他在自号"居士"之前，思想和实践上都是有所准备的，这在其作品中有所表现。此处举两条材料加以说明：一是治平四年（1067）五月六十一岁时选其诗十三篇为"思颍诗"，并作《思颍诗后序》云："因假道于颍，盖将谋决归休之计也。乃发旧稿，得自南京以后诗十余篇，皆思颍之作，以见予拳拳于颍者非一日也。"二是治平四年（1067）九月初步写成了《归田录》，序中说："《归田录》者，朝廷之遗事，史官之所不记，与夫士大夫笑谈之余而可录者，录之以备闲居之一览也。"可见，在写作《六一居士传》前的数年，欧阳修就有谋求归田、退居颍州故里的打算。而这一打算，到六十四岁时写作《六一居士传》有了系统表述，次年六月正式得到朝廷批准而致仕退居。

欧阳修从政治家到居士的转变亦有政治背景的因素。他对于变法持稳健态度，与王安石的急于求成不完全合拍。曾作《言青苗钱》二札子、《谢擅止散青苗钱放罪表》等，言青苗法不便。《神宗实录》载欧阳修传言："年六十，以论政不合，固求去位。"[1]

"六一居士"象征着欧阳修的思想从仕至隐的转变，他对"五物"的提炼赋予日常生活以告别政治、消解事功、回归自我的微妙内涵，这一心态转向是解读欧阳修的重要角度。

二 一与多：从醉翁到六一居士

欧阳修在《六一居士传》中特地叙写其更号的过程："六一居士初谪滁山，自号醉翁。既老而衰且病，将退休于颍水之上，则又更号六一居士。"又言："以吾一翁，老于此五物之间。"则其两次自号，都与"翁"相关。欧阳修因体质较弱属早衰之人，加上仕路坎坷，他喜欢在作品中自称"翁"，如"衰翁""白发翁""白须翁""病翁"等，因此取名号时便习惯与"翁"相连。从"醉翁"到"六一居士"，二翁同为欧阳修本人，

_____

[1] 《欧阳修全集》附录卷二《神宗实录本传》，《欧阳修全集》，第2662页。

连贯性不言自明，但"自其变者观之"，其内涵的差异足以判若两人。称"醉翁"时，欧阳修年三十九，在"四十犹强力"的壮年，称翁的行为只是"聊戏客"，并非写实。"翁"的称呼中蕴含他政治失意的激愤苦闷，重在象征心老而非貌衰。撰《六一居士传》时，已是六十四岁高龄，目疾、足疾、淋渴、风湿等诸病缠身，政治上已经历过执政施张而风波未已，更因与新法理念难合，他对于人生和世事的历练、感悟更为深广，容貌亦是"颜摧鬓改真一翁"，"一翁"已是纯粹写实之称呼。

从"醉翁"到"六一居士"的改变，贯穿其中的还有酒的存在，但已从主体因素退居为六物之一。醉翁时期，酒与老翁的界限主客分明，酒是欧阳修内心世界得以寄寓其中的恰当外在形式，是用以韬晦弥迹的绝好屏障，同时更是其建构自我形象的主体因子，是关联内外之间、物我之间、名实之间的重要枢纽。随着仕途及阅历的积累丰富，生命走向迟暮，欧阳修的内心体验和人生思索已非贬滁时的愤慨压抑，而是趋于平和淡泊，蕴含哲理意味的从容，这就是"道"的存在。苏轼《书六一居士传后》云："居士可谓有道者也。虽然，自一观五，居士犹可见也。与五为六，居士不可见也。居士殆将隐矣。"[1] 作《醉翁亭记》时的"醉翁"是未隐之醉翁，作《六一居士传》时的"居士"是将隐之居士。酒仍是他喜爱之物，是生活必备品，但已不需要借以寄托心曲，象征色彩淡化，情趣特征凸显。酒与翁同为"一"，归于日常生活中，而不为生活所隶属。酒还原为酒本身，但又超越了酒本身。

从数量上对比两次称号的更变，可以玩味出些许言外之意。从表层来看，"醉翁"是"一"，是单独的个体，"六一"为"多"，是众物杂陈。进一步分析，则"醉翁"虽然由酒和翁组成，但谪居滁州时的欧阳修既非真醉，亦非真翁，二者皆为其建构形象、寄寓心曲的外在之物，并没有内在合二为一；而"六一"纵然组成部分繁多，却主客消融，六物混一，此时"醉翁"称号之中的两个要素酒与翁已分离，各自为一物，但与其他四物之间闲适自然、纵浪大化的哲理意蕴在本质上是贯通的，是深层的融合。称号的变更昭示出主客、物我之间从内外疏离到浑融为一的过程，亦是欧阳修人生思索的递进历程。

三　"老于五物"：欧阳修退居前后的生活情状

《六一居士传》提到"老于此五物之间"，表现了他对"五物"的挚

---

① （宋）苏轼：《苏轼文集》卷六十六，第 2049 页。

爱，也是对于致仕后生活的憧憬和期待。写《六一居士传》时，欧阳修已决意退居，写作后一年，他真正致仕而退居颍州，践行他所说的"六一"了。他退居前后存留的作品很多，史书相关记载也不少，这里仅举数例以说明之。就藏书而言，尽管欧阳修晚年患有目疾，读书不便，但仍然校雠所藏之书。新发现欧阳修佚简熙宁□年《与陈内翰》云："《汉书》不废校正，居闲谅可精求，所须悉以应副。人吏往来，有事不惜示及。"（佚简第 91《与陈内翰》）又其《书逍遥子后》云："熙宁三年五月九日，病告中校毕。……世传《逍遥子》多脱误，此本雠校未精，然比他人家本，最为佳耳。"是其病中仍在校录古书。就集古而言，欧阳修退居颍州前后，以把玩法帖为晚年乐事，并继作跋尾。其熙宁四年（1071）跋《杂法帖六》云："老年病目，不能读书，又艰于执笔，惟此与《集古录》可以把玩，而不欲屡阅者，留为归颍销日之乐也。"（《跋尾》卷十）周必大《集古录跋尾后序》："四月，题《前汉雁足灯铭》，后数月而公薨，殆集录之绝笔也。"[①] 就弹琴而言，欧阳修长于音乐，善辨琴声，苏轼《水调歌头》小序载："欧阳文忠公尝问余：'琴诗何者最善？'答以退之听颖师琴诗最善。公曰：'此诗最奇丽，然非听琴，乃听琵琶也。'余深然之。"[②] 熙宁二年（1069）他在《读易》诗中云"饮酒横琴销永日"，致仕后亦云"琴书自是千金产"（《答端明王尚书见寄兼简景仁文裕二侍郎二首》），可见弹琴一直陪伴其晚年生活。就弈棋而言，欧阳修熙宁四年（1071）跋《赛阳山文》中还回忆到为翰林学士时与宋祁等六人饮弈的情境："时余在翰林，以孟飨致斋《唐书》局中，六人者相与饮弈欢然，终日而去，盖一时之盛集也。"（《跋尾》卷十）就置酒而言，熙宁五年（1072）五月，赵概自南京来会，知颍州吕公著置酒于会老堂。欧阳修作《会老堂致语》云："欲知盛集继荀陈，请看当筵主与宾。金马玉堂三学士，清风明月两闲人。红芳已尽莺犹啭，青杏初尝酒正醇。美景难并良会少，乘欢举白莫辞频。"曾经担任参知政事的赵概，在朝任职时曾经与欧阳修约定致仕后互相访问，熙宁五年（1072）赵概践约从南京来颍州探访，饮酒赋诗，相聚月余。"清风明月两闲人"是欧阳修和赵概退居生活的写照，二人虽然年老，而饮酒的豪情并未消减，故在颍州的良辰美景之中"乘欢举白莫辞频"。但致仕后的欧阳修毕竟年事已

① （宋）周必大：《欧阳修〈跋尾〉后序》，《欧阳修全集》，中国书店 1986 年版，第 1218 页。
② 唐圭璋编：《全宋词》，中华书局 1965 年版，第 280 页。

高，加以齿足疾患，常常不能饮酒，与友朋还往时止于"清谈一笑"，这在新发现的欧阳修九十六篇佚简中多次提及。

综上所述，"五物"是与欧阳修相伴终生的心爱事物，它们是欧阳修日常生活集中而生动的体现，无一不折射出欧阳修生命中的生活情趣、人生思考和价值追寻，并且与文学创作相互激发影响，全面交融。同时，欧阳修对"五物"的提炼及以"六一"自我命名，进一步赋予"五物"超越日常的象征内涵，蕴含着他晚年思想心态的内在转向。

这种以物指称自我、建构自我的传统可追溯至陶渊明《五柳先生传》，其后王绩《五斗先生传》、白居易《醉吟先生传》皆沿流扬波。承袭传统之外，欧阳修的做法具有鲜明的时代特征。首先，借以指称自我的事物种类由一变多，且皆为安放室内之物，昭示出宋人日常生活内容的丰富多样，审美追求的内敛自足、雅致闲适。其次，"与五为六"所象征的主客消融固然有"居士将隐"的深层内涵，但这一姿态所指向的表层含义——对自我及生活的发现与肯定——是不可忽视的，对欧阳修本人来说，后者的阐释可能更为契合。

就时代影响而言，"六一居士"欧阳修的日常生活是北宋文人士大夫日常生活状态的典型缩影。以集古为例，这一爱好与生活方式引领了其后众多的金石爱好者并产生深远影响，"学士大夫雅多好之，此风遂一煽矣。"① 由此开创金石学。他们的集古活动无一不是深深渗透于日常生活中成为重要内容。据叶国良考索，宋代金石学人多达 300 余家，共有金石著述 140 余种问世。② 较著名者有李公麟《考古图》、吕大临《考古图》、赵明诚《金石录》、洪适《隶释》等。

随着时代推移，南宋人对日常生活的关注和思考已不满足于对它发现肯定，而是从哲学高度进行对象化反思。在理学思潮涌动背景下，欧阳修的日常生活状态和追求受到非议。朱熹就曾给予过激烈的否定评价："只说有书一千卷，《集古录》一千卷，琴一张，酒一壶，棋一局，与一老人为六，更不成说话，分明是自纳败阙。"③ 朱熹的指责基于以"道"改造日常生活、"向身上做功夫"的"穷理尽性"立场，体现了宋代士大夫的日常生活状态至南宋的理学化转向。

---

① （宋）蔡絛：《铁围山丛谈》卷四，中华书局 1983 年版，第 79 页。
② 叶国良：《宋代金石学研究》，台湾书房出版有限公司 2011 年版，第 31—59 页。
③ （宋）黎靖德编：《朱子语类》卷 139，中华书局 1986 年版，第 3310 页。

第二章 醉翁：诗文中的自我形象建构

"饮，诗人之通趣矣。"① 欧阳修就是深谙此趣的其中一个。酒在欧阳修的日常生活与文学创作中皆扮演了极其关键的角色，覆盖广泛而内涵丰富。在生活中他好饮，或知己小聚，或对花独酌；在文学作品中，酒意象随处可见，且技巧多样，内蕴丰富，是构筑文学风貌重要的组成部分。此外，以"醉翁"命名是欧阳修生命历程及心态转变中的关节枢纽，是解读欧阳修的重要切入点，其中酒的角色堪称不可或缺。而从中年的"醉翁"到晚年的"六一居士"，欧阳修一生中最重要的两个称号的命名之由皆与酒大有关系。考虑到二者皆为欧阳修自称，这种自我期许和自我认定进一步昭示了酒在其生命中的深层意义。本章拟对此略作探讨。

第一节 日常酒事

欧阳修笔下屡屡言及饮酒之乐："人生有酒复何求"（《初伏日招王几道小饮》）、"有酒人生何不乐"（《新霜》）、"有酒莫负琉璃钟"（《丰乐亭小饮》）、"况此杯中趣，久得乐无涯"（《答吕公著见赠》）、"日饮官酒诚可乐"（《食糟民》）、"试问弦歌为县政，何如尊俎乐无涯"（《送谢中舍》）。诗句真率直白，虽有贬谪时偶发的愤慨之语，但总体读来仍可见其对饮酒的热爱之情溢于纸上。

欧阳修的酒量如何，苏轼称其"盛年时能饮百盏"②，虽比不了张方平的饮酒论石，也算酒量不浅，与梅尧臣略等。不过他自云"饮少辄

---

① （清）宋大樽：《茗香诗论》，《丛书集成初编》本第 2599 册，中华书局 1985 年版，第 5 页。

② （宋）胡仔：《苕溪渔隐丛话》前集卷四，人民文学出版社 1962 年版，第 24 页。

醉"，这个描述差异或许可以用苏轼的"世人言醉时是醒时语"① 作解。于是醉翁之酣然醉态常现笔下：宴饮后大醉，"醉中上马不知夜，但见九陌灯火人喧哗。归来不记与君别，酒醒起坐空咨嗟"（《重赠刘原父》）；滁州时大醉，"有时醉倒枕溪石，青山白云为枕屏。花间百鸟唤不觉，日落山风吹自醒"（《赠沈遵》）；年老时仍大醉："前日饮酒殊欢，遂至过量，醉中不能相别，还家遽已颓然。小儿生六七岁者，未识乃翁醉，皆惊呼戏笑之。凌晨食肝生，颇觉当年情味犹在，但老不任酒力矣。"（佚简第89）在这些记载中，欧阳修对醉态的自我形象的描摹勾勒充满了清雅的文士气息和浓郁盎然的生活情趣，情节细致逼真。相较之下，太白"日日醉如泥"的描述不免流于粗线条，且醉态有些粗鄙。两种不同的醉态描摹背后其实体现了两种不同的时代文化类型的浸染。

在日常生活中，欧阳修的饮酒场合无处不在。羁旅行役时需饮酒相慰：贬谪夷陵途中，"溪菊荐山尊，田舆佑烹鼎"（《自枝江山行至平陆驿五言二十四韵》）；出使契丹时，"病思寒添睡，春愁梦在家。谁能慰寂寞，惟有酒如霞"（《春雪》）；三五好友宴饮欢聚时需饮酒助兴："爱客东阿宴，清欢北海觞"（《双桂楼》）、"缅怀京师友，文酒邈高会"（《水谷夜行寄子美圣俞》）；祖帐践行送别友人时需饮酒惜别："落日催行客，东风吹酒尊"（《送王汲宰蓝田》）、"明日君当千里行，今朝始共一尊酒"（《小饮坐中赠别祖择之赴陕府》）；平居读书时饮酒以遣怀："饮酒横琴销永日，焚香读《易》过残春"（《读易》）；郊外寓目游赏时饮酒以助兴："清泉白石对斟酌，岩花野鸟为交朋"（《伏日赠徐焦二生》）、"犹堪携酒醉其下，谁肯伴我颓巾冠"（《镇阳残杏》）；欣逢佳节少不了饮酒："尊俎逢佳节，簪缨奉宴居"（《钱相中伏日池亭宴会分韵》）、"晴原霜后若榴红，佳节登临兴未穷。日泛花光摇露际，酒浮山色入尊中"（《秋日与诸君马头山登高》）；闲来无事时更要饮酒："美酒清香销昼景，冷风残雪作春寒"（《摄事斋宫偶书》）、"无穷兴味闲中得，强半光阴醉里销"（《退居述怀寄北京韩侍中其二》）；哪怕是身体抱恙时仍忍不住要饮上几杯："病客多年掩绿尊，今宵为尔一颜酶"（《赠歌者》）、"此中自有忘言趣，病客犹堪奉一尊"（《答和吕侍读》）。可谓是"醉翁到处不曾醒"（《留题南楼二绝》）。饮酒贯穿了欧阳修的大半生以及日常生活的方方面面，他无酒不欢，兴来辄饮，不过饮无豪饮，醉不失态。在不同的时空场景下，其饮酒之心情自然也千差万别，或落寞或欢愉或慷慨

---

① （宋）胡仔：《苕溪渔隐丛话》前集卷四，人民文学出版社 1962 年版，第 24 页。

或宁静，然而都在统一的饮酒行为中获得了不同程度的排解和沉潜，获得了审美的净化超越。

就饮酒方式来说，主要有独酌和聚饮两种。这两种方式的区别不单在于有无酒友陪伴，而更多的是代表了欧阳修一生中不同阶段的生活状态和内心情愫。欧阳修的独酌多见于以下几个时期：早年任西京留守推官居洛时，胥氏夫人去世，他忧伤感怀，郁郁独居，作《雨中独酌》二首、《绿竹堂独饮》、《暇日雨后绿竹堂独居兼简府中诸僚》等悼亡诗，至云"古来此事无可奈，不如饮此尊中醪"，此时酒是伤心怀抱的最好抚慰；中年身遭谗谤，谪居滁州，一腔失意之块垒无处可销，只有游山遣怀，寓迹于酒，"无人歌青春，自醨白玉厄"（《答吕公著见赠》）；晚年退居颍上闲居，"花前独酌尊前月，淮上扁舟枕上山"（《答和王宣徽》），酒为晚年闲适清幽生活的知己伴侣。与独酌时指向内心、幽微婉曲的情怀不同，聚饮时的欧阳修多喜嗜酒歌呼，或醉后剧谈，这是其性格特征中慷慨激昂意气飞扬的一面，发生场合多在人生顺利平稳的阶段，如早年洛中诸友的文酒之会、中年居京备位二府时的宾客盈门。虽然频繁的宴饮有时会使他孱弱的身体颇为劳累，但总体上欧阳修很享受这种热闹繁华。他常诵孔融"坐上客常满，樽中酒不空"诗句①，就表达了类似的情怀。早年贬黜夷陵，《于役志》中记载了从开封出发到次公安渡九十多天行程中的生活内容，可以看到其中四十天也就是近一半的时间皆有与友人会饮的记录。聚会宴饮中的分韵赋诗还大大刺激了与会诸人的诗歌创作，欧阳修还受启发首创不许犯体貌之语的"白战体"诗歌，丰富了传统诗歌的表现手法。在宴饮集会中，欧阳修还以展示自己的碑刻等特殊收藏品的别样方式来助酒兴②。聚饮方式的存在次数多于独酌，对于欧阳修的个人生活和文学创作影响深远，其意义也是多方面的。

由于好饮既久，欧阳修亦精于对酒的鉴赏。庆历五年（1045）至滁州后，他不久即发现其地"酒味甲于淮南"，于是"读书倦即饮射"（《与梅圣俞》十八）。与儿子家书中他评价颍州、亳州、襄州等各地酒的优劣云："颍酒二瓶，且可吃。亳酒更不及。"（《与大寺丞发》四）"襄州酒二瓶，不甚好，但少胜颍尔。"（《与大寺丞发》六）嘉祐间官荣清近，经常能得到皇帝赐酒，所谓"宫壶日赐新拨醅"（《啼鸟》）。因此

---

① （宋）惠洪：《冷斋夜话》卷二，惠洪著，陈新点校：《冷斋夜话》，中华书局 1988
　　年版，第 19 页。

② （宋）刘敞《和永叔寒夜会饮寄江十》自注："永叔出所收古文碑碣及龙头铜枪示客，
　　以张饮兴也。"《公是集》卷十二，《宋集珍本丛刊》第 9 册，第 440 页。

到梅尧臣家做客，便能精准的品尝出所饮之酒"甚醇，非常人家所有"
（《归田录》卷二），经打听果然得自皇亲。与友人赠答往还中亦常有酒。
熙宁元年（1068），欧阳修知青州，感叹此地无好酒以赠好友韩琦，"东
州难得酒村，郡酝不堪于信。惟羔羊新得法造，又以伤生不能多作，然谓
其味尚可少荐尊俎。"（《与韩忠献王》三十五）"羔羊"指羊羔酒，产于
山西，为酒中上品。《事林广记》载有"宣和化成殿"羊羔酒配方："米
一石，如常法浸浆，肥羊肉七斤，曲十四两。将羊肉切作小块烂煮，杏仁
一斤同煮。留汁七斗许，拌米饭曲，用木香一两同酝，不得犯水。十日
熟，味极甘滑。"① 可知其得名于配方有羊肉，由于进贡数量不能满足需
要，皇家也开始动手酿造。宋代此酒非常珍贵，皇帝常用以赐勋臣。王定
国《甲申杂记》云："初，贡团茶及白羊酒，惟见任两府方赐之。"② 熙
宁四年（1071），欧阳修就得到过赏赐。③ 它也是美酒中价格较高的。《东
京梦华录》卷二载曲院街南遇仙正店"是酒店上户，银瓶酒七十二文一
角，羊羔酒八十一文一角。"④ 欧阳修所载"羔羊新得法造"，可能是青
州新创羊羔酒的不同制作方法，但酒无疑极为珍贵，所以才能入韩琦法
眼。由此可见欧、韩二人饮酒的品位之精。其后熙宁四年（1071）韩琦
赠欧阳修之酒想来亦非凡品："辱贶斋酝，尤为醇美。"（《与韩忠献王》
四十二）

　　欧阳修爱饮酒，爱品酒，亦爱写酒。酒之于欧阳修，是日常生活各个
方面不可或缺的组成部分，无声浸润于生活的底色之中，衬托出生活之上
的多样人生境遇和内心情怀。

第二节　酒之功效与理性精神

一　浇愁之具与心灵慰藉

　　自从酒发明以来，解忧浇愁是最为显著的功用之一。从曹操"何以

---

① （宋）陈元靓：《事林广记》，中华书局1999年版，第527页。

② （宋）王定国：《甲申杂记》，《全宋笔记》第二编，第6册，第41页。

③ （宋）欧阳修：《谢明堂礼毕宣赐表》："赐臣衣一袭……米面羊酒等者。"《欧阳修全
集》卷九十四，第1420页。

④ （宋）孟元老撰，邓之诚注：《东京梦华录注》，中华书局1982年版，第52页。

解忧，唯有杜康"的率直表达到李白"举杯消愁愁更愁"的无奈自语，诗人在饮酒时皆不约而同地追求这一目标。虽多数情形下收效甚微，但这一主观目的却如文学母题一样根植在诗人饮酒行为及诗文主旨中。"陶渊明诗'酒能消百虑'，杜子美云'一酌散千忧'，皆得趣之句也。"[1] 欧阳修的饮酒活动很多情况下也摆脱不了这个古老而常新的主题。

欧阳修一生虽位望尊宠、文名远播，但亲人的离世、官场的坎坷、年华的易逝、人生的困顿仍然是挥之不去的隐痛。此时酒是痛苦心灵的慰藉。

明道二年（1033）三月，新婚不久年仅17岁的胥氏夫人病亡，欧阳修其时因史事至京师甚至没有来得及见最后一面。诗中无处可诉其无法可消的痛苦遗恨：

> 忧从中来不自遣，强叩瓦缶何譊譊。伊人达者尚乃尔，情之所钟况吾曹。愁填胸中若山积，虽欲强饮如沃焦。乃判自古英壮气，不有此恨如何消。又闻浮屠说生死，灭没谓若梦幻泡。前有万古后万世，其中一世独蚍蟒。安得独洒一榻泪，欲助河水增滔滔。古来此事无可奈，不如饮此尊中醪。(《绿竹堂独饮》节选)

此为悼亡之愁。在此时，庄子忘情、浮屠堪破这两种排遣方法皆失去作用，饮酒是聊胜于无的安慰和消解方式，其效果如何似乎不言自明。

> 遥知为客恨，应赖酒杯消。(《送王尚恭隰州幕》)
> 非乡况复惊残岁，慰客偏宜把酒杯。(《黄溪夜泊》)

此为羁旅迁客之愁。景祐三年（1036）五月，欧阳修因上书言事被贬夷陵。欧阳修曾告诫友人到贬所后"慎勿作戚戚之文"，他自己也是如此遵守的。《夷陵县至喜堂记》云："始来而不乐，既至而后喜。"然而身为迁客，异乡残岁，羁旅之愁仍是如薄雾一样笼罩于夷陵时期的诗文作品中，而饮酒也是夷陵时期始终没有间断的行为之一。一年多的夷陵生活，欧阳修始终在愁闷积郁与放达开解之间摇摆。把酒慰客愁，是与诗歌唱和

---

① （宋）周必大《二老堂诗话》"陶杜酒诗"条，（清）何文焕辑：《历代诗话》，中华书局1981年版，第669页。

一样的积极调整心态的方式。

庆历五年（1045），欧阳修身遭谗谤谪居滁州，山城苦寂，内心压抑，在"众宾欢也""太守醉也"的热闹熙攘背后，欧阳修的胸中块垒、幽居之愤并没有涣然冰释：

> 林枯山瘦失颜色，我意岂能无寂寞。衰颜得酒犹强发，可醉岂须嫌酒浊。泉傍菊花方烂漫，短日寒辉相照灼。无情木石尚须老，有酒人生何不乐。（《新霜》其一）

此为仕途失意之愁。《秋声赋》云："草木无情，有时飘零。人为动物，惟物之灵，百忧感其心，万事劳其形，有动于中，必摇其精。"草木山石在风雨侵凌之下犹日益破败凋零，脆弱而短暂的个体生命在风雨摧残后该当如何，干脆及时饮酒行乐。有酒的人生就可以满足了。在心情激愤之下，滁州之酒似乎也算不上"酒味甲于淮南"（《与梅圣俞》十八），只是普通的浊酒，能醉人即可。

> 颜摧鬓改真一翁，心以忧醉安知乐。（《赠沈博士歌》）
> 须知朱颜不可恃，有酒当欢且相属。（《会饮圣俞家有作兼呈原父景仁圣从》）
> 髀肉已消嗟病骨，冻醪犹可慰愁颜。（《表海亭》）

此为年华易逝、壮心堪惊之愁。"颜摧鬓改""髀肉已消"的现实提示着青春不再，这种迟暮之感与其说是忧愁不如说是深沉喟叹，饮酒仍是颇好的安慰，恰似多年故旧知己。

正如欧阳修所云"人生浪自苦，得酒且开释"（《折刑部海棠戏赠圣俞》其一），以酒浇愁是人生中平常普通的缓解压力的办法，其效果也各有不同。饮酒诗文中，以酒浇愁的主题凭借强大的传统惯性以自然而然的方式存在于欧阳修的创作之中。不过在欧阳修的饮酒观念中，解愁消愁并不是他最期待的效果。欧阳修始终只是把它看作无法可解之人生困境的聊胜于无的最后努力，这体现出他的清醒意识，说明他不曾真正沉醉于酒中。以上人生困境，或为时间流逝所冲淡，或为著史事业所消解，或为追求永恒的方式所超越，或者终无可解沉潜于内心，酒不曾真正发挥解愁的实质作用。欧阳修曾说"达人但饮酒"（《折刑部海棠戏赠圣俞》其二），他早年在洛中亦自称"达老"，这种放达、练达、通达之境界是他尽心追求的。达人饮酒，虽无沉酗，愁亦在消与未消之间，不妨具有别样风情。

二 友情见证与身份认同

在欧阳修生活中，与酒相伴的未必皆是愁苦心境。实际上，平居言笑宴饮、朋友相聚更为常见。欧阳修平生交游广泛，朋友众多，其中以梅尧臣、丁宝臣、刘敞、韩琦、韩绛、许元等人往来尤为频繁，经常相过宴饮、诗酒酬唱。他们之中有洛阳旧友，有夷陵知交，有玉堂同僚，是欧阳修人生不同阶段的陪伴者和经历浓缩。酒是他们欢聚的席上良品，是诗歌创作的绝佳诱导，更是他们相惜情谊的见证。

> 与君结交游，我最先众人。我少既多难，君家常苦贫。今为两衰翁，发白面亦皱。……幸同居京城，远不隔重闉。朝罢二三公，随我如鱼鳞。君闻我来喜，置酒留逡巡。不待主人请，自脱头上巾。欢情虽渐鲜，老意益相亲。（《依韵奉酬圣俞二十五兄见赠之作》）

欧、梅二人自年少结交，情好款契，诗文酬唱、简牍往还三十年，中年虽因二人社会地位相差悬殊而有所疏离①，但总体上二人情谊终生未曾根本改变。第二首诗所叙相从宴饮的场景，颇似春韭黄粱之情形，淳朴而真挚的情感令人动容。不同的是，此时席上春韭黄粱已替换为酒，物品虽殊，相惜之谊如一。

三五好友，相聚饮酒歌呼，赋诗论文，这种相知相得之乐是欧阳修个人生活中极其重要的构成部分。他珍视友情，喜欢并享受宴集飞觞的热闹喧哗，自云"三十以前尚好文华，嗜酒歌呼"（《答孙正之侔第二书》）。三年洛中生活，"一府之士，皆魁杰贤豪，日相往来，饮酒歌呼，上下角逐，争相先后以为笑乐。"（《张子野墓志铭》），是以对洛中宴集游赏的追忆常常现于中晚年的欧阳修笔下。怀念旧友和青春岁月，更多的是缅怀那种自己醉心其中的生活方式和醇厚友情。这种生活方式也是宋代大部分

---

① 欧、梅二人之谊，嘉祐年间曾因地位差距过大而略有罅隙，但二人并未因此断交，后逐渐恢复关系。见张仲谋《梅尧臣、欧阳修交谊考辨》，《徐州师范学院学报》1992年第4期，第51—54页；金传道：《北宋书信研究》，博士学位论文，复旦大学，2008年。

文人不同于前代的主要生活方式①。甚至，相聚宴集的温暖和友情的慰藉足以淡化迁谪之恨、羁旅之愁。在奔赴夷陵三个多月的旅程中，欧阳修与友朋的送别宴饮非常频繁，忙得不可开交。而一年多的夷陵谪居生活，虽远在天涯春风不度，但因有丁宝臣、朱处仁等好友的诗酒往还，山城岁月亦不寂寞：

> 平日相从乐会文，博枭壶马占朋分。罚筹多似昆阳矢，酒令严于细柳军。蔽日雪云犹暧嫒，欲晴花气渐氤氲。一尊万事皆豪末，螟赢蜾蛉岂足云。（《龙兴寺小饮呈表臣元珍》）

一年后欧阳修徙乾德光化县令，本是移近地以示优待，欧阳修心情却不佳："修昨在夷陵，郡将故人，幕席皆前名，县有江山之胜，虽在天涯，聊可自乐。此邑虽便于饮食医药，然官属无雅士，军牧虞曹，此况不言可知也。"（《与梅圣俞》七）贬谪滁州后，"州僚亦雅"（《与梅圣俞》十八）也是促使其心情平静愉悦的重要因素。

此处"雅士"的概念模糊地表明了欧阳修关于饮酒行为的群体身份界定意识，并非所有爱酒之人皆能把酒言欢，酒肉之徒、"军牧虞曹"与欧阳修们并没有觥筹交错的机会和境界。关于北宋士大夫的群体自觉，学术界讨论颇多，集中表现为文学结盟和政治结盟。② 这里重点讨论的是，在日常饮酒行为中，北宋士大夫的群体自觉意识亦有着细微渗透和显著体现。由欧阳修所首创的酒中雅士群体有别于前代嗜酒之文人个体，是其强化身份认同的符号和方式。前代文人未尝不聚集宴饮，但无论是竹林七贤，还是饮中八仙，其群体的自我意识和集体观念都非常模糊，他们不曾明确自列于其他酒徒之外，反而是混迹于芸芸饮酒众生的倾向较为明显。二者区别的重要标志自然在于文学创作。但这种文酒之会不同于李杜之间"何时一尊酒，重与细论文"的模式，后者是酒

① 王水照《北宋洛阳文人集团与地域环境的关系》："宋代的更大规模的科举活动所造成的全国性人才大流动、经常性的游宦、频繁的贬谪以及以文酒诗会为中心的文人间交往过从，就成为宋代作家们的主要生存方式了。"《王水照自选集》，上海教育出版社2000年版，第153页。

② 余英时《士与中国文化》在讨论"汉晋之际士之新自觉与新思潮"时提到宋代是继战国时期、东汉末年士阶层的兴起和自觉以来的又一次士的群体自觉之时代。上海人民出版社2003年版，第260页。王水照：《北宋的文学结盟与尚"统"的社会思潮》亦有类似讨论，《王水照自选集》，第105—130页。

与文的叠加，"尊酒"是"论文"的外在背景，而前者的重点在于文学创作的存在是对饮酒行为庸俗一面的超越和净化，以此完成宴饮集会的雅化，树立酒中雅士这一新型群体，使其本质有别于普通饮酒的"酒肉狂人"。早在洛中时期，欧阳修便明确提出这种观念。好友梅尧臣曾记载过这样一件事：

> 余将北归河阳，友人欧阳永叔与二三君具肴豆，选胜绝，欲极一日之欢以为别。于是得普明精庐，酾酒竹林间，少长环席，去献酬之礼，而上不失容，下不及乱，和然啸歌，趣逸天外。酒既酣，永叔曰："今日之乐，无愧于古昔，乘美景，远尘俗，开口道心胸间，达则达矣，于文则未也。"命取纸写昔贤佳句，置坐上，各探一句，字字为韵，以志兹会之美。咸曰："永叔言是。不尔，后人将以我辈为酒肉狂人乎！"顷刻，众诗皆就，乃索大白，尽醉而去，明日第其篇请余为叙云。①

此事发生于明道元年（1032）初秋，欧阳修 26 岁。此时梅尧臣移官河阳，欧阳修与好友尹洙、谢绛、王复等洛中故友一起送别梅尧臣赴任。普明院为白居易故宅，也是欧阳修与二三好友闲暇时多次游览之地，前一年的天圣九年（1031）夏，欧阳修有《游大字院记》云："折花弄流，衔觞对弈。非有清吟啸歌，不足以开欢情，故与诸君子有避暑之咏。"可知平日宴饮时赋诗是欧阳修一贯主动倡导的行为。约五十年后他们的壁间题诗还留存故地，张耒曾寓目②。

欧阳修常常有自我历史定位的明晰意识和焦虑感，明道元年（1032）的送别就是个比较典型的例子。在"酾酒竹林""和然啸歌"的日常宴饮中，他似乎没有沉醉于酒酣之中遗忘万物，而是极为关注是否"无愧于古昔"。过去和未来的遥远时空距离经常被他压缩为咫尺之间，在单维度的线性对比下，他需要一种对往昔的超越（甚至也包括同时代

---

① （宋）梅尧臣：《新秋普明院竹林小饮诗序》，《梅尧臣集编年校注》卷二，第 32—33 页。

② （宋）张耒《明道杂志》："余游洛阳大字院，见欧公、谢希深、尹师鲁、圣俞等避暑唱和诗牌。"（《全宋笔记》第二编第七册，第 15 页）据近人邵祖寿《张文潜先生年谱》载"元丰元年戊午，二十五岁……先生补官洛阳。"（《宋人年谱丛刊》第五册，第 3227 页）元丰元年（1078）距天圣九年（1031）已有 48 年。

的他者）以凸显自我的存在和价值。饮酒这一绵延久远参预者众多的行为恰恰提供了一个绝好的对照维度。值得注意的是，欧阳修的这种超越意识立刻得到了友人的赞同响应，同时，"后人"这一视角也被纳入进来。后人如何认定"我辈"这个群体，需要自我积极的进行建构。"后人"与"古昔"构成了一个完整的时间链，欧阳修的首唱和友人的群体响应表明了北宋士大夫的群体自觉如何渗透于日常行为和私人生活中，或者说日常中滋养和凸显的群体自觉蔓延到文学和政治领域，后者才是前者的逻辑延伸。①

在退朝之后、闲暇之际的日常诗酒酬唱中，欧阳修的这种"吾辈"自得情怀屡屡以婉曲的方式流露笔下。虽然作品中他常慨叹年华老大、生事蹉跎，但在叙及与友人的互动或互动期待时，他的"雅士"群体意识便一再浮现纸上，不乏自矜自得之意：

> 玉阶朝罢卷晨班，官舍相留一笑间。与世渐疏嗟已老，得朋为乐偶偷闲。红笺搦管吟红药，绿酒盈尊舞绿鬈。自是风情年少事，多惭白发与苍颜。（《答子华舍人退朝小饮官舍》）
>
> 君子忽我顾，贫家复何有。虚堂来清风，佳果荐浊酒。简编记遗逸，论议相可否。（《答刘原父舍人见过后中夜酒定复追昨日所览杂记并简梅圣俞之作》）
>
> 琼花落处紫仙仗，玉殿光中认赭袍。下直笑谈多乐事，平时尊酒属吾曹。羡君年少才无敌，顾我虽衰饮尚豪。（《奉和刘舍人初雪》）

分韵赋诗、论议谈道的内容使得以欧阳修为代表的北宋士大夫群体饮酒生活异于前人，更重要的是，他们对此有清醒的自我意识，明晰的群体身份界定和自我期许。

三　日常生活的情趣象征

熙宁五年（1072）春，已退居颍上的欧阳修写诗酬答好友王素、范镇及张掞。三人皆于前一两年致仕居家。诗述及闲居之乐云：

---

① 王水照《北宋的文学结盟与尚"统"的社会思潮》："文学结盟是政治结盟的逻辑延伸"，《王水照自选集》，第128页。

多病新还太守章，归来白首兴何长。琴书自是千金产，日月闲销百刻香。尚有俸钱沽美酒，自栽花圃趁新阳。醉翁生计今如此，一笑何时共一觞。（《答端明王尚书见寄兼简景仁文裕二侍郎二首》其二）

晚年赋闲居洛的白居易亦有赠友人诗涉及类似主题：

少时犹不忧生计，老后谁能惜酒钱？共把十千沽一斗，相看七十欠三年。闲征雅令穷经史，醉听清吟胜管弦。更待菊黄家酝熟，共君一醉一陶然。①

二诗主题同为闲居之乐，并邀友人相聚共醉。诗中所涉及闲居之生活方式皆有读书、饮酒、鸣琴、栽花（赏花）四种，情致盎然，诗人心境与诗歌意境一样闲适舒缓。二诗相较，可见欧阳修模仿的痕迹非常明显。不同的是，欧诗出语稍雅，以平易替换白诗之浅易，避免了白诗"滑、俗、衍、尽"②四病。诗作类似的背后是生活方式的接近。"作为中国传统文化由盛而衰转折之处士大夫的典型，白居易的思想及其生活对以后历代士大夫产生了极深远的影响。"③欧阳修与白居易生存的出处仕隐选择在晚年既趋一致，辐射到生活方式及文学表现中，便出现类似的建构日常生活审美化的方式。正如论者所指出的，"平易疏畅的诗风，在抒写自然情趣时得到相宜的内容，写来更觉坦易，颇似白居易晚年。"④酒在其中是不可或缺的重要符号。醉翁之称号很难说没有醉吟先生的影子，白诗"两枝杨柳小楼中，嬝娜多年伴醉翁"⑤中已出现过这一名称。从整体人生境界与思想深度来说，白居易似未达到欧阳修思考的层次，但在以酒为媒介构建日常生活审美化的途径和范畴中，二者无疑有内在的承续关系。

在欧阳修笔下，酒的日常生活表现功能较之白居易有更丰富的呈现。

① （唐）白居易：《与梦得沽酒闲饮且约后期》，白居易撰，谢思炜校注：《白居易诗集校注》卷三十四，中华书局 2006 年版，第 2604 页。

② （元）方回选评，李庆甲汇评校点：《瀛奎律髓汇评》，上海古籍出版社 1986 年版，第 538 页。

③ 王毅：《中国园林文化史》，上海人民出版社 2004 年版，第 128 页。

④ 严杰：《欧阳修诗歌创作阶段论》，《文学遗产》1998 年第 4 期，第 76 页。

⑤ （唐）白居易：《别柳枝》，《白居易诗集校注》卷三十五，第 2635 页。

它如繁星点缀于欧阳修的日常生活中，抒发着闲适写意的情韵。它作为具体物象，但又超越了仅为饮用品的层次，成为温暖而富有情趣的日常生活符号象征。寂寞的夷陵山城生活因清尊美酒的安慰增色不少："幕府文书日已稀，清尊岁晏喜相携。"（《冬至后三日陪丁元珍游东山寺》）清冷的斋宫生活亦因美酒陪伴而有些暖意："斋宫岑寂偶偷闲，犹觉闲中兴未阑。美酒清香销昼景，冷风残雪作春寒。"（《摄事斋宫偶书》）知亳州时以酒销日，"铜槽旋压清尊美，玉麈闲挥白日长"（《奉答子履学士见赠之作》）、"白醪酒嫩迎秋熟，红枣林繁喜岁丰。"（《郡斋书事寄子履》）知青州时，"饮酒横琴销永日，焚香读《易》过残春。"（《读易》）追忆颍州生活："焦陂八月新酒熟，秋水鱼肥鲙如玉。"（《忆焦陂》）退居颍上的日子是"鸣琴酌酒留嘉客，引水栽花过一春。"（《答判班孙待制见寄》）在欧阳修一生的各个时期，在偷闲的私人生活中，饮酒皆是愉悦身心、用以销日的绝好生活方式。不过他的诗作表达也就是对其日常生活审美化的建构也和白居易一样在生命的前后两个时期有明显的转变痕迹，闲适诗多作于中晚年。

嘉祐元年（1056），欧阳修奉命出使契丹，在风沙扑面的塞外苦寒之地，他以幻想中的美酒花开来安慰枯寂的旅程：

> 北风吹沙千里黄，马行确荦悲摧藏。当冬万物惨颜色，冰雪射日生光芒。一年百日风尘道，安得朱颜长美好。揽鞍鞭马行勿迟，酒熟花开二月时。（《风吹沙》）

"北宋使臣们的入辽是受朝廷派遣，旅思与使命之间的矛盾是外加的，诗人们出使并不是自主意愿，因而怀乡思亲，成了使辽诗的一大内容。"[1] 因身体衰弱并患有眼疾，使辽对近五十岁欧阳修来说是推辞不掉的苦差事。因此在欧阳修使辽诗中，我们看不到盛唐边塞诗中的昂扬精神和壮丽景象，只有对旅程辛苦的哀叹和无奈的总结"男儿虽有四方志，无事何须勤远征"（《马啮雪》），"一味地让自己沉浸于思亲盼归的情绪中"[2]。此诗就是类似心情的流露。不过此处酒的意象运用有点睛之妙。"酒熟花开"象征着和煦温暖的平居岁月，点缀于荒凉苍茫的诗歌尾部，令人倍感慰藉而充满希望，诗歌的色彩顿时明亮起来。这种跳脱于当下创

---

① 王水照：《论北宋使辽诗的两个问题》，《王水照自选集》，第 254 页。
② 王水照：《论北宋使辽诗的两个问题》，《王水照自选集》，第 254 页。

作情境的超越性想象是欧诗中的常见手法。由酒带来的美好想象也重新赋予酒这一常见诗歌意象浓郁的生活内涵和情韵。

四　饮酒之理性精神

《说文》云："酒，就也，所以就人性之善恶。"① 这个说法从某种程度上揭示了相同的饮酒行为之于每个人所呈现出的状态却是因人而异千差万别的。就饮酒时的沉酣状态来说，欧阳修不同于其他好酒文人的地方在于他始终保持一份理性和清醒，虽然他屡述醉态，却仍在以下几个方面透露出节制自省的理性精神，这是时代赋予的整体性格特征，同时也是他独具特点的思维方式。

1. 谪居饮酒时的理性自制

"欧阳修一向执着于明晰、可以通过理性来感知的事物。"② 早在贬谪夷陵时期即见出理智的节制精神。泛舟初入长江，面对陌生的环境和即将开始的蛮荒生涯，他尽力做到了不作"戚戚之文"，甚至写道"行见江山且吟咏，不因迁谪岂能来"（《黄溪夜泊》），旷达豪迈。在七律《初至虎牙滩见江山类龙门》一诗中，有论者评为"冷静得令人吃惊，几乎看不出人生道路上刚刚受到挫折"。③ 至夷陵后，对于谪居生活的遣怀之法，他更表现出罕见的理性，尤其提到不能沉湎于酒："近世人因言事亦有被贬者，然或傲逸狂醉，自言我为大不为小。故师鲁相别，自言益慎职，无饮酒，此事修今亦遵此语。咽喉自出京愈矣，至今不曾饮酒，到县后勤官，以惩洛中时懒慢矣。"（《与尹师鲁第一书》）因此，夷陵时期虽然仍不间断有文酒之欢，但并非"傲逸狂醉"，而是近似郊外游赏的普通消遣行为。实际上，在谪居时期，包括其后的滁州之贬，欧阳修始终不曾像石延年那样逃于酒，放浪形骸，即源于他对于"狂醉"行为的否定。④ 这是欧阳修在饮酒行为中尤其是谪居时期所采取的整体理性观念。

---

① （汉）许慎：《说文解字》卷十四，中华书局 1963 年版，第 311 页。
② 陈幼石：《韩柳欧苏古文论》，上海文艺出版社 1983 年版，第 97 页。
③ 严杰：《欧阳修诗歌创作阶段论》，《文学遗产》1998 年第 4 期，第 71 页。
④ 欧阳修对石延年的描述较为特殊，多用否定虚词来表达赞赏，但他的态度其实模棱于赞赏与批评之间，否定虚词正反映了这种不能积极称颂的情绪。见陈幼石《韩柳欧苏古文论》，第 104 页注①。

2. 君子之乐：平等节制的宴饮

欧阳修曾作《九射格》一文，里面所传达的宴饮思想颇值得注意：

> 九射之格，其物九，为一大侯，而寓以八侯。熊当中，虎居上，鹿居下，雕、雉、猿居右，雁、兔、鱼居左。而物各有筹，射中其物，则视筹所大而饮之。射者，所以为群居之乐也。而古之君子以争九射之格，以为酒祸起于争，争而为欢，不若不争而乐也。故无胜负、无赏罚。中者不为功，则无好胜之矜；不中者无所罚，则无不能之诮。探筹而饮，饮非觥也，无所耻，故射而自中者，有不得免饮，而屡及者亦不得辞，所以息争也。终日为乐而不耻不争，君子之乐也。探筹之法，一物必为三筹，盖射宾之数多少不常，故多为之筹以备也。凡今宾主之数九人，则人探其一，八人则置其熊筹，不及八人而又少，则人探其一而置其馀筹可也。益之以筹，而人探其一或二，皆可也。惟主人临时之约，然皆置其熊筹。中则在席皆饮，若一物而再中，则视执筹者饮量之多少。而饮器之大小，亦惟主人之命。若两筹而一物者，亦然。凡射者一周，既饮醨，则敛筹而复探之。筹新而屡变，矢中而无情，或适当之，或幸而免，此所以欢然为乐而不厌也。

此文无系年，据文中所传达和强调的"群居之乐"、"君子之乐"等内容来看，与《醉翁亭记》的主旨颇为契合，约作于贬滁时期。论者多以此证明《醉翁亭记》中"射者中"之"射"的含义[1]，鲜有关注欧阳修在此提出的宴饮观念及意义。笔者认为，此文是体现欧阳修宴饮思想的重要文献。首先，欧阳修在此提出了宴饮中的平等观念。《礼记·射义》云："'为人父者以为父鹄，为人子者以为子鹄，为人君者以为君鹄，为人臣者以为臣鹄。'故射者，各射己之鹄。"[2] 自射箭被制定以来，皆是一靶一侯，等级森严。欧阳修第一次赋予射箭以游戏性质，且侯的设置无尊卑等级观念，以求宴饮中达到真正的

---

① 关于"射者中"之"射"含义，最早提出者为续之编著《中国酒令》，陕西旅游出版社 1989 年版，第 25 页，其后因袭者颇多。

② 《礼记》卷六十《射义》，（清）孙希旦撰，沈啸寰、王星贤点校：《礼记集解》，中华书局 1989 年版，第 1444—1445 页。

"群居之乐"。谪居滁州时期，欧阳修虽为谪官，仍是一方州郡之首，"众宾"与"太守"有着明显的等级关系，但九射格的设置理念却是人人平等，推重宴饮中人际关系的自由，这更加贴近酒的原始旨趣。酒的积极意义之一，就在于它能舒展人的心胸，提供给饮酒者挣脱束缚，追求自由，返归自然的心理能量。其次，文中蕴含了一定的节制观念。"息争"强调要节制游戏时的心态，力求平和而欢然的宴饮心情。"若一物而再中，则视执筹者饮量之多少。而饮器之大小，亦惟主人之命。"这种融通开放式的规定在于强调要节制饮酒之度，不以剧饮豪饮为目的。表面上这种节制与饮酒时追求的酺然境界背离，但在集会宴饮中这种节制却能保证宴会气氛的"不失礼，不及乱"，从而保持雅致的格调。再次，宴饮效果追求适然。赵与时《宾退录》云："本朝欧阳文忠公作《九射格》，独不别胜负，饮酒者皆出于适然。"① "无胜负、无赏罚"的游戏规则耳目一新，摒除竞技、追求和谐欢适的游戏理念与欧阳修"和气多"的人生心态和文化性格相一致。

以上几个方面概括来说皆反映了欧阳修对于饮酒的理性思考和文人雅趣，用他自己的话说即是"君子之乐"。这是他对宴饮中酒趣的理解和追求，也是与"太守之乐""众宾之欢"相表里的醉翁之心态。

3. 清醒的自我观照

在饮酒行为中，欧阳修与其他文人不同的一面是他的清醒意识。前文所述群体身份认同与宴饮时的节制、理性思考等方面皆是其清醒意识的反映。作为文人的欧阳修可以"嗜酒歌呼""一饮千钟"，而作为官员的欧阳修常用超脱于诗酒风流之外的客观视角来反省酒这一饮品本身。他认识到"饮酒诚自损"（《感兴五首》其三），而诗中名篇《食糟民》更是这种冷静观照的集中体现：

田家种糯官酿酒，榷利秋毫升与斗。酒沽得钱糟弃物，大屋经年堆欲朽。酒醅瀺灂如沸汤，东风来吹酒瓮香。累累罂与瓶，惟恐不得尝。官沽味醲村酒薄，日饮官酒诚可乐。不见田中种糯人，釜无糜粥度冬春。还来就官买糟食，官吏散糟以为德。嗟彼官吏者，其职称长民。衣食不蚕耕，所学义与仁。仁当养人义适宜，言可闻达力可施。上不能宽国之利，下不能饱尔之饥。我饮酒，尔食糟，尔虽不我责，

① （宋）赵与时：《宾退录》卷四，上海古籍出版社1983年版，第44页。

我责何由逃！

诗作于皇祐年间知颍州时①，通过对官吏与田家境遇悬殊的对比，表达了作为官吏的躬省自责，体现儒家仁政思想。欧阳修庆历年间出使河东时曾上《乞不配卖酒糟与人户札子》，请求朝廷明令禁止配卖酒糟。诗中还反映了欧阳修一贯反对榷酒的经济思想，他曾上《乞放麟州百姓沽酒札子》，通过具体的财务计算，指出"官私劳费不少"，且致使"市肆顿无营运，居者各欲逃移"，主张"令百姓依旧开沽"。刘敞《和永叔食糟民》"祸阶六筦不易救"② 即指酒、盐、铁等专卖政策会给社会经济带来损害。

此诗语言浅直，主旨显豁，颇类韵文写成的言事札子。作者的长官形象虽为饮酒主体，却无审美享受，酒的意象还原为日常生活事物本身，亦无象征意蕴，二者皆归于冷静、现实，脱离超越性审美范畴，这在饮酒诗中是不多见的。

第三节　酒意象的诗文呈现

意象是融入了主观情意的客观物象，或者是借助客观物象表现出来的主观情意。酒这个客观物象早在先秦《诗经》时代即完成了文学意象的转换过程，并且一直作为经典意象不断呈现于无数作品中。杨万里云："要入诗家须有骨，若除酒外更无仙。三杯未必通大道，一斗真能出百篇。"③ 即形象地说明了酒与文学的密切关联。在醉翁笔下，酒意象的呈现具有怎样的特点和风貌，以下作分析。

一　欧诗中的酒意象

欧诗中写到酒的篇目众多，据统计，好酒的李白、杜甫其诗中写到酒

---

① 《欧阳修诗文集校笺》，第 120 页。

② （宋）刘敞：《和永叔食糟民》，《公是集》卷十六，《宋集珍本丛刊》第 9 册，第 469 页。

③ （宋）杨万里：《留萧伯和仲和小饮》，《杨万里集笺校》卷三十七，第 1918 页。

的比例约为不到 30%①，白居易诗中酒诗的比例为 32.1%②。在欧阳修存世的 860 余首诗歌中，涉及酒的有 309 首，比例为 35.7%，高于李、杜、白三家③。且题材多样，抒情类别丰富。酒意象作为遣怀之寄托、宴饮之珍品、平居之必备出现在不同时期及题材的诗歌中，发挥着多样的指代作用，呈现出变幻多姿的文学风格，并参与构筑了不同的诗歌风貌以及作者主体的自我形象。

1. 送别诗中的酒意象：变调与喧哗

酒，缘于祭奠路神而与送别诗密不可分，与柳、草、舟、云、月等一起成为送别诗的典型意象。"凡送人多托酒以将意，写一时之景以兴怀，

① 葛景春《李白与唐代酒文化》（《河北大学学报》1994 年第 3 期，第 50 页）："郭沫若在《李白与杜甫》中说：'我曾经就杜甫现存的诗和文一千四百多首中作了一个初步的统计，凡说到饮酒上来的共有三百首，为百分之二十一强。作为一个对照，我也把李白的诗和文一千五十首作了一个初步的统计，说到饮酒上来的有一百七十首，为百分之十六强。'我也对李白和杜甫集中的酒字和与饮酒有关的词作过一个初步的统计。李白诗中出现酒字有一百一十五处，醉字一百一十一处，酤字十八处，酌字二十二处，杯字十八处，樽字十四处，其他的如醑、渌、酲、醆、酿、酩酊、玉浆、玉液、玉觞、玉壶、玉碗、金罍等有二十四处，加起来总共有三百二十二处。杜甫诗中提到酒字的有一百七十处，醉字八十一处，酤字二十二处，酌字九处，杯字三十九处，樽字二十二处，其他如醪、醅、酝、醵、酿、酩酊、醇酎、玉壶、玉觞、玉瓶等二十一处，总计有三百八十五处。这样算起来，饮酒诗在他们的诗中的比例，还要再高些，要占百分之三十九以上。"按葛氏的算法，李白酒诗比例为 30.7%，杜甫为 27.5%，谈不上"百分之三十九以上"。又，葛氏此种算法貌似全面无遗漏，但有重复计数之嫌，如杜甫《戏题寄上汉中王其二》："策杖时能出，王门异昔游。已知嗟不起，未许醉相留。蜀酒浓无敌，江鱼美可求。终思一酩酊，净扫雁池头。"此诗中有"醉""酒""酩酊"各一处，按葛氏算法即为三处，无形中提高了酒诗的比例。如果按此种算法，欧诗 860 余首，其中有酒 262 处，醉 138 处，饮 138 处，尊 77 处，杯 28 处，酌 25 处，觞 20 处，醉 12 处，醪 8 处，醴 6 处，醇 6 处，酩酊 6 处，共计 726 处，那么欧诗中酒诗的比例竟为 84% 之高，显然是不符合实际情况的。李、杜二人酒诗比例实际可能比上述数字略低。

② （宋）方勺《泊宅编》卷上，"（白诗）二千八百首，饮酒者九百首"，比例为 32.1%。方勺著，许沛藻、杨立扬点校：《泊宅编》，中华书局 1983 年版，第 70 页。

③ 此处计算数据主要立足于欧诗，欧词、欧文并不列入统计范畴。首先，词作多与酒有密切关系，"宋词填制多沾酒味，诸多作品乃于都市繁华酒楼之上、经由侑酒歌妓的演唱而流播四方"（高峰：《榷酒制度与宋词》，《南京师范大学文学院学报》2008 年第 1 期，第 29—34 页）；其次，欧文中的墓志碑文、政论等作品鲜有反映欧阳修个人生活和内心世界情感的成分在，故欧词中酒词的高比例与欧文中酒文的低比例皆不足为据，很难借此考察欧阳修个人真实的生活情态和主体特性。

寓相勉之词以致意。"① 欧阳修平生宦游各地，交游广泛，迎来送往频繁，送别诗为其诗歌中一大宗，有 100 余首。体裁上多为古体，容量大，包蕴丰富。其中一多半的送别诗皆使用了酒意象。

古代因交通不便，忧伤惜别是送别诗的抒情重心，劝酒醉别、借酒浇愁构成酒意象的主体内涵。欧阳修亦有少数因袭传统忧伤基调的作品，主要体现在酒意象内涵的沿袭性。作于景祐元年（1034）的《送王尚恭隰州幕》云："去国初游宦，从军苦寂寥。愁云带城起，画角向山飘。秋劲方驰马，春寒正袭貂。遥知为客恨，应赖酒杯消。"可称欧阳修送别诗中愁情最为浓郁之作。诗中酒意象作为消愁工具这一传统内涵再次浮现。虽然消愁主体并不是欧阳修本人，但诗中沉闷压抑的氛围还是体现出他早期创作送别诗时对传统的继承性。景祐二年（1035）所作《述怀送张惣之》："郁郁河堤绿树平，送君因得到东城。落花已尽莺犹啭，垂柳初长蝉欲鸣。去年送客亦曾到，正值杨花乱芳草。人心不复故时欢，景物自随时节好。感今怀昔复伤离，一别相逢知几时？莫辞今日一尊酒，明日思君难重持。"末二句尤带"西出阳关无故人"之痕迹，惜别、忧伤、珍重等酒意象的内涵与前人息息相通。但在因袭之外，语句表达复有变革，在"绿树""落花""芳草"的场景摹写中，诗人的忧伤并不浓郁，反而烘托出"景物自随时节好"的美妙情思。元人刘埙即评此段落"流丽有情致，可吟讽也"②。

在遭受贬谪仕途迍邅之际，送别诗易多借送别吐胸中块垒或明心见志之作，欧诗亦有此种倾向。庆历五年（1045）作《走笔答原甫提刑学士》云："岁暮山城喜少留，西亭尚欲挽行辀。一尊莫惜临岐别，十载相逢各白头。"庆历七年（1047）《送张生》："一别相逢十七春，颓颜衰发互相询。江湖我再为迁客，道路君犹困旅人。老骥骨奇心尚壮，青松岁久色逾新。山城寂寞难为礼，浊酒无辞举爵频。"以上二诗，劝酒时惜别伤离的情绪再次弥漫，同时自伤身世之感亦深寓酒杯，后者的深层喟叹甚至覆盖了前者。但欧阳修并没有在贬谪时一味沉浸于悲情的抒发，他以卓绝的意志化解排遣苦难，升华逆境，由此带来创作中送别诗的另类情调与酒意象的别样内涵。以下二诗皆堪称这种转变的力作：

---

① （元）杨载：《诗法家数》，（清）何文焕辑：《历代诗话》，中华书局 1981 年版，第 734 页。

② （元）刘埙：《隐居通议》卷七，《丛书集成初编》本，第 0212 册，第 72 页。

《怀嵩楼晚饮示徐无党无逸》（节录）：我为办酒肴，罗列蛤与蚌。酒酣微探之，仰笑不颔头。曰予非此侬，又不负谴尤。自非世不容，安事此为囚。幸以主人故，崎岖几摧辀。一来勤已多，而况欲久留。我语顿遭屈，颜惭汗交流。川途冰已壮，霰雪行将稠。羡子兄弟秀，双鸿翔高秋。噰噰飞且鸣，岁暮忆南州。饮子今日欢，重我明日愁。来既辱已厚，赠言愧非酬。

诗作于庆历七年（1047）冬，因篇幅宏阔只录其下半部分。省略的内容记述门人徐无党、无逸兄弟不辞辛苦到贬所探望欧阳修。二人向老师道及别后学业进展，师生相谈甚欢。相处一段时间后二人思乡念起，临别之际欧阳修设宴置酒送行。诗至此皆为送别诗记叙的正常逻辑和节奏。自酒宴开始的下半部分，诗歌没有从劝酒惜别的角度进行，而是记载徐氏兄弟说了一番让欧阳修听起来颇为难堪且不近人情的话来解释归去之由，句句直指目前尴尬处境，难怪让他"颜惭汗交流"。这种奇特的记载其实是欧阳修的虚笔生花，是变形的主客问答方式。他以诙谐的方式借二人之口调侃自己的无奈处境，也反映出他与徐氏兄弟师生之间颇为亲密的关系。值得细味的是，虽然从某种角度可以把徐氏兄弟的话当作酒后胡言，但在整首诗中酒意象由以往送别诗中的主体意象地位退居于背景构成，仅仅作为宴会的一部分而没有寓于其中任何内涵。诗歌从传统的惜别抒情方式转换为叙述议论时，也在这个过程中剥离了酒意象具有的遣怀、醉别、友情的种种意蕴。这是欧阳修扭转传统送别诗表达的一个非常明显的努力。

《别滁》：花光浓烂柳轻明，酌酒花前送我行。我亦且如常日醉，莫教弦管作离声。

这首诗是欧阳修本人被送行。诗歌立意新颖、出语别致，令人耳目一新。送别而无悲情，饮酒而不伤怀，花光明媚，管弦曼妙。酒意象依旧为送别场景中的主体，却仍旧可以跳脱出过去的消极情绪范畴，而具有欢乐、和美、沉醉的意蕴。至此酒意象的内涵欧阳修已经纳入了自己的新创而成功扩容。

不仅如此，欧阳修充满探索创新的意识还继续向着酒意象的内涵深处改造。既然欧诗的典型特色之一被归纳为"对悲哀的抑制"，那么在送别诗中及酒意象的内涵中，忧伤便不会成为主旋律且注定被扬弃。实际上自外放十年欧诗达到成熟阶段后①，在宴饮飞觞、劝酒惜别、借酒抒怀的送别诗描写中，酒意象更多的主体精神内涵已被置换。因仕进之路较广，欧阳修送别诗中的饯饮宴会之主宾多为新时代地位上升之士大夫，较之汲汲奔走各谋出路的前代文人精神气度自有不同。送别诗中的叙述过滤掉了对离别忧伤的沉湎与前途的迷茫，出之以热闹喧哗的飞觞场面和对远行者明朗未来的想象祝愿，塑造了"虽有离歌不惨颜"（《席上送刘都官》）的表达效果。

欧阳修这类具有典型代表性的送别诗多作于至和元年后十几年的位望日隆时期。如至和二年（1055）《送渭州王龙图》：

> 汉军十万控山河，玉帐优游暇日多。夷狄从来怀信义，庙堂今不用干戈。吟余画角吹残月，醉里红灯炫绮罗。此乐直须年少壮，嗟余心志已蹉跎。

嘉祐二年（1057）《送梅龙图公仪知杭州》：

> 万室东南富且繁，羡君风力有余闲。渔樵人乐江湖外，谈笑诗成尊俎间。日暖梨花催美酒，天寒桂子落空山。邮筒不绝如飞翼，莫惜新篇屡往还。

嘉祐三年（1058）《送宋次道学士敏求赴太平州》：

> 来居侍从乃其职，远置州郡谁谓然。交游一时尽英俊，车马两岸来联翩。船头朝转暮千里，有酒胡不为留连。

嘉祐四年（1059）《小饮坐中赠别祖择之赴陕府》：

> 明日君当千里行，今朝始共一尊酒。岂惟明日难重持，试思此会何尝有。京师九衢十二门，车马煌煌事奔走。花开谁得屡相过，盏到莫辞频举手。欢情落寞酒量减，置我不须论老朽。奈何公等气方豪，云梦正当吞八九。择之名声重当世，少也多奇晚方偶。西州政事蔼风

---

① 严杰《欧阳修诗歌创作阶段论》："庆历五年……到至和元年……在外十年……他的诗歌创作达到成熟阶段。"《文学遗产》1998 年第 4 期，第 73 页。

谣，右掖文章焕星斗。待君归日我何为，手把锄犁汝阴叟。

在这类豪情壮阔且雍容雅正的送别诗中，酒意象无疑是描摹场景烘托氛围之关键要素。"醉里红灯炫绮罗""舞翻红袖饮方豪""花开谁得屡相过，盏到莫辞频举手"，皆是由酒意象渲染构成的喧哗畅饮世界，和对赴任者明日从政功绩的钦羡想象相得益彰，一实一虚，错落有致。在诗篇的结尾，虽然欧阳修多次自我勾画为"心志蹉跎"的"汝阴叟"，但并没有给全诗带来暮气之感，反而这一老叟形象被笼罩于"豪饮敌青春"的喧哗场景中，可知是经常参预众多宴饮聚会的主体形象，与宴饮情境有着内在的勾连。同类作品尚有作于嘉祐四年（1059）《送襄陵令李君》及嘉祐五年（1060）《西斋小饮赠别陕州冲卿学士》等。

2. 平居宴饮诗中的酒意象：友情与生活

另一类较密集使用酒意象的诗歌为平居宴饮诗。从广义上来说，送别诗亦多创作于饯别宴会上，不过因有送行这一明确主题而能够自成一体。此处所论平居宴饮为欧阳修与其同僚、好友在退朝之余、公事以外日常闲暇中的往复过从、宴集小聚。这是一个让人轻松愉悦、心情舒适的场合，欧阳修每每以饱含深情的笔触表达对宴饮的期待、记述宴饮的各种细节、抒发对宴饮效果的满足欣赏。既然设宴则无酒不成席，在宴饮诗中酒意象无疑是不可或缺的重要部分。饮酒所带来身体上的温暖关联并象征着友情对于心理的慰藉，宴席上美妙歌舞的声色享受、醉后剧谈的欢畅、创作灵感的迸发、诗艺竞赛的刺激，皆是宴饮活动对于参与者们具有强大吸引力之处。贯穿于活动始终的酒堪称宴饮之灵魂，其在诗歌中呈现的内在意蕴也因宴饮活动层面的多样化而丰富。就欧阳修而言，早年宴饮诗歌中酒意象多象征着青春岁月，而中年后则多具有沟通友情、享受生活、珍视生命的内涵，具有由审美超越性向日常现实性转变的趋势，而与欧诗个性化特征形成的过程相始终。

早年官居洛阳时期，以钱惟演为首的西京幕府文士济济，优游饮宴几无虚日。"爱客东阿宴，清欢北海觞"（《双桂楼》）便是其时繁华场景的实录。明道年间所作《钱相中伏日池亭宴会分韵》《陪饮上林院后亭见樱桃花悉已披谢因成七言四韵》《初秋普明寺竹林小饮饯梅圣俞分韵得亭皋木叶下五首》《七交》等诗中对宴饮的喧闹皆有呈现。《钱相中伏日池亭宴会分韵》云："尊俎逢佳节，簪缨奉宴居。林光拂衣冷，云影入池虚。酒色风前绿，莲香水上疏。飞谈交玉麈，听曲跃文鱼。粉箨春苞解，红榴夏实初。睢园多美物，能赋谢相如。"这段生活是欧阳修一生文学、学术、政事等方面的发轫点，更是他青春岁月的永恒象征。他在后来诗篇中屡屡忆及，《送张屯田归洛歌》云："少年意气易成欢，醉不还家伴花寝。"《送徐生之渑池》云："主人乐士喜文学，幕府最盛多交朋。园林相映花百种，都邑四顾山千层。朝行绿槐听流水，夜饮翠幕张红灯。"值得注意的是，在宴饮当下所作诗歌中，酒意象对于宴饮氛围的渲染并没有后来的追忆诗歌中呈现得那么立体丰富。"酒色风前绿，莲香水上疏"，酒与莲、粉箨、红榴众物象一起构筑了一个华美的宴饮场景，但在物象的排列背后并无文气潜在内转，物象流于描述的表层而没有浸入作者个人的情感浓度，所以诗歌中只有饮酒行为而无醉人意境。酒严格来说止于物象层面而非意象。而在至和二年（1055）所作《送徐生之渑池》诗中，或许因为时间流逝而记忆模糊，对于宴饮场景的描述淡化具体物象，在粗笔勾勒中反而突出酒醺然酣醉的效果，而且在对畅饮的追记中饱含对往昔青春的缅怀，酒意象与青春岁月的象征发生了内在关联。与此相联系的是，欧诗整体上在西京洛阳阶段亦处于起步阶段，尚未形成自家面目。早期昆体影响的残留、对于韩愈诗歌的模仿在这一时期的诗歌中痕迹显著，酒意象以及宴饮诗的创作是其中具体而微的表现。

贬谪夷陵时期宴饮诗的创作开始渐露个人特色，浸入更多个人情感。夷陵虽僻远闭塞，但有丁宝臣、朱处仁等好友的文酒之会，给山城贬谪生活带来很多慰藉，以至欧阳修在离开后还颇为怀念："醉里人归青草渡，梦中船下武牙滩。"（《离峡州后回寄元珍表臣》）景祐三年（1036）所作《龙兴寺小饮呈表臣元珍》就是当日文酒之会的生动刻画。诗中飞扬跃动的氛围、场景固是对谪居生活压抑的一种反拨，亦是由于年少带来的蓬勃豪气。末句的议论尤为典型体现出酒意象所蕴含的飞扬豪放的情绪特征。

宴饮诗的主题表达与酒意象内涵的转变以庆历中所作一系列招饮、聚饮诗歌至为明显。庆历年间欧阳修先后于京城任谏官、出使河东、河北、贬居滁州、又迁至扬州，在宦海沉浮的复杂经历中，他对于宴饮诗歌的描写中心逐渐转向以对友情的渴望珍视、对内心愁情的排遣为主，不复再有明道、景祐间意气风发的年少情怀。虽然之前的诗作中一直不乏对于友情的描述，但此阶段在世事变幻翻转难料的背景下所抒发的知己情谊更有沧桑动人之感，而酒俨然就成为满载友情渴望与岁月积淀的凝聚意象。

以庆历五年（1045）于河北任上作二诗为例，《病中代书奉寄圣俞二十五兄》云：

忆君去年来自越，值我传车催去阙。是时新秋蟹正肥，恨不一醉与君别。今年得疾因酒作，一春不饮气弥劣。饥肠未惯饱甘脆，九虫寸白争为孽。……故人有几独思君，安得见君忧暂豁。公厨酒美远莫致，念君贯饮衣屡脱。

《初伏日招王几道小饮》云：

人生有酒复何求，官事无了须偷暇。古云伏日当早归，况今著令许休假。能来解带相就饮，为子扫月开风榭。

诗中字里行间充满浓郁的生活气息与对世事的喟叹。梅尧臣时湖州监税任满居京城待选。"公厨酒美"指当时所权知成德军的公使酒，想送给老朋友一同品尝奈何路远难致。那就招就近的好友一同聚饮消遣也不错。王复是欧阳修早在洛阳任职时的门生旧友，据诗意知此时亦任职真定。二诗中酒意象的生活化内涵大大增强，它与公务之暇的好友相聚、普通的日常消遣紧密联系，尤其是在叙述"得疾不饮"时，侧面的描述使得酒迅速向日常生活中的普通饮品这一属性回归。

以上二诗中欧阳修借酒所铺叙的诗歌内在意境已有平和从容闲雅的倾向，不过庆历五年（1045）的滁州之贬使得这一倾向被暂时中断，而咏酒诗文遣怀浇愁之传统主题再度浮现。直到至和、嘉祐年间，欧阳修重回京城，贬谪的经历使他的人生思考深化、内心境界的探索得以深入，饮酒诗中又重现生活的闲暇从容与平静祥和。

关于滁州饮酒生活的记载如下：

《题滁州醉翁亭》：四十未为老，醉翁偶题篇。醉中遗万物，岂复记吾年。

《丰乐亭小饮》：造化无情不择物，春色亦到深山中。山桃溪杏少意思，自趁时节开春风。看花游女不知丑，古妆野态争花红。人生行乐在勉强，有酒莫负琉璃钟。主人勿笑花与女，嗟尔自是花前翁。

《伏日赠徐焦二生》：清泉白石对斟酌，岩花野鸟为交朋。

《赠沈遵》：翁欢不待丝与竹，把酒终日听泉声。有时醉倒枕溪石，青山白云为枕屏。花间百鸟唤不觉，日落山风吹自醒。

在这些描述中，不管是当时所写还是事后追忆，酒皆寄寓深沉的身世感慨与化解排遣的努力。这种寄寓还体现在某些饮酒行为的虚构化之中。酒中的超越性内涵、醒醉的深层意义与前贤的逃于醉乡、自放于酒一脉相承，却又不失自我的理性底线。"行到西亭逢太守，篮舆酩酊插花归"的为政者形象在本质上有别于前人，是欧阳修在以酒放旷的同时仍在尽力坚持立足民生、承担世事责任的涵养结果。虽然以酒浇愁，却自有一份关怀世间的厚重感。

至和、嘉祐年间，欧阳修还朝逐渐执政，由于年齿渐长和阅历丰富，对政事及世情了解的深入，欧阳修与韩琦、富弼的嘉祐、治平之政与他们在庆历时的施政风格如出两手，转向平缓稳健。与此心态转变相关，虽然官高责重，欧阳修所作宴饮诗数量却较任何一个时期都多，而政论诗几不复作。承续庆历中宴饮诗的祥和意境，此时的宴饮诗歌与酒意象重归于日常生活范畴，同时意在规避政事的繁冗劳神。很多诗篇皆强调这是政事之余的宴饮，着重抒发重压紧张之后的轻松闲适之可贵。如至和元年（1054）《述怀》云："偷闲就朋友，笑语杂嘲咏。欢情虽索寞，得酒犹豪横。群居固可乐，宠禄尤难幸。何日早收身，江湖一渔艇。"至和二年（1055）《答子华舍人退朝小饮官舍》云："玉阶朝罢卷晨班，官舍相留一笑间。与世渐疏嗟已老，得朋为乐偶偷闲。红笺搦管吟红药，绿酒盈尊舞绿鬟。自是风情年少事，多惭白发与苍颜。"这些描述充满着温馨惬意的氛围和雍容闲雅的情趣。"朝罢"的饮酒笑谈生活是欧阳修发现并极力营构的一个时空场景，在政事作背景的映衬下，这种日常生活在散发轻松闲适气息的同时又有着清雅高贵之感。酒作为此间重要点睛之物，具有一种隽永温情的内涵。

欧阳修偶尔会在天气不好时说"老年其实厌追随"（《寄阁老刘舍人》），身体原因使他不再钟情人员密集性的大众活动如赏花、游春等。他期待的日常生活情形为三五知交小聚畅谈，在许多诗篇中他不嫌絮叨的嘱咐朋友"从今有暇即相过，安得载酒长盈车"（《和较艺书事》），"犹是人间好时节，归休过我莫辞频。"（《和原甫舍人阁下午寝归有作》）以酒会友，尤其是相知多年的文友刘敞、梅尧臣等人，与其酒中相得，是这个阶段欧阳修诗歌中酒意象的重要沟通与象征作用。下面这首诗尤其能够体现酒意象的友情象征：

《西斋手植菊花过节始开偶书奉呈圣俞》（节录）：
东城彼诗翁，学问同少小。风尘世事多，日月良会少。我有一尊酒，念君思共倒。上浮黄金蕊，送以清歌袅。为君发朱颜，可以却君老。

这些温馨动人的诗句赋予酒意象以浓郁的友情内涵。当欧阳修以酒意象统摄诗篇表达，俯仰岁月，凝聚知交友情时，欧诗具备了六一风神的内在特征，情深意长，韵味隽永，洗去宴饮诗常见的喧闹而见交谊之真淳。

在指代酒意象时，早期欧诗多用典故，如《河南王尉西斋》云："欲就陶潜饮，应须载酒行"，《逸老亭》云："解组金龟重"，《杂言答圣俞见寄兼简东京诸友》云："不问竹林主，仍携步兵酒"，《新营小斋凿地炉辄成五言三十七韵》云："爱酒扬雄吃"，体现出西昆体典故密集、踵事增华的影响残留。其后期诗歌中则直接称呼名称"酒"，代称少用，体现出转向平易诗风的努力。

二　欧文中的酒意象

在欧阳修的文体观念中，文的功能承载着垂名后世的价值期待，"功施当世圣贤事，不然文章千载垂"（《答圣俞莫饮酒》），是"立言"的主要承担者。因此，文的地位高于诗词，即"维诗于文章，太山一浮尘"（《酬学诗僧惟晤》）。因此内容多为载道之言的欧文与日常生活距离最远，日常生活中的饮酒百态以及酒意象在欧文中罕有踪迹。不过因其与日常生活的较远距离，欧文中所偶尔呈现的酒意象无一不过滤了日常生活情态而具有典型的象征性、超越性与寄寓性，与诗中丰富的生活化呈现方式恰成鲜明对照。下面试以《醉翁亭记》略作分析。

> 环滁皆山也。其西南诸峰，林壑尤美。望之蔚然而深秀者，琅琊也。山行六七里，渐闻水声潺潺，而泻出于两峰之间者，酿泉也。峰回路转，有亭翼然临于泉上者，醉翁亭也。作亭者谁？山之僧曰智仙也。名之者谁？太守自谓也。太守与客来饮于此，饮少辄醉，而年又最高，故自号曰醉翁也。醉翁之意不在酒，在乎山水之间也。山水之乐，得之心而寓之酒也。
>
> 若夫日出而林霏开，云归而岩穴暝，晦明变化者，山间之朝暮也。野芳发而幽香，佳木秀而繁阴，风霜高洁，水清而石出者，山间之四时也。朝而往，暮而归，四时之景不同，而乐亦无穷也。
>
> 至于负者歌于途，行者休于树，前者呼，后者应，伛偻提携，往来而不绝者，滁人游也。临溪而渔，溪深而鱼肥，酿泉为酒，泉香而酒洌。山肴野蔌，杂然而前陈者，太守宴也。宴酣之乐，非丝非竹，

射者中，弈者胜，觥筹交错，起坐而喧哗者，众宾欢也。苍颜白发，颓然乎其间者，太守醉也。

已而夕阳在山，人影散乱，太守归而宾客从也。树林阴翳，鸣声上下，游人去而禽鸟乐也。然而禽鸟知山林之乐，而不知人之乐；人知从太守游而乐，而不知太守之乐其乐也。醉能同其乐，醒能述以文者，太守也。太守谓谁？庐陵欧阳修也。

从自号"醉翁"的行为，到包括本文在内的滁州时期作品，酒都是其中极为重要的构成部分，可称为一脉贯穿的内在灵魂。由于滁州之贬在欧阳修生命中的特殊性及重大转折意义，无论是当世知交还是后世论者，皆不约而同注意到了酒之寄寓内涵，但多从整体着眼，细微之处仍有待发之覆。寄寓，指借物以寄情托兴，寓意感慨，因重在抒发内在情怀，对于所借之物表相的描摹通常充满了变形与虚构，如庄子的寓言之作等。本文关涉酒的描写亦用此法，寄寓之中虚实相生，营造出韵味无穷的美学风格。典型之处有：

"太守与客来饮于此""众宾欢""太守醉"：此类描写严格来说不能算是变形或虚构，不过与其他相关记载颇有龃龉之处，因此可堪玩味。欧阳修在滁州与僚属、友人、门生等相与游山水的经历时见各处记载，不过参与人员颇有不同。本文所记是喧哗喜乐的沉酣场面，众宾相从，野老纷至；欧诗则云："翁欢不待丝与竹，把酒终日听泉声。有时醉倒枕溪石，青山白云为枕屏。花间百鸟唤不觉，日落山风吹自醒。"（《赠沈遵》）"野鸟窥我醉，溪云留我眠。山花徒能笑，不解与我言。惟有岩风来，吹我还醒然。"（《题滁州醉翁亭》）意境清幽，思虑玄远，似太守独游滁山。欧诗云："无人歌青春，自醢白玉卮。"（《答吕公著见赠》）又云："春到山城苦寂寞，把盏常恨无娉婷。"（《啼鸟》）则山城似无歌妓；而《孔氏谈苑》则载其"自琅琊山幽谷亭醉归，妓扶步行，前引以乐"[1]，明言有官妓随行。以上记载的冲突之处与具体作品立意时所要呈现的主旨及风貌有关，生活之百态在进入文学创作时总是会经过各种变形加工。就欧阳修滁州时期的创作来说，众宾欢、太守醉的喜乐背后是欧阳修类似独游的清醒且痛苦的个人体验，所谓"心虽独醒迹弥晦"[2]，不同

---

[1]　（宋）孔平仲：《孔氏谈苑》卷三，《丛书集成初编》第2861册，第33页。

[2]　（宋）刘敞：《同永叔赠沈博士》，《公是集》卷十六，《宋集珍本丛刊》第9册，第474页。

作品中呈现的喜乐喧哗和清幽玄远是两个层面上的真实。而携妓游山水的经历描写出来则近似冶游，与诗文要呈现的谪居苦闷主旨不相协调，因此"无娉婷"与"妓扶步行"亦不妨看成不同角度的事实折射。从这个视角回视"太守与客来饮于此"的表述，可体味出宴饮以及对宴饮的表述本身皆为欧阳修的韬晦之迹，二者已被抽离了纪实的本质，成为寄托心曲的一种方式。宴饮场景虽不可直指为虚写，但亦不可以纪事闲笔忽视之。

"饮少辄醉"：这个表达常被看作欧阳修酒量甚浅的证据，实际上亦有可再审视之处。欧阳修年轻时曾自称"醉必如张颠"（《书怀感事寄梅圣俞》），其洛阳旧友也多能豪饮，富弼是"百盏颜未丹"，梅尧臣是"一饮百盏不言休，酒酣思逸语更遒"（《哭圣俞》）。"一府之士，皆魁杰贤豪，日相往来，饮酒歌呼，上下角逐，争相先后以为笑乐。"（《张子野墓志铭》）欧阳修在这样的环境下亦"嗜酒歌呼"（《答孙正之侔第二书》），意气飞扬，应付裕如，并无酒量不如人之谦辞，想必酒量与众人略相当。庆历七年（1047），他在与梅尧臣信中说："今春来颇觉风壅，亦不能剧饮如往时。"（《与梅圣俞》二十）熙宁四年（1071）与韩琦信亦言："老病少欢意，不得如侍台席时豪饮之量尔。"（《与韩忠献王》四十二）皆透露出往日曾剧饮豪饮。门生苏轼更是直接指出"欧公盛年时能饮百盏……圣俞亦能饮百许盏"。① 苏轼出入门下多年，随侍左右，记忆应为可靠，且所言梅尧臣酒量亦与欧阳修的记载相合。苏轼在欧阳修晚年退居颍州后曾去拜访，诗中云欧阳修"醉后剧谈犹激烈"②，则其晚年饮酒偶尔仍有宝刀未老之态。实际上，除了有多处自述因病不饮、暂时戒酒外，欧阳修"饮少辄醉"的表达只见于本文。如何理解欧阳修这种刻意扭曲的表达？其实，描述自己酒量甚浅是欧阳修用一种隐微的方式转移读者的关注重点，由饮酒的行为动作转到沉醉、酣然的状态。他意在突出强调这种醉态并不由饮酒多少而来，平日的豪饮与此无涉，甚至此时饮与不饮亦不重要，重要的是他需要营建出一种沉醉的状态来作为愤懑压抑心灵的屏障，并游憩于此，免于沉沦到"作戚戚之文"的地步，并且在此基础上沉潜挫折升华苦难，乐民之乐，进而思索更深广的人生意义。下文的"宴酣之乐，非丝非竹"，其深意与此相类，即"翁欢不待丝与竹"，丝竹的音乐感官享受并不是"乐"的缘由和所在。这里"不待"的表达

---

① （宋）苏轼：《书渊明诗二首》，《苏轼文集》，第 2113 页。
② （宋）苏轼：《陪欧阳公燕西湖》，苏轼著，清王文诰辑注，孔凡礼点校：《苏轼诗集》卷六，中华书局 1982 年版，第 276 页。

又与庄子的"无待"自由之说有着深层契合。在这个角度上，富弼的和诗"醉翁醉道不醉酒，陶然岂有迁客容"① 可谓相知之言。后人对这个表述的简单接受，认为欧阳修酒量甚浅则是被欧文之平易流畅轻易瞒过了。

"年又最高"：此年龄表述的真实性以及"醉翁"之"翁"的称号备受后人质疑。富弼就很直接地说"公年四十号翁早"②。明人何孟春亦云："欧阳永叔年四十谪滁，号醉翁，亦太早计。《亭记》云：'苍颜白发，颓乎其中'，或出寓言。'年又最高'之言，岂是当时宾从更无四十岁人耶?"③ 至和元年（1054），48 岁的欧阳修满头银发，被召入朝让仁宗不免为之恻然。④ 因此本文中"苍颜白发""年又最高"的描写虽不尽客观，却实际蕴含了欧阳修"早衰"的容貌事实。不过"早衰"并不能涵盖此表达的深层内涵。明人文翔凤《醉翁解》云："（欧阳修）称'苍颜白发''年最高'，何其怀概之太促。盖有激于感遇之际哉。"⑤ 这个解释注意到了白发年高背后的内在心曲，身世感慨而发为愤激之言，可称醉翁异代知音。清人朱心炯亦有类似言论："公以庆历五年谪滁州，年三十九，则醉翁之号为公寓言无疑，故此记亦是公寓言也。"⑥ 寓言即以扭曲事实的方式突出内在深意，后人在对这个表述质疑探索的过程中，欧公的遥深感慨也获得了阐释与认同。

"酿泉为酒，泉香而酒洌"：据说此处欧文原作"泉洌而酒香"，苏轼改为"泉香而酒洌"。⑦ 改动后"洌"为入声，属仄韵，与上文"鱼肥"之平声相对，韵律较优，且语新意奇。此外，"泉香"之语正好与《礼记·月令》之酿酒记载暗合："酝酒之法，无出《月令》数语，能尽其要。余尝试之，酒无不佳矣。其语云：'秫稻必齐，曲蘖必时，湛炽必洁，水泉必香，陶器必良，火齐必得。用此六物耳。'六一居士《醉翁亭记》云：'酿泉为酒，泉香而酒洌'，本此语也。"⑧ 以欧公对酒事的熟悉，他的"泉洌酒香"之语未必就与《月令》无关，其晚年自号"六一

① （宋）陈鹄：《耆旧续闻》卷十，第 394 页。
② （宋）陈鹄：《耆旧续闻》卷十，第 394 页。
③ （明）何孟春：《馀冬诗话》卷上，《丛书集成初编》，第 2580 册，第 2 页。
④ （宋）欧阳发：《先公事迹》，《欧阳修全集》附录卷二，第 2635 页。
⑤ （明）文翔凤：《皇极篇》卷二十，《四库禁毁书丛刊》集部第 49 册，第 504 页。
⑥ （清）朱心炯：《古文评注便览》欧阳文评语，转引自洪本健编《欧阳修资料汇编》，中华书局 1995 年版，第 1146 页。
⑦ （宋）方勺：《泊宅编》卷上，第 69 页。
⑧ （宋）胡仔：《苕溪渔隐丛话》后集卷一，第 4 页。

居士"，"六"这一数字概念或许亦渊源于此。不过此句描写的卓越之处更在于以想象之虚景来映衬上文"临溪而渔"之实景，虚实相映，别有洞天。金人王若虚不知此句为虚写，曾云"《醉翁亭记》言太守宴曰：'酿泉为酒，泉香而酒洌'，似是旋造也。"① 清人冯云鹏首先指出这种写法："盖酿此让泉为酒，正与上'临溪而渔'虚实相对。"② 他原是针对碑文中泉名"酿"、"让"二字孰优而发，却点出欧公创作机杼所在。今人钱志熙受此说启发，进一步指出全文整体上皆用了前实后虚的笔法："整篇醉翁亭记，其基本的笔法就是前实后虚。……欧公是由眼前之游览宴乐出发，进一步地畅想更加沉酣淋漓，更完全地与滁州山水、人物浑然一体的一种至乐境界。……这段描写，其景事虽似都可落实，但欧公是把它们放在想象的镜框中的。所有能有实处皆虚、虚处皆实的虚实相生的映照之美。"③

综上，《醉翁亭记》中的酒意象的描写与呈现充满了对酒之日常属性及欧阳修个人生活的变形与虚构，酒几乎完全以象征、寄寓之物的本质出现。但本文奇妙之处在于，行文表层却处处洋溢着酒的生活气息，起坐喧哗、官民同乐、政通人和，近乎完美的儒家为政图景，造就了本文在后世接受中相当有影响力的一个主题之一。文章多重主题的复杂性和别有洞天的审美性很大程度上源于酒意象的充分运用，这一意象关联连喜乐、寄寓驳杂的丰富内蕴与全文互相生发，互相造就。

三 余论

整体观照欧阳修诗文中酒之呈现，可以看出，欧阳修所作涉酒作品虽多，但酒意象大都为背景点缀，少有作为中心意象或主旨。这与酒在北宋士大夫生活中的地位变化有关。

宋代自始至终实行榷酒制度，鼓励多酿多销，"惟恐人不饮酒"④。榷酒制度与士大夫生活发生影响最密切的一点是各地州郡政府可以自酿公使

---

① （金）王若虚：《滹南遗老集》卷三十六《文辨》，《四部丛刊初编》本，第 1357 册，第 182 页。
② （清）冯云鹏、冯云鹓编：《金石索》下册《石索五》，书目文献出版社 1996 年版，第 1757 页。
③ 钱志熙：《〈醉翁亭记〉前实后虚笔法论——从苏唐卿篆书碑文的异文说起》，《古典文学知识》2008 年第 1 期，第 92—94 页。
④ （宋）吕祖谦：《历代制度详说》卷六，《吕祖谦全集》第九册，浙江古籍出版社 2008 年版，第 79 页。

酒，用于迎来送往接待宴饮，但不得销售，与公使钱的创制本意相类似。
"祖宗旧制，州郡公使库钱酒，专馈士大夫入京往来与之官、罢任旅
费。"① 欧阳修在大半生仕宦生涯中，所任职之州、府、军等地多可以自
酿公使酒，如河南府、峡州、光化军、滑州、滁州、扬州、应天府、青州
等地在熙宁前皆可自酿公使酒，而在熙宁七年（1074）后，公使酒更是
遍布全国。② 州府军等长官迎来送往既有公使钱、公使酒襄助，日常中宴
饮场合迅速增多，催生出相关题材的大量文学创作如宴饮诗及劝酒词。创
作大量的宴饮诗也是欧阳修同时代人的共同特点。在后期任京官的十几年
中，由于官高禄厚，皇宫中赐宴、赐酒更是不计其数，所赐酒大多品质精
良。"官沽味醲村酒薄"（《食糟民》）"不用沽美酒，宫壶日赐新拨醅"
（《啼鸟》）"时倾赐壶共斟酌"（《看花呈子华内翰》"銮坡地峻谁能到，
莫惜宫壶酒屡倾。"（《雪后玉堂夜直》）皆是纪实之作。因此，在欧阳修
仕途中，前期所任职之州、府、军等地多饮公使酒，后期备位二府时得宫
中赏赐美酝，且俸禄优厚即使买酒也是小事一桩。总之，酒因易得而渐渐
褪去稀有色彩，变为普通生活中的普通饮品。除了滁州时期作品中多寄寓
感慨外，欧阳修其他时期的作品中，酒意象的内涵多回归日常生活范畴。
这是考察欧阳修饮酒作品时需注意的背景。

在不同文体之间，对于酒的描绘风格颇不相同。大略为欧诗关于饮酒
的描述多偏于纪实、保守、节制，如"还期明月饮"（《别后奉寄圣俞二
十五兄》）"我有一尊酒"（《西斋手植菊花过节始开偶书奉呈圣
俞》）之类，像"与子共醉三千杯"（《归雁亭》）的夸张描摹并不多
见。其他如"百盏颜未丹"（《书怀感事寄梅圣俞》）是说富弼，"一饮
不计斗，倾河竭昆墟"（《哭曼卿》）是记石延年，无关自我。而欧词中
的酒意象描写常见夸张手法，如"便须豪饮敌青春"（《玉楼春》）"人
生何处似尊前"（《浣溪沙》）"尊前莫惜醉如泥"（《浣溪沙》）"一饮
千钟"（《朝中措》）等。而欧文中对于酒意象的描摹除了《醉翁亭记》
中的寄寓内涵，其他篇章少见涉及。这是欧阳修追求不同文体风格刻意营
造出的结果，诗言志，词娱情，文载道。酒意象是折射他这种观念的具体
表征。

---

① （宋）王栐：《燕翼诒谋录》卷三，中华书局1981年版，第29页。
② 李华瑞：《宋代非商品酒的生产和管理》，《河北大学学报》1991年第3期，第17—
18页。

第四节　酒与醉翁形象建构

解读酒之于欧阳修的意义，"醉翁"称号是重要的切入口。别号、雅称虽为细枝末节，但在欧阳修看来却是意义重大。它是对自我独特旨趣价值的描述与定位，且关涉自我历史形象塑造，影响历史评价，因此是欧阳修非常在意和看重的。早年洛中的"八老之会"，他就曾不满友人赠予的"逸老"称号而坚决改成自己所取的"达老"，原因在于惧留后世以"轻逸"之名①。"醉翁"之号即是自我命名，所谓"醉翁名自我"，其中寓有深意不言而喻。

关于欧阳修谪居滁州时的心态和醉翁之意的内涵，学界论述颇丰②，此不赘言。笔者这里关注重点在于酒所扮演的角色。在庆历五年（1045）谪居滁州之前的三十九年岁月中，欧阳修虽也日日飞觞，文酒相欢，但酒不曾用以自我命名，不曾与其人生境遇和内心思索紧密地联系一起，更不曾参与自我形象的建构。"醉翁"的称号第一次赋予酒以丰富的象征性内涵，使其由一种普通略带审美性的生活嗜好提升为一种对生命意义自我价值重新界定的重要媒介，"成为老翁企图重建与外部世界联系的决心与'世沉浮而纲纪乱'的沉重压力、尖锐冲突的象征"。③ 在酒中，醉翁的理想破灭之痛、人格侮辱之悲、仕途失意之愁、谪居苦闷、丧女之伤，一寓于此。而由酒带来的表层的醉和乐，又使这些人生价值的崩溃和隐痛藏于无形，反出之以为政之有成、排遣之适然，只有明朗、轻松的宴饮喧哗和游赏享乐。同时，这种宴饮之乐与自然山林之乐、滁人生活之乐融于一体，跳出了一己之悲欢，超越了自然生命的短暂性而在描述中获得刹那的永恒。酒这种连接愁乐、消弭悲喜的多元性功能和角色是建构醉翁形象的关键因素。更重要的是，后世流芳的醉翁形象与民同乐，雍容风

---

① （宋）欧阳修：《与梅圣俞》其二、其三，《欧阳修全集》卷一百四十九，第 2444—2445 页。

② 王水照：《欧阳修散文创作的发展道路》，《王水照自选集》，第 432—451 页；陈湘琳：《夷陵与滁州：一个主题性空间的建构》，《长江学术》2008 年第 2 期，第 38—44 页；崔铭：《滁州：作为文学与文化的存在》《西南民族大学学报》2009 年第 10 期，第 211—219 页；庆振轩：《其奥妙在醒醉之间——欧阳修贬滁心态散论》，《兰州大学学报》2011 年第 6 期，第 14—18 页。

③ 陈幼石：《韩柳欧苏古文论》，第 100 页。

雅，后人对醉翁亭的歌咏也少有一般怀古之作的萧瑟、苍凉，极少发出自然永恒而人世无常的慨叹，更多的是崇敬、欣羡与神往。这是酒的喜乐形象的成功塑造，亦是酒文化中的宝贵遗产。

"欲知颍水新居士，即是滁山旧醉翁。"（《答资政邵谏议见寄》）在这句诗中，欧阳修隐约传达了更号背后的某种内在一致性。熙宁三年（1070）即致仕前一年，他更号"六一居士"，"藏书一万卷，集录三代以来金石遗文一千卷，有琴一张，有棋一局，而常置酒一壶"，再加上"吾一翁"。他曾经自我反省道："犹须五物称居士，不及颜回饮一瓢"（《退居述怀寄北京韩侍中其二》），但对于他的癖好，他内心还是颇为自矜的。"把雅癖作为自我定义的重要依据，并进而作为塑造自我形象的重要手段，是古代自传作家的创造。在这方面，白居易《醉吟先生传》和欧阳修《六一居士传》具有典范意义。"① "六一"之名中有趣的是"吾一翁"的"与五为六"，欧阳修并未深入阐释"与五为六"的内涵，门生苏轼的解读可谓深得其意："今居士自谓六一，是其身均与五物为一也。不知其有物耶，物有之也？居士与物均为不能有，其孰能置得丧于其间？"② 欧阳修与五物的关系并非占有与被占有，而是俱"受形于天地之间"，同时也消融于天地之间。这种富含深刻哲理意蕴的解读方式赋予"六一"以有道而神秘的色彩。"与五为六"的观照方式泯灭了主体和客体的区别，"使玩赏对象和玩赏主体融为一体。……升华出一个能够俯瞰全局的新的观照点。"③ 就主客消融的角度来说，此时的欧阳修似乎比滁州时期更接近"主观逐渐化入浑然忘我之境"④ 的酒神状态而适合称作"醉翁"。

从"醉翁"到"六一居士"的改变，贯穿其中的是酒的始终存在，但从主体因素退居为六物之一，"这反映了他对自我情趣追求的递进"⑤。醉翁时期，酒与老翁的界限主客分明，翁为饮酒而醉之翁，酒为老翁所饮之酒。酒是欧阳修内心世界得以寄寓其中的恰当外在形式，是用以韬晦弥迹的绝好屏障，同时更是其建构自我形象的主体因子，是关联内外之间、

① 刘桂鑫、戴伟华：《论自我命名在古代自传文学中的功能》，《社会科学研究》2013年第2期，第177页。

② （宋）苏轼：《书〈六一居士传〉后》，《苏轼文集》卷六十六，第2049页。

③ ［日］川合康三：《中国的自传文学》，中央编译出版社1998年版，第112页。

④ ［德］尼采著，周国平译：《悲剧的诞生》，三联书店1986年版，第5页。

⑤ 王水照：《欧阳修散文创作的发展道路》，《王水照自选集》，第450页。

物我之间、名实之间的重要枢纽。随着仕途及阅历的积累丰富，生命走向迟暮，身体加速衰老，欧阳修的内心体验和人生思索已非贬滁时的愤慨苦闷，而是趋于平和淡泊，蕴含哲理意味的从容。酒仍是他喜爱之物，是生活中不可或缺之必备品，但已不需要借以寄托心曲，象征色彩淡化，情趣特征凸显。酒与翁同为一，归于日常生活中，而不为生活所隶属。酒还原为酒本身，但又超越了酒本身。其意义变化过程与欧阳修的心路历程始终相随，互为阐释。

综上所述，酒之于欧阳修，其意义具有多维度而有阶段性变化的特点。饮酒之乐、理性精神、自我建构、情趣表达是把握欧阳修之酒内涵的略有交叉而各有侧重的几个方面。理性精神贯穿于欧阳修饮酒的各个环节和层次。饮酒是热乎的，态度却是冷静的。这种理智和冷静，有时代风气的影响，是宋人普遍理性精神的折射。虽然同为诗酒风流，但欧阳修之酒内涵与前代陶渊明、李白已大异其趣。自我建构包括群体身份认同与醉翁的自我形象塑造，从状态类型上说，此时的理智和刻意与情绪激发、物我两忘、复归自然的酒神状态具有本质的不同。这也许就是提到嗜酒文人，我们常常并不把欧阳修列入其中的原因。从自我建构到情趣表达，欧阳修走过了由仕而隐的心路历程。酒虽是隐逸者所共有，但欧阳修赋予其独特的精神内核，是其他隐逸者所不具备的。

第三章 《集古录》：日常爱好的
学术化及文学意义

在欧阳修的日常生活中，集古活动及《集古录》一千卷是一个新鲜而突出的存在。集古活动不仅具有开创金石学的意义，更重要的，它在生活状态上体现出将生活学术化的倾向。"缘宋自仁宗以后海内无事，士大夫政事之暇，得以肆力学问。"[1] 欧阳修的碑刻搜集、跋尾撰写皆发生于日常生活中的政事之余，并以此为乐，毫无倦怠。凭借不同寻常的热忱，收集碑刻的集古活动耗费了他日常生活中相当多的时间和精力，在其个人生命历程中的跨度也持续几十年。"虽罪戾摈斥，水陆奔走，颠危困踣，兼之人事吉凶，忧患悲愁，无聊仓卒，未尝一日忘也。"（《与蔡君谟求书集古录序书》）《集古录跋尾》及《书简》中大量记载皆呈现出欧阳修融学术于生活的状态。这种生活方式引领了其后金石爱好者并产生了深远影响，"由是学士大夫雅多好之，此风遂一煽矣。"[2]

据叶国良《宋代金石学研究》考索，宋代金石学人多达 300 余家，共有金石著述 140 余种问世。[3] 较著名者有李公麟及所撰《考古图》、吕大临及所撰《考古图》、薛尚功《历代钟鼎彝器款识法帖》、赵明诚《金石录》、黄伯思《东观余论》、洪适《隶释》等。郑樵作《通志》，以金石为专篇。这些金石学人的集古活动无一不是深深渗透于日常生活中，成为生活的主体方式。李清照所记"每朔望谒告出，质衣取半千钱，步入相国寺，市碑文果实归，相对展玩咀嚼"[4] 的情形还算常态，更有甚者，

---

① 王国维：《宋代之金石学》，王国维著，傅杰编校：《王国维论学集》，中国社会科学出版社 1997 年版，第 205 页。

② （宋）蔡絛：《铁围山丛谈》卷四，蔡絛撰，冯惠民、沈锡麟点校：《铁围山丛谈》，中华书局 1983 年版，第 79 页。

③ 叶国良：《宋代金石学研究》，台湾书房出版有限公司 2011 年版，第 31—59 页。

④ （宋）李清照：《金石录后序》，李清照撰，徐培均笺注：《李清照集笺注》，上海古籍出版社 2002 年版，第 309 页。

叶梦得晚年时，行必倚古铜鸠杖，饮必以牛首古觥觚。① 亦有以此废职事者，"荥阳王怡彦适，身为县令，而夫妻手装碑本无虚日，职事旷，被拘不得去而不悔。"②

在诸多角度的首创层面上，欧阳修集古活动的重要性皆值得强调。关于《集古录》及《跋尾》在金石学领域的开创意义以及史学、文献学、考古学、书法艺术等学术价值，学界已有广泛而深入的阐述③，此不赘。相较于上述解读的主流视角，探讨《集古录》在欧阳修个体生命与日常生活中的地位和意义的尝试并不太多。近年来亦有此类研究成果出现：新加坡学者衣若芬《复制、重整、回忆：欧阳修集古录的文化考察》④ 一文是转换解读《集古录》路径的有益努力，她从物质文化的角度，从文人收藏文物的意识形态，探析《集古录》的文化特质及欧阳修收藏过程中的心态，分析细腻；美国学者艾朗诺（Ronald Egan）《对古迹的再思考——欧阳修论石刻》⑤ 则是在剖析欧阳修集古心态的方向上更深入且路径迥异的尝试，他敏锐的觉察到欧阳修在集古过程中反复为自己辩解背后折射出的焦虑感，体味到欧阳修面对这一前无古人的工作时其本人的意图有时自相矛盾，解读视角新颖别致，颇有创见。苏碧铨《趣味·身份·

① （宋）叶梦得：《岩下放言》卷中，《全宋笔记》第二编第九册，第337页。又，商濬所辑《稗海》收郑景望（一作郑景璧）撰《蒙斋笔谈》二卷，内容与此书相同，仅删去数十条。叶国良据以系"铜杖""觥觚"事于郑景望名下，见《宋代金石学研究》，第9页。实误。《四库全书总目提要》已考《蒙斋笔谈》为剽《岩下放言》而作，中华书局1965年版，第1093页。又，潘殊闲《叶梦得研究》亦有考证，巴蜀书社2007年版，第276—285页。
② （宋）刘跂：《学易集》卷六《金石苑序》，《丛书集成初编》第1941册，第68页。
③ 顾永新：《欧阳修学术研究》（人民文学出版社2003年版）第十一章、第十二章；余敏辉：《欧阳修文献学研究》（人民出版社2010年版）第二章第一节、第二节、第四章等皆有相关论述；蔡清和：《欧阳修集古录跋尾之研究》，台北花木兰文化工作坊，2005年。另有单篇论文多篇，如叶培贵《集古录目跋尾的书法史学》，《书法研究》2000年第2期，第66—78页；王宏生：《集古录成书考》，《史学史研究》2006年第2期，第77—80页；孙宗英：《欧阳修〈集古录跋尾〉文学内涵发微》，《海南大学学报》2013年第3期，第46—51页。
④ 衣若芬：《复制、重整、回忆：欧阳修集古录的文化考察》，《中山大学学报》2008年第5期，第30—40页。
⑤ 朱刚、刘宁主编：《欧阳修与宋代士大夫》，上海人民出版社2007年版，第48—87页。又见艾朗诺著，杜斐然、刘鹏、潘玉涛译《美的焦虑——北宋士大夫的审美思想与追求》，上海古籍出版社2013年版，第4—44页。

情感；作为"交游录"的〈集古录〉》[1] 从文人交游的角度剖析集古活动中的趣味、身份认同及情感。受以上论文启发，本章从日常生活的角度继续探讨集古活动在欧阳修个体生命中的意义和地位，以期挖掘这一活动更丰富的内在意蕴。

第一节　有力之强：集古的物质基础

北宋文人集古活动盛行，金石学亦由此开创。其中欧阳修首开风气之先。收藏需基于财力，已是古今众多论者的共识。"凡是金石学家，大体要具备三个条件：一是学问功底较深，……二是必须家道殷实，才有可能花费钜金，广泛收购吉金明器、碑版法帖；三是必须见闻广博，才能辨识真伪，去粗存精。这三个条件几乎同等重要，缺一不可。"[2] 他们的收藏建立在物质基础之上是不言自明的，而具体详情如何则需要仔细考察。因为收藏之财力为多数文人所讳言，如欧阳修喜言自己的收藏主要是基于意志笃定和执着，"力莫如好，好莫如一"。儒家传统"罕言利"、"君子忧道不忧贫"的观念让多数文人无论贫富都对自己的经济状况三缄其口。在关于收藏的话题中，描述金钱更容易产生财大气粗的印象而遮蔽收藏者想要传达的个人赏鉴品位。虽然一手材料欠缺，但文人的收藏活动不能不受财力基础的影响制约，对这方面的考察无疑是研究文人收藏活动的重要方面。

作为执掌文坛三十年的宗师，欧阳修的传世文献保存的较为完整，不仅别集全璧传世，其书简近年也有大量面世。尤其是十卷规模的《集古录跋尾》更是保存了大量关于集古活动的第一手资料。因此对欧阳修集古活动的考察可资取材的史料较为丰富。

"集古一千卷"作为"六一"之一，是欧阳修生命中的重要内容，持续时间漫长，且对他本人及后世皆影响深远。从家庭经济状况及个人财力的角度逆向考察欧氏的集古历程，窃以为还有诸多未尽之处，以下试从四个方面分析：

---

① 《齐鲁学刊》2020 年第 1 期，第 138—145 页。

② 陆草：《论近代文人的金石之癖》，《中州学刊》1995 年第 1 期，第 82—87 页。

一 集古动因：少孤经历和物质匮乏

欧阳修的集古有偏重文字不重器物的倾向，其收藏物品以文字拓本为主。清代吴伟业即指出："以余观公之所好，如盘盂、金石、篆籀、分隶诸书，亦重其文焉而已。后有继者，如赵明诚、倪元镇之流，其所访求搜购，为有力之强且十倍焉，然皆取其器，不徒以其文，视公之所好，相去稍有间矣。"① "重其文"与"取其器"两种不同的爱好形成了金石学中石刻之学和吉金之学两个支脉。欧阳修和刘敞恰好代表了这两种不同的收藏趣味。

欧阳修收集石刻碑文的缘由，他在《唐孔子庙堂碑》自叙云：

> 余为童儿时，尝得此碑以学书，当时刻画完好。后二十余年复得斯本，则残缺如此。因感夫物之终散，虽金石之坚不能以自久，于是始欲集录前世之遗文而藏之。殆今盖十有八年，而得千卷，可谓富哉！

集古缘由与幼时学书经历有关。有不少论者已著先鞭谈到欧阳修的幼年学书经历和集古爱好之间的关联，集古的热忱是源于幼年纸笔极度匮乏的心理补偿②。虽然缺乏直接证据，确是合情合理的推断。笔者以为，这种推断还缺乏对欧阳修早年家庭经济状况的史实考察，他的少孤和依叔父长大的经历，其物质生活详情如何，厘清这些问题更有助于理解他集古的动因和方式。

首先，需要了解北宋前期的物价及最低生活标准。朱熹云"大人一斗五升，小儿七升五合，足为半月之粮"③，可见，维持生存的最低标准为每人每天1升。士兵等从事体力劳动的，则日需2升。官员之家如按人

---

① （清）吴伟业：《翁季霖诗序》，《吴梅村全集》卷三十，上海古籍出版社1990年版，第704页。

② 蔡世明：《欧阳修的生平与学术》，文史哲出版社1986年版，第97页；王水照、崔铭：《达者在纷争中的坚持——欧阳修传》，天津人民出版社2008年版，第365页。

③ （宋）朱熹：《晦庵先生朱文公文集》卷十六《缴纳南康任满合奏禀事件状》之二《贴黄》，见朱杰人、严佐之、刘永翔主编《朱子全书》第二十册，上海古籍出版社、安徽教育出版社2002年版，第754页。

均 1.5 升计，一家 20 口每月需米 9 石。据学界研究成果①，北宋前中期的物价，每斗米在 30—60 文之间波动，前期较低。据《长编》载，大中祥符元年（1008）七月，"米斛钱三百，麦斗钱十二"②，同年九月，"京东西、河北、河东、江、淮、两浙、荆湖、福建、广南路皆大稔，米斗钱七、八"③ 按正常年景下多数地区每斗米 25 文计算，每月口粮需 2250 文。米以外的副食，最基本的是酱菜柴盐，即使按贫苦百姓的生活标准，每人每日也需 10 文左右。如开封府对失去劳动能力的"居养人"便是按这一标准救济④。是以官员 20 口之家一月副食钱最少要 6000 文。两项加起来维持最低生活水平即需 8250 文，即人均月花销最低需 412 文左右。

再来看欧阳修的家世及家庭收入。他虽出身官宦之家，但其父亲、叔父官职低微，俸禄微薄。据欧阳修撰《泷冈阡表》，他四岁而孤，其父欧阳观享年五十九，时为大中祥符三年（1010），则逆推欧阳观生于后周广顺二年（952），则咸平三年（1000）进士及第时已 49 岁。因年纪偏大，或许科场名次亦不高，入仕后仅能担任最低级的幕职州县官，游宦各地，"为道州判官，泗、绵二州推官，又为泰州判官"（《泷冈阡表》），十年后卒于泰州军事判官任上。据三年一迁的磨勘法，这可能就是欧阳观全部的任职经历，官阶虽由初等职官升为两使职官，位迁一等，但终不出选人。

据史料记载，北宋初期官员俸禄甚低，支付时还经常用省陌（即以不足百钱充百）或折变支给（将俸钱按一定比例折支实物）等办法，算下来只及唐代官员俸钱的五分之一左右，且大多无衣赐及职田，约半数人月俸在 10 千以下⑤。欧阳观的绵州军事推官与其弟欧阳晔的随州军事推官皆属选人中第二等初等职官。真宗景德间（1004—1007），军事推官的俸禄标准详情已不可考。但据上文所引，军事推官官阶属低等选人，应不超过 10 千。又据《嘉祐禄令》，军事推官月俸为 7 千，无衣赐。从景德年间至嘉祐年间，官员俸禄经历了两次比较大的上涨调整，所以逆推景德间军事推官俸禄约为 5 千，无衣赐。欧阳观担任的最后官职泰州军事判

---

① 文中关于物价和生活水平的数据，参见何忠礼《宋代官吏的俸禄》，《历史研究》1994年第 3 期，第 102—115 页，以及黄惠贤，陈锋主编《中国俸禄制度史》（修订版），武汉大学出版社 2012 年版，第 280—281 页。不同的是，笔者把米价的计算标准具体设定为物价较低的北宋前期，故数据较何文及黄书略低。

② （宋）李焘：《续资治通鉴长编》，中华书局 1980 年版，第 1553 页。

③ （宋）李焘：《续资治通鉴长编》，第 1567 页。

④ （元）脱脱：《宋史》卷一七八，中华书局 1977 年版，第 4340 页。

⑤ 何忠礼：《宋代官吏的俸禄》，《历史研究》1994 年第 3 期，第 102—115 页。

官，其俸禄标准在《嘉祐禄令》中缺载。不过在官阶上军事判官与留守推官等级相同，为选人中第一等两使职官，《嘉祐禄令》载留守推官料钱为 15 千，有绢、绵等衣赐，故推测军事判官俸禄标准与此相类，景德、大中祥符间约为 10 千。

最后考察欧阳修幼年的家庭规模。据《泷冈阡表》可知，欧阳修有乳母一，还有一妹，其母郑氏出身江南名族，家里应有侍女男仆，因此欧阳观在大中祥符三年（1010）去世前其家至少有主仆七人。按照上文计算，每月最低花销需 3 千。因此军事判官的 10 千俸禄可以供家人衣食不缺。但欧阳观为官清廉，又"好施与，喜宾客"，"不计其家有无以具酒食"（《七贤画序》），所以去世后家里"无一瓦之覆，一垅之植，以庇而为生"（《泷冈阡表》）。欧阳修的母亲只得带着一儿一女投奔时任随州军事推官的欧阳修三叔欧阳晔。据欧阳修撰《尚书都官员外郎欧阳公墓志铭》，欧阳晔"享年七十有九……景祐四年四月九日卒"，则其生于后周显德六年（959），大中祥符三年（1010）时 52 岁。欧阳晔娶范氏，有子四人，女一人。再加上欧阳修一家三口，一共至少十口。每月花销至少需 4.12 千。此时欧阳晔的无衣赐 5 千月俸供养一家口粮及基本副食已经捉襟见肘，遑论其他。

更有甚者，依三年一转的规定，至迟于大中祥符六年（1013）欧阳晔已任满随后赴阆州推官。据墓志载，欧阳晔"历南雄州判官，随、阆二州推官，江陵府掌书记……以太子中允监兴国军盐酒税，太常丞知汉州洛县，博士知端州桂阳监，屯田员外郎知黄州，迁都官知永州，皆有能政。坐举人夺官，复以屯田通判歙州，以本官分司西京，许家于随。复迁都官于家，遂致仕。"可知欧阳晔只有在欧阳修约 4—7 岁时任职随州得以照管其母子，之后便宦游各地，晚年才"许家于随"。而据"予少家汉东""予少家随"等记载以及十余岁时与李公佐游、天圣元年（1023）十七岁时于随州应举事可知，欧阳修母子没有跟随欧阳晔辗转各地，而是一直居于随州。虽然欧阳晔会把"所得俸禄，分养孤遗"（《欧阳氏谱图序》），但其后的两三任官职阆州推官、江陵府掌书记仍属选人，俸禄不过 10 千，同时因路途遥远、交通不便，异地汇款想来艰于操作。除此之外，居住更成问题。由于欧阳晔已移官他处，欧阳修母子便没有官舍可以栖身。按照随州军事推官的微薄料钱，供养家人温饱尚且困难，欧阳晔在随州置办房产可能性微乎其微。欧阳修母子生活之艰难可想而知。后来在母亲去世守制时，欧阳修回忆"比某十许岁时，家益贫"（《七贤画序》），指的就是他们孤儿寡母三人没有任何人可以依靠的日子，其中艰辛况味，只有了解此时具体背景才能体会。

因此，到了欧阳修 7 岁左右开始启蒙时，其母教育他也只能"以获画地"了，习字临帖也是到处找碑碣石刻。幸运的是，其母郑氏颇具文化素养，官宦家庭的荣耀自矜与当下经济生活的极度匮乏是欧母教育欧阳修时的重要背景，由此激发的光大门楣的遗孤重担无可避免落在欧阳修肩上。所以幼年的他对于纸笔、文字、书籍的渴求才异常强烈。这种缺失补偿心理伴随着他仕途通达俸禄优厚而逐渐强烈并促使他付诸行动。

二 庆历五年：大规模正式集古

早年学书的匮乏经历使欧阳修对碑刻产生浓厚兴趣。天圣四年（1026），20 岁的欧阳修赴礼部试时就曾痴迷路边碑，"下马读之，徘徊碑下者久之。"（《后汉樊常侍碑》）任职西京及贬谪夷陵时，零星的收集已经开始。不过大规模正式集古的时间始于庆历五年（1045），他在各个场合都明确表述过。如《与蔡君谟求书集古录目序书》云："盖自庆历乙酉，逮嘉祐壬寅，十有八年，而得千卷。"《魏刘熹学生冢碑》云："后数年在河北，始集录古文。"《唐韩覃幽林思》云："余为西京留守推官时，因游嵩山得此诗，爱其辞翰皆不俗。后十余年，始集古金石之文。"

为什么正式集古始于此时？欧氏自云"向在河朔，不能自闲"，似乎源于时间充裕有闲余。然而仔细考察欧阳修入仕之后的经济收入可以发现，俸禄的激增是集古正式启动的重要因素。

欧阳修天圣八年（1030）高中省元，殿试名次为甲科第十四名，可谓高科及第，因此仕途起点不低。释褐所授官职西京留守推官即为选人中第一等两使职官，比其幼年时叔父欧阳晔所任随州军事推官高一阶，俸禄多一倍，且每年还有绢十匹、绵十两的衣赐。不过北宋中期以来物价不断上涨，加上结婚生子，稍后寡妹又携女来归，家中人口增多，欧阳修家的生活很长时间亦只是维持温饱而已。景祐二年（1035），欧阳修在京任馆阁校勘，就在写给梅尧臣的信中抱怨生活不太宽裕："京师侍亲，窘衣食，欲饮酒，钱不可得。闷甚。"① 直到康定元年（1040），欧阳修仍因京

---

① 欧阳修：《与梅圣俞四十六通》其六，见《欧阳修全集》卷 149，第 2446 页。编者注云作于明道二年，误。信中云"仆来京师，已及岁矣"，而明道二年，欧阳修尚在西京留守推官任。景祐元年三月西京任满，五月，如京师。见胡柯《年谱》。此信当作于景祐二年六月以后。

城物价高而请求外任①。欧阳修的经济生活于庆历四年（1044）八月充龙图阁直学士、任河北都转运按察使兼本路劝农使后得到彻底改善，自此不再慨叹家贫。

庆历四年距嘉祐间只十余年，俸禄标准应该相差不大具有参考价值。据《嘉祐禄令》载，龙图阁直学士，料钱120千，衣赐为绫10匹，绢17匹，罗一匹，绵50两；龙图阁直学士同时有添支钱15千，河北转运使添支钱30千，15顷职田；劝农使添支钱20千；另外，凡外任职事官还有添给羊十几口，米、麦各十几石，随从十几人，马数匹。不携带家庭赴任者，还有部分添支钱赡养本家。以上俸禄单料钱一项就有185千，已近参知政事、枢密副使的俸禄标准（200千），是初仕西京留守推官15千俸禄的十二倍之多。还没计算15顷职田和外任职事官赡养本家的添给，单这两项收入养家已绰绰有余。此前欧阳修的官职为右正言、知制诰，修起居注、知谏院，兼判登闻检院，俸禄收入请给加上添支总计约为70千。这次除龙图阁直学士俸禄增长了近三倍。

此后虽有贬滁等蹭蹬之时，但寄禄官阶总体上一路攀升，俸禄也逐渐更优。尤其是至和元年（1054）五月母丧服除回朝后，欧阳修迎来了他仕途生涯的十几年顶峰期，先后担任翰林学士七年、参知政事七年，俸禄以任参知政事时为最尤，料钱涨到200千，另有餐钱35千、元随50人及衣粮、薪400束、岁给炭30、盐2石②。翰林学士亦有其他多项福利："学士今日之盛事有七：新学士谢恩日，赐袭衣、金带、宝鞍、名马，一也；十月朔，改赐新样锦袍，二也；特定草麻利物，三也；改赐外库法酒，四也；月俸并给见钱，五也；特给亲事官随从，六也；敕设供帐之盛，七也。凡此七事，并特出异恩，有以见圣君待文臣之优厚也。"③

再来看家庭日常开销。欧阳修的家庭规模相较其他士人并不庞大，他无兄弟，父早卒，庆历四年（1044）寡妹及甥女似乎都已嫁，只有老母、夫人、二三子女，加上仆人若干，约十余口，日常花销六七千已足够。激增的俸禄收入引发他把幼年的心理缺失感付诸行动，正式启动大规模的

① 欧阳修康定元年在给梅尧臣的信中云"某于此，幸老幼无恙，但尤贫，不可住京师，非久，亦却求外补"，见《欧阳修全集》卷149，第2450页。其庆历二年九月通判滑州，当为遂其请。
② 龚延明编：《宋代官制辞典》，中华书局1997年版，第719—721页。
③ （宋）谢维新：《事类备要》后集卷二十二翰苑门，《景印文渊阁四库全书》，第939册，第710页。

集古。

　　由以上考察可知，集古活动始于庆历五年（1045）并不是欧阳修偶然的心血来潮，而根本上是由经济收入的变化决定的。嘉祐时期收藏的快速增长亦同俸禄优厚有着直接关联。

三　物力人力：宦游经历及时代宗主的影响力

　　除了优厚的俸禄以外，欧阳修集古的得力条件还缘于宦游各地任知州的经历以及作为文坛宗主的号召力影响力。清人顾炎武在谈及以个人之力访碑之辛苦云："以布衣之贱，出无仆马，往往怀毫舐墨，踯躅于山林猿鸟之间……或褊于闻见，窘于日力，而山高水深，为登涉之所不及者，即所至之地，亦岂无挂漏？"[①] 相较而言，欧阳修的访碑收集要便利的多。宦游各地时，他多是一方之主，出有车马、随从，虽也奔波跋涉，但无顾氏之劳。

　　　　《后汉玄儒娄先生碑》：景祐中……余率县学生亲拜其墓，见此碑在墓侧，遂据图经迁碑还县，立于敕书楼下。
　　　　《后汉稿长蔡君颂碑》：在镇府。……余不甚识隶书，因敀言遽遣人之常山求得之，遂入于录。
　　　　《隋李康清德颂》：予在河北时，遣人于废九门县城中得此碑。
　　　　《唐陶云德政碑》：予为河北转运使，至真定府，见碑仆在府门外，半埋地中，命工掘出，立于庑下。
　　　　《唐张敬因碑一》：碑在许州临颍县民田中。……余在滁阳，闻而遣人往求之，得其残阙者为七段矣。
　　　　《唐花林宴别记》：余在滁阳，遣推官陈诜以事至县，见寺旁石涧岸土崩出石岩，隐隐有字，亟命摹得之。

　　"遣人""命工""遣推官"，这些人力基础是欧阳修集古访碑的一大优越条件。实际上，以官员的地位、能力而来促成集古收藏在后世金石名家中非常多见。"在近代的金石学家中，曾经担任过各级官职的，竟占73.86%。其中，曾经担任过中高级官职的，占40.91%。"[②] 许多学者在

---

①　（清）顾炎武：《金石文字记序》，《顾亭林诗文集》亭林文集卷之二，华忱之点校，中华书局1983年版，第29页。

②　陆草：《论近代文人的金石之癖》，《中州学刊》1995年第1期，第85页。

任中皆有金石著述，毕沅于陕西任中有《关中金石记》，于河南任有《中州金石记》，阮元于山东任有《山左金石志》，于浙江任有《两浙金石志》，孙星衍在京师有《京畿金石考》，黄小松在山东有《小蓬莱阁金石文字》等。当时阮元僚属段赤亭即被遣去访碑，"所至披榛棘，携拓工，手拓数百纸。"① 由此可逆知欧阳修当日遣人访碑之情形。后人可谓沿欧公开创的集古路径发展壮大。

除官员身份外，欧阳修还有个更尊崇的身份使他区别于普通金石收藏家，进而更大程度上促成了收藏的宏富，这就是文坛宗主的地位。晁补之在薛夫人祭文中即云"于今学者，孰不仰之"，② 也许正是欧阳修万人宗仰的威望使得他对于集古的财力支撑加上猜测的成分。欧阳修的声望使得他的集古嗜好众人皆知且乐意协助，促成盛事。好友、同僚、后学如有所得皆热情捐献。他亦屡在跋尾中志之"余所集录自非众君子共成之，不能若此之多也。"（《唐蔡有邻卢舍那珉像碑》）

如嘉祐六年（1061），刘敞出守永兴军，得众多古器，赠与欧阳修也远较其他人为多，计有《古敦铭》《韩城鼎铭》《叔高父煮簋铭》《敦匜铭》《敦医铭》《张仲器铭》《前汉谷口铜甬铭》《前汉二器铭》《莲勺博山盘记》等。另外，《周穆王刻石》得于宋祁；《终南古敦铭》得于苏轼；《石鼓文》得于向传师；《秦度量铭》得于文同；"及后又于集贤校理陆经家得一铜板"；《秦泰山刻石》藏四种：徐铉本、夏竦家别本、市人所鬻本、江邻几赠本（跋于此后）；《汉张平子墓铭》得于南阳所得及谢景初赠；《后汉天禄辟邪字》亦得于谢景初；《后汉桂阳周府君碑后本》得于国子监直讲刘仲章；《晋兰亭修禊序》藏有四本："其前本流俗所传，不记其所得。其二得于殿中丞王广渊，其三得于故相王沂公家。又有别本在定州民家。……其四得于三司蔡给事君谟。"得自蔡襄的还有《李邕碑》；《晋七贤帖》得于李丕绪；《唐蔡有邻卢舍那珉像碑》、《宋公碑》二本、《张迪碑》、《八关斋记》皆得于韩琦；《唐鹡鸰颂》得于国子博士杨褒；《唐颜真卿射堂记》得于"今仆射相公"（何人俟考）；《唐郑澣阴符经序二》得于镌工张景儒；《唐濠州劝民栽桑敕碑二》得于"枢密使张公升"；《黄庭经四》前本得于殿中丞裴造；《十八家法帖》得自妻兄薛仲孺；《王文秉小篆千字文》得自太学杨南仲；《千字文》得自梅尧臣。

---

① （清）武亿：《益都金石记》，《授堂文钞》卷八，《丛书集成初编》本，第 144 页。
② （宋）晁补之：《祭欧阳文忠公夫人薛氏文》，《鸡肋集》卷六十，《四库全书》第 1118 册，第 902 页。

以上只是见于明文记载的，其他尚有绝大部分碑文阙失"所得之自"，但依收藏常情考之，当不出上文范畴。金石之学号称"富贵之学"亦良有以也。

需要说明的是，欧阳修所生活的时代，集古未兴，尚未形成繁荣的古玩市场。跋尾中多记载集古"成于众手"，即"缘当时鲜少拓本贩售之故"①。而到北宋中后期，古碑石刻拓本市场极为繁荣，还出现了专门的中介"常卖"，负责联络交易，沟通调节②。《跋尾》中记载所集碑刻拓本购自市场的有两次：《黄庭经三》云"续得之京师书肆"、《秦泰山刻石》家藏有"市人所鬻"本。不过即使欧阳修集古的雄厚财力大部分并不直接用于碑刻拓本的交易，但访碑时的出行、收集后的装帧、保存、携带，以至后来的建六一堂以储存，各个环节无疑皆需大量财力人力支撑。

四 讳言"有力"与收藏的焦虑

集古需依托强大的财力支撑和人力支持，这在欧阳修的收藏活动中显而易见。但在他笔下的表述中，"有力之强"是讳言的，这种矛盾的心理状态在《集古录目序》中有明显体现：

> 《集古录目序》（节选）
>
> 物常聚于所好，而常得于**有力之强**。有力而不好，好之而无力，虽近且易，有不能致之。……凡物好之而有力，则无不至也。
>
> 汤盘，孔鼎，岐阳之鼓，岱山、邹峄、会稽之刻石，与夫汉、魏已来圣君贤士桓碑、彝器、铭诗、序记，下至古文、籀篆、分隶诸家之字书，皆三代以来至宝，……幸而有好之者，又其力或不足，故仅得其一二，而不能使其聚也。
>
> 夫力莫如好，好莫如一。予性颛而嗜古，凡世人之所贪者，皆无欲于其间，故得一其所好于斯。好之已笃，则力虽未足，犹能致之。

这篇序言是欧阳修在集古活动基本成规模后作的总结。就精益求精修改作品的执着态度而言，欧阳修似乎不应该在这篇不算长的序言中出现矛盾的表述：他在前面两个部分中相当明确地提出"有力"是收藏的充要条件之一，"物好之而有力，则无不至也"，如果缺失就会直接导致收藏

---

① 叶国良：《宋代金石学研究》，台湾书房出版有限公司 2011 年版，第 23 页。

② 叶国良：《宋代金石学研究》，第 25—27 页。

的失败，"有好之者，又其力或不足，故仅得其一二，而不能使其聚也"；但在第三部分中，他却有意无意避而不谈，甚至完全转变论调，说"好之已笃，力虽未足，犹能致之"，用"好"完全取代了"力"。这个矛盾折射出他对集古活动思考的复杂性和个人化色彩，这是他无法明确定义、精准归类、提炼意义的一种新鲜事物。前两部分对"力"的承认和强调是他作为收藏家下意识而客观的陈述，后一部分对"力"的躲避则是他努力把自己区别于世俗收藏家的尝试。只要比较一下《跋尾》中谈及赏玩与补正史传的比例即可发现，他收藏的本意和原始动机是嗜好之癖、个人玩好。这颇近似于玩物丧志的日常行为与补正史传的意义勾连起来，集古活动完成了境界升华。

对这篇序言中传达出的微妙心态和自我辩解，已经有学者敏锐地注意到："欧阳修序言的说法有一个尴尬的问题。他很实际地承认，一个人的财力对从事收藏很重要，但他并不想让我们认为他是富有的人。这就是为什么他中途唐突地改变论述的用语，引入'一'的观念。……1000件拓片，而且多是巨幅的石刻铭文，如此大小和体积，其收集保存之难是不能忽略不计的。没有财力，甚至只有中等财力的人，要聚集并保存他们达30年之久，几乎都是不可能的。"① 可见被欧阳修不太巧妙遮蔽起来的"有力之强"并没有躲过后世论者的犀利之笔。清人陈兆伦评《集古录目序》云："清贵闲雅，不朽盛事。"② 这两个词语所下极为贴切，它抉挟出序文前后两个部分各有侧重的表达内核。集古活动在欧阳修以深厚学养与高妙识见加以提升后具有"不朽盛事"的个体超越性，但"清贵闲雅"仍指出它与金玉等世俗收藏相通的一面，即以物质为核心的外部背景支持。

收藏的物质基础显然是众研究者不会遗漏的话题。"有力之强"的表述让后世收藏家屡有戚戚之感。元人王礼无奈叹道："欧阳子云'物常聚于所好，而常得于有力之强。好之而无力，虽近且易，有不能致之。'故予虽有所酷好，而制于无力，怅然以止。"③ 明代茅坤在赞赏友人的收藏

---

① [美] 艾朗诺撰：《美的焦虑——北宋士大夫的审美思想与追求》，杜斐然、刘鹏、潘玉涛译，上海古籍出版社2013年版，第12页。

② （清）陈兆仑：《陈太仆批选八大家文钞·欧文》卷首评《集古录目序》，光绪二十六年天津文美斋石印本。

③ （元）王礼：《麟原文集》前集卷六《画苑记》，《景印文渊阁四库全书》第1220册，第409页。

有欧阳公风致的同时，指出"亦以有力而强，故能如此耳。"① 清人黄宗羲则感慨："欧阳公云'物常聚于所好，而常得于有力之强。'二者正是难兼。"② 虽然欧阳修极力塑造"意志坚定成就收藏"的印象，但早在他身后不久即有人指出他的收藏基于雄厚的财力基础。元祐四年（1089），在欧阳修去世十八年后，有胡戢秀才效仿欧公亦好古集碑并作琬琰堂储之，友人晁补之赠诗中云："君不见，庐陵公，往为学士修书日，诏畀千金访遗逸，遗文逸字往往出。"③ 诗句中提到的"千金"二字颇能引人注意，暗示出时人对欧阳修集古之财力的了然。所以清人厉鹗就据此质疑欧阳修自述"力未足"的真实性：

> 欧公《集古录序》云："物常聚于所好，而常得于有力之强。"其言岂不信然哉！而又以为"好之已笃，则力虽未足，犹足以致之"，此殆公之逊辞，而非其实也。公之后有胡戢秀才者，效公集古，作琬琰堂，济北晁无咎为作诗云："君不见庐陵公，往为学士修书日。诏畀千金访遗逸，遗文逸字往往出。"是公《集古》之作，在翰林修《唐书》时，奉敕访求，且有千金之购，讵得谓力之未足乎？故好之有力而能聚，其上帝王，其次公卿，又其次则士之淹雅而饶于资者。若夫布衣粝食、穷居野处之士，虽嗜之一而笃如欧公者，亦未必能得，得亦未必能聚。诎于力之不足，往往然也。④

谙熟宋代史事的厉鹗出身贫寒且终生未仕，他此处所论想必有夫子自道之意。需要说明的是，晁补之"诏畀千金"的说法史无明征。细察欧阳修及时人关于他集古活动的言论，无一提及是有专款经费的奉诏访古，大量的资料证明从头到尾都是非常私人化的行为。宋仁宗亦喜爱收藏古器

① （明）茅坤：《唐宋八大家文钞》卷四十七庐陵文钞十九《集古录目序》评语，《景印文渊阁四库全书》第1383册，第525页。

② （清）黄宗羲：《南雷文约》卷四《传是楼藏书记》，《四库全书存目丛书》集部205册，第492页。

③ （宋）晁补之：《鸡肋集》卷九《胡戢秀才效欧阳公集古作琬琰堂》，《四库全书》第1118册，第468页。此诗编年见《晁补之词编年笺注》附录《晁补之年谱简编》，乔力校注，齐鲁书社1992年版，第245页。

④ （清）厉鹗：《樊榭山房集》文集卷二《六艺之一录序》，（清）厉鹗著，董兆熊注，陈九思标校：《樊榭山房集》，上海古籍出版社1992年版，第716页。

物，还曾把铭文拓下分赐近臣，他的某些措施确实对金石学的兴起有一定的影响①，但并无"诏界千金"命欧阳修访古之事。此外，欧阳修的集古并不始于至和元年（1054）入唐书局、迁翰林学士时，而是早在庆历五年（1045）已开始。不过晁氏此语亦不宜作为误记而忽略，它反映了一定程度的事实。就在这首诗写作的同一年，欧阳修夫人薛氏去世，晁补之作有《祭欧阳文忠公夫人薛氏文》，表达于欧公"恨相从晚"的心情。作为苏门四学士之一，他亦可说是欧阳修再传弟子。以苏轼对欧阳修生平诸事的熟悉，晁氏随侍苏门应不至于太过隔膜。诗句中虽然有关财力来源及具体数据有失误，但对集古建立在雄厚财力之上这个事实的传达颇具有史料价值。

讳言"有力"的行为是欧阳修集古活动中焦虑心态的呈现，这和其他物恋行为中的焦虑辩解并无二致。② 担心遭受玩物丧志之讥与"君子不滞于物"的追求让欧阳修努力寻找集古活动的史学意义。同时，因器物的收藏更具占有色彩，他便极力避免这方面的叙述。据友人及史料记载，欧阳修收藏有龙头铜枪一支及两耳三趾铜鼎一尊③，但在传世的欧阳修文集中却不见任何踪迹。他能够充满理性的批评晚唐刘金等对奇石的占有心态（《菱溪大石记》），但他自身也难以超越恋物之癖的迷思。

综上，财力、人力等物质基础是欧阳修集古活动背后的坚实支撑，集古内容的偏好、集古行为的诱发、启动、延续等各个环节无不受制于经济等物质因素。同时，分析物质基础的过程也逐渐呈现出欧阳修集古背后幽微的焦虑感。如何学术化他的日常爱好，使自己从庸俗的物恋占有欲中净化升华，是他集古活动中一直思考的问题。当集古在士大夫阶层中渐成风气，成为同道中人群体认同的重要标志，集古中的焦虑感逐渐淡化，稍后继之而起的刘敞就不曾流露出焦虑辩解的心态。之后的吕大临、赵明诚笔下，集古的学术正名已经完成，学科渐立堂庑。剖析欧氏集古的物质基础，可以深化我们对于金石学家

① 史正浩：《宋仁宗对宋代金石学兴起的贡献》，《南京艺术学院学报》（美术与设计版），2013年第1期，第49—52页。
② 杨晓山：《私人领域的变形——唐宋诗歌中的园林与玩好》，江苏人民出版社2009年版，第76—121页。
③ （宋）刘敞：《和永叔寒夜会饮寄江十》，《公是集》卷十二，《丛书集成初编》本；（宋）王得臣：《麈史》卷下，俞宗宪点校，上海古籍出版社1986年版，第74页。

个案的体察，同时以点带面深入研究集古活动的整体特征和其中纷繁复杂的士大夫心态。

第二节　集古活动与跋尾撰写

一　集古历程

欧阳修说他的集古历程起讫时间是"盖自庆历乙酉（五年 1045），逮嘉祐壬寅（七年 1062），十有八年，而得千卷"（《集古录目序》），其实这只是他系统而集中的收集时间，整个集古活动分零散和集中两个阶段，零散的收集在庆历五年（1045）之前已开始且嘉祐七年（1062）之后仍在持续。欧阳修的集古活动贯穿其生命几乎三分之二的部分，持续时间之长、投入精力之多是惊人的。关于欧阳修集古历程的考述，学界已有深入成熟的研究①，下文对此略作梳理：

欧阳修云"余家集录古文既多，或失其所得之自。"（《后汉碑阴题名》）对于还原史实来说，这种遗忘和缺失当然非常遗憾，但考虑到碑文的千卷之巨这是在情理之中的。在现存十卷《跋尾》中，欧阳修残篇断章的点滴回忆亦可以为我们勾勒出他一生集古活动的大致历程：

欧阳修集古的缘由，据他自述导源于儿时以碑学书的经历以及由此引发的对碑刻凋敝残破的惋惜：

> 《唐孔子庙堂碑》：余为童儿时，尝得此碑以学书，当时刻画完好。后二十余年复得斯本，则残缺如此。因感夫物之终散，虽金石之坚不能以自久，于是始欲集录前世之遗文而藏之。殆今盖十有八年，而得千卷，可谓富哉！嘉祐八年九月二十九日书。

此篇跋尾校记中亦载"元第一"②，可知欧阳修确实以此碑为集古的起点。由嘉祐八年（1063）上溯十八年为庆历五年（1045），再上溯二十

---

① 顾永新：《欧阳修学术研究》第十一章第二节《〈集古录〉纂集考》，第 289—292 页；
　　王宏生：《〈集古录〉成书考》，《史学史研究》2006 年第 2 期，第 77—80 页。

② 《集古录跋尾》卷五校记，《欧阳修全集》（中国书店本），第 1157 页。

余年为天禧末年（1020—1022），时欧阳修十三四岁①。幼时以碑学书的经历使他对碑文石刻有天然的亲切感，而碑刻的稀少难得又激发了其收集的兴趣。早在天圣年间应进士举时，游历范围一经扩大，欧阳修便于路途中颇为留意碑刻。"天圣四年举进士，赴尚书礼部，道出湖阳，见此碑立道左，下马读之，徘徊碑下者久之。"（《后汉樊常侍碑》）《后汉天禄辟邪字》亦有类似回忆："余自天圣中举进士，往来襄邓间，见之道侧。"由于时间仓促和条件受限，欧阳修只有留恋而去，没能收集到拓本。

进士及第后天圣末、明道年间在洛阳任西京留守推官，欧阳修在游赏时总会格外留意碑刻题记，亦有少量的收集品。获取碑刻拓本年代可考者以《唐韩覃幽林思》为最早②：

> 《唐韩退之题名》：右韩退之题名二，皆在洛阳。其一在嵩山天封宫石柱上刻之……天圣中，余为西京留守推官，与梅圣俞游嵩山，入天封宫，裴回柱下而去。遂登山顶，至武后封禅处，有石记……其一在福先寺塔下。
>
> 《唐玄宗谒玄元庙诗》：碑在北邙山上，洛阳人谓之老君庙也。
>
> 《唐韩覃幽林思》：余为西京留守推官时，因游嵩山得此诗，爱其辞翰皆不俗。后十馀年，始集古金石之文，发箧得之，不胜其喜。

景祐初及庆历初，欧阳修于京师任馆职时，亦对馆阁中古器物感兴趣。《古器铭》云："太宗皇帝时，长安民有耕地得此甗……遂藏于秘阁。余为校勘时，常阅于秘阁下。……景祐中……得古钟……余知太常礼院时，尝于太常寺按乐，命工叩之。"景祐三年（1036）贬官夷陵，在奔赴贬所旅途中他亦不忘留心碑文收集。这时已入仕五六年，打摹拓本或抄录想来有一定的财力支持，且贬谪赋闲时间充裕，因此所获碑刻较之前渐多：

> 《唐吕諲表》：景祐三年，余谪夷陵，过荆南谒吕公祠堂，见此碑立庑下。碑无趺石，埋地中，势若将踣。惜其文翰，遂得斯本，而入于地处字多缺灭。
>
> 《唐王蕊诗》：惠泉在今荆门军。余贬夷陵，道荆门，裴回泉上，

---

① 缪荃孙有类似推算，见《云自在龛随笔》卷三《金石》，商务印书馆1958年版，第93页。

② 又见王宏生《〈集古录〉成书考》，《史学史研究》2006年第2期，第78页。

得二子之诗，佳其词翰，遂录之。

《唐神女庙诗》：余贬夷陵令时，尝泛舟黄牛峡，至其祠下，……爱其辞翰，遂录之。

《景福遗文》：余在夷陵时得之民家。

宝元元年（1038）春，欧阳修迁光化军乾德令。路途中及到任后读碑集碑未曾停歇。他还翻阅记载碑刻详情的传世文献《光化军乾德县图经》，且"按图求碑"。因此地"官署无雅士"，"罕有学者"，他写信向博学的好友王洙请教：

《与王源叔问古碑字书》：今春蒙恩得徙兹邑，然地僻而陋，罕有学者……县有古碑一片，在近郊数大冢之间，《图经》以为儒翟先生碑。……许慎《说文》亦不载，外方无他书可考正。

收于此时的碑刻有：

《唐独孤府君碑》：碑在岘山亭下，余自夷陵徙乾德令，尝登岘山，读此碑。

《后汉玄儒娄先生碑》：今《光化军乾德县图经》载此碑，景祐中余自夷陵贬所再迁乾德令，按图求碑，而寿有墓在谷城界中。余率县学生亲拜其墓，见此碑在墓侧，遂据图经迁碑还县，立于敕书楼下，至今在焉。

《晋南乡太守颂》：此碑今在光化军……余贬乾德县令时得此碑，今二纪矣。

由上述记载可知，在庆历五年（1045）之前，欧阳修的集古活动已经有不间断的进行和小规模的收集，且与友人有了交流互动。最初的收集品始于洛阳任职期间，其后在景祐中贬谪夷陵及宝元间迁乾德令时期渐多。

不过此阶段就收集力度来说仍是零散和随机的，正式有系统的集中收集是从庆历五年（1045）于河北转运使任上，欧阳修在许多场合都记载了这个收藏正式启动的时间，如《与蔡君谟求书集古录目序书》《晋南乡太守颂》《魏刘熹学生冢碑》《唐韩覃幽林思》《唐吕諲表》等。庆历四年（1044）八月，欧阳修除河北都转运按察使，河北东路治大名，河北西路治镇阳，五年春，权知成德军事三月，八月贬知滁州，在河北任凡一年。自着意系统收集后，收获颇丰：

> 《周穆王刻石》：庆历中，宋尚书祁在镇阳，遣人于坛山模此字。
>
> 《隋郎茂碑》：在今镇府北大墓林中，余为都转运使时得之。
>
> 《隋钳耳君清德颂》：碑在今废九门县中，余为河北转运使时求得之。
>
> 《后汉稿长蔡君颂碑》：在镇府。……因畋言遽遣人之常山求得之，遂入于录。
>
> 《隋李康清德颂》：予在河北时，遣人于废九门县城中得此碑，字多讹阙。
>
> 《唐陶云德政碑》：予为河北转运使，至真定府，见碑仆在府门外，半埋地中，命工掘出，立于庑下。
>
> 《唐何进滔德政碑》：其高数丈，制度甚闳伟，在今河北都转运使公廨园中。
>
> 《唐蔡有邻卢舍那珉像碑》：庆历中，今昭文韩公在定州为余得此本。

庆历五年（1045）八月至庆历八年（1048）正月为谪居滁州时期，梅尧臣曾赠"碑文数本、《千字文》等"（《与梅圣俞》十七），《跋尾》中可考者得于此时的有：

> 《唐张敬因碑一》：庆历初，有知此碑者稍稍往模之，民家患其践田稼，遂击碎之。余在滁阳，闻而遣人往求之，得其残阙者为七段矣。
>
> 《唐李阳冰庶子泉铭》：庆历五年，余自河北都转运使贬滁阳，屡至阳冰刻石处，未尝不裴回其下。
>
> 《唐花林宴别记》：余在滁阳，遣推官陈诜以事至县，见寺旁石涧岸土崩出石岩，隐隐有字，亟命模得之。

庆历末、皇祐间知扬州、颍州时，韩琦曾赠"《宋公碑》二本……《张迪碑》并《八关斋记》"（《与韩忠献王》十）。皇祐三年（1051），晏殊知永兴军，欧阳修知颍州时僚属张洞从晏殊辟于长安，欧阳修委托其代为访碑。至和元年（1054），欧阳修即得所赠碑文，以书答谢（佚简第

62、63《答张仲通》)。皇祐六年（1054），欧阳修居丧在颍，前僚属张器知蕲水，欧阳修亦拜托其"县境有好碑，试为访之。"(《与张职方》其三）这个时期所获碑文应数量不少。庆历八年（1048）欧阳修知扬州时，梅尧臣即云"古碑手集一千卷，河北关西得最多"①。庆历八年（1048）距欧阳修正式集古只有三年，一千卷的规模应略有夸张，概是集古活动名声在外所致。《跋尾》中得于此时者有：

> 《唐窦叔蒙海涛志》：余向在扬州得此志，甚爱之，张于座右之壁。
> 《唐濠州劝民栽桑敕碑二》：皇祐元年春，余自扬移颍，舟过濠梁，得此碑于今枢密使张公昇。
> 《张龙公碑》：余尝以事至百社村，过其祠下……汝阴人尤以为神也。
> 《唐郑澣阴符经序二》：余自皇祐中得公权所书《阴符经序》，遂求其经，云石已亡矣。

由《唐濠州劝民栽桑敕碑》可知此碑刻得于皇祐元年（1049）。卷末校记云此篇在《集古录》中的原始收录卷数为"第一百七十二"②，欧阳修收集碑刻的方式是随得随录，"有卷帙次第而无时世之先后"(《集古录目序》)，则可推知皇祐元年（1049），欧阳修集古的规模才不到二百卷。梅尧臣在庆历八年（1048）所云千卷是过誉或期许而非实录。

至和初欧阳修母丧服除回朝，嘉祐、治平年间先后任翰林学士、参知政事多年。这个时期的碑刻收集速度加快，又有王素、冯京、刘敞、江休复、苏轼、文同等众多好友的相赠。嘉祐四年（1059），王素知成都府，欧阳修托其"蜀中碑文，虽古碑断缺，仅有字者，皆打取来。"(《与王懿敏公》五）嘉祐五年（1060）六月，冯京知江宁府，欧阳修信中云"闻金陵有数厅梁、陈碑，及蒋山题名甚多，境内所有，幸为博采以为惠。"(《与冯章靖公》六）其后冯京亦屡以碑寄。好友惠赠中尤以刘敞所惠为最。嘉祐四年（1059），刘敞赠唐李靖书《千字文》。嘉祐五年（1060）九月，刘敞出守永兴军，于嘉祐七年（1062）夏秋间又赠《韩城鼎铭》、《莲勺博山盘记》(佚简第42《与刘侍读》)。同年，蔡襄亦赠李

① （宋）梅尧臣：《观永叔集古录》，《梅尧臣集编年校注》卷十八，第467页。
② 《集古录跋尾》卷九校记，《欧阳修全集》（中国书店），第1207页。

邕撰并书之《唐有道先生叶公碑》①。现存《跋尾》卷一中收录先秦古器铭文多得于朋友所赠。

嘉祐后期，《集古录》成书。关于成书具体时间，有嘉祐六年、七年、八年三说②。欧阳修在熙宁元年（1068）九月为《秦峄山刻石》所写跋尾云："《集录》成书后八年，得此于青州而附之。"熙宁元年（1068）上溯八年为嘉祐六年（1061），则此年集古录已成书。又据欧阳修《与蔡君谟求书〈集古录〉序书》和《集古录目序》皆作于嘉祐七年（1062），且欧阳修自云"逮嘉祐壬寅，十有八年而得千卷"，《集古录》成书又有七年说。笔者认为此二说相隔不远，欧阳修晚年因身体疾病亦偶有记忆错乱之处③，同时碑文收集的进程并没有停止，仍是时收时录，是以成书时间不宜限定过于具体，大致为嘉祐六年粗成，七年更完备，所以欧阳修撰序并求蔡襄书。

在成书之后集古过程仍在持续。嘉祐七年（1062），欧阳修在请蔡襄书《集古录目序》于石后得《伯冏铭》，收录碑文之最早年代由周宣王更为穆王，后得《古敦铭》，又更为周武王。最早年代的屡次变更反映出集古活动的频繁和延续。现存《集古录》收集时间记载最晚者为熙宁元年（1068）九月所得《邹峄山刻石》。此外，《前汉雁足灯铭》得于治平元年（1064）（裴煜赠）、《阴符经》经文得于治平三年（1066）（镌工张景儒赠）、《唐鹡鸰颂》得于治平三年④、《太清东阙题名》和《太清石阙题名》得于熙宁元年（1068）二月知亳州时。皆在嘉祐六年（1061）以后。甚至在熙宁四年（1071）秋冬间，欧阳修已致仕归颍，尚得曾巩所惠碑文，并以笔百枚答谢。⑤ 可知欧阳修的集古活动一直贯穿至其生命的最后

---

① ［日］东英寿考校，洪本健笺注：《新见欧阳修九十六篇书简笺注》，第 67 页。

② 三说纷争见余敏辉《集古录成书年代辨》，《史学史研究》2004 年第 3 期，第 70—72 页。八年说之妄亦参见此文。

③ 《唐鹡鸰颂》跋云："当皇祐、至和之间，余在广陵。……后二十年，获此石本于国子博士杨褒。"考欧阳修年谱及其他史料，皇祐、至和之间（1054 年前后），欧阳修母丧服除，由颍入京，并不在广陵，知广陵是在庆历八年；而且，由此下溯二十年，为熙宁七年，时欧阳修已过世一年有余。参见顾永新《欧阳修学术研究》第十一章第二节第 290 页注①。

④ 《唐鹡鸰颂》跋云："当皇祐、至和之间，余在广陵，有敕使黄元吉者，以唐明皇自书《鹡鸰颂》本示余，把玩久之。后二十年，获此石本于国子博士杨褒。又三年，来守青州，始知刻石在故相公沂公宅。"欧阳修熙宁元年（1068）八月知青州，九月到任，以熙宁元年逆推三年为治平三年（1066）。

⑤ （宋）欧阳修：《与曾舍人》三，《欧阳修全集》卷一百五十，第 2469 页。

时刻。

欧阳修收集的碑文总数难以确考，在嘉祐七年（1062）已有"数千篇"（《跋尾》卷四《范文度摹本兰亭序一》），其后十年所收亦不少。在卷数上欧阳修始终云千卷，这只是约数，且一篇碑文并不等于一卷，有数篇辑为一卷者，亦有一篇分列数卷的①。近人缪荃孙《云自在龛丛书》共辑得739篇，应只得原来规模的极小部分。②

在《与蔡君谟求书集古录序书》中欧阳修云："向在河朔，不能自闲，尝集录前世金石之遗文，自三代以来古文奇字，莫不皆有。中间虽罪戾摈斥，水陆奔走，颠危困踣，兼之人事吉凶，忧患悲愁，无聊仓卒，未尝一日忘也。"考察了欧阳修一生漫长的集古历程，对于这段自述文字或许有更深的体味。欧阳修对于集古的极大热忱不仅体现在几乎穷尽一生之力进行，还体现在对于同一件碑刻执着追寻数十年：

> 《唐郑澣阴符经序二》：余自皇祐中得公权所书《阴符经序》，遂求其经，云石已亡矣。常意必有藏于人间者，求之十馀年，莫可得。治平三年，有镌工张景儒忽以此遗余家小吏，遽录之。信乎，余所谓物常聚于所好也。
>
> 《唐窦叔蒙海涛志》：余向在扬州得此志，甚爱之，张于座右之壁，冀于朝夕见也。已而夜为风雨所坏，其后求之凡十五年，而复得斯本。以示京师好事者，皆云未尝见也。
>
> 《魏刘熹学生冢碑》：余为乾德令时，尝以公事过谷城，见数荒冢在草间，傍有古碑倾侧，半埋土中，问其村人为何人冢，皆不能道，而碑文摩灭，不暇读而去。后数年在河北，始集录古文，思向所见谷城碑，疑为汉碑，求之又数年乃获。

综上，欧阳修集古的历程从广义说贯穿了其一生。自幼年以碑学书的经历开始对碑文发生兴趣，后经零散收录和系统收集两个阶段，欧阳修聚集了数千篇碑刻铭文，成千卷之巨。

---

① 据《跋尾》各卷校记，如卷三《后汉残碑阴》、《朔方太守碑阴》皆在"第二百二十一"；卷六《唐尹氏阙文》、《唐尹孝子旌表文》皆在卷"第一百六十二"；卷四《吴国山碑》"元第三百四至三百五"、卷五《唐岑文本三龛记》"元第三十四至三十五"。

② 参见王宏生《〈集古录〉成书考》，《史学史研究》2006年第2期，第77—80页。

二 集古缘由

欧阳修为什么会集古？古代的碑刻铭文为什么能够引起他强烈而持久的兴趣？这种兴趣在多大程度上代表了他这个人的内在特性？他这种兴趣在同时代人中有何特殊性和普遍性？这些问题的考察有助于我们更深入地走进欧阳修的个人世界和内心情怀，去了解体味属于他的价值认定、意义追寻和人生探索。

关于集古的缘由，欧阳修在跋尾中有着俯拾皆是的自我陈述。不过这些缘由并不隶属于一个范围，而是牵涉多个方面和视角。缘由的复杂多样从一个侧面说明集古行为内在意蕴的丰富以及带给欧阳修启迪和审美感受的广博。以下是笔者所概括归纳的几个不同层面的缘由，拟以程度不同分别述之：

1. 好古之癖

之所以把这一点列于首，缘于一则跋尾中寥寥数语暗示的内涵。在《跋尾》中，欧阳修几乎每篇都谈及集古之益处，或可碑史互证，或因书法可喜，览之忘倦，或以资博览，益于多闻，用一句话概括即为"其益岂不博哉"（《跋尾》卷五《唐孔颖达碑》）。不过，当面对一方各个角度皆无用处的残缺碑刻，欧阳修仍倍加珍惜予以收录时，他的上述价值宣讲就暂时失去了效用，他只好无奈的写道：

> 右汉无名碑，文字磨灭，其姓氏名字皆不可见……其馀字画尚完者多，但不能成文尔。夫好古之士所藏之物，未必皆适世之用，惟其埋没零落之余，尤以为可惜，此好古之僻也。（《后汉无名碑》）

这一条跋尾说明，无论欧阳修讲他的工作如何有贡献，如何有益，这都不能完全解释铭文对他产生的吸引力。此方无名碑从一个侧面无意中揭示出欧阳修收藏碑刻最深层的原因：好古之癖。碑刻的史学、书法价值固然是收藏的重要原因，但在无名碑的衬托下，那些原因无疑都浮于表层，而且颇让人疑心欧阳修对于碑刻各种价值的推重强调是为了掩饰"好古之癖"这一不那么理直气壮的缘由。

"好古"是欧阳修价值体系中的关键词。不仅是集古活动，欧阳修在多种场合皆屡言自己"好古"：《谢知制诰表》云："伏念臣虽以儒术进身，本无辞艺可取，徒值向者时文之弊，偶能独守好古之勤，志欲去于雕华，文反成于朴鄙。"《颖州谢上表》云："偶自弱龄，粗知学古，谓忠义可以事国，名节可以荣身。"在结交友人时亦喜称道其"好古"：《答孙正之侔第一书》云："元珍言足下好古自守，不妄接人，虽居乡间，罕识其面。"《与王源叔问古碑字书》云："源叔好古博学，知名今世，必识此字。"他赏识并向朝廷推荐人才亦看重其"好古"，可见这是一项重要的衡量标准；《举刘敞吕惠卿充馆职札子》云："前真州军事推官吕惠卿，材识明敏，文艺优通，好古饬躬，可谓端雅之士。"与晏殊荐魏广云："有魏广者，好古守道之士也。"（《与晏元献公》一）与赵概荐焦千之云："其人专心学古，不习治生。"（《与赵康靖公》三）好古这一行为特点由自我定位扩展为对他人的重要评价标准，蕴含着欧阳修对于这一行为特征的期许和自得。

好古就其实质来说，是对历史文明的敬重。孔子云"述而不作，信而好古，窃比于我老彭。"[1] 即隐含对知识传承的自任。无论孔子、孟子、还是韩愈，都认为自己肩负着传承古代历史文化的任务。宋代张载的"为去圣继绝学，为万世开太平"[2] 更是将此理念提升到极致。"'好古'之心成为自我认定的指标，惟其'好古'，而能'仿古'、'继古'乃至'复古'，最终目的……是为了改造当今。""用福柯的观念来解析，'好古'……隐藏着知识、权力、真理的对应关系……好古会被等同于爱好真理……凭借着知识，以文字为强大的工具，循环权力的运作。人们在这一套知识与权力的复合机制中接受支配与训练，共同营造合乎规范的善良风俗，维持社会秩序，从而臻于大同和平的理想境界。"[3] 欧阳修在政治、学术等领域所谈及的"好古""知古""学古"，即在上述阐释范畴之内，所以他并不讳言，且以此自重。欧阳修的救时行道、以斯文自命的历史使命感并不输于张载，而在当时的实际成效远过之。早年即云："君子之于学也务为道，为道必求知古，知古明道，而后履之以身，施之于事，而又见于文章而发之，以信后世。"（《与张秀才棐第二书》）看到成效颇感欣慰云："今之士皆学古通经，稍知自重矣。"（《问进士策四首》）后生评价他亦云："自欧阳子出，天下争自濯磨，以通经学古为高。"[4]

---

① （清）刘宝楠：《论语正义》，第251页。

② （宋）张载：《张子语录》，张载著，章锡琛点校：《张载集》，中华书局1978年版，第320页。

③ 衣若芬：《好古思想之审美文化心态试论》，《中山大学学报》2010年第2期，第26—27页。

④ （宋）苏轼：《六一居士集序》，《苏轼文集》卷十，第316页。

但"好古"这个关键词延伸到日常集古活动及跋尾撰写中，其内在价值和意义定位就发生了微妙变化。收集碑刻固然可以纳入传承文化的范畴，但欧阳修的原始动机并不缘于此，而更多的是其童年时期学习教育资源的缺失①。后来发展到对所有有字无字碑刻皆痴迷已不是理智的"好古"所能涵盖。从经术、文化上的"好古"到私人爱好之中的"好古之癖"，是从无须证明自身存在意义的正当地位沦降为处处需寻找立足点的无根状态，这种转变恰从某种程度上揭示出集古活动的私人化色彩和娱兴遣玩本质。

这种遣玩心态有倦于宦海风波的因素②。欧阳棐《录目记》中转述其父之语云："吾集录前世遗没缺落之文，独取世人无用之物而藏之者，岂徒出于嗜好之僻，而以为耳目之玩哉？"③语意力避"嗜好之癖、耳目之玩"，却说明这八个字恰是集古避不开的缘由，《跋尾》关于集古原因的述说中，"耳目之玩"亦不时见于笔下，如《唐韩愈盘谷诗序》云："集本世已大行，刻石乃当时物，存之以为佳玩尔，其小失不足较也。"《小字法帖二》云："以入集目，聊为一时之玩尔。"《小字法帖六》云："老年病目，不能读书，又艰于执笔，惟此与《集古录》可以把玩。"皆道出"把玩"是集古重要的目的和功用。

与欧阳修同有好古之癖的蔡襄谈及集古之乐云："尝观石鼓文，爱其古质物象形势，有遗思焉。"④对古风遗韵的向慕亦可用于注解欧阳修的集古。正如弹琴时"弹为古声曲"是"如与古人言"（《弹琴效贾岛体》），集古亦是尚友古人的一种方式，所谓"每摩挲一器，拓释一铭，

---

① 王水照、崔铭：《欧阳修传：达者在纷争中的坚持》，天津人民出版社 2008 年版，第 365 页；蔡世明：《欧阳修的生平与学术》，文史哲出版社 1986 年版，第 97 页；蔡清和：《欧阳修集古录跋尾之研究》，花木兰文化工作坊 2005 年版，第 13 页。

② "欧公具有正视现实、勇于进取的入世精神，但无休止的宦海风波和人事倾轧，又使他从贬官滁州开始，就萌生了优游林泉的意趣，而且磨练出一种'遣玩'的意兴。所谓'遣'，是把内心的悲哀、痛苦排除掉，遣送掉；所谓'玩'，是以赏爱、把玩的心情来欣赏眼前的美好事物。欧公懂得在苦难中用种种美好的事物来排遣内心忧愁哀伤，在赏玩中求得一种乐趣。……欧公'遣玩'的意兴，不是肤浅的追欢逐乐，而是透过人生的悲慨所追求的高雅的乐趣，是追求自然适意的士大夫人生哲学的表现。"参见文师华《论欧阳修的书法美学观》，《江西社会科学》1998 年第 10 期，第 53—54 页。

③ （宋）欧阳棐：《集古录目记》，《集古录跋尾》前附，《欧阳修全集》（中国书店本），第 1088 页。

④ 《跋尾》卷一《韩城鼎铭》附，《欧阳修全集》（中国书店本），第 1093 页。

俯仰之间，辄心往于数千年前。"① 《唐湖州石记》云"惟好古之士，知前人用意之深，则其埋沉磨灭之馀，尤为可惜者也。"（《跋尾》卷七） 更是道出这种相知意会之乐。但并不是所有的古碑皆能担当融通古今的中介，碰到实在一无用处的碑刻，依然有存录的理由：《周伯著碑》"其文字古怪，而磨灭无首尾，了不可读。……其事迹不可考，文辞莫晓，而字画不工，徒以其古怪而录之。此诚好古之弊也。""古怪"亦可作为遣玩的对象之一。欧阳修在描述碑刻的"无用之用"时，实则吻合了审美的内在要求：无关利害的满足，无目的合目的性，获得了极大的愉悦。

欧阳修对于碑刻收集"无用之用"的述说，交织着矛盾复杂的情绪，常在略有自嘲否定之外又不无自得自豪感。他强调自己"性颛而嗜古"，这是为整个集古活动的发端追溯内心渊源，并确立迥异流俗的定位。在疑经中他大胆又自信的作风亦辐射到集古活动中②：《唐元结峿台铭》云："右斯人之作，非好古者不知为可爱也。然来者安知无同好也邪？"这种口吻与黜伪疑经开风气之先的勇决相类似："余以谓自孔子没，至今二千岁之间，有一欧阳修者为是说矣；又二千岁，焉知无一人焉，与修同其说也？"（《廖氏文集序》） 自信之风的裹挟使得源于日常之暇的集古活动之意义最终溢出日常的范畴，而具有新兴学科的气象。

2. 为谁"可惜"：对湮灭与不朽的思索

刻石立碑本意为使人或事传世不朽，但作为自然物的碑刻终究难挡岁月侵蚀，碑刻文字又大多磨灭。面对碑刻时，立意不朽与终将湮灭的现实之间尖锐的矛盾冲突首先会涌现出来。欧阳修在集古时亦多有对这个问题的思索，其中，"可惜"是一个重要的表达窗口。

"可惜"是跋尾中屡屡出现的词汇，多达50余次，如此高的使用频率折射出碑刻对于欧阳修引发的感慨之深。这些感慨中有对人、对物、对迹而发，同时包蕴着复杂的情绪，有可堪怜惜、惋惜、叹息、珍惜等诸多层面。

有对人物姓名湮灭的叹息：

> 此君检《汉书》无之，今碑石缺，不见其名，惜乎遂不见于世也。（《后汉桂阳太守周府君纪功铭》）

---

① （清）阮元：《积古斋钟鼎彝器款识序》，见《揅经室三集》卷三，阮元撰，邓经元点校：《揅经室集》，中华书局1993年版，第636页。

② 有论者注意到了宋代金石学的兴起与疑古风潮的相互联系，参见李菁《宋代金石学的缘起与演进》，《中国典籍与文化》1998年第3期，第63—68页。

其终始颇可详见，而独其名字泯灭，为可惜也。（《后汉沛相杨君碑》）

其余文字历历可读，以其断绝处多，文理难续，故不复尽录。然其终始略可见矣。惟其名字皆亡，为可惜也。（《后汉孔君碑》）

辞翰潇洒，固多情思，惜乎不见其名氏。（《裴夫人志》）

有对书者姓名泯灭或不显的叹息：

余所集录开皇、仁寿、大业时碑颇多，其笔划率皆精劲，而往往不著名氏，每执卷悯然，为之叹息。（《隋丁道护启法寺碑》）

其铭刻字画遒劲有法，玩之忘倦，惜乎不知为何人书也。（《陈张慧湛墓志铭》）

字为行书，笔迹遒丽，而不著书者姓名，惜哉！（《唐陶云德政碑》）

慈之书体兼虞、褚，而遒丽可喜，然不知为何人。以其书当时未必不见称于世，盖唐人善书者多，遂不得独擅，既又无他可称，遂至泯然于后世。以余集录之博，慈所书碑只得此尔，尤为可惜也。（《唐西岳大洞张尊师碑》）

以上两种感慨情怀皆缘于"人"的泯灭沦亡，不为后世所知。无论是碑刻中的传主还是刻石书写者，他们都是在生前某方面具有过人之处的优秀人才，即"负其能"者，然而终究逃不过时间和历史无情的冲刷，归于寂寂无名。这种寂灭和虚空引发欧阳修极大的同情，他屡次感叹"士有负绝学高世之名，而不幸不传于后者，可胜数哉！可胜叹哉！"（《唐辨法师碑》）这种同情未尝没有自伤、自喻之深意。深受儒家"三不朽"之说影响的欧阳修自早年即自励奋发，初撰五代史时期望的是"吾等弃于时，聊欲因此粗申其心，少希后世之名。"（《与尹师鲁第二书》）康定元年（1040）于滑州任上向好友尹洙、蔡襄抒怀云："终日无事，不异山居。于养慵虽宜，而恐自此益堕。夫马虽善走，若饱饲而系于枥，立之数月，则足力损矣。故善养马者，虽无所用，犹使仆隶骑而走习，盖惜其天姿，不欲废堕也。用此每自勉励，不过寻书史，视古之志士，一概然尔。"（佚简第43《与尹龙图蔡忠惠公》）此封书信中，欧阳修早年砥砺修行、自强不息的精神可见一斑。正如他后来所议论的那样，人之精气"不夺于物，则蕴而为思虑，发而为事业，著而为文章，昭乎百世之上而仰乎百世之下，非如星之精气，随其毙而灭也，可不贵哉！"（《杂说三首》）正因为内心亦对湮没无名于后世充满恐惧，他才会如此奋砺自强，焦灼于以庸人而死的结局。那些叹息、可惜的背后蕴含欧阳修强烈的身世之感和深邃的史家意识。

欧阳修的自励奋发还缘于他对于勒铭金石以求不朽这种做法的勘破。随着集古活动的丰富他不断地思考刻石与不朽的关系，提出真正不朽的途径在于"君子之道"："凡物有形必有终敝，自古圣贤之传也，非皆托于物，固能无穷也。乃知为善之坚，坚于金石也。"（《唐人书杨公史传记》）"盖夫有形之物，必有时而弊，是以君子之道无弊，而其垂世者与天地而无穷。颜回高卧于陋巷，而名与舜、禹同荣，是岂有托于物而后传邪？岂有为于事而后著邪？故曰久而无弊者道，隐而终显者诚，此君子之所贵也。若汉王君者，托有形之物，欲垂无穷之名，及其弊也，金石何异乎瓦砾？"（《后汉郎中王君碑》）这种思想被他不断地在跋尾中重申，并屡次贬斥元结等人汲汲于后世之名的行为，鄙夷"好名之弊"。

对留名及不朽的追求是每个人珍视自我恐惧消亡的下意识心理状态，欧阳修并非不好名，他的砥砺名节、勇于进取、勤于著述的积极入世精神即是以身体践行"以道不朽"的观念。以此为基础，在慨叹之余，欧阳修以一种凌绝的自信把自己区别于历史上的湮灭无名之辈。碑刻残缺，许多人物之事迹始终已不可见，或仅得吉光片羽，欧阳修认为他的收集工作又在碑刻濒临散亡的关头把他们拯救，进而使之不朽。

> 唐人书见于今而名不知于当时者，如张师丘、缪师愈之类，盖不可胜数也。非余录之，则将遂泯然于后世矣。（《唐安公美政颂》）
>
> 载死不幸，而家谱不录，史官不书，非事载斯志，而志录于余，其遂泯灭于无闻乎？（《唐魏载墓志铭》）
>
> 碑字稍摩灭，世亦罕见，独余《集录》得之，遂以传者。（《唐吴广碑》）

在赋予集古活动意义的同时，又坚信这个活动本身以及所集之物不会"泯然于后世"。同时代的人已有对欧阳修此种自信的认可，殿中丞裴造"自言家藏此本数世矣，与其藏于家，不若附见余之《集录》，可以传之不朽也。"（《黄庭经四》）欧公的卓绝自信来自于前瞻开放的眼界与深厚的学养才气基础，他的判断大体不差。李之仪在北宋末即誉欧公之文云

"随得随散，天地不能藏匿，而在在处处，必为神物护持"①。虽千卷古碑拓本多散佚于战火，但诸篇跋尾真迹至南宋重被裒辑成编，许多唐人书者得以出现在《跋尾》中而传世。这种期于久远的观念在其后的金石著作中亦被承袭，赵明诚《金石录原序》即云："是金石之固，犹不足恃，然则所谓二千卷者，终归于磨灭，而余之是书有时而或传也。"②

跋尾中还有对碑刻本身及史迹磨灭散亡的可惜：

> 石在故高绅学士家。绅死，家人初不知惜，好事者往往就阅，或摹传其本，其家遂秘藏之，渐为难得。……今无复有本矣，益为可惜也。（《晋乐毅论》）
>
> 庆历中，宋尚书祁在镇阳，遣人于坛山模此字。而赵州守将武臣也，遽命工凿山取其字，龛于州廨之壁，闻者为之嗟惜也。（《周穆王刻石》）
>
> 余在滁阳，闻而遣人往求之，得其残阙者为七段矣。其文不可次第……其字画尤奇，甚可惜也。（《唐张敬因碑一》）

以上嗟惜、叹息、可惜的情怀皆出于对"物"沦丧磨灭的扼腕，实际上这正是欧阳修集古的原初动力之一。在《跋尾》的追忆描述中，不乏某一方碑刻或拓本艰难辗转的收集小史，如《晋乐毅论》《东汉张平子墓铭》《唐吕諲表》《唐张敬因碑一》等。对碑刻磨灭的惋惜究其深层内涵仍近似于对碑文内容、对人事始终湮灭的惋惜，但此处碑刻作为物的本质属性并不能轻易忽略。碑刻因材质的打磨、文字的附益、置立的场合而从普通石材中脱胎换骨，成为一种富有灵性和厚重历史感的物质存在。石上所书文字只是其中的组成部分之一，当文字磨灭，碑刻仍然因其他因素而保有历史的灵韵之光，这也许就是欧阳修所云"好古之癖"的原因所在。李清照曾经用"尤物"来指称她和赵明诚收集的古器物和石刻拓本，这个称呼便极其贴切地道出物对于人感官的吸引力，同时赋予物以人的能动特质。物质文化研究学者有一个观点，即财产是延伸的自我③。"拥有

① （宋）李之仪：《欧阳文忠公别集后序》，《姑溪居士后集》卷十五，《丛书集成初编》第1939册，第89页。
② （宋）赵明诚：《金石录序》，《宋本金石录》前附，中华书局1991年版，第3页。
③ ［美］罗素·W.贝尔克：《财产与延伸的自我》，《物质文化读本》，北京大学出版社2008年版，第112—150页。

或者收藏什么物品，既是收藏者个性的体现，更是其自我的延伸。"① 这个观点可以扩充我们对于欧阳修收藏碑刻的认识。在退朝之暇，他"优游于一千卷金石遗文之间，张开五官，接收古物拓本所发射的信息，偶有感触或心得，便撰为题跋，抒发自我感怀。……这些题跋都可以说是欧阳修'延伸的自我'"②。在欧阳修笔下，"尤物"碑刻多情似故人，作为历史与文明的载体，碑刻亦是一个脆弱亟须保护的生命。他用收集来对抗时间的无情冲刷，同时亦以藏品来构建自己的主体世界，与自我一起完成某种程度上的不朽。

"可惜"之叹还见于对稀见书法的喜爱、珍惜：

> 汉隶刻石存于今者少，惟余以集录之勤，所得为独多。然类多残缺不完，盖其难得而可喜者，其零落之余，尤为可惜也。（《后汉郎中郑固碑》）
>
> 余今又录之，盖亦以仲容之书可惜，是以君子惠乎多爱。（《唐流杯亭侍宴诗》）
>
> 笔力精劲可法，尤宜爱惜。而世俗多传摹本，此以残缺不传，独余家藏之。（《唐干禄字样》）
>
> 今仆射相公笔法精妙，为余称颜氏书《射堂记》最佳，遂以此本遗余。以余家素所藏诸书较之，惟《张敬因碑》与斯记为尤精劲。（《唐颜真卿射堂记》）

欧阳修对于书法的喜爱堪称迷恋，并不亚于对集古的热忱。书法、书迹从本源上说是"人"与"物"的结合，在形态上以"物"的方式存在，同时又是书写者个人书艺或人格形象的一部分，欧阳修的"可惜"之叹亦包蕴二者。欧阳修慨叹的重点在于"难得"情怀。某些稀见书法尤为牵动他敏感的情绪，"不难得，则不足为佳物"（《隋丁道护启法寺碑》）。另外，稀见之文亦常是集录的理由。如《唐马逴墓志铭二》云："詹之文为韩退之所称，遂传于世。然其不幸早死，故其传者不多。刻石之文，只有此与《福州佛记》耳，尤可惜也。"《唐阳武复县记》云：

① 程章灿：《尤物：作为物质文化的中国古代石刻》，《学术研究》2013年第10期，第128页。

② 程章灿：《尤物：作为物质文化的中国古代石刻》，《学术研究》2013年第10期，第134页。

"唐衢文世罕传者，余家《集录》千卷，唐贤之文十居七八，而衢文只获此尔。然其气格不俗，亦足佳也。"稀见之物带有劫后余生的气息和天然的残缺美，类似遗迹一样具有激发想象、惹人怜惜保护的特征。在收藏行为中，稀见之物是提升和彰显收藏难度，同时增加藏品魅力、昭示收藏品位的关键构成因素。

综上，欧阳修是对于时间流逝极为敏感之人，而碑刻的磨灭集中体现出时间的无情威力。出于对历史上湮灭删汰之人、事、物、迹、文的"可惜"情怀，欧阳修想以一己之力的收集来对抗强大的时间，使之以特殊的方式暂时凝结甚至回溯。因此他把集古的历程喻为披沙拣金，重新把删汰之物复原归位。在某种程度上，这是他追求实现不朽的一种方式，也传达出他对于碑刻这种物体出现之原义——留名青史——的认同。

3. 对书法的喜爱

欧阳修喜爱书法，热衷于学书、论书，他虽不以书家出名，但其耽于学书、以书为乐的记载屡见笔下：《试笔》诗云："试笔消长日，耽书遣百忧。余生得如此，万事复何求。"《学书》其二云："学书不觉夜，但怪西窗暗。病目故已昏，墨不分浓淡。"《夏日学书说》："惟据案作字，殊不为劳。当其挥翰若飞，手不能止，虽惊雷疾霆，雨雹交下，有不暇顾也。"《试笔》之《风法华》云："往时有风法华者，偶然至人家，见笔便书，初无伦理……余每见笔辄书，故江邻几比余为风法华。"

欧阳修学书的历程漫长，从幼年以荻画地开始，至老方休。这个过程中他对于学书的体会以及书法理论也发生过改变。上引资料中描述的学书之乐多是其中晚年的状态。其集古活动亦历时弥久，《集古录》成书及跋尾的撰写亦在其中晚年时期。在欧阳修的世界中，集古与书法之间的关系一直颇为密切，二者互相生发、渗透以至相互影响，主要体现在以下几个方面：

（1）就书法而言，对碑刻书法的熟悉、喜爱是诱发欧阳修集古的重要原动力之一；欧阳修还认为书法之精有助于金石之传。

在《唐孔子庙堂碑》中，欧阳修自述他萌发集古念头即缘于儿时所据以学书之碑刻的凋敝，碑刻的残破从本质上说是书法作品的磨灭消逝，欧阳修的拯救意识亦多出于对书法的惋惜留恋。早有论者指出欧阳修集古是"出于保存书法遗产的热忱"①。在现存四百余篇跋尾中，传达欧阳修

---

① 曹宝麟：《中国书法史·宋辽金卷》，江苏教育出版社1999年版，第45页。

是"出于保存书法遗产的热忱"①。在现存四百余篇跋尾中，传达欧阳修
对于拓本书法的喜爱、赏玩、评价、议论、惋惜等种种情怀的有将近四分
之一。这个比例远超关于其他缘由的记载而高居第一，可见热衷书法之于
集古不可或缺的基础地位：

> 碑文鄙俚而镌刻讹缪，时时字有完者，笔划清婉可喜，故录之。
> （《北齐石浮图记》）
> 宇文氏之事迹无足采者，惟其字画不俗，亦有取焉。（《后周大
> 像碑》）
> 其文既无所取，而世复多有，所佳者字尔。（《陈浮屠智永书千
> 字文一》）
> 其文辞不工而字法不俗，故录之。（《唐马寔墓志铭一》）
> 其文辞事迹无足采，而其字法世所重也，故录之云。（《唐圭峰
> 禅师碑》）

　　有大量的碑刻拓本因其字法不俗、字画颇工而得以存录，因此欧阳修
敏锐地意识到"书虽学者之余事，而有助于金石之传"（《唐吴广碑》）。
因此他在请求蔡襄给《集古录目序》书石时亦出于类似的考虑："字书之
法虽为学者之馀事，亦有助于金石之传也。若浮屠、老子之说当弃而获存
者，乃直以字画而传，是其幸而得所托尔，岂特有助已哉？仆之文陋
矣，顾不能以自传，其或幸而得所托，则未必不传也。"（《与蔡君谟求书
集古录序书》）信中虽有贬抑自己推重蔡襄之语，但书法之妙有助金石
之传的思想在欧阳修是一贯的。以上二者皆是书法对于集古活动发生影响
的重要方式。
　　（2）就集古而言，集古活动的进行和丰富改变了欧阳修对待学书的
态度，提升了其鉴赏书法的水平。
　　欧阳修对于书法的喜爱并不是一以贯之的。在皇祐五年（1053），他
在给好友梅尧臣的信中有这样的表述：

> 圣俞诗屡见许，甚渴见，何必自写，小儿辈可录。某亦厌书字，
> 因思学书各有分限，殆天之禀赋，有人力不可强者。往年学弓箭，锐
> 意三四年，不成，遂止。后又见君谟，言学书最乐，又锐意为之。写

① 曹宝麟：《中国书法史·宋辽金卷》，江苏教育出版社1999年版，第45页。

来写去，却转不如旧日，似逆风行船，著尽气力，只在旧处，不能少进。力竭心倦，遂已。身老矣，安能自苦如此耶？乃知古今好笔迹，真可贵重也。今后只看他人书，亦可为乐，不能生受得也。（《与梅圣俞》二十六）

由此可见，皇祐末欧阳修在学书时仍未有所得颇觉沮丧而"厌书字"。因不爱书字所以才建议梅尧臣在抄诗寄来时不必自写。不过梅尧臣应该不会像欧阳修一样"厌书字"，他创作了 18 首论书诗，是北宋中期论书诗数量最丰富的诗人①，说明他有着丰富的书写实践和观摩体会。欧阳修此时闲居汝阴，集古小有规模，准备"举取其要，著为一书"（《与刘侍读》六）。随着收集碑刻越来越丰富，尤其是嘉祐年间得友朋之助，收集规模快速增长，他对于学书的态度也发生了很大的转变，开始热衷于学书、论书：《学书》诗作于嘉祐时；嘉祐元年（1056），《鸣蝉赋》跋云"予因学书，起作赋草"；二年（1057）十一月冬至日，作《学书自成家说》；四年夏作《李晟笔说》；五年（1060）秋作《苏子美论书》②；五年（1060）作《李邕书》；《试笔》诗作于嘉祐八年（1063）③。可知嘉祐年间，欧颇热衷于学书论书。④ "六朝以来，石刻之有拓本……本为临池操翰而发。宋人承此传统。"⑤ 同时，欧阳修学书态度的转变和他观摩碑刻拓本提升书法鉴赏水平是相一致的过程：

　　余尝集录前世遗文数千篇，因得悉览诸贤笔迹。比不识书，遂稍通其学。（《范文度摹本兰亭序一》）
　　余家《集录》有邻书颇多，皆不若此赞，故尤宝之。余初不识书，因《集古》著录，所阅既多，遂稍识之，然则人其可不勉强于学也！（《唐兴唐寺石经藏赞》）

欧阳修屡言"不识书"应有谦词的成分，如《后汉残碑》中他就有

---

①　蔡显良：《宋代论书诗研究》，博士学位论文，南京艺术学院，2007 年，第 30 页。
②　（宋）欧阳修《苏子美论书》云："秋霖不止，文书颇稀，丛竹萧萧，似听愁滴。顾见案上故纸数幅，信笔学书。枢密院东厅。"考胡《谱》，欧阳修于嘉祐五年十一月至嘉祐六年三月任枢密副使，则此条作于五年秋冬季间。
③　《欧阳修诗文集校笺》，第 1505 页。
④　《欧阳修诗文集校笺》，第 1375 页。
⑤　叶国良：《宋代金石学研究》，台湾书房出版有限公司 2011 年版，第 218 页。

对于书法优劣的判断分析："隶字在者甚完，体质淳劲，非汉人莫能为也。"（《后汉残碑》）他的鉴赏能力随着碑刻收集越来越精进，嘉祐七年（1062）他即言能够"开卷临几，便别精粗。"（《范文度摹本兰亭序》）这是集古活动对个人书法赏鉴才能产生影响的体现。从时代整体来看，宋代的集古活动或金石学研究与当时书坛风尚亦有一定的影响关系，① 不过，宋代书法重赏鉴的风气也由欧开端，并产生了一定的弊病。②

（3）《跋尾》撰写，是欧阳修多方位发表书法观念、建构书法理论的主要平台。《跋尾》中谈论书法的比例非常大。这些谈论一般随意简短，却包蕴丰富。

有对历代书风演变优劣的评骘，如认为汉隶"体质淳劲"（《后汉残碑》），魏晋法帖"逸笔余兴，淋漓挥洒"、"百态横生"（《晋王献之法帖一》）。对于南北朝书风的评论，今人叶培贵概括云："（欧阳修）总论南朝书法的特点，以'气尚卑弱'、'纤劲清媚'、'清婉可佳'、'眇然都不复有豪气'来概括，言简意赅，切中肯綮，对南朝时代整体书风的把握极为准确，远超唐代书法史家……专论后魏北齐书，指出其书往往有'有古法'、'字法多异'、'差劣'、'怪而不精'、'字画不甚佳，然亦不俗'、'时时遒劲'等特征……昭示了南北书风的差异性及其各自的特征……形成了比较有概括性的意见。"③ 对于隋代书风多有称美，"隋之晚年，书学尤盛"（《隋丁道护启法寺碑》）；对于唐代则尤为推重，认为名家辈出，整体水平甚高，非当世所及，不过对于其谨守法度亦有微词："文字之学传自三代以来，其体随时变易，转相祖习，遂以名家，亦乌有法邪？"（《唐美原夫子庙碑》）；对于本朝书坛多慨叹没落、寂寞不振并

---

① 崔树强：《宋、清两代金石学对书法的影响及其背景分析》，硕士学位论文，首都师范大学，2001年，第28页；郭名询：《略论清代金石学与书法艺术的关系》，硕士学位论文，首都师范大学，2004年。此二文皆持"影响苍白无力"观点。又叶国良《宋代金石学研究》认为"宋代金石文字出土……亦直接影响当时书坛。"（第220页）并举米芾学书为例。按：叶氏举证稍嫌不足，其影响当不如清代之巨。

② 查晓英《"金石学"在现代学科体制下的重塑》："刘师培讨论中国美术的变迁，认为南朝人由赏鉴而兼考古，如《碑英》、《鼎录》、《刀剑谱》；唐代美术以征实为主，鉴赏家也黜伪崇真；宋代的美术却'偏于赏鉴，笃于好古，耻于求新，故真赝杂揉之蔽由之而生'。欧、赵、董、吕诸人开此风气，士人群趋收藏，而以伪乱真由此起。刘师培显然注意到金石之学的发展与美术鉴赏关系密切。"《中山大学学报》2008年第3期，第90页。

③ 叶培贵：《集古录目跋尾的书法史学》，《书法研究》2000年第2期，第71—72页。

痛心疾呼。评论范围囊括古今，议论精警。

有对当今书坛书者高下的品评，如评价徐铉与其弟徐锴"皆能八分、小篆"（《徐铉双溪院记》）；王文秉"字画之精远过徐铉"（《王文秉紫阳石磬铭》）；郭忠恕"楷法尤精"（《郭忠恕小字说文字源》）；"君谟书擅当世"（《唐郑澣阴符经序一》）。

有对尚意书风的倡导①，注重主观情感的表达，追求创作状态的自由。欣赏魏晋法帖之高妙即源于其"初非用意，而逸笔余兴，淋漓挥洒"（《晋王献之法帖一》）。《千文后虞世南书》云："右虞世南所书，言不成文，乃信笔偶然尔。其字画精妙，平生所书碑刻多矣，皆莫及也。岂矜持与不用意，便有优劣邪？"

有"以人论书"的倾向②，发掘并推重颜真卿。"颜公忠义之节，皎如日月，其为人尊严刚劲，象其笔画"（《唐颜真卿麻姑坛记跋尾》）。又，"公忠义之节，明若日月，而坚若金石，自可以光后世，传无穷，不待其书然后不朽。"（《唐湖州石记》）"颜真卿书史地位的崛起是中国书法史上的一大事件，而整个事件的核心过程在宋代。欧公《集古录目跋尾》，又是这个事件的倡兴之作和关键著作。"③

欧阳修在跋尾中的书学评论涉及书法演进史、书法批评理论、书风评骘标准等多个领域，议论宏富而多有灼见。在北宋书法史上，欧阳修的功绩主要在理论方面④，是"理论中坚"⑤，而为精简概括《集古录》而撰写的《跋尾》则是这些理论得以建立的良好平台。

---

① 关于欧阳修对尚意书风的倡导，参见曹宝麟《中国书法史·宋辽金卷》，江苏教育出版社 1999 年版，第 59—60 页；王德军：《宋人尚意书风的形成》，《天水师范学院学报》2000 年第 4 期，第 31—33 页；叶培贵：《集古录目跋尾的书法史学》，《书法研究》2000 年第 2 期，第 66—78 页；庄子茵：《宋代尚意书风探赜》，《国立台中护专学报》2002 年第一期，第 91—118 页；杨军：《试论欧阳修为宋尚意书风的先导》，《书法世界》2003 年第 6 期，第 16—17 页。

② "以人论书的人格主义评价方式首先发端于欧阳修"，参见詹绪左《论宋代书学中的人格主义倾向》，《文艺研究》1996 年第 4 期，第 141—149 页。

③ 叶培贵：《集古录目跋尾的书法史学》，《书法研究》2000 年第 2 期，第 74—75 页；孔鸣：《北宋颜兴盛成因探究》，硕士学位论文，中国艺术研究院，2014 年。

④ 曹宝麟：《中国书法史·宋辽金卷》，第 45 页。

⑤ 蔡显良：《宋代论书诗的主要题材与特色》，《书画艺术学刊》2008 年第 5 期，第 150 页。

三 跋尾撰写

欧阳修的集古活动从类型上分为碑刻收集和跋尾撰写两个部分。碑刻收集行为是《集古录》成千卷规模的基础活动，而跋尾撰写则是基础工作完成后的理论提升，赋予这一活动以深远意义。前文从纵向时间跨度考察了欧阳修贯穿一生的碑刻铭文的收集活动始末，此处从横向角度来探讨跋尾撰写的具体发生时间，纵横结合立体观照集古活动于欧阳修日常生活中的角色及意义。

欧阳修自述他收集碑刻的历程云："向在河朔，不能自闲，尝集录前世金石之遗文，自三代以来古文奇字，莫不皆有。中间虽罪戾摈斥，水陆奔走，颠危困踣，兼之人事吉凶，忧患悲愁，无聊仓卒，未尝一日忘也。"（《与蔡君谟求书集古录》）美国学者艾朗诺从公私两种对立生活状态的角度来解析这段话云："在欧阳修的头脑里，其收集不仅有助于使他游离于官场中人——这些人不会为这样无用的东西费心，而且还将他从不得不忍受并全力应付的世俗羁绊和压力下解脱出来。"[①] 这个直击深层意识的阐释路径颇有启示性。欧阳修强调他收藏的进行背景是纷扰的世事，本意为反衬收藏行为的艰难与自我的执着，同时这种对立本身喻示集古能带给他暂时的解脱与放松。

与收集活动类似，跋尾的撰写亦穿插于繁忙的公务之余，是其从政事中的短暂游离，是深化其日常生活意义的主要方式

宋代官员休假制度名目繁多，规定宽疏，"在中国的休假史上，登上了巅峰。"[②] 休假类型大致分公假和私假两大类。公假有旬假、节假、国忌假、外官上任假、唱名后假、朝假及特殊情况给假等。私假有婚嫁假、丧假、病假、探亲假、私忌假等。

旬假。宋朝沿袭前代，实行旬假制度。太祖开宝九年（976），开始规定每遇旬假，皇帝不登殿视事，赐百官休沐一天。每十天休息一天，一般放在每旬之末，史称"每旬唯以晦日休务"[③]。由于遇"十"休务，则

---

① ［美］艾朗诺：《美的焦虑——北宋士大夫的审美思想与追求》，第 16 页。

② 李红雨：《简论由宋至清公共休假制度》，《中央民族大学学报》2013 年第 4 期，第 103 页。

③ （宋）李焘：《续资治通鉴长编》（以下简称《长编》）卷十七开宝九年二月己未条 "自今旬假不视事，赐百官休沐"，上海师大古籍所、华东师大古籍所点校，中华书局 1995 年版，第 371 页；（清）徐松辑：《宋会要辑稿》职官六十之十五，中华书局 1957 年版，第 3740 页。

"九日"亦可视为旬假的向前延伸。跋尾中有具体写作日期的篇数约267篇，其中写于"初九""初十""二十""晦日"等旬休日的有92篇，占三分之一强。如治平元年（1064）六月十日作《后汉沛相杨君碑》《后汉杨震碑》《后汉中常侍费亭侯曹腾碑》等6篇跋尾；同年七月二十日作《唐西岳大洞张尊师碑》《唐张嘉正碑》《唐窦叔蒙海涛志》《唐韩愈南海神庙碑》等7篇跋尾；同年七月三十日作《唐崔敬嗣碑》《唐开元金箓斋颂》《唐李听神道碑》《唐胡良公碑》等7篇跋尾。

节假。宋代的节假种类繁多，据庞元英《文昌杂录》卷一载，节假全年"凡七十有六日"①，其中元日、寒食、冬至7天，天庆节、上元节亦是7天。天圣节、夏至、先天节、中元节、下元节、降圣节、腊日各3天。立春、人日、中秋、春分、春社、清明、上巳、天祺节、立夏、端午、天贶节、初伏、中伏、立秋、七夕、末伏、秋社、授衣、重阳、立冬各1日，诸大祀皆假一日。《跋尾》中有不少即写于节假，如治平元年（1064）端午日作《后汉竹邑侯相张寿碑》《唐孔颖达碑》《唐薛仁贵碑》等5篇跋尾；夏至日亦作《后汉朔方太守碑阴》《唐郑预注多心经》《唐李光进碑》等5篇跋尾；其余"初伏日""中伏日""末伏日""立秋日""中元日""中秋日""秋分日""秋社日"等亦是写作跋尾的常见日期。在267篇跋尾中有近50篇作于节假，约为五分之一。

国家祭祀大事诸如"四时孟享，侍从以上，有扈从之劳，则为之休务可也"②。欧阳修在嘉祐、治平间任参知政事，经常需主持或参加四时孟享等祭祀大典，而在这些祭祀之余亦经常写作跋尾，如卷五《隋丁道护启法寺碑》是"治平元年立春后一日太庙斋宫书"，卷七《唐裴虬怡亭铭》是"治平二年正月十日孟春荐享摄事，致斋中书东阁书"，卷五《隋泛爱寺碑》为"治平丙午（三年）孟享摄事斋宫书"，卷七《唐明禅师碑》"治平丙午孟享致斋东阁书"，卷一《古器铭二》亦作于同上时间。

在私假方面欧阳修用以创作跋尾的主要为病假及私忌假、丧假。

病假，法律上称"寻医"。官员申请寻医，必须找两名同级现任官员担保，保证其"别无规避"，所在官署验实保明，奏申朝廷。在任的官员

① （宋）庞元英：《文昌杂录》卷一，《丛书集成初编》第2792册，第3页。
② （宋）罗愿：《鄂州小集》卷五《拟进劄子二》，《丛书集成初编》第2033册，第53页。

寻医，实际上给予病假一百天。① 在嘉祐、治平间，欧阳修的身体状况不佳，"人事纷纷，疲朽遂不克支"（《与陈比部》四），且"两目昏甚，屯滞百端"（《与吴正肃公》十一），所以经常请病假家居，但此时亦利用仅有空闲多作跋尾。如卷一《古器铭》、卷八《唐汾阳王庙碑》、卷九《唐百岩大师怀晖碑》皆为"治平元年七月十三日，以服药假家居书。"

私忌假指官员亲生父母的忌日。真宗景德三年（1006），下诏"文武官私忌并给假一日。忌前之夕，听还私第"。② 据欧阳修《泷冈阡表》及皇祐四年（1052）与韩琦书简可知，欧阳修父亲忌日为三月二十四日，母亲为三月十七日。在嘉祐五年（1060）《与薛少卿公期》书简其六中，他即言休私忌假时在家"看汉碑"（《与薛少卿》六）。治平元年（1064）三月二十三日，作跋《魏九级塔像铭》《唐李憕碑》二则，当为第二天休私忌假有余闲而作。

丧假。文官遇父母亡故，一般要解除官职，持服三年（实际为二十七个月）。皇祐四年（1052）三月，欧阳修的母亲郑氏卒于南京，时欧阳修知应天府兼南京留守司事，即刻解职归颍守丧，至和元年（1054）四月服除，五月回京，计居颍守制27个月。《集古录跋尾》的创作即缘起于此段时间。欧阳修在嘉祐四年给刘敞的信中云："愚家所藏《集古录》，尝得故许子春为余言：'集聚多且久，无不散亡，此物理也。不若举取其要，著为一书，谓可传久。'余深以其言为然。昨在汝阴居闲，遂为《集古录目》，方得八九十篇。……其后来京师，遂不复作。"（《与刘侍读》六）此封书简中所云"《集古录目》"，即是后来传世之《跋尾》，二者实为一体。③ 居颍守丧的闲暇时光使得他有余力对收藏的碑刻做进一步的整理提炼。可惜现存跋尾中并不见作于皇祐、至和间之条目，疑作年太早佚失或者沦入未系年篇数中。

除了休假之类的空闲时间外，欧阳修还在公务之间隙孜孜不倦地撰写跋尾，阅礼物、歇泊假、值班之暇皆是创作时间：卷二《后汉张公庙碑》作于治平元年（1064）闰五月九日，原由为"是日奏事垂拱，退，召赴延和，阅谢契丹礼物，遂归休。"卷五《隋郎茂碑二》为"嘉祐八

① （宋）谢深甫：《庆元条法事类》卷十一职制门八，《续修四库全书》史部第861册，第208页。

② （清）徐松辑：《宋会要辑稿》仪制一三之三一，第2064页。

③ 参见顾永新《欧阳修学术研究》第十一章第一节"集古录名实考"。

年三月二十二日，上御延和，放进士许将等及第。明日歇泊假，闲阅，
遂书。"卷七《唐颜真卿射堂记》是"治平元年七月二十二日中书东阁
书。"卷八《唐济渎庙祭器铭》为"治平甲辰秋分后一日，中书东阁雨
中书。"卷九《唐孔府君神道碑》作于"治平元年三月二十二日，侍上
御崇政疏决系囚，退，遂家居谢客，因书。"卷九《唐李德裕平泉草木
记》是"治平元年七月二十四日，中书东厅后阁书。"卷十《郭忠恕书
阴符经》即作于"嘉祐六年九月十五日，宴后歇泊假闲览，因题。"治
平元年（1064）八月，京师水灾，欧阳修作为宰执大臣需祈晴太社，
仪式结束后他亦归家写作跋尾。卷八《唐石洪钟山林下集序》即作于此
年八月八日："上以霖雨不止，分命群臣祈祷。余祈于太社，既归而雨
遂止。"卷九《唐令狐楚登白楼赋》亦作于此日："祈晴于太社，晨归，
遂书。"此日还作《东魏任城王造浮图记》《永乐十六角题名》《唐吴广
碑》《唐僧怀素法帖》《唐昭懿公主碑》等 5 篇跋尾，共作 8 篇，为
单日作跋尾数量之最。

　　公务之余的日常生活间隙，是他创作跋尾的好时间，他见缝插针一样
在每个得空的时间里撰写跋尾。他不厌其烦地点明他写作跋尾的时间是在
许多政事之暇，意在表明闲暇时光的碑刻整理、抒写是他心之所系，情之
所钟。撰写跋尾本身是对收藏活动、收藏心态、往昔经历的回顾反思，在
关于碑刻来龙去脉的诉说中，在对收集意义的重申强调中，欧阳修进入一
个忘倦的纯粹世界，过滤掉公务的纷扰和人事的混杂，在这个时间碎片拼
织起来的世界中，他得以休憩徜徉。同时，这个建构起来的精神世界亦是
他用以消弭政治生活的疲惫并重建日常生活意义及自我价值的凭借。

　　跋尾在日期撰写上看似零散，在年代上却颇为集中。嘉祐五年，欧阳
修所主持《唐书》修成进奉；嘉祐六、七年，《集古录》初成千卷规模；
他在嘉祐七年跋《杂法帖》其四中写道："吾有《集古录》一千卷，晚又
得此法帖，归老之计足矣。寓心于此，其乐可涯。嘉祐壬寅大雩摄事致斋
闲题。"在嘉祐、治平间集中撰写跋尾这一整理书写行为是欧阳修晚年仕
隐选择节点之处复杂心态的表征之一。

　　欧阳修自嘉祐五年（1060）擢枢密副使开始与韩、富共同执政，作
为庆历时的改革派，此时的措施却前后不同，"如出两手"，颇有"老少
之异"①。"前后相距十六七年，年龄与阅历俱增，作风自然也有改

---

① （宋）吴曾：《能改斋漫录》卷十，上海古籍出版社 1979 年版，第 299 页。

变。"① 褪去庆历初的激进勇为，而趋于镇静持重。嘉祐、治平间，是国故纷仍的多事之秋。嘉祐八年三月底，仁宗驾崩。四月一日，英宗即位。四月四日，英宗忽患病，不识人，言语失序。欧阳修时任参知政事，五月，为英宗祈福于南郊，摄太尉行事。十月葬仁宗，作数篇挽歌。此年与韩琦等和协两宫、镇安内外。次年五月英宗病愈，皇太后还政。八月，辅佐韩琦贬逐内侍任守忠。欧阳修在这段时间屡蒙拔擢，官阶从礼部侍郎两次特转至吏部侍郎。王事靡盬，欧阳修的心态却益思退缩养拙。自庆历五年贬谪滁州后，欧阳修在与友人书简中便屡道"养拙自便"② 之意。他曾经在晚年称赞韩琦"位望愈隆心愈静"（《观鱼轩》），这亦是其自身晚年心态的描摹。

嘉祐八年（1063）欧阳修57岁，距离他与韩绛、吴奎、王珪等好友约定的五十八岁致仕还有一年。直至熙宁四年（1071），终于得偿所愿。致仕后，欧阳修回忆其历程云："余与韩子华、长文、禹玉同直玉堂，尝约五十八岁致仕，子华书于柱上。其后荐蒙恩宠，世故多艰，历仕三朝，备位二府，已过限七年，方能乞身归老。"（《寄韩子华》诗序）这次玉堂之约的时间约在嘉祐二年（1057）③。不过欧阳修萌生退隐之意时间甚早，在皇祐初知颍州时即与梅尧臣相约买田颍上（《寄圣俞》），至和初回朝后，因葬母于故乡吉州，为便于岁时祭扫，他于嘉祐元年、二年、四年连上乞洪州三状、四札子，不果。嘉祐五年与王素书简中云："近年眼目尤昏，又却送在经筵，事与心违，无一是处。未知何日遂得释然，一偿素志于江湖之上，然后归老汝阴尔。"（《与王懿敏公》八）嘉祐二年（1057）所定致仕之约应是欧阳修努力践行的，在《寄韩子华》诗中他感叹"世涂多故践言难"，说明他曾努力践约而未果。

欧阳修在嘉祐、治平间所作各类文字中，开始有意无意出现各种总结性描述，回顾、追忆、感慨、思索等内心情态。嘉祐年间他与友人书信中倾诉："衰朽百病交攻，难堪久处兹地，渐欲谋为退缩，得免罪戾。"（《答张学士》其一）嘉祐六年（1061）作《记旧本韩文后》，追记大半

---

① 刘子健：《欧阳修的治学与从政》，台湾新文丰出版公司1984年版，第224页。

② （宋）欧阳修《与韩忠献王》其五："职事日益简少，养拙自便"，《欧阳修全集》卷144，第2333页；佚简第35《与孙威敏公》："修衰病，思得一小郡养拙"，第15页；欧阳修：《与常待制夷甫》其六："某幸居僻事简，足以养拙"，《欧阳修全集》卷148，第2433页。

③ 《欧阳修诗文集校笺》，第1519页。

生与韩文结缘、追摹韩文，并以此实施文章复古的经历，感慨遥深。嘉祐八年（1063）、治平元年（1064）间集中作跋尾的同时，亦作有多篇杂题跋。今本《居士外集》卷二三收录杂题跋 27 篇，有三分之一即作于这两年。《跋杜祁公书》中回忆与杜衍从景祐中至嘉祐初几十年过从往还，蒙其赏知，为其撰碑、编集，情谊溢于纸上。《跋永城县学记》概括总结自魏晋至今的书法小史，俯仰几百年，对书史的盛衰传承有思考追问。《跋学士院题名》回顾追忆"兼有人天之乐"的任职翰林岁月，感慨颇深。《龙茶录后序》为一篇龙茶小史，述龙茶之始造，赏赐难得，叹所得之珍贵，由此忆及对仁宗的追思，笔端有情。《跋观文王尚书举正书》回顾与王举正的交游始末，并忆及谢绛、黄鉴，叹"其遗迹尤可惜"。《跋学士院御诗》追记始为学士任职建言之故事及学士院制度、院中名画等奇玩种种，尤为思致跌宕，摇曳有情。

在言志之诗中，治平元年（1064）的作品几乎篇篇述及老病及归隐，可见这个时期欧阳修内心的复杂情态。《早朝》云："少年自结芳菲侣，老病惟添睡思浓。"《下直》云："报国无功嗟已老，归田有约一何稽。终当自驾柴车去，独结茅庐颍水西。"《斋宫尚有残雪思作学士时摄事于此尝有闻莺诗寄原父因而有感四首》云："老来何与青春事，闲处方知白日长。自恨乞身今未得，齿牙浮动鬓苍浪。"《摄事斋宫偶书》云："丹心未死惟忧国，白发盈簪盍挂冠？谁为寄声清颍客，此生终不负渔竿。"这些诗作表达模式几乎大同小异，先以壮阔博大的庙堂气象开篇，后续以无心留恋魏阙，意在清颍鱼竿来表明心志。这种景象反差极大的描写中传达出他未曾想传达的言外之旨：虽然心系江湖，但对用心描摹的雄伟景观他未必毫无恋栈。《早朝感事》诗前半部分的描述尤为出色："疏星牢落晓光微，残月苍龙阙角西。玉勒争门随仗入，牙牌当殿报班齐。"这两联之精警屡为后人称道，和同时期其他诗作中的佳句一起被誉为"足以想见当时太平气象"①。实际上，在欧阳修内心深处，他对庙堂都城的描写隐然有身为执政者的自豪与庄重感，有"与国共休戚"的使命感。他的诗歌表达模式也许是暗示因执政有所建树，功成而思身退；抑或暗示隐退这种抉择并不容易选定，只好屡次书之以作提醒。在社稷责任与个人闲散情怀之间，何者为个体生命能寄寓于其中的意义所在，欧阳修的思索与答案有看似明朗的模糊性。

考察了嘉祐、治平年间欧阳修的心态背景，我们来反观跋尾的撰写，

---

① （元）刘埙：《隐居通议》卷七，《丛书集成初编》本，第 0212 册，第 73 页。

可以看出跋尾撰写的行为以及内容皆是这个转折时期欧阳修心路历程的缩
影。欧阳修与好友约定的致仕时间在五十八岁，即治平元年（1064）。这
一年他写了181篇跋尾，几乎占用了一年到头所有的旬休、节假、与公务
之暇。加上前一年嘉祐八年（1063）所写的51篇，现存四百余篇跋尾的
主体已写定，盘算整理完毕，"归老之计足矣"。治平二年（1065）正月，
他即连上《乞外任第一表》等三表、二札子，此时濮议事未起（事起在
此年四月），欧阳修当是践行致仕之约的举动。跋尾中较有系统的长篇精
品，或论文学，或谈书法，或斥释道，或发质疑，或抒幽思，皆作于此二
年间，且多为总结概论之作。如卷二《后汉太尉刘宽碑阴题名》，述谱牒
之源流、功用、意义，叹今俗苟简，谱学之亡，堪为一部小型谱牒概论。
卷四《晋王献之法帖》追溯法帖源流，欣赏其逸笔余兴、百态横生的特
殊美感，反对今人弃百事以学书为事业的态度，是立意鲜明的书法小论。
卷五《唐孔子庙堂碑》回忆集古之缘由，颇有追溯史源意味。卷五《隋
太平寺碑》述文章变体复兴之难，是典型的文论及文学史资料。卷五
《唐薛稷书》论述爱好以及对作品理解和欣赏的偏差与误读，提出著名的
"披图所赏，未必是秉笔之意"的论断，为谭献的"作者之用心未必然，
而读者之用心何必不然"① 论述之先声，触及到了艺术作品内蕴与美感的
多重性和模糊性以及传达的不确定性，成为文论的经典论述。卷六《唐
华岳题名》幽思深远，以伤逝的笔调描述湮沦于历史长河中的五百人，
对于归于共尽的悲剧结局发出喟叹。卷八《唐甘棠馆题名》则论好名之
弊，鄙夷并同情历史上汲汲于青史留名之人。这两则论述角度略异，表述
中心为一，即对青史留名及不朽的看法。收集碑刻既久，欧阳修的不朽观
亦随思考而丰富。卷六《唐华阳颂》批判佛道，系统有条理。卷六《唐
韩覃幽林思》追忆与三五好友游嵩山的洛阳旧事，抚今追昔，唱叹有情。
卷九《赛阳山文》亦同。卷九《唐李德裕平泉草木记》谈论嗜好，强调
重申"君子宜慎其所好"。跋尾看似残篇断章信笔成文，但细考其中精彩
之作，多有为而发且内在逻辑完整自成体系。欧阳修作文态度一向严谨，
跋尾亦不例外，现存跋尾中因内容差异过大而两存者就有三十余篇之
多②，可证其创作时并非率意下笔，而是有思考有整合有锤炼。对往昔的
追忆、书写，对诸多理论问题的思考概括是跋尾的主体部分，这种写作模
式是对时间阶段性极为敏感的一个表征。跋尾的撰写从深层上说是欧阳修

① （清）谭献：《复堂词话》，凤凰出版社2019年版，第180页。
② 据中国书店本《欧阳修全集》统计，计33篇。

对自己人生已过去的主体岁月的回顾反思，对自己思考的各方面问题的梳理总结，是其预备隐退之际内心世界的投影折射。

第三节 《集古录跋尾》之文学内涵

因《集古录》散佚，《跋尾》的高度学术价值格外凸显，正如欧阳修所云，"得与史传相参验，证见史家阙失甚多"（《与刘侍读》六）。学界对于《跋尾》在金石学、史学、文献学等方面的价值阐发颇多，相关研究成果甚夥。但《跋尾》的价值远不止于此，欧阳修作为一代文坛宗师，跋文中涉及的文学材料亦非常丰富，其中不乏与古文理念及创作相关者。欧阳修一生中，集古活动和倡导古文复兴堪称是用力甚深且历时弥久的两件大事。那么，《跋尾》的零篇断章中蕴含着怎样的古文理念？欧阳修倾尽热情的集古活动又与其毕生著力的古文革新有着什么样的内在联系？二者是在什么样的层面上发生着怎样的影响？这些都是值得进一步探讨的问题。

一 文体的复古与变新

《集古录跋尾》中约三分之二的跋文写于欧阳修 57 岁以后的晚年，因此虽多为只言片语，也皆为成熟之观念。多数跋文在记录碑刻的体例、著述、品藻之外，亦涉及文体方面的丰富内容。

翻开跋尾十卷，处处可见欧阳修集古的巨大热忱，对此倾注的大量心血。有些墓志是其求之十五年而得，如《唐窦叔蒙墓志》；有些碑刻得到时已残阙不堪，欧阳修仍如获至宝，如《唐张敬因碑》；有些碑文自己无缘目睹原石，得到友人拓片，则"惊喜失声"（《与刘侍读》二十六）。由于对集古的极大热情，在长期接触古碑石刻的熏染下，欧阳修明显表示出对古器碑铭所具有的简古质实风格的喜爱和推崇，在《跋尾》中他对碑刻简古的称道比比皆是："书字尤奇伟，而文辞古雅"（《唐中兴颂》）。尤其对西汉碑刻及其映射的简质世风和质朴文风更是大加赞赏："汉世近古简质"（《后汉泰山都尉孔君碑》），"汉人犹质"（《后汉冀州从事张表碑》），"前汉文章之盛，庶几三代之纯深"（《后汉修孔子庙器碑》）。对质朴中出现的文采彬彬现象也颇称许："其字画颇完，其文彬彬可喜。"（《后汉樊毅华岳碑二》）

这种崇尚简古质实的文体观念是影响欧阳修碑志文乃至是整个古文理

论及创作的一个重要因素。一般认为，欧阳修古文创作的发轫期始于天圣九年（1031）至洛阳任西京留守推官时①。而不可忽视的是，欧阳修对古碑的浓厚兴趣早在天圣四年（1026）赴京参加科考之时已显露出来，当时欧阳修刚刚20岁。而且在跋《唐孔子庙堂碑》中，欧阳修还清楚地记得"余为童儿时，尝得此碑以学书，当时刻画完好"。可见，欧阳修自少年时就对古碑情有独钟、兴趣盎然，且这种热爱长期以来与崇尚简古的审美趣味相辅相成。

欧阳修一生创作了大量的碑志文，据统计，卷数超过了文章总卷数的三分之一②，其复古主张也集中于他的碑志文理论，这与集古活动有很深的渊源。他在《论尹师鲁墓志铭》中提出作墓志铭的几项原则，如"其事不可遍举，故举其要者一两事以取信"、"可以互见，不必重出"、"用意特深而语简"等，这些观点可以用"简而有法"和简约峻洁来统括。追求简约峻洁的文体风格往往在作法上要求止记大节。碑志文的价值除了寄托哀思之外，更重要的是追求传世久远。他通过长期收集碑刻铭文的切身经历体会到"物多则其势难聚，聚久而无不散"（《集古录目序》），故其子欧阳棐在《集古录目记》中传达其父观点云："夫事必简而不烦，然后能传于久远。今此千卷之书者，刻之金石，托之山崖，未尝不为无穷之计也。然必待集录而后著者，岂非以其繁而难于尽传哉？故著其大略而不道其详者，公之志也。"③欧阳修在《内殿崇班薛君墓表》中也表达过类似的看法："予考古所谓贤人、君子、功臣、烈士之所以铭见于后世者，其言简而著。"

欧阳修对碑志文体崇尚简约的主张，既有承继刘知几"叙事之工者以简要为主"④之处，也源于他"碑史同质"的理念。他认为碑志和史传文体在纪实传世方面有着本质的一致性，可"与史传正其阙缪"⑤、"以此见史家之妄"（《隋韩擒虎碑》）。传世久远之碑志已是史传文学不可或缺的一部分。收集碑刻铭文的经历使其渐渐熏染出推崇简古的审美趣

---

① 参见王水照《欧阳修散文创作的发展道路》，《王水照自选集》，第432页。

② 《欧阳修诗文集校笺》前言，第6页。

③ （宋）欧阳棐：《集古录目记》，《集古录跋尾》前附，《欧阳修全集》（中国书店本），第1088页。

④ （唐）刘知几：《史通》卷六《叙事》，刘知几撰，（清）浦起龙释：《史通通释》，上海古籍出版社1978年版，第168页。

⑤ （宋）欧阳棐：《集古录目记》，《集古录跋尾》前附，《欧阳修全集》（中国书店本），第1088页。

味，这种审美趣味和"碑史同质"之观念一起构成欧阳修在碑志史传革新中复古的一面，坚守传统文学思想中由《春秋》一脉而传的"义法简严"之阵地。

如果欧阳修的文体主张仅有复古的一面，那么北宋文学史就会少一位星光璀璨的文章宗师，我们也无缘领略婉转摇曳声情并茂的"六一风神"之美。欧阳修在古文上取得的斐然成就是与其勇于创革善于新变分不开的。他在坚守复古的同时，锐意变革的精神，也蕴涵于《跋尾》之中。

欧阳修虽然对于碑文在后世由简到繁的发展趋势颇有微词，但他并不是一味地固守原有体制，拒绝一切新变。如在古今立碑撰文之顺序不同的问题上，其态度就颇为通达："盖未撰文而先立碑建楼……今人立碑须镌刻成文，然后建立。盖今昔所为不同，各从其便尔。"（《唐张嘉正碑》）欧阳修也并不是呆板地泥古，并不认为一种体裁必须要具备专属于它的风貌。在《唐皇甫忠碑》的跋文中，他对台省文字表现出来的清新别致之风大加赞赏，而并不指责它违反了典雅厚重的传统风格。这也是欧阳修在复古的基础上主张变新的一个方面。

有关碑文的体制变革，欧阳修的《唐元稹修桐柏宫碑》集中地表现了自己的看法：

> 右唐元稹撰文并书。其题云《修桐柏宫碑》，又其文以四言为韵语，既牵声韵，有述事不能详者，则自为注以解之。为文自注，非作者之法。且碑者石柱尔，古者刻石为碑，谓之碑铭、碑文之类可也。后世伐石刻文，既非因柱石，不宜谓之碑文，然习俗相传，理犹可考，今特题云《修桐柏宫碑》者，甚无谓也。此在文章，诚为小瑕病，前人时有忽略，然而后之学者不可不知。自汉以来，墓碑多题云某人之碑者，此乃无害，盖目此石为某人之墓柱，非谓自题其文目也。今稹云《修桐柏宫碑》，则于理何稽也？（《跋尾》卷八）

这篇跋尾，有两处颇可注意：其一是关于"为文自注"。欧阳修明确提出反对"为文自注"，而遍检欧集，确实无一处文中自注。但据此而认为欧阳修排斥自注则不然，欧阳修反对的是"为文自注"，并不反对"为诗自注"。实际上欧诗中自注多达近百处，有诗题注、诗句注多种样式。这些自注或解释风俗名物，疏通典章制度，或说明作诗缘起，进一步呈现诗歌创作背景，都在很大程度上构成了诗歌的有机组成部分，拓展了诗歌意境的创造空间。"诗歌自注借鉴演变于史书自注，始于南北朝时期，至唐代得以持续发展。"① 欧阳修并没有完全拒绝自注这种从史书而来的创作方式，但对于所用对象——诗文的区分却是泾渭分明的。也许在欧阳修看来，诗歌有字句格律之限，"有述事不能详者"则用自注加以疏通是可以理解接受的；但文章并无字句格律等各种限制，"有述事不能详者"则说明其为文功力技巧尚不成熟，有待提高。由此可见，欧阳修内心对于文章创作的要求甚高，进行古文创作是其一生著力甚深的创举，是其念兹在兹的一项事业。同时，欧阳修认为诗文在某些创作方式的采用上还是有严格区别的。在自注问题上诗文有别，可以从一个新的角度补充对欧阳修文体观的认识。其二是关于碑文新变的尺度。欧阳修认为，元稹的《修桐柏宫碑》之题已远远背离了碑体发展的应有之义，跟碑这一名称的缘由用途及体例相去甚远。欧阳修在此要申明的主张是，碑文的新变应有理可据、循序渐进，议论发明也必须以真知灼见予人启悟，而过度背离原有发展轨道，哗众取宠、求奇取胜的凭空新变只会贻误后学。《跋尾》中类似这样的表述不在少数，如《唐韦维善政论》中批评只异其名而无其实的做法："（杨）齐哲所撰，其实德政碑也，特异其名尔。余尝患文士不能有所发明以警未悟，而好为新奇以自异，欲以怪而取名，如元结之徒是也。至于樊宗师，遂不胜其弊矣。如齐哲之文，初无高致，第易碑铭为论赞尔。"他在批判杨齐哲的同时，也捎带批判了元结、樊宗师，可见对二人的怪奇文风也颇为不满并加以否定。《跋尾》中另有几篇是专门批判元结之好奇好名与樊宗师的怪诞僻涩的。② 虽然欧阳修也肯定元结"独作古文"（《唐元次山铭》）的历史功绩，但是似乎已经被对他的批判之声淹没了。或许在撰诸篇跋文时，欧阳修又回想起嘉祐二年（1057）权知贡举时，打压怪诞僻涩的"太学体"古文、取"平淡造理"③ 之文的艰难阻力。"文体复归于正"④ 的成果得来不易，所以才会在晚年仍念念不忘加以重申。

二　文辞的尚真与求工

与文体的复古与变新相联系，欧阳修对于碑文的文辞也有自己的衡定标准，其突出的表现就是处理好尚真与求工的关系。这在《跋尾》中亦

---

① 魏娜：《论中唐诗歌自注的纪实性及文献价值》，《文献》2010 年第 2 期，第 39 页。

② 见卷七《唐元结阳岩铭》、《唐元结洼尊铭》、卷九《唐樊宗师绛守居园池记》

③ （宋）韩琦：《欧阳公墓志铭》，《欧阳修全集》附录卷三，第 2704 页。

④ （清）徐松：《宋会要辑稿》选举二二之八，第 4599 页。

有较多表现。

欧阳修特别强调碑文的真实性。他称赞《唐于复神道碑》云"其文辞虽不甚雅，而书事能不没其实"。由于碑碣多为当时所立，史传记载多是后世追述，欧阳修常以碑证史，补史之阙或证史之讹，这在《跋尾》中俯拾皆是。不过欧阳修并不盲从碑志，对于碑文中讹误之处，他亦能分析辨明："据碑言，刺奸、司命为光武时官，盖碑文之谬矣。"（《后汉金乡守长侯君碑》）更为重要的是，欧阳修敏锐地认识到碑碣多为碑主门生故吏所立，碑文中所记勋绩功德，多有不合事实处，不能一味信以为真，在《跋尾》中他多次指出"自古碑碣称述功德，常患过实"（《魏贾逵碑》）。对此，他选择去取的方法是"惟取其世次、官、寿、乡里为正，至于功过善恶，未尝为据"（《唐白敏中碑》）。欧阳修认为，碑志的生命力在于真实准确，"事信言文，乃能表见于后世"（《代人上王枢密求先集序书》）。他对碑志内容真实性的提倡还贯穿于自己为他人撰写的墓志中。"寻常人家送行状来，内有不备处，再三去问，盖不避一时切切，所以垂永久也。"（《与梅圣俞》四十四）

另一方面，欧阳修还非常重视碑文的文辞，要在真实的基础上，力求精工。在《跋尾》中，这种追求主要表现在以下两点：其一是力避俗语，追求古雅流畅。《跋尾》中经常能看到欧阳修对碑文文辞粗浅的批评和以此为憾的感叹："碑文辞非工，而事实无可采。"（《唐王重荣德政碑》）"然患其文辞鄙浅，又多言浮屠。"（《后魏神龟造碑像记》）对碑文中出现的可爱文辞不禁心动不已："书字尤奇伟，而文辞古雅。"（《唐中兴颂》）如果仅是为文工巧而失其事实，是欧阳修所要摒弃的。他在跋《唐卫国公李靖碑》时说："唐初承陈、隋文章衰敝之时，作者务以浮巧为工，故多失其事实，不若史传为详。"但对于俚俗之语，怪异之事，事涉君相儒道者，亦颇有采录。如其跋《唐万回神迹记碑》云："其事固已怪矣。玄宗英伟之主，彦伯当时名臣也，而君臣相与尊宠称述之如此，欲使愚庸之人不信不惑，其可得乎？世传道士骂老子云：'佛以神怪祸福恐动世人，俾皆信向。而尔徒高谈清净，遂使我曹寂寞。'此虽鄙语，有足采也。"其二是崇尚笔力，追求老成雄健。欧阳修是著名的史家，善于以史笔作文，长期的集古活动和以金石证史的学术活动让他在某种程度上视碑史为同质，二者纪实传世的性质没有差别。这种观念使欧阳修以史之标准律以碑志，尤其是具有纪传色彩的个人之碑，欧阳修认为它们有为逝者立传的功能，承担着重大的社会责任，具有传世意义，笔力的轻重高低就在很大程度上影响着墓主其人其事能否流传后世。因此在这个意义上，碑文的写作要求就不只是简单的求真求信与文辞华美，而要在更高层次上具有笔力独扛波澜老成的雄健气势。我们举跋《唐田布碑》为例进行个案分析：

> 右《田布碑》，庾承宣撰。布之事壮矣，承宣不能发于文也，盖其力不足尔。布之风烈，非得左丘明、司马迁笔不能书也。故士有不顾其死，以成后世之名者，有幸不幸，各视其所遭如何尔。今有道《史》、《汉》时事者，其人伟然甚著，而市儿俚妪犹能道之。自魏、晋以下不为无人，而其显赫不及于前者，无左丘明、司马迁之笔以起其文也。

这篇跋尾议论精警透辟，指出历史有真实与建构两种，真实的历史已随时间消亡，流传后世的皆为建构之历史，而文字所表现出来的笔力在建构历史中的作用甚为关键，甚至起到了决定性的作用。历史上显赫之伟人须仰仗班马之巨笔才能著于后世，因此，不是史无伟人，而是如椽之笔难得。文辞的雄健、笔力的老成在这里被拔到前所未有的高度。在为历史上负绝学之士湮没感慨的同时，欧阳修非常重视碑志文的垂世价值，这是对刘勰提出的"属碑之体，资乎史才，……标序盛德，必见清风之华；昭纪鸿懿，必见峻伟之烈"[1] 文学理想的实践。这个观点对其门生也产生了影响，如曾巩就明确地论及"夫铭志之著于世，义近于史"[2]。而欧阳修在自己的创作实践中也自觉秉承《史》、《汉》传统，用雄健之笔发时人之"风烈"，使之流传后世。如在《桑怿传》中他即志忐地提出希冀："怿所为壮矣，而不知予文能如迁书使人读而喜否？"其所作碑志文，如《石曼卿墓表》《黄梦升墓志铭》《泷冈阡表》等都是传世名篇。后世论者也大多注意到了欧阳修继承太史公之处，并予以高度赞扬。明艾南英即云"试取欧阳公碑志之文及《五代史》论赞读之，其于太史公，盖得其风度于短长肥瘠之外矣"[3]。清古文家方苞更是盛称欧阳修的碑志文"摹

---

① （南朝梁）刘勰著，詹锳义证：《文心雕龙义证》诔碑第十二，上海古籍出版社 1989 年版，第 457 页。

② （宋）曾巩：《寄欧阳舍人书》，《曾巩集》卷十六，第 253 页。

③ （明）艾南英：《答陈人中论文书》，《天傭子集》卷五，转引自洪本健《欧阳修资料汇编》，第 627 页。

《史记》之格调，而曲得其风神"①。

三 跋文呈现的"六一风神"

欧阳修作为古文运动之起承转合之关键人物、宋文六家的领袖，其古文风格已臻炉火纯青之化境。苏洵《上欧阳内翰第一书》说："执事之文，纡余委备，往复百折，而条达疏畅，无所间断；气尽语极，急言竭论，而容与闲易，无艰难劳苦之态。"② 这也成为欧文风格最经典的概括，世人美其文曰"六一风神"。"六一风神"作为专用术语，屡见于近人著述当中。吕思勉在《宋代文学》中说："今观欧公全集，其议论之文，如《朋党论》、《为君难论》、《本论》，考证之文，如《辨易系辞》，皆委婉曲折，意无不达，而尤长于言情。序跋如《苏文氏集序》、《释秘演诗集序》，碑志如《泷冈阡表》、《石曼卿墓表》、《徂徕先生墓志铭》，杂记如《丰乐亭记》、《岘山亭记》等，皆感慨系之，所谓'六一风神'也。"③ 陈衍在《石遗室论文》中说："世称欧阳公文为'六一风神'，而莫详其所自出。……永叔文以序跋、杂记为最长，杂记尤以丰乐亭为最完美。……一波三折，将实事于虚空中摩荡盘旋。此欧公平生擅长之技，所谓风神也。"④ 概言之，"六一风神"之特点集中表现于三个方面：一是纡余委备而条达疏畅，二是急言竭论又容与闲易，三是叙事纵横而感慨系之。在《跋尾》的行文中，欧阳修随手所记的零碎篇章也如吉光片羽，使"六一风神"再次得到了传神的展现，其三个特点或综合于一则跋文之内，或散见于多则跋文之中，或集中呈现，或分别渗透。

第一个方面，纡余委备而条达疏畅。古碑题跋，虽然随物而著言，因事而生文，而欧阳修既能够婉转表达复杂的情事，随时控勒自己的笔端，以使跋文曲折变化，又能随物赋形，条达疏畅，故读其文，既觉曲径通

---

① （清）方苞著，刘季高校点：《方苞集》集外文卷四《古文约选序例》，上海古籍出版社1983年版，第615页。

② （宋）苏洵著，曾枣庄、金成礼笺注：《嘉祐集笺注》，上海古籍出版社1993年版，第328—329页。

③ 吕思勉：《宋代文学》，商务印书馆《万有文库》本，1929年版，第14页。

④ 见陈衍《石遗室论文》卷五，民生印书馆1936年版，第1—2页。有关"六一风神"的定义及演进，可参黄一权《欧阳修散文研究》第三章专门论述，华东师范大学出版社2003年版，第109—167页；洪本健：《略论六一风神》，《文学遗产》1996年第1期，第61—68页；刘宁：《叙事与"六一风神"：由茅坤风神观切入》，《文学遗产》2011年第2期，第100—107页。

幽，又感自然平易。以《跋唐华岳题名》为例：

> 自唐开元二十三年，讫后唐清泰二年，实二百一年，题名者五百一人，再题者又三十一人。往往当时知名士也。或兄弟同游，或子侄并侍，或寮属将佐之咸在，或山人处士之相携。或奉使奔命，有行役之劳；或穷高望远，极登临之适。其富贵贫贱、欢乐忧悲，非惟人事百端，而亦世变多故。开元二十三年丙午，是岁天子耕籍田，肆大赦，群臣方颂太平，请封禅，盖有唐极盛之时也。清泰二年乙未，废帝篡立之明年也，是岁石敬塘以太原反，召契丹入自雁门，废帝自焚于洛阳，而晋高祖入立，盖五代极乱之时也。始终二百年间，或治或乱，或盛或衰。而往者、来者、先者、后者，虽穷达寿夭，参差不齐，而斯五百人者，卒归于共尽也。其姓名岁月，风霜剥裂，亦或在或亡，其存者独五千仞之山石尔。故特录其题刻，每抚卷慨然，何异临长川而叹逝者也。

跋文一方面指出华山上浩瀚的题名中体现着诸多"人事百端""世变多故"，有很高的历史实录价值；另一方面，在对题名起讫年代的解读中，深刻地揭示出朝代兴衰，时运变迁，治世或乱世，都改变不了芸芸众生的求名之心。而具有讽刺意味的是，随着时间的流逝，不仅题名者"归于共尽"，所题之名也并不能让这诸多"知名士"千古留名，永恒伫立于时空的只有华山"五千仞之山石尔"，把一腔寓意感慨、讽刺讥评深婉妥帖地蕴含于平和的叙述中，吞吐俯仰，含蓄蕴藉，"令人读之一唱三叹，余音不绝"①。跋文突出题名起讫年代的典型历史代表性："有唐极盛之时"与"五代极乱之时"，在强烈的对比中突出沉重的历史兴衰感和透彻的哲理思辨性，让人读罢不禁唏嘘感慨，掩卷沉思。如刘壎所云"寓意感慨，读之令人凄然。"② 语言上时骈时散，充分体现散文诗化的特点，紧致又不失风韵，寓整齐于错落之中，读来有一种别致的节奏之美。前半部分六个"或"字的连用，造成一气呵成又跌宕起伏之感。后文"也""尔""者"等虚词的运用增添了摇曳多姿的情韵之美。叙事纡余委备，委婉曲折，而行文则条畅明晰，富有神采。

---

① （明）茅坤：《欧阳文忠公文钞引》，《茅鹿门先生文集》卷三十一，《续修四库全书》集部第 1345 册，第 129 页。

② （元）刘壎：《隐居通议》卷十三《文章》，《丛书集成初编》第 0213 册，第 141 页。

第二个方面，急言竭论又容与闲易。古人论文，往往重意长言长，臻于容与闲易之境，若气尽语极，则难于条畅。欧阳修作文融急言竭论和容与闲易为一体，确是古今独步。以《晋王献之法帖一》为例：

> 余尝喜览魏晋以来笔墨遗迹，而想前人之高致也。所谓法帖者，其事率皆吊哀、候病、叙睽离、通讯问，施于家人朋友之间，不过数行而已。盖其初非用意，而逸笔馀兴，淋漓挥洒，或妍或丑，百态横生。披卷发函，烂然在目，使人骤见惊绝。徐而视之，其意态愈无穷尽，故使后世得之以为奇玩，而想见其人也。至于高文大册，何尝用此！而今人不然，至或弃百事，敝精疲力，以学书为事业，用此终老而穷年者，是真可笑也。

这篇跋文可分四层分析：一层由自己的喜好以"想见前人之高致"；二层就法帖之体制言其一般情况"简短而已"；三层乃观王献之法帖过程及所引发的心理变化，始则"骤然惊绝"，终则"想见其人"；四层以今昔对比而见终老穷年者之可笑。就每一层而言，都是急言竭论，而合并读之则又气舒言畅，容与闲易。这既不同于《跋唐华岳题名》的深邃思辨，也不同于《唐韩覃幽林思》的深情追忆。它巧妙地融议论于流转的叙述中，观点鲜明，对比突出，而又使人不觉其说理生硬，如水中撒盐已化于无痕。短短二百余字看似一气点就随意成文，却圆美流转如弹丸，行云流水的叙述中传达出的是欧文的炉火纯青。茅坤云"遒丽逸宕，若携美人宴游东山，而风流文物照耀江左者，欧阳子之文也。"① 此篇跋尾足以当以上评语。

第三个方面，叙事纵横而感慨系之。欧文动人之深处，在于叙事时寓于感慨，以成文章，读之有如秋风北至，凛然有怀。以《唐韩覃幽林思》为例：

> 余为西京留守推官时，因游嵩山得此诗，爱其辞翰皆不俗。后十馀年，始集古金石之文，发箧得之，不胜其喜。余在洛阳，凡再登嵩岳。其始往也，与梅圣俞、杨子聪俱。其再往也，与谢希深、尹师鲁、王几道、杨子聪俱。当发箧见此诗以入集时，谢希深、杨子聪已死。其后师鲁、几道、圣俞相继皆死。盖游嵩在天圣十年，是岁改元

---

① （明）茅坤：《唐宋八大家文钞论例》，《景印文渊阁四库全书》第1383册，第16页。

明道，余时年二十六，距今嘉祐八年盖三十一年矣。游嵩六人，独余在尔，感物追往，不胜怆然。

这篇跋文朴实无华，但堪称"寓情于事的精妙小品"[1]，扑面而来的缅怀伤感之情足以让人动容。记述的角度没有落在韩覃《幽林思》诗本身，却笔锋一转，追忆起昔日游嵩情景。看似随意，实则情难自已。《幽林思》诗为追忆打开一个缺口，昔日的壮游青葱岁月便像决堤洪水汹涌而至。游嵩已是三十一年前的陈旧往事，然而这两次游历的时间、游伴等具体细节仍在其脑海中真切浮现，毫不褪色。真切记忆背后是嵩山之游的尽兴与酣畅，是知己情谊的深厚与难忘。跋文看似不厌其烦地记述游嵩的种种，字里行间却是压抑不住的感慨追思，对故去的友人，对流逝的岁月，对自己的沧桑暮年，有太多的感触情怀纷沓而至，而跋文却以"感物追往，不胜怆然"一句收尾，所有的感慨都收括其中，藏蕴其中，使文字充满了蓬勃张力。如林纾所云，"欧公一生本领，无论何等文字，皆寓抚今追昔之感"[2]，这一"追字诀"，"俯仰沉吟，有令人涵咏不能自已者"[3]，成就了欧文长于言情、议论风发的六一风神。近人李刚己云："欧公文字，凡言及朋友之死生聚散与五代之治乱兴亡，皆精采焕发。盖公平生于朋友风义最笃，于五代事迹最熟，故言之特觉亲切有味也。"[4] 堪称精妙之论。再如《唐景阳井铭》，欧阳修所见时已漫漶磨灭，可识者仅十一二，而其作跋语在叙述铭文来龙去脉之后有云："叔宝事，前史书之甚详，不必见于此。然录之以见炀帝躬自灭陈，目见叔宝事，又尝自铭以为戒如此，及身为淫乱，则又过之，岂所谓下愚之不移者哉？今其铭文隐隐尚可读处，有云'前车已倾，负乘将没'者，又可叹也。"对于文字磨灭殆尽的碑铭发此议论，读之使人顿生感慨。

---

① 王水照：《北宋洛阳文人集团与地域环境的关系》，《王水照自选集》，第171页。

② 林纾：《林纾选评古文辞类纂》卷八，浙江古籍出版社1986年版，第355页。

③ 林纾：《林纾选评古文辞类纂》卷八，第345页。

④ 李刚己：《古文辞约编·丰乐亭记题解》，转引自洪本健《欧阳修资料汇编》，第1327页。

第四章　家庭人伦生活及其文学意蕴

　　家庭是日常生活发生与进行的最基础性场景空间。家庭生活以及父子、母子、夫妇等伦理关系构成每个人日常生活的基础框架和重要内容，也是解读每个人性格特征与内心世界不可或缺的有效方式。由于家庭生活的普泛性、重复性和庸常性，它并不是文学作品最为钟爱的题材类型。但同时，它所容纳的亲情、爱情又是每个人内心最为重要而强烈的情感，它对文学创作的影响是通过塑造凸显创作主体的性格特征从而进一步影响其抒写方式，是幽微而持久的。通过关注家庭生活来体察创作主体的内心世界和创作特征，这种研究方式已有可资借鉴的先行成果①，陈湘琳近年的力著《欧阳修的文学与情感世界》也在第五章第二节"死哀"中对欧阳修遭遇的亲人离世给予了考察。不过陈著的关注笔法稍显粗略，大致梳理了史实后缺乏对其家庭生活与文学创作二者之间的关系作动态的深入分析，且关注点集中于亲人故世经历，较为平面化。鉴于此，本章拟从这一角度对欧公的家庭生活与文学二者之间的关联作整体观照并细绎其中的内在勾连。

第一节　为子：传家使命下的遗孤心态

　　欧阳修幼年丧父，母亲郑氏守节自誓，以荻画地教子读书，这是欧阳修一生家庭生活和出处仕宦的悲情起点。寡母抚孤是中国文化史上的重要现象，对子女的成长经历及性格特征具有特殊而深远的影响，这一点在不

---

　　①　如赵园：《家人父子——由人伦探访明清之际士大夫的生活世界》，北京大学出版社2015 年版。

同领域已得到广泛关注。① 作为历史上具有典型榜样作用的寡母抚孤案例，出身江南名族的欧母郑氏有着不同于其他寡母的修养气度和柔韧坚毅。欧阳修一生的为人处事多得力于母教的影响。② 他在立朝大节上所受母亲的影响以及终身情感上对母亲的依恋皆非常突出。更重要的是，或因郑氏颇具风范的世家气度，或因夫妻感情琴瑟和谐，郑氏在欧阳修面前塑造了一个近乎完人的欧阳观形象。对父亲的追思及由此引发的振兴家道的使命感无时不悬在欧阳修心头，影响决定了他一生中诸多事务的处理方式。对于父母及家族的这种心态是把握欧阳修文学及整体思想的一个重要角度，学界已有研究成果关注到欧阳修身上寡母抚孤事例之影响③，但缺乏更深入细致的分析解读，故有再作细绎申述的必要。

一 "有待" 情结与传家使命感

吉州欧阳氏并非世家大族，但出于唐名臣欧阳询、欧阳通之后，亦代有显人。宋初以来欧阳修仲父欧阳载、父亲欧阳观及叔父欧阳晔、欧阳颖等四人及第，给吉州一脉的兴起壮大带来希望。不过随着四人中第时大多已年届不惑④，大半生沉沦下僚，官位不显，振兴家道的迹象也随之湮灭。幸运的是，少年失怙的欧阳修很早即显露出颖悟过人的资质，"下笔如成人"（欧阳发《先公事迹》），这让振兴家道的重担落到了他身上。同时，颇具文化素养的母亲也让这种重任有得以实现的可能。因此，在欧阳修内心及笔下的表达中，始终有砥砺名节追求建树的焦虑状态。他早年在政治风波中的激进姿态以及中晚年文章中对于朝廷赐封的荣耀感皆是这种传家重压下遗孤心态的典型凸显。砥砺自身、光大门楣的焦虑让欧阳修早年奋发有为，同时，在文学创作上笔端多感慨唱叹，贯注俯仰古今的纵深感和人世沧桑。

欧阳修过世后，长子欧阳发撰《先公事迹》，记叙了欧阳修诸多生平

---

① 相关成果如谢泳《 "寡母抚孤" 现象对中国现代作家的影响——对胡适、鲁迅、茅盾、老舍童年经历的一种理解》，《中国现代文学研究丛刊》1992 年第 3 期，第 205—212 页；徐庭云：《隋唐五代时期的 "寡母抚孤"》，《北京理工大学学报》2000 年第 2 期，第 37—40 页。

② 蔡世明：《欧阳修的生平与学术》，文史哲出版社 1986 年版，第 13 页。

③ 李卫东：《论寡母抚孤视角下的欧阳修》，《江西科技师范学院学报》2005 年第 2 期，第 117—120 页。

④ 据欧阳修所撰《先君墓表》及欧阳晔、欧阳载、欧阳颖墓志铭推算，四人及第时的年龄分别是 49 岁、42 岁、34 岁、39 岁。

细节。幼年时随母往依叔父，才华早现，叔父即云："嫂无以家贫子幼为念，此奇儿也，不惟起家以大吾门，他日必名重当世。"（欧阳发《先公事迹》）这种期待应当说首先是守节自誓的母亲内心最为强烈，这是她艰辛抚孤的信念支撑。而叔父的称许安慰也更加重了欧阳修内心的信念和责任。因此欧阳修自幼年始身上已承担了艰巨的"起家"重任，同时孤儿寡母的艰难生计也让欧阳修比一般儿童早熟，洞悉世态人情。

　　这种特殊的成长背景使得欧阳修在少年时"昼夜忘寝食，惟读书是务"（欧阳发《先公事迹》），此外还影响了他在应举时的变通表现。欧阳修十七岁时在随州参加解试，因落官韵而被黜，二十一岁时通过解试但又在省试时败北。经历两次失败后他及时调整应举策略，精心结撰四六文长笺拜谒知汉阳军胥偃。胥偃"好收奖天下之士，而名能知人"①，更重要的是，他在主持开封府解试时打破糊名制度规定，"既封弥卷首，辄发视，择有名者居上"②。此事发生于知汉阳军前数年。欧阳修投谒胥偃，未尝没有这一层考虑，抑或受到了长辈的提点，因为在此时天圣五年（1027），解试中尚未实行糊名誊录法。③ 此外，他在撰写拜谒启文及省试应答时，改变原则，用力于时文。这些变通的策略性调整都可以看作欧阳修急于入仕的迫切，一方面是求得禄养寡母，另一方面入仕则是重振家门的必要起点。

　　欧阳修步入仕途后，立朝处事所秉持的原则为"少励名节，庶不泯然无闻"（《与刁景纯学士书》）。对于"名节"的渴望，对于"泯然无闻"的焦虑，皆源于他门衰祚薄的成长背景。以一人之力振兴家族，不负母教，惟有真正的"以至公相期"，奋发有为，庶几有所建树。这种信念让他在时代的激流中纵身投入，积极参与。景祐初即倾力支持范仲淹，而与胥偃渐生嫌隙。其后范仲淹被贬，他主动贻书指责高若讷，斥其"不复知人间有羞耻事"，言辞过激，可以说夷陵之贬是他主动争取而得。这种论事切直以言辞获罪的态势已经是庆历新政的预演。庆历三年（1043）四月至庆历四年（1044）四月任谏官，在职一年，谏章近百封，平均三四天就有谏章上奏，涉及的问题多样而深入，诸如吏治、边事、盗

①　（宋）曾巩：《都官员外郎胥君墓志铭》，《曾巩集》卷四十三，第581页。
②　《宋史·胥偃传》，《宋史》卷二百九十四，中华书局1977年版，第9818页。
③　关于欧阳修在中第前拜谒胥偃以及胥偃对欧阳修在科考中的帮助，参见［日］东英寿《欧阳修的行卷——着眼于科举的考前活动中与胥偃的关系》，见氏著《复古与创新——欧阳修散文与古文复兴》，上海古籍出版社2005年版，第44—58页。

贼、农业、经济等众多领域。因此神宗对他的印象即为"修为言事官，独能言事"①。虽然最终因新政的失败而被贬滁州，但出任谏官的经历正是欧阳修在政治舞台上的闪亮登场，滁州之贬也跟范仲淹的"三黜三光"一样使他名重士林。

巧合的是，范仲淹同欧阳修一样，亦是少年失怙。不同的是，其母谢氏改嫁长山朱氏。但知其世家后，"乃感泣辞母，去之应天府，依戚同文学，昼夜不息。"②此后刻苦力学的情形与欧阳修无二，晚年"迎其母归养"。相似的成长背景造就了他们相似的价值取向，砥砺名节，奋发有为，希望脱颖而出有所建树，而非泯没无闻。

欧阳修的这种砥砺名节以免无闻的心态还深深影响了他的文学创作。在欧文关于亲情的经典名篇中，遗孤心态呈现的淋漓尽致，其中以《泷冈阡表》（简称《阡表》）最为典型。这篇千古祭文以"有待"为叙述中心打动无数读者，而从初稿《先君墓表》（简称《墓表》）与完稿的对比中③，我们可以看到，成就《泷冈阡表》感人魅力的正在于补充润色的遗孤心态的传达。比较二文，最主要的修改有以下两个方面：

一是提炼中心概念"有待"：

1.《墓表》：无
《阡表》：呜呼！惟我皇考崇公卜吉于泷冈之六十年，其子修始克表于其阡，非敢缓也，盖**有待**也。

2.《墓表》：吾于汝父，知其一二而已也，此吾之所恃也。
《阡表》：吾于汝父，知其一二，以**有待**于汝也。自吾为汝家妇，不及事吾姑，然知汝父之能养也；汝孤而幼，吾不能知汝之必有立，然知汝父之必将有后也。

3.《墓表》：修窃自念，为人子而不能识其父，幸而得闻吾母之言，其忍废为？乃泣血而记之。欧阳氏自为吉州吉水人，至予修十有

---

① （宋）李焘：《续资治通鉴长编》卷二二四，第5449页。
② 《宋史·范仲淹传》，《宋史》卷三百一十四，第10267页。
③ 关于二文删改比较的研究有谢兴存《欧阳修〈泷冈阡表〉的语言修改艺术》，《西安教育学院学报》1995年第1期，第16—19页；王水照：《从〈先君墓表〉到〈泷冈阡表〉——欧阳修修改文章一例》，《文史知识》1981年第2期，第112—115页。这些前期研究多关注二文细节处的删润，如虚词的使用、词语的替换等，虽也涉及有待这一核心，但大多没有跟欧阳修的心态结合分析。

五世矣，沙溪吾世之家，且葬也，故又刻其所记者表于其阡，以告其宗族及乡之人。

《阡表》：于是小子修泣而言曰："呜呼！为善无不报，而迟速有时，此理之常也。惟我祖考，积善成德，宜享其隆，虽不克有于其躬，而赐爵受封，显荣褒大，实有三朝之锡命。是足以表见于后世，而庇赖其子孙矣。"乃列其世谱，具刻于碑。既又载我皇考崇公之遗训，太夫人之所以教而**有待**于修者，并揭于阡，俾知夫小子修之德薄能鲜，遭时窃位，而幸全大节，不辱其先者，其来有自。

如上所示，在《阡表》文中头、腹、尾三处，欧阳修皆用不小的篇幅重点叙述"有待"情怀，且由概论到细化到总结提升，层次分明，情感逐层加深，结尾处有喷薄而出之势，是《阡表》修改润色的点睛之笔和用力之处。文章就体裁内在规定而言是要为逝世的父亲撰写一生品行及仕宦功迹，但贯穿全文的"有待"之叹则把表书写成欧阳修自我重压的疏解，外层是对亡父的追忆，内在则包裹着自我奋励拼搏大半生得以不坠家声的感慨，对门衰祚薄的家世、寡母守节的艰辛、自我砥砺不懈的自叹自怜以及诸多悲欣交集之感。

二是补充了欧阳修自备位二府后朝廷封赏的大量资料：

《墓表》：无
《阡表》：又八年，修以非才，入副枢密，遂参政事。又七年而罢。自登二府，天子推恩，褒其三世，故自嘉祐以来，逢国大庆，必加宠锡。皇曾祖府君累赠金紫光禄大夫、太师、中书令，曾祖妣累封楚国太夫人。皇祖府君累赠金紫光禄大夫、太师、中书令兼尚书令，祖妣累封吴国太夫人。皇考崇公累赠金紫光禄大夫、太师、中书令兼尚书令，皇妣累封越国太夫人。今上初郊，皇考赐爵为崇国公，太夫人进号魏国。

这些繁复累牍的资料排列，正是"有待"落到实处所在，因此是文章必须详尽交代之事。欧阳修在内心未必有多看重他本人的禄位荣光，他屡次在笔下感叹"轩冕非吾志"（《晓发齐州道中》）"强颜忍耻，不知轩冕之荣"（《乞出第三表》）"轩裳珪组劳吾形"（《六一居士传》）。对于嘉祐五年（1060）拜枢密副使、次年参知政事备位二府的隆望之势，他在书简中对友人的倾诉是"轩裳外物，为累于人"（《与王懿敏公》其十一）"若宠利纷华，不惟非素心所溺，就令心有所好，大抵晚年实能享者，于身所得几何"（《答杜植一通》）。他晚年在衰病侵凌下屡屡上章补外告老，并无恋栈贪禄之意。但作为人子，尤其是门户凋零少年失怙的孤子，欧阳修对于父母的拳拳之心与一般的孤子并无任何不同，甚至更为追求世俗的封赏荣耀。因为个体与父母的关系是个体与社会关系的微型象征，个体面对社会所交的答卷必定有世俗的衡量标准，而非个体的内心坚守。对《阡表》中欧阳修的"呜呼"慨叹及俯仰深情，应从他幼孤的成长背景和肩负的"起家"重担去解读。

二 "居丧犯礼"与母教的深广影响

如同所有的寡母与孤儿一样，欧阳修与母亲郑氏有着较一般母子更为紧密的情感联系。郑氏坚韧宽容而有原则的母教对于欧阳修的影响是持续终生的，从母子关系的角度体察欧阳修一生的出处与行事，可以得出更为细致的感受。

母教对他的影响，比较大的方面有以下两点：

第一，立朝出处大节的不苟于世、坚于原则。

首先，郑氏的守节行为本身即昭示了某种原则的坚韧，勇于肩起生活重担的力量。这对于幼年欧阳修的影响是潜在的。郑氏"性刚严好礼"①，对于孤身抚养幼子幼女的生活她迎难而上，显示出果敢的勇气。虽然丧夫后，她携子女往依小叔，但在随州生活两年后，欧阳晔转官至他乡，墓志铭载其历"随、阆二州推官"（《尚书都官员外郎欧阳公墓志铭》），而欧阳修母子三人则继续住在随州，无人可依，因此欧阳修回忆"某十许岁时，家益贫"（《七贤画序》）。郑氏直面生活的勇气在这时鲜明体现出来。她自力衣食，注重对欧阳修的启蒙培养，以荻画地教其识字，到处寻觅碑刻教其书法②，教其诵诗③，就闾里人家借书教其诵读④。因此，欧阳修在其母濡染之下，性格"刚劲，而气度恢廓宏大，中心坦然，未尝有所屑屑于事"（欧阳发《先公事迹》）。更难得的是，虽然郑氏心中也担

---

① （宋）苏辙：《欧阳文忠公夫人薛氏墓志铭》，《栾城集》卷二十五，苏辙著，曾枣庄、马德富校点，上海古籍出版社 2009 年版，第 523 页。

② 欧阳修《集古录跋尾》卷五《唐孔子庙堂碑》："余为童儿时，尝得此碑以学书。"

③ 欧阳修《六一诗话》："郑谷诗名盛于唐末……以其易晓，人家多以教小儿，余为儿时犹诵之。"

④ 欧阳发《先公事迹》："及其稍长，而家无书读，就闾里士人家借而读之。"

忧愁苦，从欧阳晔劝慰的"无以家贫子幼为念"可知一二，但她没有把生活重压下的怨愤情绪发泄到亡夫及儿子身上，而是在教导中始终以亡夫之德行激励儿子，重点阐述亡夫侍母之孝、为官之廉、主狱之仁等品行，这些皆对欧阳修的为人为官产生了深刻影响。欧阳修侍母亦至孝，为官亦廉，曾言"吾在官所，除饮食物外不曾买一物"，同时教导子侄"汝于官下宜守廉"（《与十二侄通理》），主郡亦力求镇静无为，宽简为要。

其次，对于欧阳修在政治旋涡中的抉择取舍，郑氏鼓励其坚守原则，不苟于世，不向利而动，并以居患难的勇者姿态免除儿子的后顾之忧。这集中体现在景祐三年（1036）欧阳修的夷陵之贬。对于欧阳修此次"责人太深"（《与尹师鲁第一书》）导致的远贬后果，"浮五千五百之江湖，冒大热而履深险，一有风波之危，则叫号神明，以乞须臾之命"（《回丁判官书》），郑氏内心是不无忧惧的，还专门请人算命："老母用术者言，果以此行为幸"（《与尹师鲁第一书》）。但一家老小安全无恙到达贬所后，她有意识地表现出对穷境困苦的不以为意，对儿子的选择赞赏有加："太夫人言笑自若，曰：'汝家故贫贱也，吾处之有素矣，汝能安之，吾亦安矣。'"（《泷冈阡表》）甚至还"日能饮五七杯，随时甘脆足以尽欢"（《与尹师鲁第一书》），以各种轻松的姿态笑对逆境，宽慰儿子，既细心周到又气度恢宏。因此，欧阳修能安然消解远贬之痛，理性地抒写"行见江山且吟咏，不因迁谪岂能来"（《黄溪夜泊》），背后其母的处之泰然功不可没。欧阳修对于母亲用心的宽慰也心有所感，特别关注遭遇了相同贬谪命运的同道尹洙，"家人处之如何，莫苦相尤否？"（《与尹师鲁第一书》）此后，在政治纷争的抉择中，欧阳修皆秉持直道而行的原则，能够"祸患在前，直往不顾"（欧阳发《先公事迹》），以道义相期，以名节自许，以身体力行振起一代士风，皆根源于母亲对他的教导和支持。

二是丁忧守礼的哀毁过礼与严苛自律

皇祐四年（1052）三月，欧阳修在南京留守任上，其母郑氏卒于官舍，享年七十二岁。遭遇母丧的欧阳修一时五内俱焚，惶惶不知所之。欧阳修在丁母忧期间哀毁过礼的表现和严苛自律的居丧行为皆是其寡母孤子深情的自然流露。他严格遵循守丧不赋诗不作文的习俗，以中断自己的创作生命为祭礼献给艰辛抚养自己的母亲。丁忧期间创作的少量作品以及范碑的写作时间应从欧阳修特殊的丁忧习俗的坚守这一角度来作更深入的解读。

在欧阳修传世书简中，有多处表达其遭遇母丧后内心哀痛的例子，其心中孤苦力透纸背，甚至有不久于人世的极端心态：

昨大祸仓卒，不知所归，遽来居颍，苟存残喘。承赐恤问，敢此勉述，其诸孤苦，不能具道。（《与韩忠献王》其十三）

修自亲老感疾，以至不起，整一周年，心绪忧惶，日夜劳迫。今髭已三分中二分白，发十分中四分白，恐亦不久在世。然事亲已毕，复何所求？昨于哀迷中，就近来颍。其实四海无所归，欲只就颍，趁明年卜葬。汲汲如此，欲于自己生前了之耳，岂复有意人间邪？（佚简第 32《与孙威敏公》）

后一封书简是写给孙威敏公沔，孙沔字元规，为欧、范庆历新政时密切盟友，曾多次互相举荐，时在徐州照顾病危的范仲淹。此简尚有很多篇幅叙说范仲淹临终事宜，皆是心底不足为外人道的肺腑衷肠，可知此处对母丧后哀苦心绪的极端倾诉绝非矜饰套话，而是真实心态的自然流露。

居丧之礼讲究在饮食上不茹荤腥，但欧阳修向来早衰体弱，此时又患腰脚，遵医嘱食肉，内心愧疚异常："古人三年不食盐酪，诚有愧也，不孝不孝。"（《与杜正献公世昌》其七）同时，他对于当下社会上居丧之礼的阙失深表痛心，"今世士人居丧不及处多，风俗久弊，恬不为怪，心常患之，不意自犯名教。"（《与杜正献公》其七）

关于严格遵守为母守制的习俗，欧阳修一直旗帜鲜明地提倡维护。早在庆历初任谏官时，他就弹劾过匿父母之丧而奔走权贵的茹孝标、南宫觐等人，慨叹"二人犹如此，则愚俗无知、违礼犯义者何可胜数矣！"（《论杨察请终丧制乞不夺情札子》）因此，在母丧次月，朝廷议其起复，被他坚决拒绝了。

此外，在文学创作上，欧阳修更为严谨遵守居丧守制，不赋诗不作文，以中断自己创作生命的代价来给母亲献祭。作为文债缠身、以文为业的文坛宗师，他这一点的遵守近乎苛刻，难度亦大。"居丧不赋诗"习俗源于《礼记·檀弓上》所云"大功废业"，业原义为乐器架上悬挂钟、鼓的大版，诗近于乐，作诗则适情忘哀。这一习俗始自六朝，严于北宋，延续至晚清。① 实际上，在北宋中期，"居丧不赋诗"的习俗并非人人遵守，且社会舆论对居丧赋诗的行为亦不以为忤。如韩氏八龙之韩维、韩绛，与欧阳修多交游，庆历四年（1044）八月，韩绛、韩维父韩亿卒，归葬许

---

① 黄强：《中国古代诗歌史上的千年约定——"居丧不赋诗"习俗探析》，《文学遗产》2015 年第 1 期，第 170—181 页。

昌，韩绛兄弟归许昌丁父忧，至庆历六年（1046）十一月方服除。由韩维《南阳集》可知，他居丧期间诗歌创作有所减少，但并未中断。庆历五年作《感季夏南堂怀江十苏二》，庆历六年（1046）夏秋作《谒孔先生》《送孔先生还山》《同曼叔游菩提寺》《同曼叔游高阳山》等诸多篇章，作诗外仍有访友等活动。再如梅尧臣，皇祐元年（1049）正月初一，父亲梅让卒，梅尧臣离开陈州，回宣城守制。归途及守制中作诗不辍，有《伐桑》《涡口得双鳜鱼怀永叔》《出行冒雨至村家》《夜坐》《种胡麻》《冬至日得师厚宋次道中道书》《寄文鉴大师》等诸多篇什，亦有交游；皇祐五年（1053）秋，梅尧臣嫡母卒，再次归宣城守制，亦有《新霜感》《重过瓜步山》《正仲见赠依韵和答》等诗。

韩氏兄弟、梅尧臣皆是欧阳修过从甚密的知交好友，在这种社会氛围下，欧阳修并未受友人影响，而是坚持中断创作的守制行为，在皇祐四年（1052）三月至至和元年（1054）五月丁忧期间，诗歌创作一首皆无。不仅拒绝了朝廷起复的待遇，为母终丧制，而且在创作上以严苛的自律行为履行礼制规定。除诗歌外，文章仅作数篇与母丧密切相关之文，具体如下：

《七贤画序》，睹家中旧物，思念父亲为官之廉、母亲持家之艰，同时，父母皆亡，珍藏传家旧物并使之流传后世成为最后的慰藉之举，长歌当哭，笔端无限凄婉。

此外是一系列与护母归葬故乡有关的制作，皆是归葬时必须使用到的文章，如《先君墓表》《母郑夫人石椁铭》《胥氏夫人墓志铭》（徐无党代作）《杨氏夫人墓志铭》（焦千之代作）《祭沙山太守祈晴文》等，在吉州时其妻母赵氏卒，作《祭金城夫人文》。欧阳修初拟葬母颍州，"不忍以先姊有归，子孙以远，不得时省坟墓"（《与孙威敏公》其一），并择好墓地，"在颍西四十里，土厚水深，略依山水向背"（《与知县寺丞一通》），但皇祐五年（1053）其母族亲属郑斋郎来，大约规劝把郑氏归葬吉州，与其父合葬，因此次年欧阳修护母柩回乡（《与十四弟焕》其二、其三），并亲撰《先君墓表》。父亲初葬时，欧阳修只有四岁，无力置办墓表，此次把父母合葬，补撰墓表。同时，祔葬的胥、杨二夫人墓志铭皆请门人代笔，也体现出欧阳修对于居丧作文的有意识回避。

《太常博士周君墓表》，除葬母所需文章外，这一篇墓志是较为特殊的。墓主周尧卿，与欧阳修的交游不可考。但细读墓表，可以发现文章开头的大段篇幅皆在论述孝，以周尧卿为榜样引申开去，体制作法极为罕见，正直守丧期间，当是有意为之，意不在记述墓主履历，而是以此浇内心块垒。

此外，涉及交游的被请托之墓志铭，欧阳修是极力回避的。守丧二十七个月作文的数量也远不能跟他平时的创作频率相比，可以说忽略不计。从这个角度去分析欧阳修推迟范碑的写作，亦有守丧犯礼的顾虑。欧阳修在书简中的倾诉并非以守丧为推辞之由。

第二节　为夫：欧阳修婚姻生活的考察——
以悼亡诗寄内诗为中心

北宋士人婚姻不重阀阅，但极重科名，盛行榜下捉婿。欧阳修二十四岁甲科及第，三次婚姻皆是娶名臣之女。早年先后娶胥偃女、杨大雅女，皆早亡，后续娶薛奎女，得以终老。婚姻关系是家庭生活的核心内容，由此带来的姻亲故旧等人际关系也构成了一个人日常生活的主要关系网。在三段婚姻中，早年的两度丧妻给他身心带来极大的打击创伤，而与薛氏夫人的稳定婚姻则给他立身于朝襄助甚多。婚姻状态的体察有助于深入创作主体的内心情感世界，从而更为入微的解读作品内涵。

一　"情似安仁久悼亡"

欧阳修第一次婚姻为天圣九年（1031）西京留守推官任上迎娶胥氏夫人，胥夫人是赏识提携他的胥偃之女，成亲两年于明道二年（1033）三月因生子染疾去世；第二次婚姻是在景祐元年（1034）冬任馆阁校勘时迎娶故谏议大夫杨大雅之女，成亲十个月杨夫人在景祐二年（1035）九月因病去世。这两段短暂的丧妻婚姻给他身心带来的极大创伤，让他早衰的身体备受摧残，加深了他对于离散丧亡的悲剧体味。同时也深刻影响了他的交游等人际关系。

欧阳修与胥氏夫人相识有年。天圣六年（1028）秋，欧阳修谒胥偃于汉阳军，时欧阳修 22 岁，胥夫人 12 岁。此年冬胥偃携欧阳修入京，称誉于诸公间。天圣七年（1029）欧阳修在京师补广文馆生并参加国子监解试，天圣八年（1030）初参加省试、殿试。在京师的两年应试时间内，欧阳修在京城并无故旧，应该住在胥家。至天圣九年（1031）春二人成亲时，应有一定的感情基础。新婚生活幸福甜蜜。《南歌子》（凤髻金泥带）写新婚之乐闺房之趣，大约即以自我的经历为本事而写于此时。因此，两年后胥氏夫人因产子年仅十七岁去世，欧阳修内心的哀痛可想而知。尤其是胥氏夫人去世前后他因吏事往京师不在家中，痛苦伴随着自责，他挥笔写下《绿竹堂独饮》《述梦赋》等作，长歌当哭。

　　《绿竹堂独饮》：忆予驱马别家去，去时柳陌东风高。楚乡留滞一千里，归来落尽李与桃。残花不共一日看，东风送哭声嗷嗷。洛池不见青春色，白杨但有风萧萧。……予生本是少年气，瑳磨牙角争雄豪。马迁班固洎歆向，下笔点窜皆嘲嘈。客来共坐说今古，纷纷落尽玉麈毛。弯弓或拟射石虎，又欲醉斩荆江蛟。自言刚气贮心腹，何尔柔软为脂膏？吾闻庄生善齐物，平日吐论奇牙聱。忧从中来不自遣，强叩瓦缶何譊譊。伊人达者尚乃尔，情之所钟况吾曹。愁填胸中若山积，虽欲强饮如沃焦。乃判自古英壮气，不有此恨如何消。又闻浮屠说生死，灭没谓若梦幻泡。前有万古后万世，其中一世独蚍蟒。安得独洒一榻泪，欲助河水增滔滔。古来此事无可奈，不如饮此尊中醪。

　　此诗篇幅宏大，笔端有力，叙述一腔苦痛无处纾解的压抑。但细味诗意可以发现，与传统悼亡诗叙述特点不同的是，此诗的描述重点在一抒己恨及恨之难遣，落脚之处多在自己而非胥氏，自"予生本是少年气"始，有较多篇幅关注自我状态的急剧变化，而追忆昔日情景的笔触很少，像元稹"顾我无衣搜荩箧，泥他沽酒拔金钗"式的生活细节描写在欧阳修的悼亡作品中并不多见。此外，"予生本是少年气"这部分淋漓酣畅的描写与全诗哀伤感怀的基调不太协调。或许共同生活时日尚浅，抑或欧阳修此时年纪尚轻，对于死亡的体验思索并不深刻，在另一悼亡之作《述梦赋》中，欧阳修下笔的角度仍然多集中于自身的忧愁难遣：

　　病予喉使不得哭兮，况欲施乎其他？愤既不得与声而俱发兮，独饮恨而悲歌。歌不成兮断绝，泪疾下兮滂沱。行求兮不可过，坐思兮不知处。可见惟梦兮，奈寐少而寤多。……尺蠖怜予兮为之不动，飞蝇闵予兮为之无声。冀驻君兮可久，恍予梦之先惊。梦一断兮魂立断，空堂耿耿兮华灯。世之言曰：死者澌也。今之来兮，是也非也？又曰：觉之所得者为实，梦之所得者为想。苟一慰乎予心，又何较乎真妄？绿发兮思君而白，丰肌兮以君而癯。

此赋周必大评曰"辞意俱妙,类李太白"①,行文飘忽灵动,凄婉哀伤。但从"病予喉""怜予""闵予""绿发而白""丰肌而瘠"等细节处观察,对胥氏夫人的描写仍然是匮乏的,其生前的种种情态以及日常生活相处情景亦着墨不多。同时,在悼亡倾诉背后,欧阳修似乎又游离于文中的"我"之外,以他者的审视视角来对"我""绿发而白"的凄惨境况和悲痛情怀予以怜悯,这是欧阳修的悼亡叙述与其他悼亡作品视角的极大不同。

这种差异源自每位遭遇悼亡的诗人其自身婚姻状态和性格表达方式的不同。欧阳修与胥氏夫人的婚姻仅维持两年,且其子尚不足月,其时欧阳修的仕途处于昂扬奋进的新入职期,所谓"我昔初官便伊洛,当时意气尤骄矜"(《送徐生之渑池》)。西京三年遍游洛中山水,结交众多知己友人,是其生平文学和政治事业的发轫期。洛阳记忆更是成为他日后屡屡提起的青春见证。与梅尧臣的悼亡创作相比,差异显著。梅尧臣43岁时其妻谢氏去世,二人共同生活17年,育有二子一女,其时梅尧臣年过不惑仍官居下僚,从辟幕佐,生活艰辛。梅尧臣不仅创作悼亡作品的时间跨度久,感慨深,对谢氏生前夫妻间生活细节、家庭生活状况亦多有描摹,如"夜缝每至子,朝饭辄过午"②感叹生活的清贫,"草率具盘餐,约略施粉黛。举杯更献酬,各尔祝鲐背"③,追忆往昔新春佳节庆祝场景,描摹真切,颇具画面感。相较之下,欧阳修悼亡之用语方式则更多从虚处落笔,专注于一己内心的哀伤苦痛,因正值其人生和事业的上升期,悼亡叙述中并无多少身世之感。

但胥氏夫人的早亡对欧阳修的影响亦颇为深远,他原本早衰的身体更加羸弱,自云"漳滨多病身"(《暇日雨后绿竹堂独居兼简府中诸僚》),而且胥氏的去世在一定程度上影响了欧阳修和胥偃之间的关系。欧阳修得以高科中第以及在政坛的初步发迹得力于胥偃,这已是学界的共识④。但细察二人关系,则在胥氏夫人故去后就联络渐疏。胥氏夫人明道二年

---

① (宋)周必大:《山谷书六一先生古赋》,《文忠集》卷五十一,《四库全书》第1147册,第542页。

② (宋)梅尧臣:《怀悲》,《梅尧臣集编年校注》卷十五,第287页。

③ (宋)梅尧臣:《元日》,《梅尧臣集编年校注》卷十六,第326页。

④ 见刘子健《欧阳修的治学与从政》,台北新文丰出版公司1984年,第133页;[日]东英寿:《欧阳修的行卷——着眼于科举的考前活动中与胥偃的关系》,见氏著《复古与创新——欧阳修散文与古文复兴》,上海古籍出版社2005年版,第44—58页。

（1033）春去世前后，欧阳修因吏事往京师，其时胥偃刚出使契丹回京①。其后欧阳修南下随州看望叔父，回洛后胥氏夫人已故世。胥偃是否因欧阳修南下滞留随州而怪罪于他现在已不得而知，但至次年景祐元年（1034）初，二人关系已非初期时密切。此年胥偃知贡举而欧阳修好友梅尧臣落第，欧阳修在与谢绛的书简中惊异感叹科第取人不公，并言"欲作一书与胥亲……又恐自有失误，不欲轻发。"（《与谢舍人》其一）行文中显示欧阳修与胥偃的关系已略有生疏，非畅言无隐。此年五月，欧阳修西京任满回京，早年的高科及第及西京任职的经历让他在士大夫中有一定的名声，年少高才而鳏居，一时名公重臣多有欲结亲者。据《杨氏夫人墓志铭》及《祭薛尚书文》可知，此时谏议大夫杨大雅家眷及参知政事薛奎皆有联姻之意。胥偃此时亦有女待嫁，却并无再许欧阳修，而是于次年许妻谢绛长子谢景初。② 宋时士大夫间联姻"姊亡妹续"的现象十分常见，在长女亡后，如两姓关系依然正常融洽，一般会嫁次女于长婿，再续二姓之好。③ 如王曾两娶李沆女，庞籍两女皆嫁宋充国。在欧阳修的好友中亦多有此例，如王拱辰两娶薛奎女，刘敞两娶伦氏女，冯京两娶富弼女，尹洙两女皆嫁虞部员外郎张景宪。此时欧阳修与胥家却并无往来之迹，其关系按照常情推测已有不睦之迹。关于欧胥二人关系的正式交恶，《长编》卷一百十八载："景祐三年春正月己酉……初，（胥）偃爱欧阳修有文名，置门下，妻以女。及偃数纠仲淹立异不循法，修乃善仲淹，因与偃有隙。"④ 则景祐三年（1036）欧胥始交恶。不过上文考索可知，欧胥关系自胥夫人过世就有疏远之势，家庭关系的变动加上政见的深刻分歧，最终让欧阳修与胥家彻底断交。

欧阳修的书简中也透露出蛛丝马迹。宝元二年（1039），欧阳修于谢绛处得知胥偃过世的消息，在与胥偃内兄刁约的信中他叙述自己与胥偃的交往云："自念不欲效世俗子，一遭人之顾己，不以至公相期，反趋走门

① （宋）李焘《续资治通鉴长编》卷一百十一："明道元年八月壬子，以……太常博士、直集贤、同修起居注胥偃为国母正旦使。"第 2586 页。据至和元年八月欧阳修出使契丹的往返时间，胥偃回京应为明道二年年初。

② （宋）范纯仁《范忠宣公文集》卷十三《朝散大夫谢公墓志铭》："十六游京师，赫然有声，群公共称之。翰林学士胥公偃一见公异之，许妻以女。"以谢景初生卒年可推知十六为景祐二年，时胥偃知制诰。《宋集珍本丛刊》第 15 册，第 468 页。

③ 宋冬霞：《宋代婚姻方式之姊亡妹续探析》，《贵州师范学院学报》2010 年第 5 期，第 31—34 页。

④ （宋）李焘：《续资治通鉴长编》卷一百十八，第 2775 页。

下，胁肩谄笑，甚者献谀谀而备使令、以卑昵自亲，名曰报德，非惟自私，直亦待所知以不厚。是故惧此，惟欲少励名节，庶不泯然无闻，用以不负所知尔。某之愚诚，所守如此，然虽胥公，亦未必谅某此心也。自前岁得罪夷陵，奔走万里，身日益穷，迹日益疏，不及再闻语言之音，而遂为幽明之隔。"（《与刁景纯学士书》）由语意可知，在欧阳修被贬夷陵的景祐三年（1036）五月之前一段时间，二人关系已有破裂之势。贬谪夷陵后则彻底毫无来往。

更耐人寻味的是，欧阳修其后与胥偃之子胥元衡终生不见往来，反映出两家交恶的绝决。据曾巩撰《胥元衡墓志铭》，胥元衡出生于欧阳修往谒胥偃的天圣六年（1028），其后在 12 岁时丧父，一直居京师。庆历五年（1045），胥元衡 18 岁，与梅尧臣、宋次道私交甚好，多次迎接梅尧臣由任所归京。同时，与裴煜、谢景初交往密切，多有唱和。而这些好友同时也与欧阳修往来频繁。胥元衡嘉祐二年（1057）进士及第，欧阳修正于此年知贡举，二人可谓座主门生之谊。治平三年（1066）元衡 39 岁英年早逝后更是由欧阳修门生曾巩撰写墓志铭。但遍阅各种史料，欧阳修与胥元衡二人终生不见任何形式的交往。

欧与胥家关系的断绝其是非已难还原，但欧阳修在胥偃去世后与恩师之子也是内弟的胥元衡的零交往不免有失宽厚。上引欧阳修书简中的内心剖白也显示出，在私人及家庭关系领域中，他引入在公事中甚为坚持的"至公相期"的处事原则，并以此自许，公与私夹缠不清，反映出他早年耿直甚至有些躁进的性格。这种性格也是导致他宦途风波的主要因素。庆历元年（1041），他与晏殊关系破裂的西园赏雪之会，晏殊所恼怒的就是他在日常生活的私人时空里不合时宜地插入公事的严肃和责任①，二人关系因此几近断交。治平间他遭受的长媳案之辱，其起因亦源于对亲属家人过于严厉的约束，从而激起反扑②。

欧阳修关于第二任夫人杨氏的描述不多，悼亡作品亦付阙如。或许是连续遭遇丧妻之痛已至哀无文，详情已不得而知。但两度丧妻的遭遇无疑严重损害了他的身体健康，至有"心衰面老畏人问，惊我瘦骨清如冰"（《送张屯田归洛歌》）之语。在贬谪夷陵时，友人谢伯初赠诗云："才如

---

① 朱刚：《日常化的意义及其局限》，《文学遗产》2013 年第 1 期。
② （宋）范镇：《东斋纪事》卷三，汝沛点校，中华书局 1980 年版，第 27 页。

梦得多为累，情似安仁久悼亡。"① 亦记录了他当时抑郁哀伤的精神状态。

二　"我醉子鸣瑟"：寄内诗的抒情突破

与欧阳修相伴终老的薛夫人是真宗、仁宗朝名臣薛奎第四女。景祐四年（1037），欧阳修谪夷陵时告假至许州两人成婚，此时欧阳修 31 岁，薛夫人 21 岁。薛夫人出身名门，"高明清正，而敏于事，有父母之风。及归于欧阳氏，治其家事，文忠所以得尽力于朝而不恤其私者，夫人之力也。"② 欧阳修长大成人的四子皆为薛氏所出。薛夫人对于欧阳修的影响主要体现在以下两个方面：

首先是生活起居上的照料，生活作风上的约束。

对于续弦的好处，梅尧臣朴实地写道"阃中事有托，月下影免只"③。家事有人打理，精神生活亦有慰藉。欧阳修也不例外。初贬夷陵时，杨氏夫人已去世，而薛夫人尚未迎娶，欧阳修在与朋友的书简中倾诉他到夷陵前后很多家事要自己操心："加以乍到，闺门内事亦须自管。"（《与尹师鲁第二书》）迎娶薛夫人后，家事有托，生活稳定，步入正轨，情感有依靠，这对于短时间内历经两度丧妻的欧阳修来说是莫大的安慰。尤其是薛夫人有世家风范，年纪轻轻并不以贬谪为苦，能安于穷陋，更是让欧阳修有意外之喜。他在给内弟薛仲孺的信中云："室中骤过僻陋，便能同休戚，甘淡薄，此吾徒之所难，亦鄙夫之幸也。"（《与薛少卿》其二）墓志铭亦有此记载："夫人生于富贵，方年二十，从公涉江湖，行万里，居小邑，安于穷陋，未尝有不足之色。"④ 因此二人的感情甚为琴瑟和谐。各种资料显示薛夫人对欧阳修生活的影响很大，他对于"高明清正"的夫人敬重且有些畏惧，《高斋漫录》载"欧公作王文正墓碑，其子仲仪谏议送金酒盘盏十副，注子二把，作润笔资。欧公辞不受，戏云：'正欠捧者耳。'仲仪即遣人如京师，用千缗买二侍女并献。公纳器物而却侍女，答云：'前言戏之耳。'盖仲仪初不知薛夫人严而不容故也。"⑤《临汉隐居诗话》载其庆历中在韦县狎妓事，"逮晓，畏人知，以金钗赠倡，期缄

① （宋）谢伯初：《寄欧阳永叔谪夷陵》，（清）厉鹗辑《宋诗纪事》卷十一，上海古籍出版社 1983 年版，第 273 页。
② （宋）苏辙：《欧阳文忠公夫人薛氏墓志铭》，《栾城集》卷二十五，第 523 页。
③ （宋）梅尧臣：《新婚》，《梅尧臣集编年校注》卷十六，第 364 页。
④ （宋）苏辙：《欧阳文忠公夫人薛氏墓志铭》，《栾城集》卷二十五，第 523 页。
⑤ （宋）曾慥：《高斋漫录》，《全宋笔记》第四编第五册，第 99 页。

口。"① 这种谨慎的态度已不似早年任职西京时的放纵。嘉祐时，欧阳修家中蓄养女乐"八九姝"，梅尧臣描述为"鬒发如盘鸦""朱唇白玉肤"② 的妙龄丽人，但欧阳修记载的方式却云"小婢立我前，赤脚两鬟丫"（《清明前一日韩子华以靖节斜川诗见招……》），呈现的是简陋甚至寒伧的服饰打扮，此外更无任何记载。这些细节处的幽微差别无不显示出在生活方式和生活状态上，薛夫人都对欧阳修有着比较大的影响和约束。正如学者所云："欧阳修后期的生活，趋于严肃，与薛夫人的影响大有关系。"③

其次是精神上的知己，政事中的有力襄助。欧阳修与薛夫人的关系除一般夫妻之情外还有精神上的深入交流与契合，是知己层面的相知相伴。他们初婚即在欧阳修仕途低谷时，但薛夫人的从容气度把谪居夷陵的生活也变得安详温馨，薛夫人处事敏达，见识不俗，欧阳修在仕途的关节点上会把内心的打算想法跟她倾诉商量，因此，这也使写给薛夫人的寄内诗中融入了普通寄内诗较少涉及到的政治内涵，颇为特殊。这就是收入《居士集》卷二的述怀长诗《班班林间鸠寄内》：

> 班班林间鸠，谷谷命其匹。迫天之未雨，与汝勿相失。春原洗新霁，绿叶暗朝日。鸣声相呼和，应答如吹律。深栖柔桑暖，下啄高田实。人皆笑汝拙，无巢以家室。易安由寡求，吾羡拙之佚。吾虽有室家，出处曾不一。荆蛮昔窜逐，奔走若鞭抶。山川瘴雾深，江海波涛飓。跬步子所同，沦弃甘共没。投身去人眼，已废谁复嫉？山花与野草，我醉子鸣瑟。但知贫贱安，不觉岁月忽。还朝今几年，官禄沾儿侄。身荣责愈重，器小忧常溢。今年来镇阳，留滞见春物。北潭新涨渌，鱼鸟相聱耴。我意不在春，所忧空自咄。一官诚易了，报国何时毕。高堂母老矣，衰发不满栉。昨日寄书言，新阳发旧疾。药食子虽勤，岂若我在膝。又云子亦病，蓬首不加髻。书来本慰我，使我烦忧郁。思家春梦乱，妄意占凶吉。却思夷陵困，其乐何可述。前年辞谏署，朝议不容乞。孤忠一许国，家事岂复恤。横身当众怒，见者旁可栗。近日读除书，朝廷更辅弼。君恩优大臣，进退礼有秩。小人妄希

① （宋）魏泰：《临汉隐居诗话》，《历代诗话》本，第331页。
② （宋）梅尧臣：《次韵和酬永叔》，《梅尧臣集编年校注》卷二十九，第1076页。
③ 蔡世明：《欧阳修的生平与学术》，第21页。

旨，论议争操笔。又闻说朋党，次第推甲乙。而我岂敢逃，不若先自劾。上赖天子圣，必未加斧锧。一身但得贬，群口息啾唧。公朝贤彦众，避路当揣质。苟能因谪去，引分思藏密。还尔禽鸟性，樊笼免惊怵。子意其谓何，吾谋今已必。子能甘藜藿，我易解簪绂。嵩峰三十六，苍翠争耸出。安得携子去，耕桑老蓬荜。

庆历五年（1045）初，范仲淹罢参知政事，富弼罢枢密副使，杜衍罢枢密使。庆历新政宣告全面失败，同盟军接连落职出京后，欧阳修预感到自己离贬黜厄运不远，怕连累家中妻小，便写了这首篇幅宏阔容量丰富的寄内诗。诗中回顾二人相伴的夷陵岁月，剖白自己孤忠许国的政治热情，分析当前险恶的形势处境，提出自己的抉择和计划，希望得到夫人的体谅支持，情真如晤，率直无隐，字里行间贯注夫妻之情擅友朋之胜的庄重感。从这首诗的编纂位置也可看出欧阳修对此诗的重视。欧阳修晚年耗尽心血编纂《居士集》，去取甚严，有累日不能决者，秉承"却怕后生笑"的谨严精神，收进这五十卷的作品无疑都是欧阳修颇为看重给予肯定的作品。而家庭类题材的作品他收入很少，如早年胥氏夫人去世时悼亡之作概不收入。但这首寄内诗即收入居士集卷二，可见欧阳修对此诗以及薛夫人的重视，也昭示出夫妻之情的厚重分量。

薛夫人的敏于事还可从入宫觐见一事中得以窥见。《墓志铭》载："文忠为枢密副使，夫人入谢，慈圣光献太后一见识之，曰：'夫人薛家女邪？'夫人进对明辩，自是每入辄被顾问，遇事阴有所补。尝待班于廊下，内臣有乘间语及时事者，意欲达之文忠，夫人正色拒之曰：'此朝廷事，妇人何预焉？且公未尝以国事语妻子也。'"① 由上文寄内诗得知，欧阳修并非"未尝以国事语妻子"，薛夫人正色的拒绝显示出她处事的机智敏捷，同时也维护了欧阳修的名声形象。

第三节　为父：终身之悲与教子的宽简原则

欧阳修一生共生育子女十二人，一子出自胥夫人，其余皆为薛夫人所生，但只有四子成人，其余八人皆早夭。多次经历丧子、丧女之痛，让他的身体饱受摧残。长女欧阳师早夭，让他"泪多血已竭，毛肤冷无光"，

---

① （宋）苏辙：《欧阳文忠公夫人薛氏墓志铭》，《栾城集》卷二十五，第523页。

五十八岁时幼女又夭,"发动十年来久患眼疾"(《乞外任第一札子》)。同时,他幼年丧父,"同母之亲,惟存一妹"(《滁州谢上表》),私门薄祜的背景也让他分外重视对子侄的养育照顾,对异母兄欧阳昞的后代视若己出。在子侄的抚养教育方面,欧阳修秉持宽简原则,并不责以科场得失,而是注重全方位的培育其心性学养及立身处世大节,体现出他在家庭生活中的随性原则及性格中宽容慈爱的一面。

首先,子女的相继夭亡给欧阳修的身心带来极大创伤,也深深影响了他在教育后代时的宽纵方式。欧阳修在幼年时就目睹体验过众多的亲人死亡,其同母兄未晬而卒,母亲所经历的丧子之痛让他一直印象深刻①。其后胥氏夫人所生子在五岁时夭亡,他在多年后对尹洙回忆起时仍言"修尝失一五岁小儿,已七八年,至今思之,痛苦初失时。"(《与尹师鲁第三书》)初婚后又两度丧妻,至第三次婚娶,长女欧阳师降生时,欧阳修已 32 岁。其后子女相继夭亡,《行状》载:"男八人,女三人。长女师,蚤卒。次发,光禄寺丞。次女,蚤卒。次奕,光禄寺丞。次棐,大理评事。次某,蚤卒。次辩,光禄寺丞。次三男,皆蚤卒。次女,封乐寿县君,蚤卒。"② 其中,长女师八岁而卒,欧阳修最为痛心,连作《白发丧女师作》《哭女师》等,凄婉欲绝,令人不忍卒读:

> 吾年未四十,三断哭子肠。一割痛莫忍,屡痛谁能当!割肠痛连心,心碎骨亦伤。出我心骨血,洒为清泪行。泪多血已竭,毛肤冷无光。自然须与鬓,未老先苍苍。
>
> 暮入门兮迎我笑,朝出门兮牵我衣,戏我怀兮走而驰。旦不觉夜兮不知四时,忽然不见兮一日千思。日难度兮何长?夜不寐兮何迟?暮入门兮何望?朝出门兮何之?恍疑在兮杳难追,髭两毛兮秀双眉。不可见兮如酒醒睡觉,追惟梦醉之时。八年几日兮百岁难期,于汝有顷刻之爱兮,使我有终身之悲。

悼子诗向来是诗人笔下无比伤感的题材,连诗中惯常抑制悲哀的欧阳修也不例外。但在前一首《白发丧女师作》中,欧阳修的表达方式非常特殊,从自己身体被摧伤的递进层次来客观冷静的叙述自己的悲哀,而非

---

① (宋)孔平仲《孔氏谈苑》卷三:"永叔尝自言,上有一兄,未晬而卒。母哭之恸。"《丛书集成初编》第 2861 册,第 37 页。

② (宋)吴充:《欧阳公行状》,《欧阳修全集》附录。

直抒悲痛，仿佛自我从伤痕累累的身体中跳脱出来，冷静的审视屡次创伤给身体带来的摧残。吉川幸次郎即指出"在悲哀的同时，诗中肠、心、骨、血、泪、毛、肤、发、须之间的因果关系，是作为论理来捕捉的。"① 这种突出论理色彩的尝试也许是他把此诗收入《居士集》的原因之一，而同类之作如后一篇哀辞则没有收入。

虽然好友梅尧臣劝慰他"以道为任自可遣，目前况有宁馨儿"②，但无数次痛彻心扉的体验让他在养育子女时患得患失，分外宽容。有幸长大成人的四子在幼时身体亦时时患病，书简中类似哀叹触目即是。同时，因为官阶的攀升，名位日隆，物质生活不断改善，他的儿子们便不需像他幼年时那样"贪禄养亲"面临巨大的生存压力，而是可以从容就学，游心于艺。从关心其健康的角度出发，欧阳修也并不苛责其科场的成败，因此对其四子的培育方式颇为宽纵，重在为学为文、立身处世，对于为政方面则顺其自然。

长子欧阳发在十五岁时入太学，师从名师胡瑗。"淡薄无嗜好，而笃志好礼，刻苦于学。……尽能传授古乐钟律之说。"③ 嘉祐四年（1059）欧阳修曾因学书作《李晟笔说》以赠长子，云"古人各自为书，用法同而为字异，然后能名于后世。若夫求悦俗以取媚，兹岂复有天真邪？唐所谓欧、虞、褚、陆，至于颜、柳，皆自名家，盖各因其性，则为之亦不为难矣。"（《李晟笔说》）虽然针对学书而发议论，但也暗含欧阳修对欧阳发为人为文等其他方面的引导和期许，强调不能"悦俗以取媚"而要保有天真，各因其性。在现存与欧阳发的家书中，有熙宁四年（1071）指导其作文作诗的资料，云"文论并诗，频作甚好，惟愈孰则工矣。"（《与大寺丞发》其八）次年欧阳修即去世，可见对儿子为学的教导敦促贯穿终生。因此，欧阳发在此类宽容的理念中得以优游从容地发展自己丰富的兴趣和志向："既长，益学问，不治科举文词，独探古始立论议，自书契以来至今，君臣世系，制度文物，旁至天文地理，无所不学。"④ "罔罗幽荒，掎摭遗逸，驰骋百世。有求则应，取之左右，不择巨

① ［日］吉川幸次郎：《宋元明诗概说》，李庆、骆玉明译，复旦大学出版社2012年版，第48页。
② （宋）梅尧臣：《开封古城阻浅闻永叔丧女》，《梅尧臣集编年校注》卷十五，第302—303页。
③ （宋）张耒：《欧阳伯和墓志铭》，《张耒集》卷五十九，中华书局1990年版，第876页。
④ （宋）张耒：《欧阳伯和墓志铭》，《张耒集》卷五十九，第876页。

细。如汉伯喈，如晋茂先，余子莫继。"① 直至欧阳修去世后三年的熙宁八年（1075）方赐进士及第。

次子欧阳奕出生于庆历五年（1045），根据其享年仅三十四可知其身体基础并不太好，苏辙即言"之人虽早病，对客每清言。不信疾为累，要称学有原"②，也印证了这一点。熙宁三年（1070），26 岁的欧阳奕科场失利，欧阳修在家书中宽慰劝解，无丝毫责怪之意。"自闻汝失意，便遣郭顺去接汝，……得失常事，命有迟速，汝必会得，应不甚劳心。却是旅中不如意，渐热难行，故未免忧想。若此书到，尚在颖，则且先归，为娘切要见汝，盖忧汝烦恼也。汝切宽心求安。"（《与二寺丞奕一通》）书简中细致周到的宽慰之词令人动容，薛夫人更是疼惜有加的慈母心态，透露出欧阳修在实际生活中与儿子慈厚温和的相处方式和风格。欧阳奕此次科场失利，终身亦未见及第，但学养深厚，气节凛然，"博极坟典，世其文行，气刚而直，才高而雄。作为文章，见于论议，轩昂闳伟，惊骇闻听。间发为歌诗，思深意远，纯古豪放。"③ 与苏轼私交甚笃，在党争严酷时能不顾安危，倾赀以送郑侠，可谓有君子之勇④。因此欧阳修在《诲学说》中敦促欧阳奕为学之道，周必大解释为"公以其质美，书此以励其学。"⑤ 应是囊括了广义内涵的"为学"，而非场屋之学。

三子欧阳棐较其兄长更为颖悟，幼时即表现出对文章的极大兴趣。《鸣蝉赋并序》一本赋后有跋云："予因学书，起作赋草。他儿一视而过，独小子棐守之不去。此儿他日必能为吾此赋也，因以予之。"⑥ 《鸣蝉赋》作于嘉祐元年（1056），时欧阳棐十岁。其墓志铭载"为人广览强记，博通经籍、史氏、诸子百家之言。文忠公之文，须人代者，多出叔弼甫之手。"⑦ 且著述极为宏富，"有《文集》二十卷。所著《尧历》三卷，《合朔图》一卷，《历代年表》十卷，《三十国年号记》七卷，《九朝史略》

---

① （宋）苏轼：《祭欧阳伯和父文一首》，《苏轼文集》卷六十三，第 1948 页。

② （宋）苏辙：《欧阳伯和仲纯挽词二首》，《栾城集》卷十六，第 392—393 页。

③ （宋）刘滉：《宋宣义郎知赣州朱阳县欧阳君（愬）墓志铭》，见《新中国出土墓志》（河南壹），文物出版社 1994 年版，第 369 页。

④ （宋）周必大：《跋欧阳文忠公诲学帖》，《文忠集》卷四十七，《四库全书》第 1147 册，第 501 页。

⑤ （宋）周必大：《跋欧阳文忠公诲学帖》，《文忠集》卷四十七，《四库全书》第 1147 册，第 501 页。

⑥ 《欧阳修诗文集校笺》，第 476 页。

⑦ （宋）毕仲游：《欧阳叔弼传》，《西台集》卷六，《丛书集成初编》本，第 84 页。

三卷,《食货策》五卷,《集古录目》二十卷,《襄录》二卷,《澄怀记》二卷,《说文字源》二卷,《协韵集》三卷,《五运六气图》一卷,《花药草木谱》四卷,《六壬书》五卷,《轨革要略》二卷,《葬书》二卷。其余杂著方编外集未成。"①

虽然在内心深处,欧阳修也希望儿子能顺利及第,毕竟有无进士出身对于士人一生有着至关重要的影响。因此在嘉祐六年(1061)见到好友刘敞之子刘奉世高科及第时,他也难掩羡慕之情:"某已衰病,三四小子未有能获荐于有司者,见之尤所羡慕。贤郎程文甚工,为都人传诵,及第等虽高,而人犹以为未称。"(《与刘侍读原父》其十八)此年欧阳发22岁,欧阳奕17岁。但由于欧阳修中年得子,子女又频频夭亡,因此在教育儿子时,他并不施予重压苛责科场成败,而是指导其作诗作文,鼓励其潜心向学,涵养气节,其教育理念颇似其文风书风,"外若优游而中实刚劲"②。

其次,精心抚恤族中子侄,敦其为官守廉,勤于向学。欧阳修抚育教养的侄辈有如下数人:

其一是欧阳晅二子通理与嗣立。欧阳修同父兄弟只有异母兄欧阳晅一人,景祐三年(1036)时家荆州,欧阳修贬夷陵途中曾在其家盘桓数日。其时晅已"困于位卑,无所用以老"(《游儵亭记》)。是年欧阳修30岁,晅约长其20岁以上。③ 晅有二子,其一为通理,其一为嗣立。通理墓志于清光绪年间出土,今见光绪二年(1876)刻《吉安府志》卷四十五《鄂州武昌县尉欧阳府君墓志铭》,欧阳发撰并书,其字圆劲古朴,与《泷冈阡表》笔势相似。墓志云:"考讳晅,隐德不仕,妣毛氏。君初以荫补太庙斋郎,调韶州曲江主簿,升象州司理参军,韶州司户参军,改全州清湘尉。未行,丁内艰。服除,授鄂州武昌尉,未及之任而卒,享年四十有八。……君既幼而孤,母适里中吴氏,遂育于叔父乐安公。及以公恩得官,乃迎其母还乡,人皆以为孝。"④ 欧阳修家书《与十二侄通理》其一后注云"皇祐四年任象州司理",则据墓志中仕履推算,其"服除授鄂

①　(宋)欧阳愿撰:《欧阳棐墓志铭》,《新中国出土墓志》河南壹,第371页。

②　(宋)朱熹:《晦庵先生朱文公文集》卷第八十一,朱杰人、严佐之、刘永翔主编:《朱子全书》第24册,上海古籍出版社、安徽教育出版社2002年版,第3848页。

③　刘德清:《欧阳修纪年录》,第9页。

④　(宋)欧阳发:《鄂州武昌县尉欧阳府君墓志铭》,《光绪吉安府志》卷四十五,江苏古籍出版社1996年版,第86—87页。

州武昌尉"时约为治平初年。而欧阳修治平间与韩琦的书简中云："某以私门薄祐，少苦终鲜，惟存二侄，又丧其一。"则此"其一"应为通理。按卒于治平初享年四十八逆推，通理约生于天禧元年（1017），少欧阳修10岁。①《宝真斋法书赞》卷一〇载欧阳修《迁居帖》云："敝居安敢为久计，向以小侄孤幼一房新来，遂欲迁一宽处。既而赁得旁舍数间，遂且不移，苟度时日。若获脱去，谨专如教也。"②此小侄或为通理，搬迁新来的时间已不可知。

　　欧阳修现存家书中有两封写给皇祐四年（1052）任象州司理参军的欧阳通理。因象州是年四月侬智高叛乱，书简中首先关注其一家安危，其次嘱咐其为官勇于作为，再次教导其官下守廉。另有一封指导其作诗之法及戒其躁进改官：

　　　　自南方多事以来，日夕忧汝。得昨日递中书，知与新妇诸孙等各安，守官无事，顿解远想。吾此哀苦如常。欧阳氏自江南归明，累世蒙朝廷官禄，吾今又被荣显，致汝等并列官裳，当思报效。偶此多事，如有差使，尽心向前，不得避事。至于临难死节，亦是汝荣事，但存心尽公，神明亦自祐汝，慎不可思避事也。昨书中言欲买朱砂来，吾不阙此物，汝于官下宜守廉，何得买官下物。吾在官所，除饮食物外，不曾买一物，汝可安此为戒也。已寒，好将息。不具。吾书送通理十二郎。

　　　　承示近文，只如此作得也。但古诗中时复要一联对属，尤见工夫。并门当因书言去。昔选人有陈奇者，举主十六人，仁宗见其未尝历选调，特旨不改官，以戒驰骛者。初官，宜少安之。（《与十二侄通理》）

　　简中对小侄欧阳通理的教导涉及安危、为官、为学等诸多方面，关怀之情拳拳可见，尤为难得的是，书简中对立身为官原则的教导发自肺腑，坦荡磊落，不及私利。"不得避事"非为泛语，而是欧阳修自身立朝的姿态。他年轻时勇于进取，感叹"所谓祸福，有非人力而致者，一一畏避，

---

①　据此推算，景祐三年欧阳修访欧阳晔于荆州时，欧阳通理已20岁，其父欧阳晔尚健在，墓志所记"幼孤"不详何解，通理生平诸事待考。

②　（宋）岳珂：《宝真斋法书赞》卷十，《丛书集成初编》本，第156页。

怎生过日月也?"(《与梅圣俞》其十六)年老时仍"性直不避众怨"①，一生较少畏缩躲避。而且对为官守廉的强调承继了其父的为官风格，欧阳观"在绵州三年，他人皆多买蜀物以归，汝父不营一物"(《七贤画序》)，他的为吏之廉在郑氏的回顾中尤为突出，而回顾的方式也可见出郑氏对这一点的欣赏。耳濡目染在这一价值观中的欧阳修自然对此非常认同，对侄子的教导可以看作是他对欧阳氏家风的有意识传承。此简因情真坦荡得到苏轼的高度评价："凡人勉强于外，何所不至，惟考之其私，乃见真伪。"②

欧阳嗣立，生卒年不详。据欧阳修记载，皇祐四年（1052）丁忧时有二小侄，"一在象州，久不得信。一在袁州，欲乞渠来颍以办葬。"(《与梅圣俞》其二十七)并请求梅尧臣代为寻访联系。其后皇祐五年（1053）八月由颍至吉葬母，嗣立即来回奔波办理："某今者扶护太君灵柩归葬，先遣嗣立归，凡有可干事，为嗣立少心力，吾弟且与同共勾当。"(《与十四弟焕》其三)在其后嘉祐七年（1062）年节祭祀时撰写祭文有"谨遣兄之子庐陵县尉嗣立以告"③ 之语，则欧阳嗣立应同为晒子④，为欧阳修二侄之一，入仕亦由门荫，在嘉祐后期因官庐陵尉多祭扫祖茔。

其二为书简中出现的十三侄欧阳奉职及其弟十四郎。此二人名字不详。皇祐五年（1053）正月，欧阳修曾有书简寄给十三侄，戒其为官、为学、修身等事：

> 奉职自赴任，不曾得书，到官下，想安乐。汝孤寒，曾受辛苦，知道官职难得，每事当思爱惜，守廉、守贫、慎行刑，保此寸禄而已。十四郎今却令回，此子自县中来，见其衣装单薄。汝只亲兄弟两人，今食禄，庶事宜均给。更且戒约，勿令出入，无事令学书，识取些字。从来失教训，是事不会，男子如此，何以养身？今遣人去知府舍人处，求太君墓志。若此人将得来，即更不言。若未得来，即汝因事至府中面告，言吾令汝请文字，且与请取，求的便附来。春寒，好

---

① （宋）吴充：《欧阳公行状》，见欧集附录。
② （宋）苏轼：《跋欧阳家书》，《苏轼文集》卷六十九，第2185页。
③ 《皇考太师祭文》《皇妣太夫人祭文》等。
④ （宋）李心传：《旧闻证误》卷二亦云，"文忠后任晒之子嗣立为庐陵尉，见焚黄祭文中"，中华书局1981年版，第27页。

　将息。不具。吾押送十三奉职。〈正月十四日〉

　　十四郎，此中与绵袄子两领，并裹缠钱三索省。只十七、八程可
到，恐伊别乱破钱也。(《与十三伲奉职一通》)

　　皇祐五年（1053）正月欧阳修正于颍州服丧，初拟葬母颍州，后于
八月改葬吉州。书简中嘱托十三伲奉职到知府舍人处求太君墓志，据王明
清《挥麈后录》卷六云："墓志起居舍人知制诰吕臻撰，工部郎中知制诰
王洙篆盖，大理平事陆经书石。"① 吕臻，即为吕溱，宝元元年
（1038）状元及第，与欧阳修私交甚笃，庆历八年（1048）欧曾撰吕溱父
吕士元墓志，此时吕溱知杭州。则十三伲奉职皇祐五年（1053）正月在
杭州府任属官，书简云离颍州"只十七、八程可到"。而欧阳通理在前一
年皇祐四年（1052）冬正官象州，且排行为十二，非十三。则此十三伲、
十四郎必非通理、嗣立。简中云"汝孤寒，曾受辛苦""无事令学书识，
取些字"，则此二伲有可能为"隐德不仕"的欧阳旦孙辈，或欧阳晔孙
辈，亦靠欧阳修门荫得官。元人黄溍评云"劝戒之辞，谆切恳到，出于
至情，与家人语当如是也。"②

　　家庭生活的细致繁琐形态构成了欧阳修日常生活的基础内容，同时家
庭也提供了日常生活主要进行的空间。考察欧阳修的家庭伦理世界可以看
出这个部分的内容是形成他性格的主要原因背景，同时也和文学创作有着
复杂多样的联系。

---

① （宋）王明清：《挥麈后录》卷六，上海书店出版社 2001 年版，第 124 页。
② （元）黄溍：《跋欧阳文忠公帖》，《金华黄先生文集》卷二十二，《四部丛刊》本，第
　　十八页。

第五章　身体疾病：生命底色的文学书写

欧阳修体弱早衰，早生华发，少年时即患近视，中年后更是身罹目疾、足疾、风眩、消渴等多种严重疾病，一生饱受病痛折磨。这一特殊的身体状况不仅影响了他的仕宦心态和出处选择，也是他笔下经常涉及的内容和呈现的文学意象。同时，身体生理状况亦是影响塑造其心理性格特征的重要因素。孱弱多病的体质造就了他细腻锐感的心灵，使他对节序流转、亲旧凋零、聚散离合、盛衰变迁等自然人事变动极易产生触动感慨，并形之于文。在具体的表达中，对疾病及衰老的描摹叹息便屡现笔下，意蕴丰富，同时对欧诗欧词的风格塑造及文学史价值产生了重要影响。因此，身体状况及衰病书写是考察欧阳修其人以及文学创作的重要视角。①

衰病书写具体而言包括疾病和衰老两方面，以指向身体状况的自我形象表达为中心，描述内容以"衰""疾""病""残""翁""老大""白发""苍颜"等为关键词。在诗词文等文学性文体中，衰病书写的频率以诗歌中最多，词次之，文最末。这缘于文体属性的差异。诗歌产生于自抒心志或日常酬唱，自娱性强，言志述怀，故多一己之私，与日常生活关系密切，身体状况入诗频繁；词虽与日常交际等生活内容紧密相关，却天然具有较高的代言属性和游戏性质，娱宾遣兴，与自我情志的抒写较为疏离，更不易涉及士大夫的个人生活尤其是衰病等内容；文地位尊崇，为庙堂经世之体，雅于诗词，欧阳修更是认为"维诗于文章，太山一浮尘"（《酬学诗僧惟晤》），其内容多抒写淑世情怀或世事感慨，日常生活等通

---

① 对欧阳修身体状况的考察，参见刘金柱《欧阳修的目疾及先天因素》（《宋史研究论丛》第六辑，河北大学出版社 2005 年版，第 435—443 页）以及拙文《论欧阳修的物质生活与文学创作》（《浙江学刊》2015 年第 3 期，第 89—99 页）、陈湘琳《欧阳修的文学与情感世界》（复旦大学出版社 2012 年版）第五章第一节"病衰"对欧阳修的身体疾病有细致考察。但刘、孙二文仅叙及一个侧面，陈书的考索较为细致，但没有结合诗词创作中的文学表现来进一步申论。学界对于欧阳修的身体状况及作品中的衰病书写及其意义并无系统的考察，故本章拟作申述。

俗尘下内容皆付阙如。词中虽然涉及比重不多，但却是改变欧词风格和词史意义的重要因素，值得关注。

欧诗中的衰病书写频率高，比重大。在 860 余首欧诗中，有 215 首皆涉及衰病书写，比例为四分之一。就年份考察，以嘉祐二年（1057）24 首为冠，嘉祐四年（1059）22 首次之，再其为庆历五年（1045）12 首、熙宁元年（1068）11 首。庆历、嘉祐年间是欧诗创作高峰，年均创作量均远高于平均值。① 衰病书写频率的高低起伏与整体诗歌创作基本吻合，但高峰首次出现于庆历五年（1045）则折射出滁州之贬的宦海风波是促使欧阳修貌老心衰的重要原因。嘉祐、治平间，欧阳修官居京师位望甚隆，但已迈入五十多岁的老年阶段，身体每况愈下，诗中频繁出现的自我衰残形象是其此时作茧心态的具体呈现外化。

欧词共计 240 余首，有 18 首涉及衰病书写，比重为 7%，不到十分之一。但这部分词作因纳入衰病书写，抒情主人公由红粉佳人转变为男性的士大夫形象，而且是苍颜白发的迟暮之年，词体的言志功能大大扩展，词风也由此变妩媚为疏狂，在词史发展上贡献了重要一环。

第一节　欧阳修身体状况及疾病考索

衰病书写的基础内核是欧阳修的身体状况、所患疾病类型症状以及迟暮衰容的具体表征，因此对欧阳修的身体素质及所患疾病作细致考索是本文立论的前提。欧阳修自言"生涯半为病侵凌"，虽然 66 岁的享年在当时并不算短，但一生疾病缠身，饱受病痛折磨。孱弱的身体状况影响了他生活中的诸多方面，是他日常生活的基础和底色，在长期状态下进一步影响其思维方式和心理状态。

从体质来说，欧阳修的身体较弱。他多次自陈"余生本羁孤，自少已非壮"（《新春有感寄常夷甫》）"生而孤苦，少则贱贫"（《滁州谢上表》），及第前诗歌即多有嗟叹衰弱之作，如《闲居即事》："握臂如枝骨"，《送客回马上作》："衰容畏秋色"，《即目》："平居革带频移孔"等。明道二年（1033）任职西京时，26 岁的欧阳修与谢绛、尹洙一行人游嵩山却是"最少最疲"②。他也经常因感风寒、冒暑毒、饮食不当、水

---

① 欧诗创作时间约为天圣年间至熙宁五年（1072），跨度 50 年左右，年均近 20 首。
② （宋）谢绛：《游嵩山寄梅殿丞书》，《欧阳修全集》附录卷四，第 2717 页。

土不服等诸多生活原因卧病在床，告假休养。庆历五年（1045）出使河北，即因饮酒得疾，卧病较久，"一春不饮气弥劣"（《病中代书奉寄圣俞二十五兄》）。嘉祐二年（1057），因中暑引发腹疾："某自初旬内，尝冒热赴宿，为暑毒所伤，绝然饮不得，加以腹疾时时作，遂在告。"（《与吴正肃公长文》其二）嘉祐四年（1059）夏，因冷饮过多腹疾再发："昨日群牧特会，以热中饮冷过多，偶为腹疾。"

　　此外，数次贬谪外放的经历虽然没有摧折其气节，长途奔徙却极大损害了健康，加速其衰老。景祐三年（1036）夷陵之贬途中，路经南京、江州时，欧阳修皆身体抱恙，庐山之行亦不果。① 次年，30 岁正值壮年的欧阳修已经"客思病来生白发"（《县舍不种花惟栽楠木冬青茶竹之类因戏书七言四韵》），且自称衰翁。庆历五年（1045）贬滁州后至至和元年（1054）母丧服除回朝，"十年困风波，九死出槛井"（《述怀》），欧阳修此时已满头白发，引得仁宗抚恤慰问。②

　　最后，欧阳修一生经历的多次亲人故旧生离死别之痛更是加速恶化了他的身体状况。欧阳修一生两度丧妻，子女夭亡 7 人，谢绛、梅尧臣、苏舜钦、刘敞、蔡襄等众多至交好友凋零散亡。这些死哀之痛无异于一场场大病吞噬着他原本羸弱的身体。明道二年（1033），原配胥夫人去世，他病居杜门多日，"绿发兮思君而白，丰肌兮以君而瘠"（《述梦赋》）。景祐二年（1035），第二任夫人杨氏及妹夫张龟正先后去世，他"心衰面老畏人问，惊我瘦骨清如冰"（《送张屯田归洛歌》）。庆历五年（1045），长女欧阳师夭亡，欧阳修悲痛之余身体大受损伤，"割肠痛连心，心碎骨亦伤。出我心骨血，洒为清泪行。泪多血已竭，毛肤冷无光。自然须与鬓，未老先苍苍。"（《白发丧女师作》）

　　就身体所患疾病种类而言，欧阳修四十岁后多种重大疾病缠身，经考索较为严重的有目疾、足疾等六种，按始患时间先后排列如下：

一　目疾

　　目疾包括两个方面，一是短视，即近视；二是庆历八年（1048）后所患眼部疾病，晚年眼睛内还出现黑花，即飞蚊症，大约为视网膜病变之类。

---

① 　见《于役志》，《欧阳修全集》，第 1902 页。

② 　《谢宣召入翰林状》："进对之际，已萧飒于霜毛；慰劳有加，赐怜悯于玉色。"《欧阳修全集》，第 1333 页。

　　近视主要为幼年刻苦读书所导致，同时也有先天因素。其父欧阳观即有目疾，"不能远视，苟瞩读行句，去牍不远寸。"① 因幼年失怙，背负传家养亲重担的欧阳修较同龄儿童早熟，读书刻苦，经常"昼夜忘寝食，惟读书是务"（《先公事迹》），因此早早患上近视。欧阳修的近视程度之重也令周围的人印象深刻，苏辙即云："欧阳文忠公读书五行俱下，吾尝见之，但近觑耳，若远视何可当？"② 欧词《朝中措》中引用王维诗句"山色有无中"也被戏谑为由近视导致的视线模糊。③

　　病理上的眼疾有明确记载的始于庆历三年（1043）欧阳修37岁时，此时症状已是"病眸昏涩"（《读张李二生文赠石先生》）。欧阳修长年重度近视，而读书作文又需经常用眼，眼睛应该一直不太好。病情加重酿成痼疾则始于庆历八年（1048）其42岁知扬州任上。欧阳修自云因上热太盛遵医嘱行道家内视之术，却因调理不当而患眼疾，黑白莫辨，大概为视网膜血管产生病变受损。因眼疾程度严重，影响公务处理，扬州时为淮南东路治所，来往公务繁忙，欧阳修因而请知颍州，郡小事简，得以养病。④ 嘉祐元年（1056）出使契丹、嘉祐三年（1058）底权知开封府、治平元年（1064）丧女等事务皆使其眼疾病情加重。因此在表奏札子中欧阳修力辞权知开封府。目疾大作的苦痛深深影响了他的生活、心态和出处选择，虽官居庙堂而常思外补以养病藏拙。⑤

　　嘉祐六年（1061）欧阳修的目疾又产生并发症飞蚊症，即"目生黑花"（《与薛少卿公期》其十）。飞蚊症一般由玻璃体变性引起，是一种自然老化现象。常发生于40岁以上中老年人，高度近视眼患者，以及动过白内障手术者，其他如眼内发炎或视网膜血管病变患者也会形成此病。大多数飞蚊症是良性的，只有少数会对眼球发生严重威胁。飞蚊现象若突然发生，而且限于一眼，蚊子飞舞的方向不定，黑影遮住视野，视力变差、视野缺损，出现这些病症即为恶性。欧阳修的症状为"两目仅辨物"（《与刘侍读原父》十七），"如在昏雾中，作书甚艰"（《与薛少卿公期》十二），其飞蚊症应为良性。嘉祐六年（1061）后不见明确记载飞蚊症症

---

① （宋）王明清：《挥麈后录》卷六，第123页。
② （宋）苏籀：《栾城先生遗言》，《四库全书》第864册，第173页。
③ （宋）胡仔：《苕溪渔隐丛话》后集卷二十三，第168页。
④ 参见书简《与王文恪公》其一、《与杜正献公》其五。
⑤ 参见书简《与程文简公》其七、《与李留后》其二、《与王文公介甫》其一、《与王文恪公》其三、《与王懿敏公》其五，及《乞外任第一札子》其八。

状，但目疾持续至晚年，时时发作，秋深尤剧。①

二　足疾

欧阳修的足疾源于庆历五年（1045）。39 岁任职河北时的"马坠伤足"（《与尹师鲁第五书》）。这次坠马具体伤情不得而知，但此后一直有足疾之苦，可知伤势不轻，埋下病根。皇祐四年（1052），因母丧悲痛患腰脚疼痛使足疾加重（《与杜正献公世昌》七）。五十岁后加上关节病痛，逐渐"行履艰难"（《与王懿敏公》七）"乘骑鞍马艰难"（《辞免青州第一札子》），行动非常受限。治平间因用药失误导致左脚疼痛（《与薛少卿公期》九），熙宁间更为加重，"以病足为苦"（佚简 21《与吕正献公》）。

三　风眩

风眩又称风头眩，即小卒中，多为"在禀赋肝肾不足、血脉亏虚的基础上，复加后天饮食不节，起居失调，七情过用等综合因素作用下，长期渐积而成。"②。欧阳修初发病在庆历七年（1047）41 岁时，需要减少饮酒来调节（《与梅圣俞》二十）。嘉祐二、三年间急剧严重，曾在韩绛入学士院众人坐席中突然昏倒，此后仍屡次发作（《辞开封府札子》），甚至写作书简时眩晕数次，需要停笔瞑目，极为影响情绪状态（《与李留后公谨》七）。晚年熙宁间少见记载，当是稍有缓解。

四　关节疾病

欧阳修在皇祐四年（1052）46 岁丁母忧时因悲痛即患腰脚（《与杜正献公》七），其后关节病痛日渐增多。嘉祐二年（1057）始患"左臂疼痛"（佚简 72《与范蜀公》），"系衣、揥笏皆不得"（《与吴正肃公》三），嘉祐四年（1059）知开封府因操劳病情加重，"以几案之劳，凭损左臂，积气留滞，疼痛不可忍"（《与赵康靖公叔平》三）。嘉祐五年（1060）右手拘挛，六年添左手。频繁复发并加重的关节病痛让他屡生退隐之念。③

---

① 见书简《与颜直讲长道》其二、佚简 17《与吕正献公》、《与王龙图益柔》其九。

② 王行宽、范金茹、戴小良等：《风眩病名病位及病因病机诠释》，《中医药学刊》2003 年第 9 期，第 1435—1436 页。

③ 佚简 70《与杜郎中》、《乞洪州第四札子》、《乞洪州第六状》。

五　齿疾

欧阳修于嘉祐五年（1060）夏54岁时得齿疾，"两颊俱肿，饮食言语皆不能"（《与王懿敏公》十三）。久病成医，嘉祐六年（1061）曾录示一药方送与同样患齿疾的王拱辰夫人（《与王懿恪公》七）。治平元年（1064）齿牙摇脱，熙宁四年（1071）病情更甚，"食物甚艰苦"（佚简30《与吕正献公》）。熙宁五年（1072）春令医工脱去病齿（《与薛少卿公期》二十）。因齿疾在晚年多发，经常无法饮酒，引起索寞情绪，这在作品中亦多有表达。

六　淋渴

淋渴，又称消渴，即糖尿病，病症为烦渴多饮，口干尿多，多由禀赋不足、饮食失调、劳欲过度诱发。因司马相如曾患此症，又名相如渴。欧阳修治平二年（1065）59岁时始患消渴，程度较重，影响政务，"虚乏未任朝参"（佚简73《与枢密侍郎》）。治平三年（1066）病情进一步加重，"在告多日"，症状严重时"渴如鼹鼠之饮河，喘若吴牛之见月"（《乞出第三表》）。还经常因吃冷饮、服药过度等原因诱发病情加重，晚年饱受折磨。[①]

从以上考索可知，欧阳修在治平二年（1065）59岁后即身患目疾、足疾、风眩、关节病、齿疾、消渴等六大顽疾，可谓"向老百病出"（《乞药有感呈梅圣俞》），且病情愈老愈重，痛苦不堪。多病缠身的身体状况直接影响了他的出处心态，屡屡使他"情绪无悰，深思外补"（《与赵康靖公》四），感觉"世味都无可乐，百事勉强而已"（《与李留后公谨》三）。

除去以上六种主要的疾病外，欧阳修因体质较弱，亦经常患生疽、脸颊肿、咽喉肿等暂时性疾病：景祐元年（1034），"患一大疽，为苦久之"（《与富文忠公其一》）。嘉祐五年（1060），"食数大杏，今日腮颊肿痛，针刺出血，不能常食"（《与王龙图》其五）。嘉祐年间，"药毒为孽，攻注颐颔间结核，咽喉肿塞，盛暑中殆不聊生，近方销释"（《答张学士四通》其一）。治平元年（1064），"以余毒所攻，颈颊间又为肿核"。

就与创作的关联性而言，比较重要的是目疾与消渴二种。目疾是欧阳修疾病书写中涉及最多的内容，这缘于眼部健康与读写等创作活动关系最

---

① 《辞宣徽使第二劄子》、佚简第80《与直讲寺丞》、《与颜直讲长道》其八。

为密切，而且目疾所患时间最长。不仅笔下病眸的描写随处可见，他更以戏谑之笔咏飞蚊症之"黑花"。这也是数量不多的专门以疾病为书写对象的作品之一。其次，消渴之症虽出现较晚，始于 59 岁的晚年，但在作品中也屡次被提及，多以相如渴这一故实面目出现。在传达疾病痛苦心绪的同时，也与先贤才士有了某种相通之处，从而使疾病的叙写褪去世俗的庸常而具有典雅的意蕴。有意味的是，欧阳修早年的诗作中亦有相如渴的表达，天圣年间作品《春晓》即云"病渴偏思柘，朝寒怯减衣。"《送目》亦云"楚径蕙风消病渴，洛城花雪荡春愁。"而此时欧阳修不过二十二三岁，明显并无消渴之患。这种为"赋新词强说病"的叙述方式表明早年欧诗写作的模式化和类型化，类似"强说病"的表达方式也出现在梅尧臣早年的诗作中。不过欧阳修羸弱早衰的体质又为这种表达提供了某种真实性支撑，使之并非流于虚构性言说。

相较于具体疾病类型，羸弱的体质是影响欧阳修文学创作更为重要的因素，概言多病以及多病带来的白发、瘦弱、衰容等早衰特征的描写是他疾病书写的主要内容。在真正多病缠身后的中晚年，欧阳修对于某种具体疾病的表达并不多见，而是经常以百病交攻、鬓毛萧飒的总体形象勾勒为主。"病质"促使他对季节的转换尤为敏感，对自我寿命暗存焦虑，内心需要宣泄。有别于前人疾病书写的模式，欧阳修的衰病书写时间跨度长，既高频度重复出现，又并不对具体的病症作正面集中的描述，构成他个人对于疾病衰暮的独特表达方式。

第二节　衰病书写的具体方式

考察欧阳修的身体状况，可知跟常人尤其是健壮之人相比，病痛衰残更早地融入他的日常生活，成为制约其人事活动、情感心态的重要因素。欧诗近四分之一的篇幅皆涉及衰病内容，词与文中也有重要的衰病表达。书简中的病痛内容可谓连篇累牍，表奏札子中亦有大量关于多病衰老的自述。

就文学创作来说，衰残病痛等生活内容被纳入笔下并非始于欧阳修，在中唐以前文学作品中即有零星涉及，如左思《白发赋》、嵇含《白首赋》等。但这类作品多象征意义，衰病书写尤其是诗人个体真实的病痛并未成为值得关注的固定题材。至中唐开始诗歌已有转向日常生活的倾向，衰病书写数量逐渐丰富。杜甫在晚年诗作中多记载疾病，种类多样，是其晚年漂泊潦倒生活的生动写照。韩愈踵事增华，其诗歌中偏爱身体器官的描写，以落齿最为著名。① 白居易的晚年作品中对于疾病的描写可谓俯拾即是，数量庞杂，且病情症状多有细节描写，尤其是对眼疾的书写细致繁多。② 欧阳修的衰病书写有承继前人之处，但体现出更多的开拓性和极具个性化的方式特征。具体而言，有以下三个方面的特点：

一　淡化名称、粗笔勾勒

欧阳修书写疾病的方式之一为淡化疾病名称与细节，多粗笔勾勒以作点缀，避免正面集中的描述。欧阳修所患六种疾病，出现在文学创作中的只有目疾与消渴二种，其他像风痹、右臂偏枯、落齿等疾，白居易、杜甫、韩愈皆写入诗中，欧阳修亦有风眩、右臂举动不得、齿疾等病症，却一概不入诗。即使写到的目疾与消渴二种，也多用点到为止的粗笔勾勒方式，把疾病之痛与衰老之态点缀于全诗叙述之中，并未出现大量诗作以老病为中心的描摹刻画。他规避了韩诗中对于极端情绪、可怖情景的表达，把疾病之痛消解于日常情形的叙述中，是化韩诗之奇为常的一种努力。

如对眼疾的描写，白居易诗中大量出现，是这类题材的先行者。其《眼病二首其一》云："散乱空中千片雪，蒙笼物上一重纱。纵逢晴景如看雾，不是春天亦见花。僧说客尘来眼界，医言风眩在肝家。两头治疗何曾差，药力微茫佛力赊。"③ 又如《眼暗》诗："早年勤倦看书苦，晚岁悲伤出泪多。眼损不知都自取，病成方悟欲如何。夜昏乍似灯将灭，朝暗长疑镜未磨。千药万方治不得，唯应闭目学头陀。"④ 二诗对于得病原因、病症详情、治疗方案的选择皆有涉及，围绕病情的方方面面，笔触刻画细致，语言通俗详尽，略无隐处，主观情绪较为节制，并无太多哀伤，同时多用卒章点题的方式提出以佛理的修行来超越病痛之苦。

与白诗以上特点不同，欧诗整体上皆未把衰暮疾病作为全诗的描摹重点，而是点到为止，以粗笔勾勒的方式把衰病的特征点出，作为全诗叙述主线的点缀、背景或说明置于叙事的脉络中，如写眼疾的诗句：

① 周裕楷：《痛感的审美：韩愈诗歌的身体书写》，《北京大学学报》2017 年第 1 期，第53—62 页。

② ［日］埋田重夫：《从视力障碍的角度释白居易诗歌中眼疾描写的含义》，李寅生译，《钦州师范高等专科学校学报》2001 年第 1 期，第 29—34 页。

③ 谢思炜撰：《白居易诗集校注》，中华书局 2006 年版，第 1923 页。

④ 谢思炜撰：《白居易诗集校注》，第 1117 页。

《读张李二生文赠石先生》：病眸昏涩乍开缄，灿若月星明错落。

《镇阳读书》：尘蠹文字细，病眸涩无光。

《获麟赠姚辟先辈》：顾我今老矣，两瞳蚀昏眵。大书难久视，心在力已衰。

《伏日赠徐焦二生》：行揩眼眵旋看物，坐见楼阁先愁登。

《寄圣俞》：我今三载病不饮，眼眵不辨骊与骝。

《答梅圣俞莫登楼》：中年病多昏两眸，夜视曾不如鸱鹠。

《戏答圣俞持烛之句》：病眼自憎红蜡烛，何人肯伴白须翁。

《学书二首》：病目故已昏，墨不分浓淡。

　　欧诗中仅有一篇以眼疾飞蚊症为叙述对象的诗《眼有黑花戏书自遣》，诗云："洛阳三见牡丹月，春醉往往眠人家。扬州一遇芍药时，夜饮不觉生朝霞。天下名花惟有此，尊前乐事更无加。如今白首春风里，病眼何须厌黑花。"[①] 虽然眼生黑花这一疾病是全诗的叙述重点，但欧阳修仍然没有采用集中刻画病症的做法，而是叙述笔调从眼前宕开，追忆往日赏玩洛阳牡丹、扬州芍药的快意情趣，以自嘲诙谐的语调化解今日的身体病痛。这种记叙理念与《释秘演诗集序》中"道其盛时，以悲其衰"[②] 的写法同一机杼，体现他以文为诗的随心性。欧氏超越病痛的方式并非白氏的佛理，亦非理学家的心性探索，而是以热烈玩赏生活的意兴来超越衰病，以热烈拥抱生活的豪情来驱散衰暮之哀。在日常生活题材的开拓上，欧阳修并未继续韩白的路径把病痛纳入主要的表现范围，病痛在某种意义上是他盛衰体验中"衰"的典型呈现，在与"盛"的对比中形成无限张力，蕴含无尽的喟叹和世事思考。

二　反差对立意象的运用

　　方式之二为青春、鲜花等反差对立意象的运用。欧阳修赏玩生活的意兴还体现在叙写衰病时所使用的反差意象上，这种反差意象亦是盛衰体验的微观表现。欧诗多用洋溢着活力与生命力的青春类意象与衰病意象作对比，使诗句呈现出极大的张力，某种程度上消解了衰病书写带来的萧索破败之感。比如以赠诗对象的年轻健壮、才思敏捷、光明前途以及明艳娇嫩的鲜花等：

---

① 《欧阳修诗文集校笺》，第 1362 页。

② 《欧阳修诗文集校笺》，第 1051 页。

《奉寄襄阳张学士兄》：顾我百忧今白首，羡君千骑若登仙。

《吴学士石屏歌》：君才自与鬼神斗，嗟我老矣安能陪。

《送谢中舍二首》：人生白首吾今尔，仕路青云子勉旃。

《赠王介甫》：老去自怜心尚在，后来谁与子争先。

《谢观文王尚书惠西京牡丹》：争夸朱颜事年少，肯慰白发将花插。

《奉送原甫侍读出守永兴》：爱君尚少力方豪，嗟我久衰欢渐鲜。

《洛阳牡丹图》：但应新花日愈好，惟有我老年年衰。

　　盛衰两种情境相伴相生，在与少年、新花、青云之路、鬼神之才的对比中，诗句对老境、衰翁的描摹充满复杂的情绪，衰老之态可嗟可笑又需宽慰，其内在意蕴也较前人有了极大开拓。这是欧诗不同于韩愈、白居易衰病书写的显著方面。"盛况"的描摹为目前的衰老提供了相反的思绪延伸维度，扩充了诗歌叙述的容量和层次感。

三　自嘲笔调与卑陋物象

　　方式三是以戏谑自嘲笔调及卑陋物象来营造衰暮生活情境，以诙谐气氛化解衰病的沉重感。欧阳修一贯推重韩愈诗歌"资谈笑，助谐谑"的功能，他自己的诗也多处以"戏"为之，对宋诗戏谑之风的兴起具有导夫先路之功。① 在衰病书写中，这一传承脉络亦有细微体现。在描写昼寝鼻鼾声的诗作中，欧阳修对韩愈有明显的效仿痕迹：

　　韩愈《嘲鼾睡》（其一）：澹师昼睡时，声气一何猥。顽飙吹肥脂，坑谷相嵬磊。雄哮乍咽绝，每发壮益倍。有如阿鼻尸，长唤忍众罪。马牛惊不食，百鬼聚相待。木枕十字裂，镜面生痱瘰。铁佛闻皱眉，石人战摇腿。孰云天地仁，吾欲责真宰。幽寻虱搜耳，猛作涛翻海。太阳不忍明，飞御皆惰怠。乍如彭与黥，呼冤受菹醢。又如圈中虎，号疮兼吼馁。虽令伶伦吹，苦韵难可改。虽令巫咸招，魂爽难复在。何山有灵药，疗此愿与采。②

① 崔铭：《欧阳修与宋代戏谑诗风的兴起》，《江西社会科学》2015 年第 12 期，第 65—70 页。

② （唐）韩愈著，钱仲联集释：《韩昌黎诗系年集释》，上海古籍出版社 1984 年版，第 666 页。

欧阳修《有赠余以端溪绿石枕……》（节选）：一从傛舍居城南，官不坐曹门少客。自然唯与睡相宜，以懒遭闲何惬适。从来羸苶苦疲困，况此烦歊正炎赫。少壮喘息人莫听，中年鼻鼾尤恶声。痴儿掩耳谓雷作，灶妇惊窥疑釜鸣。苍蝇蠛蠓任缘扑，蠹书懒架抛纵横。神昏气浊一如此，言语思虑何由清。

二诗以不同的视角来描摹鼻鼾声，其沿袭之处在于明显的戏谑笔调，是"以文为戏"的具体运用。但欧阳修在刻画日常生活情境时发展出与韩诗之戏谑不同的特点。韩诗中虽然撰写对象是日常生活范畴的鼻鼾声，但其具体叙述方式则是非日常性的，各种奇特的比喻层出不穷，"想象之诡谲，出人意表"[1]，其喻体多非日常习见，且带明显的夸张色彩。欧诗的叙述方式是日常生活性的，痴儿灶妇的反应略有夸大，但并不离奇，比喻的喻体仍是生活习见之物事。周遭环境中，苍蝇蠛蠓、蠹书懒架更是随处可见的平常物象。各种元素无一失实失真。二诗对比之下，其戏谑效果的具体指向有内在的不同。韩诗力求以飞出天外的夸张效果呈现对鼻鼾的调侃，力度过大而近俳，有逞才之效。欧诗则是以细致的笔触描摹昏浊老态而旨在自嘲，戏谑效果呈现的同时也意在发掘日常之趣，并以此化解衰老病残的沉重压力及老而无用的焦虑感，体现对生命意义的思索。

欧诗中以戏谑笔调描摹老态的还有其他不少篇章，如《二月雪》诗：

杞菊吾所嗜，惟恐食不足。花开少年事，不入老夫目。老夫无远虑，所急在口腹。风晴日暖雪初销，踏泥自采篱边绿。

刻画一个只有口腹之欲而毫无诗意追求的笨拙老者形象，粗俗朴野，令人莞尔。诗用戏谑自嘲的方式，把老拙可笑的自我形象客观化，抒情主体从书写中抽离出来，形成以我观我的视角，是开拓宋诗日常化写作的多面向的一种努力。这种放言自谦的写作方式在自嘲的同时缓解了衰老的逼迫感，消释了常见的穷愁内涵，亦是对生活及自我的积极发现和肯定。

在衰老情境的表达中，欧阳修喜用众多生活中丑陋卑微之物来共同营造尘世气息浓郁的世俗场景。如描摹迟暮时常用的白发这一物象，前人在叙写白发老态时往往用宏大类型的物象与其搭配，如杜甫云："烟尘绕阆

---

①　罗联添：《韩愈研究》，天津教育出版社 2012 年版，第 285 页。

阃，白首壮心违。"① "只益丹心苦，能添白发明。"② "于公负明义，惆怅头更白。"③ "闻阃""壮心""丹心""明义"等宏大类型意象，构建出杜诗心忧天下的悲悯情怀。白居易多把生活中的白发入诗，关注个体经验，如《初见白发》云："白发生一茎，朝来明镜里。勿言一茎少，满头从此始。"④ 沿着这个转变的趋势，欧诗在描写白发时，对与白发苍老相关的日常生活有着全景性的勾勒描摹，白发不再是一个饱含愁绪沧桑的象征性符号，而是和苍蝇、眼眵、鼻鼾、蠛蠓、蠹书、病齿等这些卑陋的俗世之物一起营造出宋人日常生活的整体叙事。

《伏日赠徐焦二生》：不思高飞慕鸿鹄，反此愁卧偿**蚊蝇**。……奈何乖离才几日，苍颜非旧白发增。……行揩**眼眵**旋看物，坐见楼阁先愁登……少壮及时宜努力，老大**无堪**还可憎。

《送徐生之渑池》：文章无用等画虎，名誉过耳如飞**蝇**。荣华万事不入眼，忧患百虑来填膺。……出门相送亲与友，何异**篱鷃瞻云鹏**。

《和圣俞春雨》：身遭锁闭如**鹦鹉**，病识阴晴似**鹁鸪**。年少自愁花烂漫，春寒偏著老肌肤。

《答梅圣俞莫登楼》：中年病多昏两眸，夜视曾不如**鸺鹠**。

《次韵再作》：未言久食成**手颤**，已觉疾饥生眼花。客遭水厄疲捧碗，口吻无异**蚀月蟆**。僮奴傍视疑复笑，嗜好乖僻诚堪嗟。

《有赠余以端溪绿石枕与靳州竹簟皆佳物也余既喜睡而得此二者不胜其乐奉呈原父舍人圣俞直讲》：少壮喘息人莫听，中年**鼻鼾**尤恶声。痴儿掩耳谓雷作，灶妇惊窥疑釜鸣。苍蝇蠛蠓任缘扑，**蠹书**懒架抛纵横。

《病告中怀子华原父》：自是少年豪横过，而今**痴钝若寒蝇**。

《对雪十韵》：儿吟**雏凤**语，翁坐冻**鸱**蹲。

①　(唐)杜甫：《夜》，(清)仇兆鳌注：《杜诗详注》卷二十，中华书局 1979 年版，第 1757 页。

②　(唐)杜甫：《月》，(清)仇兆鳌注：《杜诗详注》卷五，第 381 页。

③　(唐)杜甫：《两当县吴十侍御江上宅》，(清)仇兆鳌注：《杜诗详注》卷八，第 671 页。

④　《白居易诗集校注》，第 731 页。

以上喻体在欧阳修之前皆较少用于诗中，体现了他在诗歌创作中拓展尝试不同审美对象及技巧的努力。这种诗歌叙事风格的呈现始于皇祐元年（1049）知颍州时，至嘉祐年间写作数量增多。皇祐元年（1049）他因目疾移知颍州，其后历经丧母、回朝等事件，白发迅速增多，身体逐渐衰老。嘉祐二年（1057）知贡举时与梅尧臣等友人的礼部唱和也对此有重要的推动力，其中大量的戏作丰富了诗歌的表达方式，尝试了日常生活题材诗歌的更多不同写法。自谢景初、梅尧臣有意识扩展诗歌的表现题材以来，① 审丑行为也被纳入宋诗开拓的面向之一。与谢、梅交往密切的欧阳修也用自己的方式实践着这一创新理念。不同于谢、梅为"古未有之"而赋诗，欧阳修的具体办法是选取生活中习见的卑陋之物以作类比，如蚊蝇、眼眵、鼻鼾、釜鸣、蟋蟀、蠹书，皆是与白发同类的日常习见但毫无诗意的琐碎物事，而鹦鹉、鹁鸪、篱鹩、冻鸥虽非常见之物，但亦属传统审美范畴之外的滑稽形象，继而以此类意象营构出全面生动的日常俗世生活情境，塑造出偏离传统美感的充满戏谑自嘲自足的世俗诗歌风貌。

第三节　衰病书写的内涵意蕴

在对衰老、疾病的书写中，欧阳修内心的情愫较为复杂，有对老病之苦、世路艰难的哀叹，亦有对疾病衰老的抗争、玩味、自嘲、接纳与满足。前者是衰病书写的常见内涵，是继承前贤之处，后者则体现欧阳修的开拓以及时代特色。衰病书写的穷愁内涵在欧阳修笔下并不占主要比例，其创作在体现宋诗"扬弃悲哀"特点的同时，更鲜明的凸显出"不以己悲"的人格范型和对"乐"的践行。

一　"孤怀念时节，朽质惊衰病"：对时节流转的敏感焦虑

虽然"遵四时以叹逝""悲落叶于劲秋"是大部分文学作品的创作缘起，历代悲秋情怀的抒写不胜枚举，但欧阳修的《秋声赋》仍以细腻多层次的笔法和真挚深沉的喟叹而成就不俗，成为悲秋作品中的佼佼者。欧阳修体弱早衰，看多了友人"俯仰旦暮之间忽焉以死者"② 的悲剧不免自

---

① （宋）梅尧臣：《师厚云虿古未有诗邀予赋之》，《梅尧臣集编年校注》卷十五，第283页。

② 《祭吴尚书文》，《欧阳修诗文集校笺》，第1234页。

伤，同时又崇尚刚健有为的人生态度，感叹"君子之学也，其可一日而
息乎"①，对于时节流逝，他总是较常人更易敏感心惊而咏之笔下。除
《秋声赋》外，欧阳修还创作了众多时节易逝之叹的诗作。这种惜时之情
伴随着对自身衰病的哀怜成为欧诗中一大特定主题。

庆历二年（1042）所作《立秋有感寄苏子美》云："庭树忽改色，秋
风动其枝。物情未必尔，我意先已凄。……所嗟事业晚，岂惜颜色衰。"
此时欧阳修正处于新任谏官锐意进取状态，诗中悲秋之意被强烈的用世之
心取代，对于"颜色衰"的改变并不放在心上。庆历六年（1046），欧阳
修因盗甥污名谪居滁州，事业遭遇挫折，再次逢秋起兴，《新霜二首》中
对于衰病的表达则由刚健有为变为愤慨激越："天云惨惨秋阴薄，卧听北
风鸣屋角。平明惊鸟四散飞，一夜新霜群木落。……林枯山瘦失颜色，我
意岂能无寂寞。衰颜得酒犹强发，可醉岂须嫌酒浊。……无情木石尚须
老，有酒人生何不乐！"虽然以酒浇愁，自名醉翁以寓怀，但并无根本上
的消解作用。事业上的失落使他衰病情况加重，他敏锐的意识到"夫疾，
生乎忧者也。药之毒者能攻其疾之聚，不若声之至者能和其心之所不平。
心而平，不和者和，则疾之忘也宜哉。"（《送杨寘序》）对于百忧致疾的
结果他一直有清醒的认识："栉发变新白，鉴容销故丹。风埃共侵迫，心
志亦摧残。"（《夜闻风声有感奉呈原父舍人圣俞直讲》）在节序流转中，
忧虑而增疾促衰，衰病益重则更添时光易逝之叹，如同陷入无休止的恶性
循环。嘉祐四年（1059）所作《秋声赋》及《夜闻风声有感奉呈原父舍
人圣俞直讲》诗集中体现了此时对于衰病和惜时的深入思考。随着生命
历程的推进，欧阳修晚年的秋怀诗中逐渐淡去伤感色调，对于季节流逝呈
现更多接纳和淡然处之，如"节物岂不好，秋怀何黯然。西风酒旗市，
细雨菊花天"（《秋怀》）的秋景描写，即传达出对时光流逝的深层体悟。

二　"多难我今先白发"：宦途浮沉与人生喟叹

衰老最直观的体现是白发渐生。二毛之变预示着年华凋零，生命走向
迟暮，总能直击人心。自汉代王逸慨叹"含忧强老兮愁不乐，须发苫悴
兮顋鬓白"② 以来，文学作品中的白发意象就被赋予了忧愁的内涵。欧阳
修未到迟暮之年已渐生华发。亲人离世、宦海风波皆是他早生华发的重要

---

① 《杂说三首》，《欧阳修诗文集校笺》，第490页。
② （汉）王逸：《九思》第三篇《嫉世》，（清）严可均辑：《全上古三代秦汉三国六朝
　　文》全后汉文卷五十七，中华书局1958年版，第785页。

因素。夷陵之贬使其"白发新年出"（《初至夷陵答苏子美见寄》）。庆历初回朝后与梅尧臣重聚，嗟叹"颓冠各白发"（《忆山示圣俞》）。紧接着长女夭亡、滁州之贬、患上目疾、母亲去世等公私生活中的一系列重大打击让他的白发迅速滋生。皇祐四年（1052）丁母忧时，欧阳修已"髭已三分中二分白，发十分中四分白，恐亦不久在世。"[1] 服除后回朝，已在外十年，"丹心皎虽存，白发生已迸"（《述怀》），头上白发让仁宗都为之恻然。

自此以后欧诗中的白发叙写愈来愈频繁，频率约为至和元年（1054）之前的两三倍之多，"十年困风波"的宦海浮沉是他满头白发的最大促进原因。因此在这一阶段的白发书写中，感叹人生忧患，充满沧桑之感是主要内涵。如：

> 尔来忧患十年间，鬓发未老嗟先白。滁人思我虽未忘，见我今应不能识。
> 尔来飘流二十载，鬓发萧索垂霜冰。

除多咏白发外，多病也是常见的书写对象，共同抒发饱受患难、愁苦哀痛的心灵感受。夷陵之贬是欧阳修仕途中第一次大挫折，虽然在奔赴贬所途中有"行见江山且吟咏，不因迁谪岂能来"（《黄溪夜泊》）的理性旷达之语，但路途之险、远徙之苦并不因此消解。在夷陵时期的诗作中，他自称"衰翁""病叟"，视贬所为"异域"。如《初至夷陵答苏子美见寄》："朱颜异域销。"《送前巫山宰吴殿丞》："山城寂寞少嘉客，喜见琼枝慰病翁。"《寄圣俞》："官闲憔悴一病叟，县古潇洒如山家。"宦海浮沉损害了其健康，也加深了他对穷愁衰残的感受力。庆历五年（1045）衰病书写的激增与景祐年间相类似。衰病之苦除了生理上的不适之外，更蕴含了因贬谪产生的穷途之感和人生喟叹，诗境偏于压抑沉重，自哀自怜。

三　"顾我宜为白发翁"：对生命历程的深沉体悟和接纳

嘉祐、治平年间，欧阳修官居京师，任翰林学士七年，参知政事六年，执文坛之牛耳，位望隆盛。同时年龄上已届五十，身体众疾交攻，衰容益显。因这一时段整体诗歌创作量的增加，衰病书写的数量也达到了最高峰。数量丰富的衰病书写中透露的心态复杂多样，人生喟叹逐渐淡化，

---

[1]　《与孙威敏公》，《新见欧阳修九十六篇书简笺注》，第51页。

出现对衰病的理解肯定与接纳，亦不乏满足感。这种转变除了仕途上的平顺以外，还与他内心对于寿考的期待有关。

欧阳修体质早衰，皇祐四年（1052）丁母忧时因悲痛太过，白发激增，至有"恐亦不久在世"① 之惧。至和元年（1054）欧阳修为早年的洛中好友张谷写墓表时发出这样的感叹："乃知夫康强者不可恃以久，而羸弱者未必不能生，虽其迟速长短相去几何，而强者不自勉，或死而泯灭于无闻，弱者能自力，则必有称于后世，君其是已。"（《尚书屯田员外郎张君墓表》）对于家世贫寒体弱早衰又终生奋励不已的欧阳修来说，这样的表达无异夫子自道。欧阳修享年六十六岁，虽然不能比肩七十古稀，却也绝非早夭。尤其在他的诸多同道好友先后盛年而逝的衬托下，如尹洙享年四十七，刘敞五十而卒，梅尧臣享年五十九，他的晚年称为寿考亦不为过。

因此，欧阳修对于白发衰老迟暮的心态较为复杂，在感叹老而无用的同时，又掺杂着对于寿考的欣慰，或许还有不负此生的满足感。

《和原父扬州六题》：忆昔尝修守臣职，先春自探两旗开。谁知白首来辞禁，得与金銮赐一杯。

《答王禹玉见赠》：喜君新赐黄金带，顾我宜为白发翁。自古荐贤为报国，幸依精识士称公。

《感兴》：煌煌腰间金，两鬓飒已白。有生天地间，寿考非金石。

《与子华原父小饮坐中寄同州江十学士休复》：白发垂两鬓，黄金腰九环。奈何章绶荣，饰此木石顽。

《再至汝阴三绝》黄栗留鸣桑葚美，紫樱桃熟麦风凉。朱轮昔愧无遗爱，白首重来似故乡。

《忆焦陂》：笑向渔翁酒家保，金龟可解不须钱。明日君恩许归去，白头酣咏太平年。

《读易》：莫嫌白发拥朱轮，恩许东州养病臣。饮酒横琴销永日，焚香读《易》过残春。

诗中与白发意象并置的元素，多为"金銮""黄金带""腰间金"

---

① 《与孙威敏公》，《新见欧阳修九十六篇书简笺注》，第51页。

"朱轮"等彰显权势之物。刘攽曾讥刺欧阳修的腰带书写，说次数太多，① 体现出这类权势意象入诗后遭遇的批评，也说明了"欢愉之辞难工"。但刘攽的评论并未关注到欧阳修这类表达背后隐藏的心理状态。欧阳修诸如此类的表达尚有多篇。这类作品多作于至和元年（1054）回朝后，仕途逐步升迁继而执政，然后至致仕退隐时。年龄在五十岁以后，官阶在正五品以上，俸禄在 160 千以上。虽然在价值追求上，世俗的官爵厚禄、寿考康宁并非欧阳修最为看重之物，但不可否认，世俗意义上的穷达会深入影响一个人的心理状态和文学呈现方式。欧阳修中年后的创作风貌有着明显受物质生活影响的痕迹。② 在被誉为"善言富贵"的欧阳修作品中，白发衰病书写被注入了除忧愁之外的新内涵，是欧阳修个体生命和内心情怀的细微体现，值得关注。

欧阳修于白发书写中透露出的满足感还可以由一个细节体现出来。前人写白发时，多有镊去白发的动作，体现出对于白发衰老的自然抵触心理。如鲍照《拟行路难》云："忽有白发素髭生。今暮临水拔已尽，明日对镜复已盈。"③ 韦庄《镊白》："白发太无情，朝朝镊又生。始因丝一缕，渐至雪千茎。"④ 而细察欧阳修的白发书写，并无镊白的动作，甚至连览镜而照的动作亦不多见。白发在他笔下是他生命特征与生命情境内在的构成部分，凝聚着他诸多的生命经历和体验，并不需要抵触来否定。对白发的坦然态度体现出他内心对于生命进程的深层接纳。

嘉祐、治平年间的欧阳修得时行道，其早年"所嗟事业晚，岂惜颜色衰"之类的焦虑，此时已失去了现实支撑。所以面对迟暮衰病，他并没有太多"恐修名之未立"的恐慌。但得位的欧阳修此时又面临如何行道以及行道效果优劣的焦虑，以及施政复杂性考量，其内心并非安于位。对于肩上辅政重任，他时刻保持警觉，经常自我反省体察，又因屡陷政治风波而被台谏攻讦不止，在反复的辩解剖白中非常疲惫。⑤ 在上述衰病书

① （宋）刘攽：《中山诗话》，（清）何文焕辑《历代诗话》，中华书局 1981 年版，第 288 页。
② 参见拙文《论欧阳修的物质生活与文学创作》，《浙江学刊》2015 年第 3 期，第 89—99 页。
③ ［刘宋］鲍照著，丁福林校注：《鲍照集校注》，中华书局 2012 年版，第 693 页。
④ （唐）韦庄著，聂安福笺注：《韦庄集笺注》，上海古籍出版社 2002 年版，第 178 页。
⑤ 王启玮：《"今之韩愈"的负累——欧阳修晚年的角色自觉与书写策略》（《北京社会科学》2018 年第 7 期，第 97—107 页）一文对于欧阳修此时的心态和表达有深入的分析，可参看。

写中，慨叹老而无用不如及时引退的表达比比皆是，衰病情形的描摹亦是他内心进退无措的纠结状态中的一种具象化表达。

四　"白发戴花君莫笑"：不以己悲与乐的践行

相较于欧诗中的复杂多样，欧词对于衰病的呈现较为单纯，主要表现为以恣意玩赏的态度拥抱生活，对抗衰暮，风格上热烈疏狂，更多象征意味。

> 堤上游人逐画船，拍堤春水四垂天。绿杨楼外出秋千。白发戴花君莫笑，六么催拍盏频传。人生何处似尊前。（《浣溪沙》）

词人白首戴花，兴致盎然地沉醉于席上欢乐的氛围中，用恣意的态度去赏玩生机勃勃的拍堤春水，绿杨秋千，毫无龙钟老态和萧索意绪。唐宋士人普遍有簪花习俗，簪花并非女子专属。① 簪花入诗者比比皆是，王昌龄有"茱萸插鬓花宜寿"②、王维云"遍插茱萸少一人"③、邵雍云"头上花枝照酒卮"④。但诗中白发簪花的形象则始于欧梅。梅尧臣庆历六年（1046）有诗云"欲插为之醉，但惭发星星。"⑤ 虽然簪花却透露出内心对衰老的焦虑以及对这一行为的迟疑否定。"粉英不忿付狂蝶，白发强插成悲歌"⑥，簪则簪矣，反而更添一层烦恼忧愁。陈师道《木兰花减字》"白发簪花我自羞"⑦，黄庭坚《南乡子》："花向老人头上笑，羞羞，白发簪花不解愁。"⑧ 虽然簪花，却无丝毫喜悦，仍然透露出在迟暮逼近时无措萧索的心态。

与以上诸人不同，白发戴花在欧阳修笔下以倔强昂然的姿态出现，呈

---

① （清）赵翼：《陔余丛考》卷三一，商务印书馆1957年版，第657页。
② （唐）王昌龄著，李云逸注：《王昌龄诗注》，上海古籍出版社1984年版，第111页。
③ （唐）王维著，陈铁民校注：《王维集校注》，中华书局1997年版，第3页。
④ （宋）邵雍著，郭彧、于天宝点校：《邵雍全集》之《伊川击壤集》，上海古籍出版社2015年版，第188页。
⑤ （宋）梅尧臣：《孟夏二日通判太博惠庭花二十枝云是手植因以为答》，《梅尧臣集编年校注》卷十六，第343页。
⑥ 《牡丹》，《梅尧臣集编年校注》，第235页。
⑦ 唐圭璋编：《全宋词》，中华书局1965年版，第588页。
⑧ （宋）黄庭坚著，马兴荣、祝振玉校注：《山谷词校注》，上海古籍出版社2011年版，第133页。

现出欧阳修对衰老之势的消解抗争，同时在深层上也是对生命进程的肯定欣赏。作为青春生命活力的象征，花是欧阳修笔下屡屡出现的意象。而白发与花的对举，盛衰并陈，物我之间有一种极富反差的融合，不仅体现出诗人年老后对美好青春的留恋，对生命本身饱含热情的投入状态，更体现出他对白发忧患消解之后的深度接受。

> 莫嗟年少思归切，白发衰翁尚惜春。（《和较艺将毕》）
> 争夸朱颜事年少，肯慰白发将花插。尚书好事与俗殊，怜我霜毛苦萧飒。赠以洛阳花满盘，斗丽争奇红紫杂。（《谢观文王尚书惠西京牡丹举正》）
> 人生行乐在勉强，有酒莫负琉璃钟。主人勿笑花与女，嗟尔自是花前翁。（《丰乐亭小饮》）

在欧阳修笔下，白发簪花并没有引起任何羞惭不适，迟暮之年爱花之心一如昔时，坦然自陈"白发衰翁尚惜春""莫对新花羞白发"。簪花的举动使白发意象一贯的忧愁内涵和沧桑感褪去，呈现出优游逸乐超越迟暮的旷达胸臆，是不以己悲乐观时代精神的体现。

欧阳修早年积极参与范仲淹领导的庆历革新运动，锐意进取，同时作为儒学复兴的代表人物，振兴了一代士风，"天下争自濯磨，以通经学古为高，以救时行道为贤，以犯颜纳说为忠"[1]。先忧后乐的价值理念和与民同乐的施政追求已构建起以道自任的人格范式，超越忧患不以己悲属其中应有之义。早在夷陵之贬时，欧阳修即诚友诫己"慎勿作戚戚之文"（《与尹师鲁第一书》），体现出与范仲淹"君子之道充乎己"[2]理念的呼应。不过与忧患取决于君不同，衰病体质、迟暮老境的降临带有更大的不可抗性。消解这一重悲剧需要更为坚毅的人格力量。而学者所论苏、黄"正气贯日月、大义根于心、天下为己任的儒家人格"[3]也正由范、欧这一批前代导师引领塑造。白发簪花的叙写体现对一己悲欢的超越，同时也使作品呈现欢愉和平之气，扬弃悲哀而践行"乐"之时代精神。

---

[1]　苏轼：《六一居士集叙》，《苏轼文集》，第316页。
[2]　范仲淹：《试秘书省校书郎知耀州华原县事张君墓志铭》，李勇先、王蓉贵校点：《范仲淹全集》，四川大学出版社2002年版，第365页。
[3]　胡晓明：《中国诗学之精神》，江西人民出版社2001年版，第130页。

第四节　衰病书写的文学史意义

衰病书写在欧诗欧词中出现频率不同，但皆对其文学史价值做出重要贡献。

一　欧诗：题材及叙写方式的日常生活化

诗中衰病书写渐夥源于中唐诗歌取材范围的扩大、摹写技巧的多样化。衰病这一日常生活中的常见现象也于此时逐渐进入创作者的视野。杜甫、韩愈、白居易等人的作品中皆有一定篇幅的衰病书写。但欧诗中近四分之一的比例远高杜、韩、白等人，成为宋诗中这一日常生活题材的开拓者，并奠定了这一题材的平实叙述方式，影响深远。

欧诗对衰老的书写中多用戏谑之笔，这一点受韩诗的深刻影响而有发展变化。欧诗关于衰病书写的戏谑中并无前人戏谑作品中常见的讽刺和批判内涵，没有柔性表达策略之类的内涵，对衰老的表达多平和闲适。

与韩诗奇特的想象比喻相较，欧诗对于衰病内容的摹写方式更趋平实和日常化，搭配文人生活中诸多常见事物，营造出力求写实的生活情境，并在不动声色的夸张中刻画疏拙形象，予以自嘲自娱。

二　欧词：抒情主体的转变与格局渐开

北宋前期词的文体属性及表现特点仍囿于花间范式，未有太大突破。总体上要眇宜修，柔媚婉转，旨在娱宾遣兴，聊佐清欢。这也是欧阳修正式表达出的词学观念。词之表现内容本与日常生活特别是衰老疾病绝缘。但欧阳修学问淹博，才力富赡，气度恢宏，在多个领域敢开风气之先，因此虽未以明言"自是一家"的自觉方式去改变传统词风，但下意识中他把与诗歌互通的取材及表现方式带入词中，使词史的发展出现了质的不同，格局渐开。

（1）与欧诗异同

与诗歌不同的是，欧词中的衰病书写过滤掉了病的部分，只有对衰容迟暮的描摹，如"白首""衰容""衰翁"等，体现出他对于词体表现内容传统的维护。在代言体的部分欧词中会涉及到疾病的叙述，但皆意为"相思成病"，与自我写实性的衰病书写内涵迥异。如《渔家傲》："睡起日高堆酒兴。厌厌病。宿醒和梦何时醒。"《千秋岁》："但向道，厌厌成病皆因你。"在欧诗的衰病书写中，其所指基本为写实性而非虚构。在日常生活的内容中，疾病较衰老更为庸常不堪，疾病之状与审美体验有很大距离，因此欧词的题材开拓相较于欧诗是有限度的。但有此开拓在前，其后承继者亦不乏人。苏轼词中亦有大量关于疾病的描述记载，如《江城子》："孤坐冻吟谁伴我，揩病目，撚衰髯。"①《瑞鹧鸪》："老病逢春只思睡，独求僧榻寄须臾。"② 衰与病书写的紧密性已与诗歌中如出一辙。

此外，与欧诗类似之处在于，欧词中衰容书写的内涵随着时间年龄境遇的不同而发生变化，转变的轨迹亦略相似。总体来说为前期词作中白首之叹寓含世路感慨，中后期词作中对白首的描摹尤其是簪花的叙述包含对衰暮的深层接纳，不再慨叹世路艰险。

欧词因叙述中缺乏纪实性因素而很多作品无法准确编年，这也是同时期词作的共性特点。但寻绎一些细节性描写，可以大致推定作于某一个时段。欧词早期涉及衰容书写的作品以下面两首为例：

　　记得金銮同唱第，春风上国繁华。如今薄宦老天涯。十年歧路，空负曲江花。闻说阆山通阆苑，楼高不见君家。孤城寒日等闲斜，离愁难尽，红树远连霞。（《临江仙》）

　　忆昔西都欢纵，自别后有谁能共。伊川山水洛川花，细寻思旧游如梦。今日相逢情愈重，愁闻唱画楼钟动。白发天涯逢此景，倒金尊、殢谁相送。（《夜行船》）

《临江仙》的作年，因释文莹《湘山野录》有关于此词本事的记载③，一般系于庆历六年（1046）或七年（1047）滁州时期④。《夜行船》的作年已有论者考出作于宝元二年（1039）⑤，今从之。

晚年词作以这首《玉楼春》为例，作于熙宁五年（1072）与赵概相

① （宋）苏轼著，（清）朱孝臧编年，龙榆生校笺：《东坡乐府笺》，上海古籍出版社2009年版，第158页。
② 《东坡乐府笺》，第6页。
③ 释文莹：《湘山野录》卷上，"欧阳公顷谪滁州，一同年忘其人将赴阆倅，因访之，即席为一曲歌以送，曰……"，中华书局1984年版，第15页。
④ 胡可先、徐迈：《欧阳修词校注》，第307页。欧阳明亮：《欧阳修词系年、本事考补》，《词学》第三十三辑，第132页，皆系于庆历六年或七年。
⑤ 欧阳明亮：《欧阳修词系年、本事考补》，《词学》第三十三辑，第121页。

会之时：

> 两翁相遇逢佳节，正值柳绵飞似雪。便须豪饮敌青春，莫对新花
> 羞白发。人生聚散如弦筈，老去风情尤惜别。大家金盏倒垂莲，一任
> 西楼低晓月。

对比早年晚年两类词作中的白发书写，可以看出其整体词境、词人面对衰老的心态皆有明显变化。早年功业未就宦途坎坷时，面对早衰、离别、重逢，词人皆难掩悲哀愁苦的情绪，早生的白发无疑像触目惊心的警示，提醒着时光飞逝和理想难成。迟暮之年真正到来时，欧阳修对衰老的心态反而更为平和，没有太多沉重和压抑，坦然从容的面对老境，一任西楼低晓月。这种转变的轨迹与欧诗异曲同工，体现出欧阳修笔下诗词同构的特征。

（2）抒情主体的转变：由红粉佳人到白首衰翁

欧词中构建了白发衰翁的抒情主体，这虽然不是白发老者首次出现于词中，却是词史发展上不可或缺的一环，对词体的言志功能诗化进程起了重要推动作用。

晚唐花间词多代言体，因为词作交由妙龄歌妓演唱，所以抒情主体多为"南国婵娟""红粉佳人"，情感内涵多为"忆君肠欲断"[1] 的等待离愁或"暗里回眸深属意"[2] 的男欢女爱。就所反映的人生阶段来说，集中于青春时期，与老境无涉。因此用语、场景、意象、风格、意境大多沿袭同一种范式，而词中抒情主体和词作者也是分离的状态。

打破这种分离状态使词体初具言志功能的是后主李煜，冯延巳部分词作中亦有融合的倾向。词作中抒情主体即为他们本人，词史上出现男性抒情主人公。词中血泪之言、惜时愁绪即为作者生平的实际遭遇。词的言志功能在李煜手上已经成熟，其后期词已是独具面目的一家之体。不过李煜亡国之君的独特经历并不具备普泛性，这种写法在当时和其后的词坛上也没有产生广泛影响。宋初大部分词作仍沿袭花间范式。柳词中接续南唐词风出现了羁旅才子的男性抒情主体，但仍囿于青春才子。老者仍是被限制在镂玉雕琼的词体之外，无论是描述对象还是抒情主体。

---

① （唐）温庭筠：《南歌子》，曾昭岷等编：《全唐五代词》，中华书局1999年版，第117页。

② （五代）李珣：《南乡子》，《全唐五代词》，第602页。

　　词至范仲淹，首次出现白发老者形象。"将军白发征夫泪"① 的 "穷塞主之词"② 在恢宏荒凉的意境塑造中开创了白发老者的另类抒情主体，丰富了词体的表现功能。这一白发将军形象即是范仲淹之人格在词中的具象化，与之前花间词模式化普泛化的抒情主体及抒情方式有着本质区别。可惜范词这类书写数量不多，仅有二首，无法提供更深入探讨的文本。其后欧阳修沿流扬波，以更丰富的词作数量塑造了白发衰翁的士大夫形象，同时把平生遭际产生的丰富复杂的感慨思索及理想情怀无不寄寓其中，词体的言志功能进一步得到拓展。欧词中对衰容的刻画丰富，情形多样，内涵复杂，同时独具欧阳修 "与物有情"③ 热烈拥抱生活的人格魅力。白发衰翁的自我形象建构象征着他追求的某种具有深广内涵的生命状态，是他颇为期许的一种生存意志。白发老者在此后成为词体抒情主人公的一个固定类型，苏辛词中对白发的书写已蔚为大观。④ 苏词中的白鬓太守、辛词中的白发英雄无不是其人格的外化和典型象征，而这一脉络的承继流传也是词体诗化进程的重要组成部分。

---

① （宋）范仲淹：《渔家傲》，《全宋词》，第 11 页。

② （宋）胡仔：《苕溪渔隐丛话》，第 205 页。

③ （宋）罗泌：《六一词跋》，《欧阳修词校注》附录四，第 589 页。

④ 参见拙文《论苏辛词中的白发书写与诗化特征》，《华南农业大学学报》2018 年第 1 期，第 123—133 页。

下 编

第六章　日常生活视域下的欧诗创作

欧阳修现存诗歌 860 余首①，创作时间贯穿终生，生动记录了他一生各个阶段的经历和心路历程，尤其是与日常生活关系密切，是宋诗日常化的早期代表。欧诗"日常化"创作倾向最早由日本学者吉川幸次郎在《宋诗概说》中提出。他以欧、梅为代表，来论述宋诗的"日常化"倾向，对后世论者有很大影响。英国学者柯霖（Colin Hawes）《凡俗中的超越——论欧阳修诗歌对日常题材的表现》一文集中分析晚期的欧诗如何表现日常生活题材。朱刚《"日常化"的意义及其局限——以欧阳修为中心》一文则将这个话题的讨论引向思想史深度。此外，张高评、黄美铃、刘宁在相关著作论文中亦谈到欧诗与日常生活的密切关联②。本章受以上研究的启发，重新审视欧诗与日常生活之关系，发现尚有不少被忽视的面向值得深入探索，试论之。

第一节　"搜索万象窥溟漠"：日常生活题材的扩大

明袁宏道曾慨叹宋诗题材、诗法、诗境之博杂："有宋欧、苏辈出，大变晚习，于物无所不收，于法无所不有，于情无所不畅，于境无所不取，滔滔莽莽，有若江河。"③ 清翁方纲亦云："诗则至宋而益加细密，盖

---

① 据洪本健《欧阳修诗文集校笺》中《居士集》及《居士外集》统计而得，上海古籍出版社 2009 年版。

② 张高评：《宋诗特色研究》，长春出版社 2002 年版。黄美铃：《欧、梅、苏与宋诗的形成》，台北文津出版社 1998 年版，第 85—96 页；刘宁：《盛衰体验对欧阳修诗歌日常化书写的影响》，《苏州大学学报》2018 年第 1 期，第 120—127 页。

③ （明）袁宏道：《雪涛阁集序》，《袁宏道集笺校》，上海古籍出版社 1981 年版，第 710 页。

刻抉入里，实非唐人所能囿也。"① 宋诗博杂之基础在于题材的扩大，尤其是对日常生活诗材的容纳。作为宋调开创者之一的欧阳修，在这方面可谓有筚路蓝缕之功。

吉川氏指出，欧诗"首先形成题材的扩张。像在序章中举出的《日本刀歌》那种以器具为题材创作的叙述性诗歌。……而且，扩张并不局限于题材。即使表现以往诗人惯用的题材，也有态度的扩张，夹杂着基于广阔视野的叙述，叙述又往往伴随着哲理。"② 虽然《日本刀歌》已经被学者论证非欧作③，但吉川氏关于欧诗题材扩大、视野广阔、哲理性等特点的论述仍扼要指出了欧诗"日常化"的主要特征，具有发凡起例之功。以下据此结合作品分述之。

一 日常题材的扩大

欧诗中表现日常生活相关题材的诗篇数量丰富，举凡日常中的饮食、宴会、日用、起居、读书、疾病等皆形诸笔下。中晚年较早期偏多。就题材类型而言，涉及以下几个方面：

日常消遣：赏花、弹琴、弈棋、栽花、种树、听曲、观画、读书、学书等；

交游：雅集、宴饮、送别、过从小聚、礼物馈赠、相思怀远等；

日常起居：营小斋、凿地炉、还家、春睡、闲居、疾病、衰老、憎蚊、病暑、乞药等；

家庭生活：悼亡、寄内、丧子、洗儿等；

咏物：千叶红梨花、金鸡、啼鸟、澄心堂纸、葛氏鼎、白兔、白鹇、白鹤、古瓦砚、月石屏、尺素屏、银杏、牡丹花、七叶木、笻竹拄杖、金凤花、鹭鸶、野鹊、木芙蓉、鹦鹉螺等；

饮食类：食车螯、食鸡头、达头鱼、饮酒、饮茶等。

正如他自己诗中所云："脱遗前言笑尘杂，搜索万象窥冥漠。"（《雪》）"大哉天地间，万怪难悉谈。嗟予不度量，每事思穷探。"（《紫

① （清）翁方纲：《石洲诗话》卷四，郭绍虞、富寿荪校点：《清诗话续编》，上海古籍出版社1983年版，第1426页。

② ［日］吉川幸次郎：《宋元明诗概说》，第47页。

③ 此诗经论证为司马光作，可成定论，见洪本健《欧阳修诗文集校笺》外集卷四《日本刀歌》笺注以及金程宇《东亚汉文化圈中的〈日本刀歌〉》，《学术月刊》2014年第1期，第154—161页。金氏非此说首倡，前尚有日本汉学家日下宽、民国学者杨守敬等人已提出，详见金文。

石屏歌》）正是对世界万物抱持的好奇心和探究热情，让欧诗如万花筒般呈现出他日常生活及内心世界丰富多彩的不同面向。在诗歌取材上的开放态度使得欧诗的容纳性很强。

二 创作态度的积极引领

在面对诸多未曾入诗之题材时，欧阳修总是以极大热情开启首倡，同时广邀友人进行和作，在频繁的唱和氛围中诞生了不少前贤及后辈皆少题咏的冷僻物象。这种开辟精神体现了欧阳修革新诗坛树立一代诗歌新风貌的自觉和努力。

咏物及饮食题材中，有众多歌咏对象都是首次入诗，如澄心堂纸、白兔、白鹇、鸭脚、鹦鹉螺、车螯、鸡头、达头鱼等。白兔在唐人题咏中多为月亮代称，或与嫦娥有关，鲜有作为家养宠物入诗。而欧阳修在嘉祐元年（1056）得到滁人赠送的一只白兔后，盛情邀请了梅尧臣、苏洵、王安石、刘敞等八位友人进行了两次题咏唱和，留下诗歌十五首之多。嘉祐二年（1057）春，在知贡举锁院期间，欧阳修和梅挚两人还题咏了家中另外的宠物白鹤、白鹇，拟托鹤、鹇口吻争妒主人宠爱，梅尧臣、王珪等也纷纷加入唱和，"时发于奇怪，杂以诙嘲笑谑，及其至也，往往亦造于精微。"欧阳修的组织意识非常明确，不仅让众人再修订打磨作品，"其中亦有一时乘兴之作，或未尽善处，各白诸公修换也。"（《与梅龙图一通》）然后整理编集，又精心制作长序，应该还刊刻过。① 类似唱和活动的组织不胜枚举。

此外，欧阳修还着力拓展了对自我的老态描摹，细节丰富逼真，笔调滑稽，如皇祐元年（1049）的《伏日赠徐焦二生》：

> 嗟哉我岂不乐此，心虽欲往身未能。俸优食饱力不用，官闲日永睡莫兴。不思高飞慕鸿鹄，反此愁卧偿蚊蝇。……奈何乖离才几日，苍颜非旧白发增。强欢徒劳歌且舞，勉饮宁及合与升。行揩眼眵旋看物，坐见楼阁先愁登。……只今心意已如此，终竟事业知何称。少壮及时宜努力，老大无堪还可憎。

诗中极言衰老的各种表现，并处处与焦、徐二位对比，自我调侃意味

---

① 孔平仲曾向朋友借阅此书，《呈介之求礼部唱和一阅》："愁中欲得神仙句，更藉夫君不闭藏。"《全宋诗》，第10931页。《宋史·艺文志》亦有著录。

浓厚。其中，"眼眵"是韩愈首次写入诗的生活俗物意象，欧阳修继承韩诗审丑倾向，以真切的细节呈现逼真且滑稽的龙钟老态。在《有赠余以端溪绿石枕……》一诗中，欧阳修还刻意描写了一大段自己睡觉打鼾的夸张情节。鼾睡内容亦是欧阳修继承韩愈而又有较大改变的日常诗材，他把韩诗中升天入地的极端夸张变为日常生活的慵懒琐屑，所用"雷作""釜鸣"等喻体亦是生活中习见之事。韩诗《嘲鼾睡》为戏他人，欧诗变之用以自嘲。其后宋人的写作模式亦沿袭欧式日常化表达而继作不绝。

三　创作思路的开阔与技巧拓展

欧阳修在咏物诗中常以小见大，引申联想极为宏阔，俯仰古今，笔势大开大合，辅以感慨化议论，极具历史纵深感。如咏澄心堂纸，感慨南唐兴亡，文物湮灭，并展望后世，表达承继文化之意："百年干戈流战血，一国歌舞今荒台。当时百物尽精好，往往遗弃沦蒿莱。君从何处得此纸，纯坚莹腻卷百枚。官曹职事喜闲暇，台阁唱和相追陪。文章自古世不乏，间出安知无后来。"（《和刘原父澄心纸》）题材与思路俱新颖独到，具有壮阔气象。

车螯诗亦力邀诗友作多篇和作，和咏澄心纸一样见微知著，由食车螯拓展至四海一家的盛世气象："自从圣人出，天下为一家。南产错交广，西珍富邛巴。"（《初食车螯》）思致开阔，给饮食题材以诗意提升。

除宏大视角的提升外，欧诗还运用更多角度的引申拓展，用以净化饮食题材容易有的世俗感。如《初食鸡头有感》："六月京师暑雨多，夜夜南风吹芡嘴。凝祥池锁会灵园，仆射荒陂安可拟。争先园客采新苞，剖蚌得珠从海底。都城百物贵新鲜，厥价难酬与珠比。金盘磊落何所荐，滑台拨醅如玉醴。自惭窃食万钱厨，满口飘浮嗟病齿。却思年少在江湖，野艇高歌菱荇里。香新味全手自摘，玉洁沙磨软还美。一瓢固不羡五鼎，万事适情为可喜。何时遂买颍东田，归去结茅临野水。"（《初食鸡头有感》）叙写完鸡头珍贵精美的特征后，思路突然转入对年少江湖高歌的追忆，对闲居生活的向往，结尾表达归隐之意。叙写脉络跳脱灵动，永忆江湖、期待隐居的虚笔升华了食鸡头这一日常行为的烟火气和庸俗感。

在唱和诗创作中，欧阳修还不满对一事物陈陈相因的题咏思路，积极寻找突破前贤的新视角。如在白兔诗唱和活动中，他对梅尧臣的和作不满意，要求再赋一首，"为诸君所作，皆以常娥月宫为说，颇愿吾兄以他意别作一篇，庶几高出群类，然非老笔不可。"（《与梅圣俞》）在歌咏常见题材时，他也别出心裁制定新规则，如皇祐间知颍州时在聚星堂作《雪》诗，要求"玉、月、梨、梅、练、絮、白、舞、鹅、鹤、银等字，皆请勿用"，开创白战体写作。

要之，欧诗从日常题材扩大到积极引领首倡再到技巧的立异革新都体现出欧阳修"脱遗前言"而自创新风的开拓勇气。

第二节　生活细节的规避与生活真实的变形

日常生活进入诗人的创作视野，自陶渊明、杜甫、韩愈、白居易，至宋初白体诗人李昉、王禹偁，可谓代不乏人。然而对于琐细庸常日复一日的日常活动，诗人究竟如何去提炼其审美内涵，如何呈现诗意的日常而非直录的日常，关涉到每个诗人的具体创作技巧和深层的诗学观念，进而直接影响塑造其诗歌风貌的不同类型。欧诗平易畅达、议论精警，时见清丽，古体长篇开合壮阔，慨叹有情，铺陈中间出谐谑。这源于他在处理日常生活题材时规避琐细、变形重构的处理技巧。

一　规避琐细日常题材

朱刚在《日常化的意义及其局限》一文中曾云："论及欧阳修时，'日常化'一点虽被提到，却往往不能成为讨论的核心。这当然也因为欧公复杂的经历和多方面的人生追求导致了其诗歌题材、内容、风格上的多样化，使其对普通日常生活的关注和描写，反不如梅尧臣那样密集和偏重。"[1] 这里提出了欧梅诗歌在关注日常生活题材上的不同特征。实际上，欧、梅同为代表宋诗"日常化"的作家，其表现日常生活的不同方式是我们借以理解二家诗歌不同特色的切入点。与梅诗相较，欧诗在追求广阔视野及超越性意义的同时也有意略去了对具体细节的描写。因梅诗的细致描摹特色形成在前，在表现日常题材时欧诗便有意避开而另寻他径。这是欧梅二人在诗歌创作方面互相影响的一个表征。

欧梅赠答诗、唱和诗篇帙浩繁，近300首[2]。另外，二人又有大量的

① 朱刚：《日常化的意义及其局限》，《文学遗产》2013 年第 1 期，第 52 页。
② 王水照《北宋洛阳文人集团与宋诗新貌的孕育》："今梅尧臣集中，存他与欧阳修酬答诗达 150 首左右（欧与他酬答者亦有 140 多首）"《王水照自选集》，第 181 页。

同题诗、同主题诗。虽然同题唱和易使众诗风貌趋同①，但表现日常生活题材时，因才性有别，二人诗歌仍呈现出鲜明的个体差异。欧阳修在明道元年（1032）《书梅圣俞稿后》评价梅诗云："其体长于本人情、状风物，英华雅正，变态百出。""本人情、状风物"即重在激赏梅诗之源于生活及描摹刻画之工。这方面的例子可以举梅尧臣改写谢绛书信一事。明道元年（1032），谢绛、尹洙、欧阳修等人第二次游嵩山，梅尧臣没有参加。谢绛作《游嵩山寄梅殿丞书》以告之，梅尧臣得书后把主体内容改写成五百言的五古长诗为复，得到谢绛等人极大的赞赏②。诗中因体式剪裁需要加入一些想象，亦有对原书内容的细节更改。清人光聪谐指出，将诗文"两两相对勘，始觉其（梅诗）因而韵之之妙。盖五百言皆随书之曲折，韵不困书，书如就韵，诚绝作也。惟'草草具筋豆'一语，与书中'具丰馔醇醴'不合，岂以探胜之时，不应侈言口腹邪？"③ 关于这个改动，王水照认为"谢绛书信中说他们登山时，'轻赍遂行'，似不能在山顶大摆盛宴，梅诗算得是合乎情理的纠正。"④ 虽然只是个微不足道的更改，但梅诗的描摹细致、关注细节以及趋向平实的特色皆由此可见一斑。此后梅诗在表现日常生活题材时，这种倾向愈发明显。以下举两例欧梅同题材诗对比试述之：

一是庆历元年（1041）秋，欧梅二人同作宴饮送别诗。此时，欧阳修居京师任馆阁校勘，梅尧臣将赴湖州监税任，临行前二人又约同任馆阁校勘的好友陆经小聚话别。席间二人赋诗记述此事并抒身世之感，诗歌内容相似，前半部分描写相聚宴饮的情形，后半部分生发议论：

欧阳修《圣俞会饮》

倾壶岂徒强君饮，解带且欲留君谈。洛阳旧友一时散，十年会合无二三。京师旱久尘土热，忽值晚雨凉纤纤。滑公井泉酿最美，赤泥印酒新开缄。更吟君句胜啖炙，杏花妍媚春酣酣。吾交豪俊天下选，谁得众美如君兼。诗工镵刻露天骨，将论纵横轻玉钤。遗编最爱孙武说，往往曹杜遭夷芟。关西幕府不能辟，陇山败将死可惭。嗟余身贱

---

① 王水照：《嘉祐二年贡举事件的文学史意义》，《王水照自选集》，第235页。

② 关于此次改写的详情、创作影响、意义等，参见王水照《北宋洛阳文人集团与宋诗新貌的孕育》一文，《王水照自选集》，第177—179页。

③ （清）光聪谐：《有不为斋随笔》卷壬，光绪十三年刻本。

④ 《王水照自选集》，第179页。

不敢荐，四十白发犹青衫。吴兴太守诗亦好，往奏玉管和英咸。杯行到手莫辞醉，明日举棹天东南。

梅尧臣《醉中留别永叔子履》

新霜未落汴水浅，轻舸惟恐东下迟。**绕城假得老病马，一步一跛令人疲**。到君官舍欲取别，君惜我去频增嘻。**便步髭奴呼子履，又令开席罗酒卮**。逡巡陈子果亦至，共坐小室聊伸眉。**烹鸡庖兔下箸美，盘实钉饾栗与梨**。萧萧细雨作寒色，厌厌尽醉安可辞。门前有客莫许报，**我方剧饮冠帻欹**。文章或论到渊奥，轻重曾不遗毫厘。间以辨谑每绝倒，岂顾明日无晨炊。六街禁夜犹未去，**童仆窃讶吾侪痴**。谈兵究弊又何益，万口不谓儒者知。酒酣耳热试发泄，二子尚乃惊我为。露才扬己古来恶，卷舌噤口南方驰。江湖秋老鳜鲈熟，归奉甘旨诚其宜。但愿音尘寄鸟翼，慎勿却效儿女悲。①

二诗相较，可以明显看出欧诗对于感慨抒情的用力及梅诗对于细节描写的侧重。欧诗中虽然也有当日聚会时节、天气、饮酒等细节描写，但多为点到即止，全篇重心意在抒发对故交知己的惜别，对尧臣诗才、军事才干的欣赏及其仕途蹭蹬的叹惋。梅诗则对聚会的具体情形有极为细致的描绘。从赴会的老马到召集人员、席上食品、剧饮后的放浪情态、激辩的酣畅、童仆的反应等，聚会的前前后后勾勒极其细腻，画面感、现场性非常强，再现了当日宴饮原貌。

由此可知欧梅二人表现日常生活题材方式的不同：梅诗现存的巨大数量以及表现日常生活的多样层次、描写勾勒的细致入微，几乎可以让我们还原出他的日常生活原始情形。如描写家庭生活、行旅生活、交游等皆历历可见。梅诗是用平实的笔触描摹日常事物，发掘内蕴的朴素美感或哲理意蕴。欧诗的日常化并不能使我们还原他的日常，在欧诗中，他的生活情形、家庭状况、日常起居是若隐若现模糊不清的。欧诗在努力追求超越性意义的同时，努力衍伸出一个广大的世界，但也有意忽略了对细节的关注和再现。

再来看一组嘉祐四年（1059）的欧梅同题和作。嘉祐年间，欧阳修任翰林学士，梅尧臣编修唐书，同在京师，多有过从。是年重九，欧阳修与吴奎、刘敞、范镇、江休复、韩维等众多好友会梅尧臣家，此后十一月二十三日，欧阳修与刘敞、范镇、何郯再次聚饮梅家。两次相聚宴饮，二

---

① 梅尧臣：《醉中留别永叔子履》，《梅尧臣集编年校注》，第 186 页。

人皆有唱和，下面是第二次同题唱和作品：

欧阳修《会饮圣俞家有作兼呈原父景仁圣从》

忆昨九日访君时，正见阶前两丛菊。爱之欲绕行百匝，庭下不能容我足。折花却坐时嗅之，已醉还家手犹馥。今朝我复到君家，两菊阶前犹对束。枯茎槁叶苦风霜，无复满丛金间绿。京师谁家不种花，碧砌朱栏敞华屋。奈何来对两枯株，共坐穷檐何局促。诗翁文字发天葩，岂比青红凡草木。凡草开花数日间，天葩无根长在目。遂令我每饮君家，不觉长瓶卧墙曲。坐中年少皆贤豪，莫怪我今双鬓秃。须知朱颜不可恃，有酒当欢且相属。

梅尧臣《次韵和永叔饮余家咏枯菊》

今年重阳公欲来，旋种中庭已开菊。黄金碎翦千万层，小树婆娑嘉趣足。鬓头插蕊惜光辉，酒面浮英爱芬馥。旋种旋摘趁时候，相笑相寻不拘束。各看华发已垂颠，岂更少年苔色绿。自兹七十有三日，公又连镳入余屋。阶傍犹见旧枯丛，根底青芽叹催促。但能置酒与公酌，独欠琵琶弹啄木。所叹坐客尽豪英，槐上冻鸥偷侧目。盘中有肉鸥伺之，乌鸟不知啼嘴曲。诸公醉思索笔吟，吾儿暗写千毫秃。明日持诗小吏忙，未解宿醒聊和属。[①]

第一次众人聚会时，梅家的菊花正当盛开，但重九唱和二人并未咏菊，而是在诗中抒发"老意亦相亲"的故友相聚之乐。因此这次会饮时，面对已为枯茎槁叶的菊花，二人都感受到了时光飞逝中的盛衰对比，诗皆从此处起兴落笔，但随后的延伸思路便走向二途。欧诗从枯菊、梅家局促的穷檐议论开去，在京师众多华屋、名花的对比下，追问梅家有何可供游赏之处，进而引出梅家有诗翁的作品这一"天葩"，其珍贵为凡草木不能比。"诗翁""天葩"皆源于韩诗，是韩愈赞赏孟郊的尊称及诗艺之工。梅尧臣的仕途之穷、诗艺之工与孟郊有着微妙的对应关系，而欧阳修对梅尧臣的扶助之心亦不逊于韩愈对孟郊，因此这一套"韩孟之戏"的叙述话语自庆历之后逐渐成为欧梅唱和诗中的常见私典[②]。欧诗由枯菊到"天葩"的引申和升华构成诗歌主体内容，并没有涉及其他宴会细节。梅诗

---

① 梅尧臣：《次韵和永叔饮余家咏枯菊》，《梅尧臣集编年校注》，第1126页。

② 钟晓峰：《论欧阳修"韩、孟之戏"与梅尧臣的自我认同》，《成大中文学报》，第四十一期，2013年6月，第77—112页。

则始终围绕宴会各方面的细节落笔，开篇八句即细致描摹了菊花之"嘉趣"，随后的时间记载更为精准，两次聚饮的间隔时间清楚明白。对于这次重聚，梅尧臣另有《十一月二十三日欧阳永叔刘原甫范景仁何圣徒见访之什》一诗，诗题亦具实录之风。后半部分感叹宴会无丝竹之乐，继之描写槐上"冻鸱"情态、众人醉吟创作、儿子辛苦誊抄、小吏奔忙录诗，物象繁多，真切可感，但皆为平实描摹，并无超越升华之角度。是以在处理日常生活题材时，梅诗多实录勾勒，欧诗多延宕超越。

二　生活细节的变形虚构

除了经常规避细节外，为构建某些诗歌整体风貌的古淡平易，欧阳修会对涉及到的日常生活细节加以变形或虚构。日常生活与文学创作之间的关系并非反映与被反映这么简单，在特定的情形下为了构建特定的艺术风貌，文学创作还需要对所展现的日常生活情态作一定程度的处理、变形，使之参与建构诗歌的整体意境。如果采用以诗证史的思维，则未免会推导出有偏差的结论。

如以下这首：

> 欧阳修《清明前一日韩子华以靖节斜川诗见招游李园既归遂苦风雨三日不能出穷坐一室家人辈倒残壶得酒数杯泥深道路无人行去市又远索于筐笥得枯鱼干虾数种强饮疾醉昏然便寐既觉索然因书所见奉呈圣俞》

> 少年喜追随，老大厌喧哗。惭愧二三子，邀我行看花。花开岂不好，时节亦云嘉。因病既不饮，众欢独成嗟。管弦暂过耳，风雨愁还家。三日不出门，堆阤类寒鸦。妻儿强我饮，饤饾果与瓜。浊酒倾残壶，枯鱼杂干虾。**小婢立我前，赤脚两髻丫**。轧轧鸣双弦，正如橹呕哑。坐令江湖心，浩荡思无涯。宠禄不知报，鬓毛今已华。有田清颍间，尚可事桑麻。安得一黄犊，幅巾驾柴车。

关于小婢的描写有"赤脚两髻丫"的句子，与前文的病、寒鸦、浊酒、残壶、枯鱼等物在描写风格上近似，皆有破败、残缺、贫窭之感，塑造出穷愁无聊又疲惫困顿的老者形象。但参照梅尧臣相关诗作对读可以发现，"赤脚"这一细节的描写并不符合事实：

梅尧臣《次韵和酬永叔》

春候倏已和，林上鸣鸟哗。前日是清明，骤雨沾梨花。初闻结客游，爱此物景嘉。歌舞未终宴，夕暮各兴嗟。所嗟归路暗，嘶马自知家。**公家八九姝，鬒发如盘鸦。朱唇白玉肤，参年始破瓜。**几日苦霖霪，当道跳鱼虾。闭门饮浊醪，秋千系树丫。群姝莫要剧，为公歌哑哑。公当是日醉，欢适不可涯。孔氏有高第，内自战纷华。我公岂其然，秉直异蓬麻。果从归田去，愿从招辕车。①

在日常生活真正穷愁的梅尧臣眼中看来，欧阳修家的歌妓不但犯不着赤脚，还青春美貌，面容姣好，"鬒发如盘鸦"且"朱唇白玉肤"。于是欧诗中这一失真的细节描写也备受后人关注。葛立方《韵语阳秋》即云：

余谓永叔作此诗时已为内相，观其所作长短句，皆富艳语，不应著此以污尊俎。永叔特自谦之辞尔。梅圣俞尝和其诗云："公家八九姝，鬒发如盘鸦。朱唇白玉肤，参年始破瓜。"则永叔所言赤脚者，非诚语无疑矣。②

其实，不止"赤脚"小婢"非诚语"，"浊酒""残壶""枯鱼""干虾"等作为内相欧阳修家之物品应该亦"非诚语"。葛立方的立论基于泛诗史传统的真实性标准，要求诗歌内容与作者生活实情基本吻合。这其实是宋人自欧阳修首倡而渐成主流的诗史观念，要求诗歌创作要符合物理常情，即包括现实经验在内的各种层面的事实。《六一诗话》中欧阳修首先对夜半钟提出异议，认为"诗人贪求好句而理有不通，亦语病也。"③否定违背生活事实而为情造文的创作倾向。那么欧阳修在此诗中自相矛盾的措辞就颇耐人寻味，蕴含着比较复杂的诗学观念及现象。

首先，这里的"赤脚小婢"应该有用典戏谑之意在，而非实录。"赤脚婢"出自韩愈《寄卢仝》"一奴长须不裹头，一婢赤脚老无齿"④，此诗真切刻画了卢仝的清贫生活和耿介个性。"赤脚婢""平头奴"在后世成为固定的形容家贫之典故。梅尧臣曾用"卢仝只有赤脚婢"⑤"唯应赤

①　梅尧臣：《次韵和酬永叔》，《梅尧臣集编年校注》，第1076页。
②　（宋）葛立方：《韵语阳秋》卷十五，上海古籍出版社1984年版，第201页。
③　（宋）欧阳修：《六一诗话》，《欧阳修全集》，第1038页。
④　（唐）韩愈：《寄卢仝》，《韩昌黎诗系年集释》，第782页。
⑤　（宋）梅尧臣：《戏答持烛之句依韵和永叔》，《梅尧臣集编年校注》，第932页。

脚婢，收拾怨常酷"① 来形容自己的贫寒，陆游用"赤脚婢沽村酿去，平头奴驭草驴归"② 描述自己的致仕生活。对韩诗极为熟悉被调侃为"韩文究"的欧阳修，在描摹小婢时难免不想到"赤脚婢"一词，如钱钟书所云"阳若目击今事而阴乃心摹前构"③。但他把韩诗中的"老婢"转化为自己家中"小婢"，是以用典意味并不明显，而给读者造成诗为实录的阅读感受。其次，诗歌记述了在家中枯坐三日不出的愁闷，突出穷极无聊的疲惫困顿，实际上是他此时屡屡思归而不得的心境之隐喻，因此后半部分听到小婢"鸣双弦"，思绪自然转向对"清颍间""事桑麻"的期待和幻想。而为了抒发愁闷郁结之情，自是不适合极言家中诸物之"富艳"，前文"浊酒""残壶"的描写意即在此。最后，诗语朴拙、词语富艳，是欧阳修大体上遵循的不同文体间不同的语言风格。欧诗偶有富艳物事，亦遭嘲讽。④ 葛立方所言"自谦之词"可作如是观。他指出的欧阳修"作长短句皆富艳语"，亦即杨长儒所谓"事事合体"⑤。欧诗与欧词在表现日常题材的措辞时路径有别，体现了欧阳修的尊体意识。

同样的生活细节变形还出现在对经济状况的描述中。嘉祐四年（1059），欧阳修任翰林学士，一段时间还权知开封府，俸禄收入已达150千以上，收入可称极为优渥，家中的集古藏品及丰富的藏书皆已达较大规模。但在诗中仍言"贫家复何有"：

> 《答刘原父舍人见过后中夜酒定复追昨日所览杂记并简梅圣俞之作》
> 君子忽我顾，贫家复何有。虚堂来清风，佳果荐浊酒。简编记遗逸，论议相可否。欲知所书人，其骨多已朽。前者既已然，后来宁得久。所以昔人云，杯行莫停手。

① （宋）梅尧臣：《次韵答吴长文内翰遗石器八十八件》，《梅尧臣集编年校注》，第1113页。
② （宋）陆游：《致仕后即事其五》，钱仲联：《剑南诗稿校注》，上海古籍出版社1985年版，第2491页。
③ 钱钟书：《管锥编·史记会注考证》，三联书店2007年版，第581页。
④ 刘贡父云："'永叔这条腰带，几次道着也。'"《苕溪渔隐丛话前集》卷三十，第208页。
⑤ （宋）罗大经：《鹤林玉露》丙编卷二，中华书局2008年版，第264页。

总体而言，欧阳修在关涉日常题材的诗歌中喜用破旧、衰败、萧索的意象类型来营造"一无所有的老者"这种自我形象，在某种程度上这是他内心消极、思退的心理状态的折射。这与他词作中轻狂热烈、饱含深情的叙事方式判然有别，而二者共同构成呈现了欧阳修诗词作品中复杂多变的日常生活。

第三节　"作诗聊谑为坐娱"：出入雅俗的戏谑特色

面对空前扩大的日常生活题材，欧阳修没有沿袭白居易诗歌实录而通俗的创作方式，而是努力地从各个方面去寻找超越凡俗的途径，戏谑为诗即是成功比较的尝试之一。诗歌与游戏有同通之处，"诗与游戏之间的此种关系并不只是外在的；这在创造性想象自身的结构中也是显而易见的。在诗句的转换、主题的发展、情绪的表达之中，都总有一种游戏因素在起作用。"[1] 在中国文学传统中亦早有俳谐一体。欧阳修的戏谑诗风不仅突破了描写日常题材时容易陷入的白体牢笼，形成了自己的鲜明特色，也影响了周围的朋友，更是有宋一代戏谑诗风的首倡者，为宋调的成型做出了重要贡献。欧诗戏谑及其影响，学界已有不少关注[2]，但系统之讨论似有未尽之处，本节对此再进一步申述之。

一　理论层面的肯定

戏谑为诗并不始于欧阳修。六朝时已有滥觞，应璩、左思、陶渊明、梁武帝、陈叔宝等皆有零星创作。有唐一代，戏谑诗风逐渐蔓延，王绩、上官仪、张九龄、王维、孟浩然、李白、岑参等人皆有染指，而杜甫、白居易、韩愈三人为个中翘楚。三人在创作数量、戏谑方式、情感内涵上皆

---

① ［荷］约翰·胡伊青加：《人：游戏者》，成穷译，贵州人民出版社 2019 年版，第183 页。

② 关于欧阳修戏谑为诗的研究，崔铭《欧阳修与宋代戏谑诗风的兴起》（《江西社会科学》2015 年第 12 期，第 65—70 页）及柯霓《凡俗中的超越——论欧阳修诗歌对日常题材的表现》（《欧阳修与宋代士大夫》，上海人民出版社 2007 年版，第 88—121页）二文皆有涉及。但一为数量的统计，缺少技巧分析；一为部分作品的解读，缺少集中的系统性展开。因此本节再就此问题略作探讨。

有诸多突破及推进①。但在理论层面上，唐人尚无旗帜鲜明地予以倡导，唐诗亦不以谐趣见长。降至宋代，欧阳修第一次从理论层面上提出诗歌"资谈笑、助谐谑"的游戏娱乐功能：

> 退之笔力，无施不可，而尝以诗为文章末事，故其诗曰"多情怀酒伴，馀事作诗人"也。然其资谈笑，助谐谑，叙人情，状物态，一寓于诗，而曲尽其妙。（《六一诗话》）

正如刘成国指出的那样，"'叙人情'、'状物态'属于诗歌的传统功能，而'资谈笑'、'助谐谑'却是宋人对诗歌功能的首次拓展。"② 欧阳修从理论上认可了谐谑诗的价值和意义，同时在创作实践上也继承了韩诗的"以文为戏"，创作了大量诙谐诗，并产生了广泛深远的影响。

《六一诗话》成书于欧阳修晚年，但他认可诗歌可以"谐谑"的观念并不始于其晚年。嘉祐二年（1057），欧阳修在《礼部唱和诗序》中就有过更为严肃而深入的表达：

> 夫君子之博取于人者，虽滑稽鄙俚犹或不遗，而况于诗乎。古者《诗》三百篇，其言无所不有，惟其肆而不放，乐而不流，以卒归乎正，此所以为贵也。

嘉祐二年（1057）是欧阳修戏谑诗创作的一个高潮，由序文可知，知贡举期间戏谑诗的大量写作并非出于随意和自发，而是有着明确的理论指导，追求一种表面"肆""乐"而内涵"归乎正"的抒情模式和意蕴传达，对谐谑的肯定也上升到以经典为法的高度。

虽然欧阳修倡导戏谑诗风的理论资源有来自韩愈的影响，但他所走的具体创作路径却并非对韩愈的复制模仿。《读蟠桃诗寄子美》一诗中，在开头两句"韩孟于文词，两雄力相当"之后，有两句在通行本中被删的

---

① 张万民：《杜甫戏谑诗中抒情主体的建构》，《长江学术》2011 年第 3 期，第 36—44 页；马芳婷：《白居易戏题诗研究》，硕士学位论文，西南大学，2021 年；王雨非：《玩笑之间——戏题诗的唐宋转型》，《中国诗歌研究》（第十八辑），第 102—121 页；梁德林：《韩愈"以文为戏"论》，《古代文学理论研究》（第二十二辑），第 120—130 页。

② 刘成国：《宋代俳谐文研究》，《文学遗产》2009 年第 5 期，第 34—43 页。

异文："偶以怪自戏，作诗惊有唐。"① 这两句诗传达了欧阳修对韩愈"以诗为戏"具体方式的理解——"以怪为戏"，同时婉转表达了韩诗此类作品社会接受度并不高这一观点。正是由此出发，欧阳修摒弃了韩诗"以怪为戏"的戏谑方式，而转向日常题材、节制的夸张与温和的戏谑。这是他学韩而变韩的一个组成部分，与变韩诗语言之奇崛险怪为平易畅达息息相通。

　　本节所讨论的欧阳修戏谑诗，其范围主要指在诗题或内容中含有自嘲、戏谑、戏弄、调侃等游戏姿态及诙谐滑稽之意的诗歌，包括众多的戏题、戏赠诗以及语言或诗意具诙谐特征的作品。以洪本健《欧阳修诗文集校笺》为底本，统计得欧阳修戏谑诗 75 首，其中 59 首来自《居士集》，16 首来自《居士外集》。就体裁来分，古诗 54 首，占 72%；律诗 21 首，不足 30%。因《居士集》为欧阳修晚年亲自编订，选目体现了他的慎重考虑，可知他对于戏谑之作的看重和深层认可。同时，体裁的偏重呈现了他对古体在抒情、叙事之外的功能开拓，塑造了一种亦正亦谐、雅俗并重、开合自如的古体诗新风格。

二　创作阶段特征及戏谑对象的选择

　　就创作阶段而言，欧阳修戏谑作品的分布如下：

时间	明道	景祐	康定、庆历	皇祐	嘉祐	治平	熙宁
数量	2	7	13	5	40	2	6

　　欧阳修的戏谑诗创作与他诗歌创作的整体历程相始终。明道景祐年间，欧阳修开始涉及"戏书"的创作方式，以古体诗为主，9 首作品中有 6 首古诗，3 首律诗，抒发对友人的调侃之意及谪居夷陵的苦闷。但有意味的是，选入《居士集》的是 3 首律诗，6 首古诗无一入选，可推知欧阳对于尝试阶段的以戏谑入古诗的具体方式并不满意。其中《戏书拜呈学士三丈》全诗通过塑造勾勒陶渊明清贫、嗜酒、洒脱的形象来指代谢绛；《数诗》为杂体诗游戏之作，每句皆以数字开头，从一到十串联起相关故实；《代赠田文初》通篇采用拟代体，假托女子口吻向友人表达来看望安慰自己的感激之情；《戏赠》刻画了一位妙龄歌女被众人追捧的无限风光。这四首诗的戏谑方式在其后的创作中再无出现，它们的意义在于忠实

――――――――――

① 欧阳修：《读蟠桃诗寄子美》，《欧阳修诗文集校笺》，第 60 页。

记录了欧阳修早期在古诗戏谑方面的多样实验。3 首律诗成就略高，其中《戏答元珍》以戏谑方式自我宽慰调解，呈现出贬谪诗歌的别样风貌，这种自嘲方式在庆历时期的戏谑诗中被再次沿用。

庆历、嘉祐年间是欧阳修诗歌整体创作的高峰，也是戏谑作品集中涌现的时期。庆历之后，欧阳修文名日盛，而以古文章法入诗亦日趋成熟，古诗长篇巨制新作叠出。在探索古诗的记叙、说理、抒情等功能之外，欧阳修也穿插进行了戏谑的尝试，"徒为忆山吟，耳热助嘲诟"（《忆山示圣俞》）"作诗聊谑为坐娱"（《绛守居园池》）"握手未知期，寄诗聊一噱"（《汝瘿答仲仪》）等表达都点明了他有意为之的自觉性。庆历时期的 11 首戏谑诗全部收入《居士集》，且 10 首为古诗。各篇中戏谑比重不同，有结尾点到为止，有中间大段铺叙；戏谑角度多样，有自嘲衰老，有以战喻诗，有以通俗口语进行逆转，有对友人的戏作进行反戏谑，呈现出积极而丰富的尝试努力。嘉祐时期，欧阳修执掌文坛，位望隆盛，其戏谑诗作的题材涉猎范围进一步扩大。众多日常诗材进入视野，诸如食车螯、饮茶、大雨迁居、饮酒、咏宠物、听琵琶、看花、洗儿、咏枕簟、会饮赏菊、苦雨不出、咏雪、抱病等日常活动，皆以戏笔出之，使诗歌风貌脱离了琐屑实录带来的庸俗枯淡，在谐谑滑稽中完成对诗材的个性化超越。而嘉祐二年（1057）的唱和活动中，欧阳修的主动首倡及事后的编集作序，更是他从价值提炼和创作实践两个方面对戏谑诗创作进行正名并推重的努力，体现出作为一代文坛宗师开风气之先的勇气。

在戏谑对象的选择上，欧阳修并没有逢人辄戏，而是由早期的多重对象逐渐集中于两个方面：好友梅尧臣以及欧阳修的自我，重点是谪居心境及衰老形象二者。明道、景祐年间至庆历前期，欧阳修戏谑诗的对象有谢绛、丁宝臣、谢景山、田画、梅尧臣、王素、苏舜钦等众多友人，但自庆历七年（1047）后至熙宁年间，欧阳修的戏谑调侃对象集中于梅尧臣和自我形象两种，体现了由放到收的选择过程。

（一）自我：谪居心境的超越与衰老形象的塑造

欧阳修戏谑诗中的自我调侃主要分为自嘲谪居处境与自嘲衰老形象两种，诗作共计 36 首，占戏谑诗总数的一半以上，且愈到晚年愈集中于自我衰老形象的调侃。谪居期戏谑之作的代表是作于夷陵的《戏答元珍》和作于滁州的《怀嵩楼晚饮示徐无党无逸》。二诗意涵虽都指向对遭贬放逐的痛苦之宣泄及超越，但具体方式又有较大差别。前者为戏题诗，戏谑之意明白告知，流于表层，而诗歌正文在词句表达中并无任何深层的诙谐和滑稽感。实际上如果去掉"戏"字，诗歌在达意上并无整体改变。

"戏"字在一定程度上化解了谪居之苦的深重感和压抑感，洗去"戚戚之文"的愁怨氛围，而自我的心理调适行为也显得轻松自如，没有太强的刻意性。正是"戏"字给这首贬谪诗带来不同的宋调特色。后者的戏谑在大段的叙写中展开，并非著于题，这也是很多优秀的戏谑作品被遗落在研究范围之外的原因。欧阳修在诗歌中看似非常严肃地写了一段师弟对话，他殷勤挽留两位弟子多留些时日，弟子们的回答却句句扎心："曰予非此侬，又不负谴尤。自非世不容，安事此为囚。幸以主人故，崎岖几摧辀。一来勤已多，而况欲久留。"听得欧阳修无言以对，"我语顿遭屈，颜惭汗交流。此诗从题目到正文并无任何戏谑字眼，而这场令主人非常难堪的对话要细味才能明白背后的灰色幽默。徐无党兄弟出身东南徐氏大族，追随欧阳修多年，贤良多才，被欧阳修誉为"纯明白玉璞"（《伏日赠徐焦二生》）及"疾驰如奔风"的"千里马"（《有马示徐无党》），断不会对恩师口出妄言。因此这场尴尬对话是欧阳修用虚构的方式一吐谪居苦闷，较《戏答元珍》更为酣畅激越。此诗有因袭韩愈《进学解》虚构师弟对话之处，但欧之虚拟方式更为生活化，真实可感，并非传达出双方的隔膜，恰恰是师弟关系极为融洽的反映。幽默理论指出，"对相同事物的开怀大笑可以形成一种紧密的默契，恰如人们对相同观念所报以的热情。在同一事物中发现可笑性，这不仅是真正友谊的必要条件，而且还经常是友谊形成的第一步。笑在形成默契的同时也就划定了一条界限。"① 从戏谑方式我们可以看出，欧阳修和入门弟子的关系较少有难以跨越的等级差距，而有某种引为同道的身份认同感。这种隐晦的谐谑方式别具一格，在欧阳修的创作中亦不多见。

自皇祐元年（1049）后，欧阳修戏谑诗中的自我调侃就逐渐集中于衰老形象的塑造上，从白发、病眼等外貌勾勒，到拥弊袍、愁登楼、睡莫兴等疲态描摹，再到"鼻鼾尤恶声"② "痴钝若寒蝇"（《病告中怀子华原父》）等细节刻画，还有"老夫无远虑，所急在口腹"（《二月雪》的滑稽解构，欧阳修用戏谑的方式把老丑之态引入诗歌审美范畴，这与诗人的生理衰老过程亦相吻合，通过对老态解构的方式来传达对老境的深层接纳。

---

① 转引自［美］保罗·麦吉《幽默的起源与发展》，阎广林、王小伦、张增武译，南京大学出版社1992年版，第33页。

② 欧阳修：《有赠余以端溪绿石枕与蕲州竹簟皆佳物也余既喜睡而得此二者不胜其乐奉呈原父舍人圣俞直讲》，《欧阳修诗文集校笺》，第213页。

（二）梅尧臣：穷而后工的典范建构

除自我形象外，欧阳修戏谑诗的调侃对象便集中于好友梅尧臣身上，这亦是二人多年唱和的亲密情感之体现。调侃梅尧臣的戏谑作品共 17 首，其中 16 首收入《居士集》。与多角度的自我调侃不同，欧诗中对梅尧臣的戏谑聚焦于梅氏的生活穷困及诗艺高妙上。换言之，欧阳修在表面的戏谑调侃背后，实际用意并非密友间的随意打趣，而是在努力建构出作为"穷而后工"之典范的梅尧臣。这与韩愈表面调侃孟郊、张籍而实为推重扶助的戏谑诗创作一脉相承。

因此，"穷"和"工"是欧阳修对梅尧臣戏谑的焦点。庆历四年、五年，欧阳修连续作《水谷夜行寄子美圣俞》《病中代书奉寄圣俞二十五兄》《读蟠桃诗寄子美》等作，热情洋溢地对梅诗特色进行品评，喻为"妖韶女""老鸡嘴爪硬"，同时频繁使用战喻来形容二人诗艺之高下。而戏谑的游戏姿态消解了品评中过于严肃的内容，也淡化了品评背后可能带来的观念冲突。嘉祐年间的戏梅之作多呈现梅尧臣"儿啼妻噤午未饭"（《再和圣俞见答》）的贫寒生活以及"庭下不能容我足"（《会饮圣俞家有作兼呈原父景仁圣从》）的窘迫居处，实际上这是为后文凸显其诗之工而夸大其词，未可视为实录。值得注意的是，在嘉祐二年（1057）戏谑诗创作高潮中，虽然一百多篇礼部唱和诗全貌现在无法看到，但就欧集中保存的戏谑作品来看，欧阳修戏谑的对象仍然集中于梅尧臣及自我形象，其他四位较少涉及，这个现象耐人寻味，说明欧阳修在戏谑创作时在表面的随意挥洒下其实有严格的标准，戏谑对象的选择和戏谑程度的把握有一定的尺度掌控。而他在戏谑诗高产期，也出现了对梅尧臣之"穷""工"之外衰老的调侃，"须防舞姝见客笑，白发苍颜君自照"（《戏答圣俞》）的戏谑之语更为肆意放达。

三　戏谑方式：文化价值的降格

采用什么方式来进行戏谑源于人们发笑的原因。有理论家认为，"审美客体的渺小与高大是产生幽默感和崇高感的原因。"[1] "人们会对'伟大事物'与'渺小事物'之间'降格'的不协调性发笑。"[2] 而"伟大事物"与"渺小事物"的界定又涉及到戏谑者和接受者对于共同文化价值

---

[1]　高胜林：《幽默修辞论》，山东文艺出版社 2006 年版，第 279 页。

[2]　［美］诺曼·N·霍兰德：《笑：幽默心理学》，潘国庆译，上海文艺出版社 1991 年版，第 10 页。

秩序的认知。在儒家传统观念中，相对立的两个概念一般都具有文化价值
高低有别的特征，比如男女关系中，男尊女卑，男性为"伟大"，女性为
"渺小"，因此荣启期以"既为男矣"为"二乐"①；雅俗关系中高雅为
"伟大"，庸俗为"渺小"；物我关系中"我"为"伟大"，物为"渺小"。
因此由"伟大"到"渺小"的降格、并置、突转会产生戏谑滑稽效果。
反之，由"渺小"到"伟大"的"升格"则会产生悲剧性的崇高感之审
美体验，如女性作家一作豪壮语，李清照《夏日绝句》《渔家傲》等作沉
雄壮阔，并不滑稽；物态具有人之意志，以人拟物，"我见青山多妩媚"
等表达更增物态之意蕴内涵；由俗到雅的提升亦是脱胎换骨的新意提炼。
欧诗戏谑的具体方式大体围绕这种"降格"进行，概而言之有如下几种：

（一）男女情爱及拟作闺音

男女之情本身就是戏谑诗中常见的一个焦点。这源于女性在文化价值
秩序中低于男性的位置。② 因此当男性创作者以女性身份为抒情主体来拟
作闺音就会有谐隐之效果。而用男女之情或佐酒之歌妓来调侃亦是宋代官
员朋友间戏谑的常见方式。欧诗此类戏谑之作被收入《居士集》的有以
下诸篇：

> 《忆山示圣俞》：颓冠各白发，举酒无蒨袖。
> 《汝瘿答仲仪》：汝士虽多奇，汝女少纤弱。翻思太守宴，谁与
> 唱《清角》。
> 《思白兔杂言戏答公仪忆鹤之作》：纤腰绿鬓既非老者事，玉山
> 沧海一去何由招。
> 《戏答圣俞》：奈何反舍我，欲向东家看舞姝。须防舞姝见客笑，
> 白发苍颜君自照。
> 《和梅龙图公仪谢鹇》：主人今白发，把酒无翠眉。
> 《于刘功曹家见杨直讲褒女奴弹琵琶戏作呈圣俞》：宛陵诗翁勿
> 诮渠，人生自足乃为娱，此儿此曲翁家无。
> 《和公仪赠白鹇》：但见寻常思白兔，便疑不解醉红裙。

以上戏谑作品集中于庆历、嘉祐年间，其方式大多涉及欣赏歌妓表演

---

① （晋）张湛注，陈明校点：《列子》，上海古籍出版社 2014 年版，第 18 页。
② 姚华：《诗到相嘲雅见知：论宋代交游文化语境中的"戏人之诗"》，《浙江学刊》
　2017 年第 3 期，第 135—144 页。

等娱乐活动，抒情主体与歌妓之间并无感情联系，调侃对象有自戏、自嘲，亦有戏人。且多出现于诗歌结尾，点到为止，并不展开描写，与诗歌前半部分的严肃表达形成对比，造成价值的降格及"紧张的期待突然转化为虚无"①，从而产生幽默效果。这种方式的重复使用还可看出欧阳修对此技法的认可。

收入《居士外集》的四篇涉及女性的戏谑之作则采用了不同的叙写手法：

《闻梅二授德兴戏书》（景祐元年）：朝逢油壁车，暮结青骢尾。

《戏赠》（景祐元年）：莫愁家住洛川傍，十五纤腰闻四方。堂上金尊邀上客，门前白马系垂杨。春风满城花满树，落日花光争粉光。城头行人莫驻马，一曲能令君断肠。

《代赠田文初》（景祐四年）：感君一顾重千金，赠君白璧为妾心。舟中绣被熏香夜，春雪江头三尺深。西陵长官头已白，憔悴穷愁愧相识。手持玉斝唱《阳春》，江上梅花落如积。津亭送别君未悲，梦阑酒解始相思。须知巫峡闻猿处，不似荆江夜雪时。

《寿楼》（嘉祐时）：碧瓦照日生青烟，谁家高楼当道边。昨日丁丁斤且斲，今朝朱栏横翠幕。主人起楼何太高？欲夸富力压群豪。楼中女儿十五六，红膏画眉双鬓绿。日暮春风吹管弦，过者仰首皆留连。应笑楼前骑马客，腰垂金章头已白……

前三篇作品皆作于景祐年间，属于欧阳修早期作品。其中《闻梅二授德兴戏书》《代赠田文初》两篇皆点明了显豁的男女之情而非欣赏歌妓表演的娱乐活动。而《代赠田文初》和《戏赠》两篇皆使用了通篇拟代的技法，全诗以女性视角展开铺写，缠绵悱恻，风格旖旎。最后一篇《寿楼》虽然没有整篇以"楼中女儿"为描写对象，但前半部分对女性的居处环境、容貌才艺的描写也较为丰富细腻，后半部分对"白发""骑马客"的自嘲也基于与"楼中女儿"青春靓丽的对比参照。这种篇幅比重较大的"拟作闺音"式戏谑，与前代众多拟代作品有着明显的承继关系而并无时代新意，是以欧阳修早年略作尝试后便弃之不用。

（二）以物喻人

除性别角度外，由人到物的降格也是欧诗戏谑之作的主要使用方式之

---

① ［德］康德：《判断力批判上卷》，宗白华译，商务印书馆 1964 年版，第 180 页。

一。“使人发笑的东西就是从人到物的瞬间转变。……每当一个人使我们感到他是一个物的时候，我们就会发笑。”① “滑稽是人所表现的与物相似的那一面，是人的活动所表现出来的特殊僵硬性、纯粹机械性、机械自动性和刻板性的那一面。”② 其中，所用喻体之物多为生活中常见且庸俗、丑陋、凶恶等缺少美感愉悦体验的动物，其戏谑意味更为浓厚。比如乌龟、猪、蛤蟆、乌鸦、猫头鹰、苍蝇等：

《汝瘿答仲仪》（庆历七年）：无由辨肩颈，有类龟缩壳。

《答梅圣俞莫登楼》（嘉祐二年）：中年病多昏两眸，夜视曾不如鸺鹠。

《答梅圣俞大雨见寄》（嘉祐二年）：扰扰泥淖中，无异鸭与猪。

《和圣俞春雨》（嘉祐二年）：身遭锁闭如鹦鹉，病识阴晴似鹁鸪。

《尝新茶呈圣俞》（嘉祐三年）：可怜俗夫把金锭，猛火炙背如虾蟆。

《次韵再作》（嘉祐三年）：客遭水厄疲捧碗，口吻无异蚀月蟆。

《有赠余以端溪绿石枕……》（嘉祐四年）：痴儿掩耳谓雷作，灶妇惊窥疑釜鸣。

《清明前一日……》（嘉祐四年）：三日不出门，堆㞘类寒鸦。

《病告中怀子华原父》（嘉祐四年）：自是少年豪横过，而今痴钝若寒蝇。

《对雪十韵》（嘉祐四年）：儿吟雏凤语，翁坐冻鸱蹲。

《戏答仲仪口号》（嘉祐二年）：弊居回看如蛙穴，华宇来栖若燕身。

以上诸篇皆收入《居士集》，写作时间集中于戏谑诗高峰的嘉祐年间。除了喻体物象的凶恶丑拙外貌之外，它们动作的“僵硬性”和“机械性”也是着意突出的特点，如“龟缩壳”“冻鸱蹲”“寒鸦”“寒蝇”“鸭与猪”皆为动作僵硬、毫无灵动感的动物或姿态。当人的僵硬和机械以此种方式被定格并赋予真切的画面感，戏谑效果便非常强烈。相反，如果喻体之物强调动作之灵敏迅捷，如“千里马”之喻，便因不具僵硬机

① ［法］亨利·伯格森：《笑与滑稽》，乐爱国译，广东人民出版社2000年版，第41页。

② ［法］亨利·伯格森：《笑与滑稽》，乐爱国译，第62页。

械特点而缺乏喜剧效果。

还有一种情况中以物喻人并不会产生滑稽效果，那就是在喻体之物为抽象之生物而非实体之生物时，如龙、凤凰、麒麟等虚拟之物在用以喻人时并不会有戏谑之意。因为此类生物本质上仍是人类思想情感及理念的投射和建构，代表了人类思维情感的一部分，所以本质上还属于人的范畴，而非物的范畴。因此，在诗句"儿吟雏凤语，翁坐冻鸥蹲"中，伶俐可爱的"儿"之形象并不滑稽可笑，而"翁"之形象在对比之下因"冻鸥蹲"的描摹真实而僵硬让人忍俊不禁。

（三）雅俗突转及俗态描摹

由雅至俗的降格亦是常见戏谑方式之一。宋诗在追求以俗为雅、以故为新的过程中逐渐树立自己的面貌，雅俗关系的互转、互融本身即是宋人时常思考的诗学问题。而在处理二者关系时，欧阳修创造性地运用了由雅至俗的突转来造成戏谑效果，如《沧浪亭》："清风明月本无价，可惜只卖四万钱。"运用由雅致到庸俗的突然转变来营造期待落差从而形成滑稽感，把李白《襄阳歌》中的超脱、纯粹之意境与生活中的交易行为对接，解构了前者的严肃性表达。类似的例子还有"梅穷我独知，古货今难卖"（《水谷夜行寄子美圣俞》），亦用生活中的买卖行为来比拟梅尧臣的穷困无人赏识，诙谐而略带轻松感，消解了为好友作不平之鸣的沉重严肃氛围，其后"问胡苦思之，对酒把新蟹"的结语亦活泼风趣。虽然前文有大段对苏梅二子的诗风评述，但结尾处把思念缘由归为期待生活中的宴饮相聚，进一步使得全诗的观念表达出入庄谐、雅俗之间，消解品评的严肃性和有可能带来的压抑感。除议论抒怀外，在描摹人物外貌时，欧阳修也喜用庄谐并置的戏笔来写。《于刘功曹家见杨直讲褒女奴弹琵琶戏作呈圣俞》云："虽然可爱眉目秀，无奈长饥头颈缩。""头颈缩"即是类似于"龟缩壳"的僵硬滑稽姿态，而接在"可爱眉目秀"这样的细腻之笔后，衬托之下更具谐谑性。

在饮茶诗中，类似的突转以更多篇幅扩大了它的叙写功能和戏谑效果。如《次韵再作》，欧阳修先以庄重笔调叙写了一段建溪龙团茶的精致品相、对它的百般珍视和多种强大功效，让人心生神往："岂如含膏入香作金饼，蜿蜒两龙戏以呀。其余品第亦奇绝，愈小愈精皆露芽。泛之白花如粉乳，乍见紫面生光华。手持心爱不欲碾，有类弄印儿成窊。论功可以疗百疾，轻身久服胜胡麻。"接下来笔调突转，戏言饮茶的最大功效其实是祛睡，而且饮多了会饿的头昏眼花，进而像吞月蛤蟆一样频频痛饮："我谓斯言颇过矣，其实最能祛睡邪。……未言久食成手颤，已觉疾饥生眼花。客遭水厄疲捧碗，口吻无异蚀月蟆。"笔调的转折突然而让人意外，对饮客的滑稽姿态描摹一反茶诗中的清高隐逸品格及超越性叙事，与睡眠、饥饿、眼花等生活俗事相勾连，呈现出强大的喜剧张力。

在雅俗突转的并置结构外，纯粹的俗之描摹亦有戏谑效果。世俗之情态、丑拙之物象、通俗之话语亦有独立的"谐"之价值。"谐趣的定义可以说是：以游戏态度，把人事和物态的丑拙鄙陋和乖讹当作一种有趣的意象去欣赏。……尽善尽美的人物不能为谐的对象，穷凶极恶也不能为谐的对象。引起谐趣的大半介乎二者之间，多少有些缺陷而这种缺陷又不致引起深恶痛疾。最普通的是容貌的丑拙。"① 在欧诗中，"容貌的丑拙"——准确地说是"老态的丑拙"自皇祐元年（1049）后大量出现，到晚年频率尤高。这种转变基于欧阳修在长期外放中身体状况恶化，尤其是白发满头、眼疾加重。同时，深层原因更在于他对诗歌题材的扩容和审美超越。对衰老迟钝等老态的关注体现他继承杜甫、韩愈、白居易并加以拓展的敏锐，而以戏谑之笔出之则是其构建自我诗风的具体方式。"丑拙鄙陋乖讹在为谐的对象时，就是一种情趣饱和独立自足的意象。"② 在欧阳修的创作启示后，这个"独立自足的意象"在其后的宋诗创作中成为一类固定而庞大的题材类型，深深参与了宋诗独特风貌的建构③。

欧诗中首次大篇幅描摹老态的戏谑作品为皇祐元年（1049）的《伏日赠徐焦二生》。诗中用了一半的内容来摹写老态的各种体现：体乏、嗜睡、白发、苍颜、酒量减少、眼屎增多、无力爬楼、心意衰疲，并处处与焦千之、徐无党两位的年轻力壮对比，自戏复自嘲。

此外，欧阳修还从眼病、打鼾、口腹之欲等庸常细节来极力刻画俗之又俗的老者形象。《看花呈子华内翰》云："老虽可憎还可嗟，病眼眵昏愁看花。不知花开桃与李，但见红白何交加。"《有赠余以端溪绿石枕……》云："一从僦舍居城南，官不坐曹门少客。自然唯与睡相宜，以懒遭闲何惬适。从来羸苶苦疲困，况此烦歊正炎赫。少壮喘息人莫听，中年鼻鼾尤恶声。痴儿掩耳谓雷作，灶妇惊窥疑釜鸣。苍蝇蠛蠓任缘扑，蠹书懒架抛纵横。"在《二月雪》中，欧阳修自嘲衰老的篇幅从之前的穿插点缀扩展至全篇："宁伤桃李花，无损杞与菊。杞菊吾所嗜，惟恐食不足。花开少年事，

---

① 朱光潜：《诗与谐隐》，《诗论》，上海古籍出版社 2005 年版，第 21 页。
② 朱光潜：《诗与谐隐》，《诗论》，上海古籍出版社 2005 年版，第 23 页。
③ 庞明启：《"剥落"的"老丑"：宋诗衰病书写与身体审美转向》，《中山大学学报》2020 年第 5 期，第 20—27 页。

不入老夫目。老夫无远虑，所急在口腹。风晴日暖雪初销，踏泥自采篱边绿。"诗句粗笔勾勒的采杞菊而食的急切老者形象让人捧腹，戏谑之笔也让杞菊物象褪去隐逸内涵而变为日常普通食物。这种革新无疑给诗歌写作带来某种冲击和突破，因为"丑拙鄙陋不仅打动一时乐趣，也是沉闷世界中一种解放束缚的力量。"①

四 戏谑背后的理性与观念表达

诗歌中戏谑之言、意背后，除了让读者会心一笑外，还隐藏有不易觉察之意蕴。诙谐的外壳下经常包裹着严肃的内核。古优人本有讽谏传统，"怨怒之情不一，欢谑之言无方"②，变化无常的外在戏谑方式源于内心多种情绪的推动力。谐隐虽然带着消遣的意味在游戏姿态中形诸笔端，但在喜剧的外衣下常隐藏着充沛的情绪和多样的理念。以下分两个方面略作探讨。

（一）情感的抽离与理性的自持

有种幽默理论认为，"快乐与悲哀会使我们产生同感，忿怒与恐惧会引起旁观者的震惊、恐怖或同情。总之，情感会通过心与心的情感沟通而得到扩展。所有这一切都与生命的本质有关。所有这一切都是严肃的，有时甚至是悲剧性的。只有在别人不再使我们感动的时候，才会产生出滑稽。"③ 因此，当戏谑行为发生时，往往代表着戏谑者对当下某种情境的情感抽离，而跳脱至一种反观自身的置身事外立场。胡适在《白话文学史》中曾这样评价陶渊明和杜甫："陶潜与杜甫都是有诙谐风趣的人，诉穷说苦都不抛弃这一点风趣。因为他们有这一点说笑话做打油诗的风趣，故虽在穷饿之中不至于发狂，也不至于堕落。"④ "不至于发狂""堕落"的原因即为暂时的情感抽离，这与诙谐风趣的产生互为因果。后世在"诉穷说苦"中还不忘戏谑的作者大多于内心保持一份理性和自持。宋诗的戏谑之风与理性色彩的互动机制可以如是理解。

欧阳修开创了宋诗戏谑之风，同时亦是理性精神之代表。在贬谪期所作戏谑诗中情感的抽离体现最为明显。夷陵时期有戏谑诗二首：

---

① 朱光潜：《诗与谐隐》，《诗论》，上海古籍出版社2005年版，第24页。
② （南朝梁）刘勰著，詹锳义证：《文心雕龙义证》，上海古籍出版社1989年版，第524—525页。
③ ［法］亨利·伯格森：《笑与滑稽》，乐爱国译，广东人民出版社2000年版，第94页。
④ 胡适：《白话文学史》，上海古籍出版社1999年版，第199页。

《县舍不种花惟栽楠木冬青茶竹之类因戏书七言四韵》：结绶当年仕两京，自怜年少体犹轻。伊川洛浦寻芳遍，魏紫姚黄照眼明。客思病来生白发，山城春至少红英。芳丛密叶聊须种，犹得萧萧听雨声。

《戏答元珍》：春风疑不到天涯，二月山城未见花。残雪压枝犹有橘，冻雷惊笋欲抽芽。夜闻归雁生乡思，病入新年感物华。曾是洛阳花下客，野芳虽晚不须嗟。

二诗皆以往日洛阳之游历来宽慰当下的山城谪居寂寞，暂时的情感抽离归依于往日的欢乐回忆，以洛阳时期的自信、豪兴、顺遂来抵御谪居之苦闷、寥落、迷茫。戏谑之意著于诗题，而诗句中的谐谑之意并不显豁，显示出夷陵期的理性自立精神还未根植于心，是勉强为之。至贬滁期间戏谑之作中，这种自信充塞、道义自守的姿态才完全树立起来。诗中戏谑之意显露，玩世兴味浓郁，戏谑笔法变化多样：

《丰乐亭小饮》：造化无情不择物，春色亦到深山中。山桃溪杏少意思，自趁时节开春风。看花游女不知丑，古妆野态争花红。人生行乐在勉强，有酒莫负琉璃钟。主人勿笑花与女，嗟尔自是花前翁。

《怀嵩楼晚饮示徐无党无逸》：……我为办酒肴，罗列蛤与蚌。酒酤微探之，仰笑不领头。曰予非此侬，又不负谴尤。自非世不容，安事此为囚。幸以主人故，崎岖几摧辀。一来勤已多，而况欲久留。我语顿遭屈，颜惭汗交流。

"造化无情不择物，春色亦到深山中。"《丰乐亭小饮》中对深山春色的观察体悟与《戏答元珍》中对"山城未见花"的期待失落恰相映成趣，呈现出欧阳修处穷时的心路历程，诗人的内心境界在坎坷的阅历中逐步臻于更通达洞彻的层次。于是他在怀嵩楼晚饮所写的诗中费心虚构出一大段难堪对话，尽情宣泄迁谪之意、放逐之愤。"宋诗之谐趣的生动形态之一，正是虚构轻喜剧式的生活情节。"① 而虚构的戏谑方式又显示出这种宣泄并非出于抒情主体沉湎沦弃情绪中无法自拔的状态，而是他抽离自我视角，化身来访者的反观自省。当欧阳修写出"安事此为囚"的自我调侃时，被囚的只是身体，他的人格精神早已解脱出去，参透了生命实相。

---

①　韩经太：《论宋诗谐趣》，《中国社会科学》1993 年第 5 期，第 139 页。

（二）解构严肃性的放言表达

戏谑类作品在营造滑稽效果的同时，会把读者的注意力从思想观念层面转移至趣味性，而起到柔性表达的功效。如肖瑞峰指出，戏题诗"是一种'遁言'与'放言'相结合的表达策略。诗人们以'戏'来婉转其意，获得戏言免罪的表达效果；同时又可以放言其意，表达自己的奇思妙想乃至狂言妄论。"① 欧诗中部分戏谑之作即为类似的"放言其意"，而点缀的戏谑姿态则消解了观念表达的严肃性。

如作于庆历四年（1044）的《绛守居园池》中，欧阳修对樊宗师"诘曲盘纡"的怪奇创作特色并不认可，在诗中畅快淋漓地予以批评，但结尾处云"我思其人为踌躇，作诗聊谑为坐娱。"通过对作诗目的的戏谑，消除了整首诗批判的严厉性，而他的诗学观念亦得到充分表达。他在继承韩孟诗派路径、风格的同时，不仅不取樊宗师之怪奇，亦舍弃了韩、孟之奇崛、苦寒及苦吟创作方式。

在同年及次年，欧阳修连作两篇长诗《水谷夜行寄子美圣俞》《读蟠桃诗寄子美》对好友苏舜钦、梅尧臣诗歌之总体风格、成就进行品评，并渗入他强烈的以对应韩孟诗人群来建构本朝诗人群体之组织意识②。《水谷夜行》诗在正式的评骘中又插入"梅穷独我知，古货今难卖""问胡苦思之，对酒把对新蟹"的戏谑之言，把评骘的生硬溶解于调侃的轻松随意中。《读蟠桃诗》则用了以战喻诗的激情且戏谑的笔触来叙写三人诗艺之高下。以战喻诗固然蕴藏着"出奇争胜的竞技心态"和"争夺话语权的结盟意识"，③ 但虚构对阵情境的戏谑方式让竞技和主盟理念的传达更具喜剧性和游戏感，从而在趣味十足虚实相生中增加其被接受和推广的力度。相似的诗战之喻在聚星堂《雪》诗中亦被沿用。皇祐二年（1050），欧阳修知颍州时效仿许洞难九僧事创禁体物语"白战体"写作，在《雪》诗结尾处云"颍虽陋邦文士众，巨笔人人把矛槊。自非我为发其端，冻口何由开一噱？""把矛槊"的作战对象是诗歌创作的陈言，"'白战'是一场诗人用全新的语言抗击陈旧的语言的战争"④。

① 肖瑞峰、周斌：《唐宋戏题诗论略》，《浙江社会科学》2016年第7期，第119页。

② 欧梅的韩孟之戏有着观念变迁的历程，参见钟晓峰《论欧阳修"韩、孟之戏"与梅尧臣的自我认同》，《成大中文学报》第四十一期，2013年6月，第77—112页。

③ 周裕锴：《以战喻诗：略论宋诗中的"诗战"之喻及其创作心理》，《文学遗产》2012年第3期，第78—85页。

④ 周裕锴：《以战喻诗：略论宋诗中的"诗战"之喻及其创作心理》，《文学遗产》2012年第3期，第78—85页。

但诗战之喻的游戏感和虚拟情境把"陈言之务去"的语言革新变得紧张刺激,同时产生"开一噱"的满足喜悦感。游戏与诗歌创作本有共通之处,"游戏的心境是狂喜与激越,是与重大场合相协调的神圣的或欢庆的情绪。伴随行动的,是一种高扬和紧张的情感,继之以欢笑与松弛。很难否认的是,这些特征也是诗的创作所具有的。"① 同时,游戏"促进社会团体的形成。"② 诗战之喻的竞技本质与游戏情境并重,是"以诗为戏"与"诗可以群"的功能结合,如果脱离游戏情境,诗歌竞技行为本身的吸引力则会大大减弱,而诗坛结盟意识和组织行为也会丧失更多受众群体。

在嘉祐年间的戏谑诗高峰中,其戏谑之遣词造句更为恣肆多样,但戏谑背后亦有观念传递,而非纯粹调笑。如《折刑部海棠戏赠圣俞二首》其一,在以"墙头花"起兴,叹息时光易逝、青春短暂之后提出饮酒自适的人生观并调侃梅尧臣的衰老:"人生浪自苦,得酒且开释。不见宛陵翁,作诗头早白。"这里欧阳修通过调侃婉转表达了反对苦吟的创作方式。《答圣俞莫饮酒》中"功施当世圣贤事,不然文章千载垂。其余酩酊一尊酒,万事峥嵘皆可齐。"看似醉酒之语,实则可以看出他对诗歌地位的部分肯定态度。

综上,欧阳修的戏谑诗创作在宋诗早期发展中值得关注。不仅数量丰富,戏谑方式多样,其内涵也值得多维度挖掘。他以戏谑笔调处理世俗生活题材,形成了独特的"日常"过渡到"诗意"的审美超越性连接。

第四节　物质生活与诗歌风貌

作为日常生活的基础,物质生活的重要性不言而喻。正如"饥者歌其食"这一古老谚语所传达的那样,经济的影响作用直接而无所不在。更有甚者,不仅内容上歌其食,连带着作品风貌上都会有"讥态"。欧阳修就曾经这样转述过梅尧臣对好友王复诗歌的评价③。不过此时刚刚及第

---

① ［荷兰］约翰·胡伊青加:《人:游戏者》,成穷译,贵州人民出版社 2019 年版,第183 页。

② ［荷兰］约翰·胡伊青加:《人:游戏者》,成穷译,贵州人民出版社 2019 年版,第17 页。

③ (宋)欧阳修:《与王几道》,见《欧阳修全集》卷一百五十,第2483 页。

授官、俸禄微薄的王复在经济上想必未免饥寒①，诗有饥态亦在情理之中。而后来历仕三朝、备位二府的欧阳修，随着物质生活的丰裕，其诗歌亦渐有富贵之气，同他的座师晏殊一样，皆"善言富贵"②。经济状况是一个人整个生活的基础，无论何时，它都以或隐或显的方式来体现它的深层力量，影响文人的家庭生活、政治活动、人生道路，思想观念乃至文学创作。本节拟从这一角度切入，来探讨欧阳修的物质生活与诗歌创作之间的关系。

一　"贪禄养亲"及影响

欧阳修幼年家境贫寒，其经济状况详情见第三章第一节考察。成年后的欧阳修，在诗文中回顾童年生活，"饥"、"贫"屡屡见诸笔下：

> 少从宦学，本免饥寒。（《蔡州再乞致仕第三表》）
> 顾我实孤生，饥寒谈孔孟。（《述怀》）
> 仕宦希寸禄，庶无饥寒迫；读书事文章，本以代耕织。（《感兴》其四）
> 臣生而孤苦，少则贱贫。（《滁州谢上表》）

个中情形，当有实情在。"孤""贫"的双重压力使得欧阳修从小身体瘦弱、内心敏感，于寸禄的希求较别人迫切。景祐四年（1037），贬官夷陵心绪不佳的欧阳修在《与荆南乐秀才书》中回忆其最初志学应举时的情形云：

> 仆少孤贫，贪禄仕以养亲，不暇就师穷经，以学圣人之遗业。而涉猎书史，姑随世俗作所谓时文者，皆穿蠹经传，移此俪彼，以为浮

---

① （宋）欧阳修：《与王几道》编者注写于景祐元年，王复此年中第，见苏舜钦《寄王几道同年》，沈文倬校点《苏舜钦集》卷五，上海古籍出版社 1981 年版，第 52 页。据《宋会要辑稿》选举二，此年四月十八日新登科进士授官有差，见清徐松辑《宋会要辑稿》选举二之七，第 4248 页。信中云"师鲁已有召"，据《长编》卷一一四景祐元年闰六月乙酉条云"（王曙）更荐修及洙，置之馆阁"，见《长编》第 2684 页。知此信约作于景祐元年闰六月前后，此时王复应新授官。

② 关于晏殊，见欧阳修《归田录》卷二"晏元献公喜评诗"条，《欧阳修全集》卷一百二十七，第 1928—1929 页；关于欧阳修，李纲《读四家诗选四首序》及阙名《桐江诗话》皆有论述，详见后文。

薄，惟恐不悦于时人，非有卓然自立之言如古人者。

有感于乐秀才投书的殷勤，尤其在自己处于"有罪之人，人所共弃"的境况时更为难得，欧阳修在此可谓一吐肺腑之言。比如"不暇就师穷经"就不完全是故作谦辞，至少反映了一部分实际情形。因为二十年后的嘉祐二年（1057），以翰林学士主持省试的欧阳修就在所出的试卷中把试题《丰年有高廪诗》这一句出处写错，导致举子喧哗，被谏官弹劾，最后罚金四斤①。

值得注意的是，在此封回信中，欧阳修所坦言早年尽力作时文、取悦时人的经历，由于不是本信要强调的重点而易为人忽略，实际上，经济生活的制约及后续的辐射衍生影响在其早年的文学活动中尤为凸显。生计的窘迫首先以不容质疑的力量限制了欧阳修人生道路的选择，他没有晏殊那样以神童召试赐进士出身的机遇，也没有梅尧臣那样由门荫入仕的机会，他必须以最快的时间中举及第，释褐为官，奉养母亲。这一功利的目的使得欧阳修尽力于熟悉、模仿时文并相当擅长。所以对于"少年志盛"的乐秀才，他建议"方欲取荣誉于世，则莫若顺时"，不啻夫子自道。《居士外集》卷五收录其早年未第时诗作，多类昆体风貌：

> 《汉宫》：桂馆神君去，甘泉辇道平。翠华飞盖下，豹尾属车迎。晓露寒浮掌，光风细转旌。廊回偏费步，珮远尚闻声。玉树人间老，珊瑚海底生。金波夜夜意，偏照影娥清。
>
> 《帘》：银蒜钩帘宛地垂，桂丛乌起上朝晖。枉将玟瑁雕为押，遮掩春堂碍燕归。

由于对时文用心追摹既久，渐渐对文字之美有深切领会②，欧阳修从没有完全排斥过昆体文风。他甚至说"时文虽曰浮巧，然其为功，亦不易也"（《与荆南乐秀才》）。本是因求禄仕而应举，为应举而学时文，这一限于物质条件的被迫选择却衍生出更深层持续的对创作及文学理念的

---

① （宋）江休复：《江邻几杂志》，《全宋笔记》第一编第五册，大象出版社 2003 年版，第 171 页。

② 王水照、崔铭《欧阳修传：达者在纷争中的坚持》指出："也许是出于功利的目的，也许是由于对文字之美的深切领会，欧阳修从来也没有完全排斥过以典雅含蓄相标榜的西昆体文风。"第 12 页。

影响。

除早期诗歌风貌外，这种影响还表现在对前人的诗学评价上，如终生对杨、刘服膺不已。如果说早年诗风类昆体是由于要"以礼部诗赋为事"（《记旧本韩文后》），不得已而为之，那么晚年退居颍上无欲无求之时所撰《归田录》、《六一诗话》，则代表了出乎内心的真实感受。二书寥寥百余条资料中谈及杨、刘、钱才高及对昆体的评价就有近20条，尤其是杨亿，从气节风骨到斐然文采都给予很高评价，如：

> 杨文公亿以文章擅天下，然性特刚劲寡合。
>
> 杨大年每欲作文，则与门人宾客饮、博、投壶、弈棋，语笑喧哗，而不妨构思。以小方纸细书，挥翰如飞，文不加点……顷刻之际，成数千言。真一代之文豪也。
>
> 杨大年与钱、刘数公唱和……而先生老辈，患其多用故事，至於语僻难晓。殊不知自是学者之弊。如子仪《新蝉》云："风来玉宇乌先转，露下金茎鹤未知。"虽用故事，何害为佳句也？又如"峭帆横渡官桥柳，叠鼓惊飞海岸鸥"，其不用故事，又岂不佳乎？盖其雄文博学，笔力有余，故无施而不可。

欧阳修不仅没有抨击昆体用事，反而从正反两方面举例为其辩解。其中，"雄文博学，笔力有余，故无施而不可"的评价与评韩愈的"笔力无施不可"（《六一诗话》）相类似，足见对杨、刘推许之高。后人往往着眼于欧阳修诗文相较昆体的相异革新之处，得出"庐陵诋杨、钱"①的印象，未免厚诬古人，也在某种程度上曲解了欧阳修的诗学理念。

再者，在对唐代诗人的评价上，欧阳修的"不好杜诗"与杨亿也有共通之处。与欧阳修同时而稍后的刘攽在《中山诗话》载云：

> 杨大年不喜杜工部诗，谓为村夫子。乡人有强大年者，续杜句曰"江汉思归客"，杨亦属对，乡人徐举"乾坤一腐儒"，杨默然若少屈。欧公亦不甚喜杜诗，谓韩吏部绝伦。吏部于唐世文章，未尝屈

---

① （清）贺裳：《载酒园诗话》，郭绍虞、富寿荪编：《清诗话续编》，上海古籍出版社1983年版，第406页。

下，独称道李杜不已。欧贵韩而不悦子美，所不可晓。①

　　在杨亿主要活动的真宗朝，诗坛流行的是以李昉、徐铉主倡的白体，其后即为西昆体。苏舜钦在景祐三年（1036，时杨亿已过世十余年）记载杜诗"并不为近世所尚"②，所以杨亿对杜诗的态度并不算太特别。反观欧阳修的时代则不同，自"二王本"刊出，在嘉祐四年（1059）王琪即言"近世学者，争言杜诗"③。而此时欧阳修已经"主天下文章之盟"④ 多年，其不好杜诗的态度就显得尤其另类。自从刘攽把二人的态度并举后，类似记载纷纷出现⑤，虽然在字面上仍是将二人并举，并无引申，但联系欧阳修对杨亿的推许，对杜诗疏离这一特殊观念的产生来自杨亿之影响当属情理之中。

二　中年"廪给丰羡"与诗歌"廊庙富贵气"

　　尽管欧阳修的诗学理念有承袭昆体诗人之处，但在北宋文学史上，欧阳修更多则是以一位新文坛主盟者的姿态出现的，用他自己的话说就是"苟得禄矣，当尽力于斯文，以偿其素志。"（《记旧本韩文后》）如果说"贪禄养亲"体现了经济生活对人生选择的残酷制约性，那么得禄后"尽力斯文"则说明了经济生活对精神事业的强大支撑力度。

　　据第三章考察，欧阳修的经济生活于庆历四年（1044）八月充龙图阁直学士、任河北都转运按察使及本路劝农使后得到彻底改善，俸禄增长了近三倍。另外，欧阳修丰厚的物质收入还不仅限于俸禄，"官荣日清近"（《读书》）的官场地位和"以文章擅天下"⑥ 的文坛地位所带来的物质福利同样占了不小的比重，不可小觑。前者在于得君王宠遇，赏赐机会增多。比如至和元年（1054）九月初入翰林院，仁宗

---

① （宋）刘攽：《中山诗话》，（清）何文焕辑：《历代诗话》，中华书局，1981年版，第288页。

② （宋）苏舜钦：《题杜子美别集后》，《苏舜钦集》卷十三，第171页。

③ （宋）王琪：《杜工部集后记》，《全宋文》卷一〇四二，第48册，第192页。

④ （宋）毕仲游《欧阳叔弼传》："本朝庐陵欧阳文忠公起于天圣、明道之间，主天下文章之盟者三十年"，《西台集》卷六，《丛书集成初编》本，第1943册，第84页。

⑤ （宋）陈善《扪虱新话》上集卷一："只如杨大年、欧阳永叔，皆不喜杜诗"，《丛书集成初编》本，第0310册，第3页；刘克庄《刘克庄集》卷一百八十一："杨大年、欧阳公皆不喜杜子美诗。"中华书局2011年版，第6965页。

⑥ （宋）叶梦得：《避暑录话》卷上，《全宋笔记》第二编第十册，第237页。

即赐对衣、金带、金镀银鞍辔马（《谢对衣金带鞍辔马状》）；嘉祐八年（1063），赐于阗国王朝贡所献花蕊布[1]；熙宁四年（1071）明堂礼毕，赐衣一袭、金腰带一条、银器150两、绢150匹[2]；在治平四年（1067）所写《感事》诗中，欧阳修还以无限缅怀的深情追忆仁宗对其的优渥宠遇：

> 先朝旧例，两府辅臣岁赐龙茶一斤而已。余在仁宗朝作学士兼史馆修撰，尝以史院无国史，乞降一本以备检讨，遂命天章阁录本付院。仁宗因幸天章，见书吏方录国史，思余上言，亟命赐黄封酒一瓶、果子一合、凤团茶一斤。押赐中使语余云："上以学士校新写国史不易，遂有此赐。"然自后月一赐，遂以为常。后余忝二府，犹赐不绝。

这是欧诗中最长的自注，堪称记叙小品，跟其余简短扼要的说明性自注形成了鲜明对比。虽然笔端在回忆过往客观事实，并不带感情，但下文"号弓但洒孤臣血，忧国空余两鬓霜"的悲痛抒情就显得真实而令人动容。这里，"遂以为常"的赏赐其实已成了变相俸禄。

此外，欧阳修还经常能在逢年过节收到各处送来的酒（《与梅圣俞》其三十二），在炎热的夏天还能得到赐冰[3]。

后者文坛盟主的物质便利在于为人撰墓志碑铭机会尤多，所获润笔颇丰。其实担任翰林学士起草内外制词亦有润笔[4]，不过形成制度后更像一种形式的工作补贴，与此处所说朋友间的酬谢颇不同。"庆历后，欧阳文忠公以文章擅天下，世莫敢有抗衡者。"[5] 士大夫莫不以欧阳修之文铭之以为荣。司马光在给孙察的信中即云："今尊伯父既有欧阳公为之墓志，如欧阳公可谓声名足以服天下，文章足以传后世矣……尊伯父之名，自可光辉于无穷"[6]，就代表了当时人的看法。在有文集流传的

---

① （宋）欧阳修：《感事》自注，《欧阳修全集》卷十四，第237页。
② （宋）欧阳修：《谢明堂礼毕宣赐表》，《欧阳修全集》卷九四，第1420页。
③ （宋）梅尧臣《中伏日永叔遗冰》："盘冰赐近臣，络绎中使驰。"《梅尧臣集编年校注》卷二十九，第1097页。
④ （宋）沈括《梦溪笔谈》卷二："内外制凡草制除官，自给谏、待制以上，皆有润笔物。"胡道静：《新校正梦溪笔谈》卷二，中华书局1957年版，第34页。
⑤ （宋）叶梦得《避暑录话》卷上，《全宋笔记》第二编第十册，第237页。
⑥ （宋）司马光：《答孙察长官书》，《全宋文》卷一二一二，第56册，第41页。

北宋著名文人中，欧阳修所撰的墓志碑铭有 107 篇，仅次于王安石居第二①。其所撰墓主多达官显宦，如王旦、晏殊、程琳、薛奎、范仲淹、王尧臣、吴育、李端懿等，所得润笔亦不会少。像王旦之子王素就给欧阳修送了金酒盘盏十副、注子二把，还花千缗买了两个侍女②；程琳家人则送帛 5000 端③。

虽然在嘉祐二年（1057）雨灾时，欧阳修也说过"墙壁豁四达，幸家无贮储"（《答梅圣俞大雨见寄》）的话，但这只不过是特殊情况下的自谦之词。实际上，他此时家中蓄有八九个歌妓④，买得起 100 千的马，（《与薛少卿公期》其八），交的出 400 千的罚款⑤，甚至因为家中被盗还打算备一铺"家宅巡警"⑥。嘉祐元年（1056），他引荐老友梅尧臣为国子监直讲，同年赠绢二十匹助其嫁女，次年又赠马；治平三年（1066），赠苏轼 200 千以助其葬父。他自己也屡次承认"窃禄甚厚"（《答连职方庶》二）、"青衫仕至千钟禄"（《书怀》），连饮食习惯也随之奢华铺张起来，"渐追时俗流，稍稍学营办。杯盘穷水陆，宾客罗俊彦"（《读书》）。

此时的欧阳修，在物质生活层面毫无疑问当属于已谙富贵者，但并不是所有富贵中人都能道富贵语。披遇四朝的岐国公王珪，其诗却喜用金玉珠璧以为富贵，人称"至宝丹"⑦。幸运的是，欧阳修的绝妙才情将对富贵生活的熟稔升华为精神层面的富贵廊庙之气，深深影响了其中年后诗作

---

① 叶烨：《北宋文人的经济生活》，百花洲文艺出版社 2008 年版，第 74 页。实际据《居士集》《居士外集》统计，欧作碑志文有 111 篇。

② （宋）曾慥：《高斋漫录》，《全宋笔记》第四编第五册，第 99 页。

③ （宋）邵博：《邵氏闻见后录》卷二十二，邵博撰，刘德权、李剑雄点校：《邵氏闻见后录》，中华书局 1983 年版，第 171 页。费衮于《梁溪漫志》卷八中为欧阳修辩诬，见费衮撰，金圆校点《梁溪漫志》，上海古籍出版社 1985 年版，第 95—96 页。费氏所辩从欧公一世正人的道德角度，显得比较苍白。参考王素所送润笔，连人带物，花费当在 1500 两以上，程氏送 5000 端帛亦不算太离谱之事。

④ （宋）梅尧臣：《次韵和酬永叔》（嘉祐四年）："公家八九姝，鬓发如盘鸦。"见朱东润《梅尧臣集编年校注》卷二十九，第 1076 页。

⑤ （宋）江休复《江邻几杂志》："嘉祐二年，欧阳永叔主文省试《丰年有高廪》诗，云出《大雅》，举子喧哗。为御史吴中复所弹，各罚金四斤。"《全宋笔记》第一编第五册，第 171 页。

⑥ （宋）欧阳修《与薛少卿公期》其七（嘉祐某年）："为前日所见偷窃者惊家人，欲于宅西添一铺巡警，不知有例否？夫人言公期宅前曾创添一铺，不知申报何处施行？"《欧阳修全集》卷一百五十二，第 2506 页。

⑦ （宋）陈师道：《后山诗话》，（清）何文焕辑：《历代诗话》本，第 314 页。

风貌的构成。

在欧诗的品评中，北宋末的名臣李纲最先注意到这一点。他在《读〈四家诗选〉四首》序中说道："永叔诗温润藻艳，有廊庙富贵之气……诵其诗者，可以想见其为人，乃知心声之发，言志咏情得于自然，不可以勉强到也。"① 其后认可者渐多：南宋谢采伯在《密斋笔记》卷三中云："余以富贵人为文词，自然温润。欧阳公其俦也。"② 阙名《桐江诗话》载："永叔《送李留后知郓州》诗，乃士君子之处富贵，非庸鄙有力者所可为。"③ 方回《瀛奎律髓》卷二十四云："（欧阳公）七言律诗，自然之中有壮浪处，有闲远处，又善言富贵而无辛苦之态。未尝不立议论，而斧凿之痕泯如也。"④ 而考察欧阳修生平诗歌创作的时间与体式，七律恰好主要创作于其后半生（48—66 岁）。连一向不甚喜欧诗，贬其为"诗道至庐陵，真是一厄"⑤ 的清代吴乔也颇认可欧阳修的近体诗，并举《苏主薄泂挽歌》《游石子涧》《送目》三首诗，评为"俱极风流富贵之致"⑥，而其中前两首皆作于后半生的治平、熙宁年间。

谈到欧诗的"廊庙富贵之气"，不能不提的人是元代的刘壎。生平遭逢南宋故国沦丧，经历易代之痛的他以一种颇有深度的视角解读欧诗，于欧诗中发掘出厚实博大的太平气象，在欧诗接受史上涂下浓墨重彩的一笔。这可视为对"廊庙富贵之气"的超越。其实早在刘氏之前，宋末黄震已经在《黄氏日钞》中评点欧阳修《水谷夜行》诗"见平旦气象"、《暮春》诗"有太平气象"⑦，也许是同样身为季世之人尤其渴望太平之故。刘壎此种阐释或有受黄震影响之处，但他无疑阐发的更为彰显深入。其《隐居通议》卷七云：

范蜀公尝谓仁宗四十二年太平，都被柳词写尽。以愚观之，柳词

① （宋）李纲：《梁溪先生文集》卷九《读四家诗选四首序》，《宋集珍本丛刊》第 36 册，第 316 页。
② （宋）谢采伯：《密斋笔记》卷三，《丛书集成初编》本，第 2782 册，第 27 页。
③ （宋）胡仔：《苕溪渔隐丛话》前集卷二九，第 201 页。
④ （元）方回选评，李庆甲汇评校点：《瀛奎律髓汇评》，第 1079 页。
⑤ （清）吴乔：《围炉诗话》卷五，《清诗话续编》本，上海古籍出版社 1983 年版，第 412 页。
⑥ （清）吴乔：《围炉诗话》卷五，《清诗话续编》本，第 413 页。
⑦ （宋）黄震：《黄氏日钞》卷六十一，《景印文渊阁四库全书》本，第 708 册，第 507、508 页。

何足当此？欧诗数联，或者足以想见当时太平气象，今录如左：

万马不嘶听号令，诸蕃无事乐耕耘。（《寄秦州田元均》庆历五年）

绿槐夹道飞黄盖，翠辇鸣鞘向紫宸。（《景灵朝谒从驾还宫》至和元年）

云深晓日开宫殿，水阔春风飏管弦。（《赴集禧宫祈雪追忆从先皇驾幸泫然有感》嘉祐八年）

玉勒争门随仗入，牙牌当殿报班齐。（《早朝感事》治平元年）

凤城斜日留残照，玉阙浮云结夜霜。（《崇政殿试贤良晚归》治平二年）

金阙云开沧海日，天街雨后绿槐风。（《久在病告近方赴直偶成拙诗二首》嘉祐二年）

琼花落处紫仙仗，玉殿光中认赭袍。（《奉和刘舍人初雪》嘉祐四年）

五色诏成人不到，万年风动阁生凉。（《和原甫舍人阁下午寝归有作》嘉祐四年）

组甲光寒围夜帐，彩旗风暖看春耕。（《送郓州李留后》至和二年）

威行四境风烟断，响入千山号令传。（《寄渭州王仲仪龙图》治平二年）

年丰千里无夜警，吏退一室焚清香。（《青州书事》熙宁二年）

九门寒食多游骑，三月春阴正养花。（《三日赴宴口占》治平三年）

晴明风日家家柳，高下楼台处处山。（《春晴书事》熙宁二年）

以上数联，诵其诗，想其景，则升平气象瞭然在目，岂季世所得见？引笔至此，流涕太息。①

之所以不惮烦引以上诗句，旨在点明其所写时间，除一联作于庆历五年（1045）外，其余均作于至和元年（1054）回朝后，也就是欧阳修备位二府、位望日隆时期。诗句中不乏与富贵有关的具体物象点缀，如"翠辇""凤城""金阙""玉勒""彩旗""琼花"等，但随即消解于

---

① （元）刘壎：《隐居通议》卷七，《丛书集成初编》本，第 0212 册，第 73—74 页。诗题与系年为笔者所加。

"万年""千山""诸藩无事""年丰千里""风暖春耕"所营造的阔大意境中，遂蜕去"至宝丹"之俗而气象雍容，意境闲远。刘壎已经指出欧诗的风貌与其个人地位及时代的联系："文忠公得时行道，在庆历、嘉祐、治平间，正宋朝文明极盛时，故发为诗章，皆中和硕大之声，无穷愁郁抑之思，所谓治世之音安以乐。"① 这里经济因素已不限于一己之富足，治世是更为深广的背景基础。物质生活的优裕与个人的得时行道以及社会时代的繁华升平相互辉映，相辅相成，共同建构了欧诗别样的雍容富贵之美，与早年的类昆体诗作相比，欧诗风貌也最终完成了标志性的自我树立。

不过，物质生活在对文学创作产生影响时，二者之间的关系是复杂多层面的。即便如欧公才情，其作品亦有不善言富贵之处，如诗中屡言金带就颇为人诟病。据《王直方诗话》载，刘攽就曾举欧诗"白发垂两鬓，黄金腰七环"及"万钉宝带烂腰环"两处并调侃"永叔这条腰带，几次道着也"②。南宋葛立方甚至言有人讥为"矜服衒宠"③。对此，深慕欧阳修并主持欧集再编工作的周必大挺身为乡贤辩护：

> 杜工部诗屡及银章，欧阳文忠公诗数言金带，此亦常事。后来士大夫多以不仕为旷达，又因前辈偶谓"老觉腰金重，慵便枕玉凉"，为未是富贵。小说遂云"永叔这条金带，几道著。"余谓近世迈往凌云，视官职如缰锁，谁如东坡。然《送陈睦》诗云"君亦老嫌金带重"，《望湖海》词云"不堪金带垂腰"，岂害其为达耶？④

当时移世易，北宋的升平治世沦丧为南宋的半壁江山，仕进之路愈狭，士大夫的心态也随之变为"以不仕为旷达"。周必大从时序的角度来解读南宋对欧诗"数言金带"的批评，洵为精到之言。在举苏轼进行类比后，周必大认为欧阳修即使"数言金带"亦不害为达。这个观点是否能得到葛立方一派的认可姑且不论，周必大不经意谈到的另一个问题则颇耐人寻味。众所周知，"'老觉腰金重，慵便枕玉凉'为未是富贵"的言论正是欧阳修自己在《归田录》中所记载，虽出晏殊之口，

---

① （元）刘壎：《隐居通议》卷七，《丛书集成初编》本，第0212册，第72页。
② （宋）胡仔：《苕溪渔隐丛话》前集卷三十，第208页。
③ （宋）葛立方：《韵语阳秋》卷十一，上海古籍出版社1984年版，第139页。
④ （宋）周必大：《二老堂诗话》，（清）何文焕辑：《历代诗话》本，第668页。

但欧阳修的赞许之意也是一望而知。但在自己的诗中，他还是有意无意写到了很多"腰金"这种"未是富贵"之言。同样的例子还有，也是在《归田录》中，欧阳修记载了仁宗朝白体诗人的一句遭大家嘲笑的诗"有禄肥妻子"，而细读欧诗，其位望日隆之后亦写有类似诗句，"还朝今几年，官禄沾儿侄"（《班班林间鸠寄内》）"俸优食饱力不用"（《伏日赠徐焦二生》）"禄厚岂惟惭饱食，俸余仍足买轻装"（《青州书事》），造语之率易、句意之浅豁，并不比"有禄肥妻子"好多少。换句话说，欧阳修虽未自我标榜过善言富贵，但他无疑是极力避免以金玉珠璧为富贵的浅层表达的。即便如此，在理论与才华皆备之后，当优裕的物质生活进入文学表现时，二者关系仍是无法达到完美的融合，仍然会有普通甚至低劣的作品出现。这其实从另一个方面反衬出"善言富贵"之难。

第七章　日常宴饮生活与欧词创作

如果说诗文作品大部分作于独居静思时的书斋中，那么词作则大多诞生于嬉笑喧哗的群居宴饮场合。这一静一动的两种生活形态构成了日常生活的主体情形。宴饮是北宋士大夫迎来送往及公务之暇的重要活动方式。《梦溪笔谈》载："时天下无事，许臣僚择胜燕饮，当时侍从文馆士大夫为燕集，以至市楼酒肆，往往皆供帐为游息之地。"① 欧阳修仕宦四十余载，平生交游广泛，又以文名擅天下，公私宴饮几无虚日，常常是"日暮还家，客已盈室"②，欢聚宴饮构成了欧词创作的具体情境。群居及社交生活并不适合抒发个体的深刻哲思，亦不适用于冷寂萧索的氛围渲染。但乐语并不意味着单调粗浅，在群体生活的呈现中，欧阳修仍在叙写相聚欢乐背后呈现出的自我和独特价值体认和生命深情。对宴饮生活方方面面的考察有助于深入体认欧词之叙事内容、抒情特点与风格特色。

第一节　创作情境：日常宴饮生活与欧词开拓

据《欧阳修词校笺》统计，240 首欧词中可编年者约 70 余首。③ 创作高峰为任职洛阳、知颍州、嘉祐居京三个时段，皆在 15 首以上。如果算上事后追忆作品数量更多，如宝元、庆历年间追忆洛中旧游之作，以及熙宁间致仕归颍后对西湖的歌咏。对洛阳生活的追忆和对西湖美景的描摹是两大核心主题。从宴饮所用妓乐类型考察，欧阳修的宴饮活动中所用妓乐主要为官妓及家妓，而宴会参与人员也多为同僚好友，相似的官员身份

---

① （宋）沈括：《梦溪笔谈》卷九，沈括著，胡道静校注：《新校证梦溪笔谈》，中华书局 1957 年版，第 111 页。
② 欧阳修：《与蔡省副三通》其一，《书简》卷八，《欧阳修全集》，第 1303 页。
③ 据欧阳明亮《欧阳修词校笺》统计，中华书局 2019 年版。

和宦途遭际使得欧词创作时不自觉地转向自言体的主体化抒情模式。本节拟从这几个方面对宴饮生活与欧词创作二者之关系略作探讨。

一　西都欢纵：欧词赏玩特色及艳词风波

天圣九年（1031）春，于去年高科及第的 25 岁新科进士欧阳修来到西京洛阳，开启了他的仕途生涯，也开启了他的作词之旅。虽然现在欧词中三分之二的作品无法系年，但考察欧阳修早年求学及应举经历，可知在洛阳之前，他并无作词可能。今存《居士外集》中保留大量未第时诗作，但词的创作却有着特殊环境。它与都市娱乐活动密切相关，"是一种都市的娱乐性的文学"①，"其生成和发展确与都市的娱乐生活息息相关，或者说，燕乐的盛行、歌妓歌词佐酒与文人应歌填词的往复互动，主要体现在都市的娱乐生活中。"② 而考察欧阳修早年经历，其家庭经济状况是"家贫无资"③，其受教育条件是母亲"以荻画地，教以书字"④，其成长之地随州"虽名藩镇，而实下州""僻陋无学者"，加上他早年一心勤学苦读，科场不顺，"凡三举而得第"，是以登第前无从接触歌筵宴饮场所而作"助妖娆之态""资羽盖之欢"之小词。

但也正因出身贫寒的苦读成长经历，使得年轻气盛的欧阳修在接触到繁华的洛阳都市娱乐活动后开始了补偿性的纵情游宴。此时的西京幕府人才济济，留守相公钱惟演优待文士，不以吏责，同僚谢绛、尹洙、梅尧臣皆一时名士，相与切磋论文。洛阳时期成了欧阳修一生文学创作的发轫期，对欧阳修一生影响甚巨。⑤ 洛阳花也成为他"青春岁月的象征，同时凝聚着他韶华易逝不复、世事盛衰变幻的人生体验。"⑥ 欧阳修笔下对这段时光的追忆怀念不胜枚举：

《上随州钱相公启》（明道二年）：况西河幕府，最盛于文章；南

---

① 袁行霈：《中国诗歌艺术研究》，北京大学出版社 1998 年版，第 278 页。

② 沈松勤、楼培：《词坛沉寂与"南词"北进——宋初百年词坛考察》，《北京大学学报》2013 年第 1 期，第 110 页。

③ 欧阳发：《先公事迹》，《欧阳修全集》附录卷五，第 1370 页。

④ 欧阳发：《先公事迹》，《欧阳修全集》附录卷五，第 1370 页。

⑤ 参见《王水照自选集》中关于"北宋洛阳文人集团"的三篇文章。关于任职洛阳对欧阳修的影响，学界研究成果参见陈湘琳《欧阳修的文学与情感世界》第二章中相关梳理，复旦大学出版社，第 90—91 页。

⑥ 《王水照自选集》，第 161 页。

国兰台，莫非乎英俊。岂伊末迹，首玷初筵，至于怜嵇懒之无能，容祢狂而不辱。告休漳浦，许淹卧以弥旬；偶造习家，或忘归而终日。但觉从军之乐，岂知为吏之劳？

《书怀感事寄梅圣俞》（景祐元年）：飞琼始十八，妖妙犹双环。寒簧暖凤嘴，银甲调雁弦。自制《白云曲》，始送黄金船。珠帘卷明月，夜气如春烟。灯花弄粉色，酒红生脸莲。东堂榴花好，点缀裙腰鲜。插花云髻上，展簟绿阴前。乐事不可极，酣歌变为叹。

《送徐生之渑池》（至和元年）我昔初官便伊洛，当时意气尤骄矜。主人乐士喜文学，幕府最盛多交朋。园林相映花百种，都邑四顾山千层。朝行绿槐听流水，夜饮翠幕张红灯。

《河南府司录张君墓表》（嘉祐二年）：文僖公善待士，未尝责以吏职，而河南又多名山水，竹林茂树，奇花怪石，其平台清池上下，荒墟草木之间，余得日从贤人长者赋诗饮酒以为乐。

以钱惟演为主导的洛阳幕府游宴生活对欧阳修的影响是多方位的而且几乎持续终生。如对"始作古文"的激发，"留意史学"的引导、撰写《洛阳牡丹记》的启示等。尤其是洛阳花这一意象，"成为他诗词创作中的一种富有生命力的意象，倾注了他的关注和眷爱。"① "曾是洛阳花下客"也成为他用以抒发迁谪之怀的慰藉。

就词创作而言，对洛阳生活的眷恋和热爱更是让欧词在创作初期便得以自成面目，从而与花间蹊径有着本质不同。今据学界研究成果，作于洛阳时期的词作有以下14首：

《南歌子·凤髻金泥带》（天圣九年）《少年游·玉壶冰莹兽炉灰》（明道元年）《踏莎行·候馆梅残》（明道二年春）《浪淘沙·把酒祝东风》（明道二年）《玉楼春·风迟日媚烟光好》（西京任上）《玉楼春·西亭饮散清歌阕》（西京任上）《临江仙·柳外轻雷池上雨》（西京任上）《凉州令·翠树芳条飐》（西京任上）《梁州令·红杏墙头树》（西京任上）《少年游·绿云双髻插金翘》（西京任上）《少年游·去年秋晚此园中》（明道二年秋）《玉楼春·春山敛黛低歌扇》（景祐元年年初）《玉楼春·尊前拟把归期说》（景祐元年春）《玉楼春·洛阳正值芳菲节》（景祐元年春）

① 《王水照自选集》，第162页。

　　这些词作大部分有着明显的主体抒情模式，融入了欧阳修个人的生命体验，对青春岁月和美好人事的无限赏玩和留恋，间有少量代言之作，亦可与欧诗的相关记载互相印证。①

　　这部分词作值得关注的新变之处有以下几个方面：首先，在《南歌子·凤髻金泥带》中塑造了一个娇憨喜乐的新妇形象，突破了以往闺情怨别词中的愁妇类型模式；其次，《少年游·去年秋晚此园中》为词史上首篇悼亡之作，②开拓了自言体抒情的范围，扩大了词体表现功能。同时，在表达技巧上，此词用"去年""携手玩芳丛"与"今年重对芳丛处"这种时移境同、时空参照之格来表达物是人非之感，不仅呈现出精巧的构思，也与《生查子·去年元夜时》形成了内在呼应，而后者在这种表达技法上的运用更为纯熟，删去无关景物，突出"境同"这一特点，因此整体艺术水平亦略胜一筹。③第三，在《玉楼春·尊前拟把归期说》等离别词中，呈现出非常强烈的个人特色，即赏玩之热烈与不舍之深情。要理解这种热烈从何而来，就需要勾连欧阳修在洛阳任职期间的整体生活与创作状态，才能对此有深切体认。仅就明道元年（1032）来说，欧阳修的游赏活动就有两游龙门、两游嵩山、近郊陪游、游上林院、预池亭宴会、游洛北、普明寺竹林小饮饯梅尧臣、游城南等。④同时，作记、建堂、行县、唱和、祷雨、谑称"八老"等众多文化及创作活动并行不悖，可谓"行乐无虚日"。欧阳修在洛阳时期收获了新婚之乐，也品尝了悼亡之戚，不仅各体文学创作进入迸发状态，在友朋相互切磋中日益精进，还对集古、作史、撰写花品等众多文化活动皆产生了兴趣，更使他的政治理想成型并深化。"总而言之，欧阳的学问基础，改革的主张，爱才的精

① 《少年游·绿云双髻插金翘》一词，欧阳明亮据此与欧阳修《戏赠》一诗互证，系于景祐元年。见《欧阳修词校笺》，第365页。

② 严杰：《欧阳修年谱》，第51页，"据词意，似为胥氏夫人卒后感伤之作"。

③ 这一点也可为判定《生查子》词署名权增加一条内证，即便此词归属已基本无异议。此词署名权，前人已辨明，见胡可先、徐迈《欧阳修词校注》中此词校记，上海古籍出版社2015年版，第79—80页。《生查子·去年元夜时》一词本事似亦为悼亡而发。欧阳修在原配胥氏夫人过世后，于景祐元年冬续娶杨大雅女杨氏夫人。杨氏夫人卒于次年景祐二年九月。是时欧阳修居京任馆阁校勘，二人在景祐二年元夜或有京师赏灯之游，而在景祐三年元夜欧阳修尚居京，便会有"不见去年人，泪湿春衫袖"之悲情。此年五月贬夷陵方离京。此后欧阳修居京时皆有薛夫人随行，似不宜有悼亡之举。俟考。

④ 《欧阳修纪年录》，第42—50页。

神，以及后来政治上遭受打击，这一切都已定型于他早年在洛阳的时候。"① 在钱惟演离任分别之时，众人难舍，"钱相泣下，诸公皆泣下"②，洛阳的交游之盛是他一生中屡屡追忆的核心内容。而这一切体验皆是其词作中支撑"直须看尽洛城花"豪放之态的生命深情所在。与诗文中一样，洛城花与洛阳记忆在欧词中构成一种固定的抒情模式和缅怀场域。在洛阳离任后的宝元、庆历间，欧阳修或与老友重逢，或再过西京，继作《玉楼春·常忆洛阳风景媚》《夜行船·忆昔西都欢纵》《采桑子·画楼钟动君休唱》《采桑子·十年一别流光速》《采桑子·十年前是尊前客》等词，主体内容皆为对洛阳岁月的追思，词作与诗文形成主体抒情的互通。欧词在发轫之初便体现出鲜明的自我特色，而非单纯停留于模仿阶段，这是很值得关注的。

欧词中的艳情之作，从创作背景及生活经历考察，应大多作于这个阶段。首先，从文献角度甄别欧词与他人互见之作及艳情之作，在新材料未出现之前已陷入很难推进的困境，而从雅俗等风格或艺术成就高低来分辨去伪存真也成为被学界弃置不用的研究方法③。其次，艳情之作多产生于风流少时，这也是大多数词人的共同创作特点。陈廷焯云："其香艳之作，大率皆年少时笔墨，亦非尽后人伪作也。"④ 就欧阳修来说，洛阳三年优游饮宴生活是他创作艳词的适宜环境。一，考其此后仕履，作艳词之环境皆不如洛中。景祐初居京任馆阁校勘，于公并无官妓，于私俸禄低

① 刘子健：《欧阳修的治学和从政》，第 136 页。
② （宋）邵伯温撰，李剑雄、刘德权点校：《邵氏闻见录》，中华书局 1983 年版，第 82 页。
③ 参见陈尚君《欧阳修著述考》（《复旦学报》1985 年第 3 期，第 168—172 页）、谢桃坊《欧阳修词集考》（《文献》1986 年第 2 期，第 9—22 页）、罗弘基《欧阳修词集斠疑》（《求是学刊》1990 年第 3 期，第 72—77 页）、王水照：《醉翁琴趣外篇的真伪与欧词的历史定位》（《词学》第十三辑，第 44—54 页）、胡可先：《欧阳修词真伪及欧集版本问题》（《宋代诗词实证研究》，浙江大学出版社 2019 年版，第 162—178 页）；亦有论者从不同视角研究欧阳修艳情之作的创作动因及历时接受，如马里扬《宋代士大夫歌词特质形成之内在动因与历史心理——以欧阳修词"互见"与"艳情"问题为中心》（《汉学研究》2011 年第 2 期，第 279—305 页）、欧阳明亮：《欧阳修艳词创作的重新透视——以欧阳修的〈诗经〉解读为视角》（《词学》第二十六辑，第 33—50 页）、张静：《欧阳修艳词写作动机新解》（《词学》第二十七辑，第 38—50 页）。
④ （清）陈廷焯：《词坛丛话》，《词话丛编》本，唐圭璋编，中华书局 1986 年版，第 3721 页。

微，"欲饮酒，钱不可得"①，艳词无由而作；稍后远贬夷陵，下县小州，亦似无官妓，且谪居苦闷，无以为遣；至宝元间移乾德，与梅尧臣、谢绛有清风之会，方有词作；再后庆历间知谏院，勇于为政，树敌过多，以盗甥案落贬滁州。盗甥之罪之所以能穷兴大狱，皆源于其艳词流播广远，因此可逆知在此之前欧阳修已有大量艳词传唱世间。二，就欧阳修对自我的心理年龄分期来看，30岁时夷陵之贬是他告别少年的标志。他笔下以少年自称，皆指洛中时期。而在景祐三年年底谪居夷陵时首次出现了白发书写，"白发新年出，朱颜异域销"②。虽然可能只是鬓边少量几根白发，但他在心理上已把自己归入了中年，加上远贬的政治打击，使他产生"宦途离合信难期"之感，甚至自称"衰翁"。宝元二年（1039），他在与友人的信中这样描述其心境变化："仆知道晚，三十以前尚好文华，嗜酒歌呼，知以为乐而不知其非也。"③此时欧阳修不过33岁，但已在内心与"嗜酒歌呼"的少年岁月作了告别。此外，家庭因素亦或有之，即少有性严夫人之管束。胥氏夫人成婚不到两年即过世，两年半后任职馆阁校勘时欧阳修方娶杨氏夫人，亦旋即过世。也就是说在洛阳任职期间有一年多的时间为未婚及丧偶状态，因此在私生活上未免放纵。景祐四年（1037）谪居夷陵时娶薛氏夫人，此时欧阳修已自认中年，且薛夫人"严而不容"④，管束颇多，是以狎妓、作艳词之事皆于情于理不再适宜。见诸记载的狎妓之事较为可靠者最后为庆历初任滑州节度判官时，所谓"韦县赠庚申"⑤者，此时去续娶薛夫人未远，再至其后即少见。

洛阳时期的欧阳修少年意气，"心壮志得"，小词艳曲既多作，狎妓之事亦时俗使然。关涉这一问题的史料，屡见征引者有《钱氏私志》的相关记载：

> 欧文忠任河南推官，亲一妓。时先文僖罢政，为西京留守。梅圣俞、谢希深、尹师鲁同在幕下，惜欧有才无行，共白于公，屡微讽而不之恤。一日宴于后圃，客集，而欧与妓俱不至。移时方来，在坐相

---

① 欧阳修：《与梅圣俞》其六，《欧阳修全集》，第1280页。

② 欧阳修：《初至夷陵答苏子美见寄》，《欧阳修诗文集校笺》，第312页。

③ 欧阳修：《答孙正之第二书》，《欧阳修诗文集校笺》，第1811页。

④ （宋）曾慥：《高斋漫录》，《全宋笔记》第四编第五册，第99页。

⑤ （宋）魏泰：《临汉隐居诗话》，（清）何文焕《历代诗话》本，中华书局1981年版，第331页。

视以目。公责妓云："未至何也？"妓云："中暑往凉堂睡着，觉而失金钗，犹未见。"公曰："若得欧阳推官一词，当为赏汝。"欧即席云："柳外轻雷池上雨，雨声滴碎荷声。小楼西阁断虹明，栏干倚遍，待得月华生。燕子飞来棲画栋，玉钩垂下帘旌。凉波不动簟纹平，水晶双枕，旁有堕钗横。"坐皆称善，遂命妓满酌赏欧，而令公库偿其失钗。咸谓欧当少戢，不惟不恤，翻以为怨。后修《五代史·十国世家》，痛毁吴越，又于《归田录》中说先文僖数事，皆非美谈。从祖希白尝戒子孙毋得劝人阴事，贤者为恩，不贤者为怨。欧后为人言其盗甥，表云："丧厥夫而无托，携孤女以来归。张氏此时，年方七岁。"内翰伯见而笑云："年方七岁，正是学簸钱时也。"欧词云："江南柳，叶小未成阴。人为丝轻那忍折，莺怜枝嫩不胜吟。留取待春深。十四五，闲抱琵琶寻。堂上簸钱堂下走，恁时相见已留心，何况到如今。"欧知贡举，题目出"通其变使民不倦"，乃云"通其变而使民不倦"，贤良作唱曰："试官偏爱外生而。"于是科场大哄，皆报东门之役也。①

《钱氏私志》作者所述及世系颇混乱，撰人模糊，但为钱氏后人无疑。此书旧题钱愐或钱氏昭，四库馆臣认为"愐尝记所闻见，而世昭序而集之尔"②。愐、世昭二人为钱藻子孙辈，指称钱易则不为"从祖"。是此书"记所闻见"者当非一人，此条资料记录者或为钱藻同辈。

这则材料非常典型，其叙述内容努力构建出一个颇为严密的欧阳修艳词创作的逻辑关系，看似实录，而实际上呈现出宋人的狎妓娱乐生活、艳词创作与政治斗争、时代思潮嬗变之间缠夹不清互为因果的复杂关系。而在后人据此以引证欧阳修早年生活及艳词创作时又出现了二次的循环论证。论者对此条资料的解读颇多，其要者有以下分析：

（欧阳修）年少豪侠之气过滤后与以钱惟演为代表的旧式政治家从政方式之背离，此是导致《五代史记》中未对吴越钱氏有所肯定的深层次原因；明乎此，则《钱氏私志》中"报怨"之意可获得一合理解释。无论是钱明逸抑或钱藻其就"张氏甥案"对欧阳修的讥讽，就时间而言由于作者始终不愿示人，因此当非获读《五代史记》而发，而是针对政治上已然独立自树的欧阳修本人。由于《五代史记》流传后，其中含有欧

① （宋）钱愐：《钱氏私志》，《四库全书》第 1036 册，第 661—662 页。
② （清）永瑢等：《四库全书总目》，中华书局 1965 年版，第 1191 页。

阳修之"私志"为人所共知，故在钱氏后人的转录中，遂自钱惟演始而以钱藻终，将一家三代四人捉置一处围绕着《五代史记》而展开积怨与回击，又添加入欧阳修早年放纵生活的细节，最终为"艳词"的产生营造了颇具戏剧性的创作场景。①

　　此外尚可补充者有以下数端：一，考察洛阳时期及其后欧阳修的记载，他对钱惟演并无任何怨恨之处。钱惟演优待文士，亦不会"微讽"欧阳修令其"少戢"。"日讶其多出游"者实为王曙。对此已有论者辨明。②而洛阳时期欧、梅、尹等同僚义气相交，亦无"惜欧有才无行，共白于公"之可能和相关记载。二，钱明逸兴张甥案以攻击欧阳修，并非针对"独立自树的欧阳修本人"，而是北宋党争中习见的台谏与执政之争，所用发人阴事之手段亦为当时政治斗争习见。欧阳修此前任谏官时弹劾大臣亦如此。"自仁宗之为此制（指"诏宰相毋得进用台官"）也，宰执与台谏分为敌垒，以交战于廷。台谏持宰执之短长，以鸷击为风采。"③"公锐意言事，如论杜曾家事，通嫂婢有子，曾出知曹州，即自缢死。"④"台谏在政治生活中表现出来的缺乏理性的病态品格，正是其希风承旨的工具性能所决定的。"⑤"庆历台谏反对为仁宗认可的范仲淹'新政'；治平台谏反对韩琦、欧阳修遵照仁宗遗旨……断以己意，恣加论奏，攻讦诋毁，不干事理。这与北宋统治者创置'耳目'，许以'风闻言事'，使之权重气盛，借以'尊朝廷，修君德'的初衷，是既相对立又相统一的两个方面。"⑥欧阳修因个人私生活的两次被劾皆与此制度设计有关，而非缘于与钱明逸、彭思永等人的个人私憾。而这些政治风波中皆与艳词阐释缠绕纠葛，则属于欧阳修的个人特色。

　　因此，欧阳修既非因狎妓事怨恨钱惟演，亦非因此"痛毁吴越"。"内翰伯"钱明逸亦非因"痛毁吴越"而兴盗甥之狱。他对"年方七岁，正是学簸钱时也"的调侃，如果实有其事的话，与苏轼调侃"此乃杜牧之绿叶成阴之句也"的思维模式类似，只不过由于党争的掺杂，这两种评论看起来善恶有别。

①　马里扬：《宋代士大夫歌词特质形成之内在动因与历史心理——以欧阳修词"互见"与"艳情"问题为中心》，《汉学研究》第29卷，2011年第2期，第301页。
②　参见何勇强《钱氏吴越国史论稿》，浙江大学出版社2002年版，第332—337页。
③　（清）王夫之：《宋论》卷四，中华书局1964年版，第92页。
④　（宋）王铚：《默记》卷下，中华书局1981年版，第39页。
⑤　沈松勤：《北宋文人与党争》，人民出版社1998年版，第99页。
⑥　沈松勤：《北宋文人与党争》，人民出版社1998年版，第115页。

《侯鲭录》云：永叔闲居汝阴时，一妓能尽记公所为歌词，公戏云："他日当来作守。"后自维扬移汝州，其人已不复见，《题撷芳亭》云："柳絮已将春去远，海棠应恨我来迟。"后二十年，东坡来作守，见之曰："此乃杜牧之绿叶成阴之句也。"①

由于传统文学作品解读中知人论世的强大阐释思维，以及欧词由于本色当行而广为传唱的热度，接受者难免会忽视代言体的特殊形制，而径直把作品内容与作者本人一一对应，进而逐渐构建起一系列"本事"。《侯鲭录》作者赵令畤虽生活年代离欧阳修相隔不远，但考诸欧阳修仕履，在皇祐元年（1049）知颍州前并无"闲居汝阴"之可能，所谓"他日来守"之约多为附会之事。②"一妓能尽记公所为歌词"其实反映了当时宴席上歌唱客人词作以示尊重的通常做法，《后山谈丛》的记载可相与佐证：

文元贾公居守北都，欧阳永叔使北还，公预戒官妓办词以劝酒，妓唯唯，复使都厅召而喻之，妓亦唯唯。公怪叹，以为山野。既燕，妓奉觞歌以为寿，永叔把盏侧听，每为引满。公复怪之，召问，所歌皆其词也。③

而这一唱词特点也说明，在词人生前，其作品不管是艳词还是雅词，并不会被官妓混淆唱错。在官场公务宴饮中，分清各流行之词的作者是非常重要的一件事。但词人过世后，年代渐远，又无子弟门生集为定本，加上市井妓的辗转传唱，遂至文献上无法厘清。

欧之艳词创作固然与其早年任职洛阳时的放纵生活有着紧密联系，但其具体技巧展开亦多为化用晚唐艳情诗④，代言性质明显。但《钱氏私志》与《侯鲭录》的记载都显示了艳词的接受者在阅读过程中由作品解读进而构建出相应的作者个人私生活这一思维路径，进一步用此构建之生

① （宋）胡仔：《苕溪渔隐丛话前集》卷三十，人民文学出版社1962年版，第209—210页。
② 四库馆臣已辨其诬，见《四库全书总目提要·侯鲭录》，又阮娟《欧阳修与颍州三题》亦辨，《阜阳师范学院学报》2010年第1期，第10—13页。
③ （宋）陈师道：《后山谈丛》，中华书局2007年版，第44页。
④ ［日］田中谦二作，邵毅平译：《欧阳修词论》，《中国文学研究》第六辑，2002年，第179—197页。

活情境来解释作品内涵。这种循环论证的困境在通常情况下只会带来阐释的无效性，但在云谲波诡的政治斗争中与南北宋之交时代巨变衍生的词体雅俗之辨思潮中，艳词创作与解读、词人的狎妓生活与个人品行、词作的真伪混杂遂与党争弹劾、修史立场、科场改革等诸多问题交织缠绕，颠倒错乱互为因果。《钱氏私志》所记欧词之连续风波，恰为典型案例。

二　思颍情结与《采桑子》山水词的开拓

皇祐元年（1049）二月，43 岁又罹患目疾的欧阳修自扬州移知颍州。初到此地，便"爱其民淳讼简而物产美"，"慨然已有终焉之意"。其中，"十顷碧琉璃"的西湖更是心头所爱，屡屡与客泛舟湖上。调任南京留守后亦多有怀念，皇祐四年（1052）丁母忧守制时一直居颍，此后多次在笔下怀念归颍，更是于治平三年（1066）和熙宁三年（1070）两次把思颍诗三十篇结集刻石并作序，致仕后亦归颍闲居，并于颍州去世。颍州是欧阳修自皇祐后屡现笔下的地名，思颍更成为他归隐的象征。学界关于欧阳修的颍州情结已多有深入研究，其著者如陈湘琳《欧阳修的文学与情感世界》中第四章"颍州情结"，细致分析了颍州及归隐对于欧阳修生命的深层意义，指出"在表面上思颍、思隐、思闲居、思归田的种种颍州情结中，欧阳修实际表述了其不知所归的困窘、不得不隐藏的畏祸避难心态、在闲居中仍然意欲有补于国事的理想，以及在生理的不逮、现实情势的不许可之下的黯然退守。"①

颍州在欧阳修的生命中无疑具有重要的意义，这种独特性的原因来自于很多方面，除了颍州自身优越的地理条件外②，欧阳修初次知颍时的心态及这段经历应该说起了决定性作用。虽然庆历八年（1048）的移知扬州已经表示朝廷对他的处置有所减缓，并有重新起用之意，但欧阳修内心对于政治风波的忧惧并未消失，移知颍州的直接原因固然是目疾大作，深层原因还在于远避要藩，以求藏迹。至颍一个月后的《谢转礼部郎中表》云："盖臣知难当之众怒，尚未甘心；思苟免之善谋，惟宜退迹。则臣于荣进，岂敢侥求？"这固然有对君主自证淡泊以示反躬自省的姿态在，但亦可视为其部分心态的真实表达。他在与友人的书简中亦屡言知颍是

---

① 陈湘琳：《欧阳修的文学与情感世界》，复旦大学出版社 2012 年版，第 182 页。
② 阮娟：《寻找"精神家园"：欧阳修"颍州情结"探论》，《安徽师范大学学报》2010年第 1 期，第 105—110 页。

"养慵藏拙，深得其宜。"① "养愚自便，诚得其宜。"② 经历了滁州之贬痛苦的自我疗愈，欧阳修的政治理想虽不至幻灭，但其为政理念和人生体悟已有深刻转变。自知扬州起，逐渐形成"宽简不扰""镇静为本"的为政风格，体现了对庆历新政激进之态的反思③。"某此愈久愈乐，不独为学之外有山水琴酒之适而已，小邦为政碁年，粗有所成，固知古人不忽小官，有以也。"④ "政成事简何为乐，终日吟哦杂管弦。"这一晚年对友人为政的评价亦可视为欧阳修的夫子自道。而在滁山幽谷徜徉醉卧的遣怀中，欧阳修对于迁谪、出处、穷达等人生大节的体悟也有了不同以往的深度。《醉翁亭记》中的太守之乐即是集中表达："这三位一体的'醉翁'、太守、欧阳修，是群会中唯一的一个人能领会到上述各种欢乐的永恒性及局部性，能理解到各人所必然受到的时间上、地点上和各人性格上的自然限制，只有在这样的理性了解下，他才能跨越出个人一己喜怒哀乐的生界。在经历了醉翁、太守、欧阳修这几重人格的喜怒哀乐之后，清醒地看到人生之'常'道不会因一人一地之幸遇为转移，而必须通过万象在宇宙中形现之后永生不息的规律来体会。这个由变、悟、常的意义而论，尽管《醉翁亭记》有着一套朴素的散文风格的外衣，它却绝对不是一篇天真无忧纵情山水欢乐的作品。"⑤ 滁州山水之乐的丰富内涵是其谪居三年的重要收获，是其生命历程中的枢纽所在，也影响了此后的游赏心境。欧阳修在颖州与滁州两个时期的心态关联与递进处还体现在以下两首诗的表达中：

> 《醉翁吟并序》（嘉祐元年）：（序略）其辞曰：始翁之来，兽见而深伏，鸟见而高飞。翁醒而往兮，醉而归。朝醒暮醉兮，无有四时。鸟鸣乐其林，兽出游其蹊。咿嘤啁哳于翁前兮，醉不知。有心不能以无情兮，有合必有离。水潺潺兮，翁忽去而不顾；山岑岑兮，翁复来而几时？……⑥

①　（宋）欧阳修：《与章伯镇》其四（皇祐元年），《书简》卷四，《欧阳修全集》，第1259页。
②　（宋）欧阳修：《与韩忠献王》其八，《书简》卷一，《欧阳修全集》，第1221页。
③　崔铭：《扬州之政：欧阳修的反思与坚持》，《东华理工大学学报》2020年第1期，第31—36页。
④　（宋）欧阳修：《与梅圣俞》其十七，《书简》卷六，《欧阳修全集》，第1284页。
⑤　陈幼石：《韩柳欧苏古文论》，第103页。
⑥　《欧阳修诗文集校笺》，第486页。

《竹间亭》（皇祐二年）：啾啾竹间鸟，日夕相嘤鸣。悠悠水中鱼，出入藻与萍。水竹鱼鸟家，伊谁作斯亭？翁来无车马，非火弹弋并。**潜者入深渊，飞者散纵横**。奈何翁屡来，浪使飞走惊。忘尔荣与利，脱尔冠与缨。还来寻鱼鸟，傍此水竹行。**鸟语弄苍翠，鱼游玩清澄**。**而翁乃何为，独醉还自醒**。三者各自适，要归亦同情。**翁乎知此乐，无厌日来登**。

《醉翁吟》虽作于嘉祐元年（1056），但内容为对滁州时期心态的追忆。两诗中关于翁来游赏时鸟兽先后不同表现的描写可谓如出一辙，都是先藏避后自适，这种转变也不妨视为欧阳修自我心态转变的投射，"忘尔荣与利，脱尔冠与缨"以达到与自然"同情"，进而与之欢然无间的融合。

因此，当欧阳修因养病为由顺利移知颍州后，他很快就发现了颍州之美："民淳讼简而物产美，土厚水甘而风气和"①，"民淳讼简"可视为政成之乐，"土厚水甘"因此有山水之乐。颍州是欧阳修此时急需寻找的一个退避、休憩、遣兴之处的完美选择，所谓"颍真乐土""令人眷眷"，归颍之志亦由此萌发。基于这种从容自适的心态，欧阳修在知颍州期间的交游亦适逢其时地繁盛，不仅和通判吕公著唱和相得，周围亦聚集了众多文士，如刘敞兄弟、王回、徐无逸、焦千之等人。因此其各体文学作品也迎来了创作高潮，《采桑子》联章体咏西湖之景、聚星堂宴集创禁体物语诗都是其中值得关注的重要创作活动。

就本章讨论的词创作而言，与诗文中的思颍表达相呼应，欧词中的西湖风景亦是突出的叙述重点。除联章组词 10 首《采桑子》外，另有《浣溪沙·红粉佳人白玉杯》《圣无忧·世路风波险》《圣无忧·相别重相遇》《浣溪沙·堤上游人逐画船》《浣溪沙·湖上朱桥响画轮》《玉楼春·西湖南北烟波阔》等数首居颍词，整体风格情韵幽远，清丽浑成，富于变化，堪称欧词艺术代表。

《采桑子》（之一）：轻舟短棹西湖好，绿水逶迤。芳草长堤，隐隐笙歌处处随。无风水面琉璃滑，不觉船移。微动涟漪，惊起沙禽掠岸飞。

《采桑子》（之二）：春深雨过西湖好，百卉争妍。蝶乱蜂喧，

① 欧阳修：《思颍诗后序》，《欧阳修诗文集校笺》，第 1117 页。

晴日催花暖欲然。兰桡画舸悠悠去，疑是神仙。返照波间，水阔风高飏管弦。

《采桑子》（之三）：画船载酒西湖好，急管繁弦。玉盏催传，稳泛平波任醉眠。行云却在行舟下，空水澄鲜。俯仰留连，疑是湖中别有天。

《采桑子》（之四）：群芳过后西湖好，狼籍残红。飞絮濛濛，垂柳栏干尽日风。笙歌散尽游人去，始觉春空。垂下帘栊，双燕归来细雨中。

《采桑子》（之五）：何人解赏西湖好，佳景无时。飞盖相追，贪向花间醉玉卮。谁知闲凭栏干处，芳草斜晖。水远烟微，一点沧洲白鹭飞。

《采桑子》（之六）：清明上巳西湖好，满目繁华。争道谁家，绿柳朱轮走钿车。游人日暮相将去，醒醉喧哗。路转堤斜，直到城头总是花。

《采桑子》（之七）荷花开后西湖好，载酒来时。不用旌旗，前后红幢绿盖随。画船撑入花深处，香泛金卮。烟雨微微，一片笙歌醉里归。

《采桑子》（之八）天容水色西湖好，云物俱鲜。鸥鹭闲眠，应惯寻常听管弦。风清月白偏宜夜，一片琼田。谁羡骖鸾，人在舟中便是仙。

《采桑子》（之九）残霞夕照西湖好，花坞苹汀。十顷波平，野岸无人舟自横。西南月上浮云散，轩槛凉生。莲芰香清，水面风来酒面醒。

《采桑子》（之十）平生为爱西湖好，来拥朱轮。富贵浮云，俯仰流年二十春。归来恰似辽东鹤，城郭人民。触目皆新，谁识当年旧主人。

这十首咏西湖风光的词在宋代山水词发展史上颇值得关注，其写作特色及词史贡献体现在以下方面：

首先，就题材而言，它承继潘阆《酒泉子》咏杭州风光组词的形式，以山水风光及游赏情怀为主要描摹对象，可视为山水词这一类型至此确立。唐五代词中偶有描写山水风光之作，如欧阳炯《南乡子》数首，语言明丽，意境清新，但大部分词作中山水只是作为别情、隐逸、征戍等主题的背景描写，以起到渲染之效，而非整首词的主旨和重点所在。入宋以来，潘阆十首《酒泉子》可谓山水题材的重要创获，它以重句联章的组词方式分别从西湖、孤山、西山、吴山、观潮等不同景观细致描摹了杭州"不是人寰是天上"①的繁华和美景。取景剪裁颇具典型，语言明快清晰，刻画细致，构图精巧，是对词为艳科传统的一次较大突破。而这组词从重句联章的形式，到取景选裁的剪辑，再到语言风格的疏朗明丽都对《采桑子》词产生了影响。但此后继作甚少，山水景物描写仍然属于闺情、节物题材的点缀。寇准《甘草子》和宋祁《玉楼春》写明媚春景，然主旨亦归于及时光易逝、长恨欢娱少之叹。柳永词中有不少写景佳句，但主题亦多归于羁旅行役之感的铺垫，山水并非主要审美对象。欧阳修此组《采桑子》的继作，使山水景物成为独立题材，使游赏逸兴成为抒情重点，并且与潘词不同的是，西湖美景之澄澈明净与词人之人格情怀有着某种对应和关联，这种拓展对后世的山水词写作产生了很大影响，也使山水成为宋词中一类固定题材。据统计，《全宋词》中以自然风景为描写对象的词作有近两千首，将近宋词总数的 10%，与祝颂、咏物、艳情同为宋词的四大题材②；创作过山水词的两宋词人有 285 人，超过词人总数的20%③。北宋末年王安中有联章组词九首《安阳好》，虽重点为都邑人物之盛，与山水略有不同，但形式上的承袭延续还是非常明显的。

　　第二，《采桑子》中的春景之媚、游赏之乐是山水词中的写景抒情别调，与山水词的主要景物类型和情怀有着显著不同，呈现出欧词一贯的热烈风格。"这些词里所写的景物，既不同于某些隐逸词中那种'不食烟火'式的、令人感到有些寂寥冷瑟的山水清景，又不同于某些艳词中那种'水腻花腥'式的香腻景象，而是把人的'高兴'与自然的'清趣'融合成浑然一体的、既有情韵又很澄澈的美丽图景。"④ 十首《采桑子》中，除去最后一首作于晚年并无明确季节背景外，其余九首皆作于春夏之时，所绘皆百卉争妍、蝶乱蜂喧、莲芰香清等明媚之景，氛围喧闹繁华，与以秋色描摹为主的文人山水词不同，体现出早期山水词发展的特点。"在宋词中，春光与秋色往往有着相对固定的情感暗示，春景常与闺情相对应，而秋色则与文人情怀相对应，山水词对秋冬景色的偏嗜体现出词向

①　唐圭璋编：《全宋词》，中华书局 1965 年版，第 5 页。
②　许伯卿：《宋词题材研究》，中华书局 2007 年版，第 37 页。
③　王晓骊：《论宋代山水词的艺术特色》，《文学遗产》2011 年第 3 期，第 82 页。
④　杨海明：《唐宋词史》，天津古籍出版社 1998 年版，第 234 页。

文人文化的回归，从而在审美意趣上形成与宋诗相统一的发展倾向。"①欧词中，春景与闺情的关联产生断裂，其游赏之乐与对春夏之景的偏爱与其此时的为政自适心境有关，也是自洛阳时期词创作伊始便奠定的个人豪宕风格。对比西湖游人之盛与滁州时期的滁人游山之乐，可以看出，此时欧阳修并没有从欢乐的等级上区分颍人与他自己，在喧闹的游人之中，他可以是混迹其中贪醉花间的一员，也可以是游人散尽欣赏狼藉残红之景的那一个。虽然他也说"何人解赏西湖好"，但并未着重把自我与颍人做"知"与"不知"的区隔，颍人之乐与太守之乐在本质上有着混融与共通性，呈现出他生命历程及人生体悟的深化。

第三，在形式上，小令短章与组词联章的配合使得景物描写呈现出系列山水小景的特色，小令的体式使得景物描写必须聚焦于片段和细节，联章的组合则在宏观的角度使西湖之景呈现出阔大而繁复的特点。"山水小令往往采用画面组合式的章法结构，也就是将焦点集中于一二小景，以明净亮丽的色彩和传神逼真的刻画来凸现山水景物的主要特征，其余则以淡笔渲染，或者干脆忽略不提，犹如山水画中的留白，给读者留下回味的余地。"②留白之处如"一点沧洲白鹭飞""一片笙歌醉里归""双燕归来细雨中"，皆含蓄蕴藉，余韵悠远。汤显祖在《玉茗堂评花间集》中曾盛赞欧阳炯数词，谓"短词之难，难于起得不自然，结得不悠远。诸词起句无一重复，而结语皆有余思，尤称合作。"③此评用于《采桑子》组词亦颇允当。前面九首，虽皆为春夏之景，但各篇晴雨有别，昼夜不同，喧静各异，"十词无一重复之意"④，细致地从不同角度描绘出西湖的千种风情，弥补了小令体式聚焦写法的不足，连缀成西湖九景的鸿篇巨制。但从另一方面说，组词并无点染铺叙之功能，小令的叠加带来的功能性拓展亦有限度。与后世山水词的长篇相比，这组词的描摹技巧亦略显单薄，这也是山水词写作早期难以避免的历史局限。

第四，在写作技巧上，描写与抒情议论分开，语言风格上，既有秾艳着色亦复淡笔白描，平易畅达，颇少故实，格调疏朗飘逸。潘阆《酒

① 王晓骊：《澄江霁月清无对——论宋代山水词的"清"美风格》，《兰州学刊》2011年第5期，第115页。
② 王晓骊：《论宋代山水词的艺术特色》，《文学遗产》2011年第3期，第85页。
③ 转引自王兆鹏主编《唐宋词汇评·唐五代卷》，浙江教育出版社2004年版，第261页。
④ 夏敬观：《评六一词》，传引自龙榆生《唐宋名家词选》，上海古籍出版社1989年版，第68页。

泉子》词中，由于叙述视角多为追忆，以"长忆××"开篇，所以在每首词的下片，皆有"别来已是二十载""何日更重游"的感慨之言。这种上片写景下片抒情的叙述模式在山水词中颇为常见，柳词中即大量运用。但欧阳修《采桑子》组词采用了描写和抒情分开的策略，前九首集中景物描摹，后一首集中抒情议论，在结构上构成有力收束，就组词的整体架构而言无疑更为适宜，前面分叙，后面总结，构成有机整体。同时前面的景物描摹在最后一首的抒情衬托下似有追忆之回溯效果。组词的语言风格主体为淡色白描，间亦有"兰桡画舸""朱轮钿车""红幢绿盖"等华丽语，但因以清丽山水为主要描摹对象，"以山光水色替却玉肌花貌"①，在携妓游湖时只点明有"笙歌""管弦"相随，并无"红粉""佳人"之类的描摹，隐去歌妓身影，是以整体风格仍为疏朗辽阔俊逸。

三　京师家宴与词中宦途感慨

至和元年（1054）五月，48岁的欧阳修在外放十年后被召回京，此后居京十三年，历任翰林学士、参知政事、枢密副使等重要职位。由于官品的升迁、物质生活的改善，欧阳修也随当时风气置办了家妓数名。居京期间，名望日隆，交游益盛，宴饮亦无虚日。不过这个阶段其宴饮类型多为家宴，或赴友人家宴。出家乐宴饮并即席作词成为此阶段的创作常态。由于家宴的私人化性质和家妓不同于官妓的特殊身份，欧阳修这一阶段的词作亦呈现出与以往不同的面貌。

（一）欧阳修置家乐考

北宋时朝廷大臣及一般士大夫多蓄家妓是一时风尚，这种政策导向亦建立在高官厚禄的基础上②。仁宗时，一宫人言"两府（中书省和枢密院）两制（翰林学士和知制诰）家中，各有歌舞，官职稍如意，往往增置不已。"③韩绛有"家妓十余人"④；韩琦"在相府时，家有女乐二十余辈"⑤；刁约赴任越州时，"前舟载图书，后舟载女乐"⑥；范纯粹"家有

---

① （宋）吴曾撰：《能改斋漫录》卷十六，上海古籍出版社1979年版，第473页。

② 李剑亮：《唐宋词与唐宋歌妓制度》，浙江大学出版社1999年版，第35页。

③ （宋）朱弁：《曲洧旧闻》卷一，中华书局2002年版，第89页。

④ （宋）赵德麟：《侯鲭录》卷四，孔凡礼点校，中华书局2002年版，第100页。

⑤ （宋）江少虞撰：《宋朝事实类苑》卷八，上海古籍出版社1981年版，第79页。

⑥ （宋）梅尧臣：《送刁景纯学士赴越州》，《梅尧臣集编年校注》，第1108页。

琵琶、筝二婢"①；李清臣"家中舞者甚多"②。可见其时士大夫蓄养家妓风气之盛。

欧阳修于至和元年（1054）五月回京后，八月诏修唐书，九月迁翰林学士。此年冬邀韩绛、刘敞聚会，在《与子华原父小饮坐中寄同州江十学士休复》诗中云："有酒醉嘉客，无钱买娇鬟。"韩维诗云："翰林文章伯，好古名一世。家无金璧储，所宝书与器。"③ 可知此次聚会在欧阳修家中。此时尚无家乐。

至和二年（1055）早春所作《答子华舍人退朝小饮官舍》④ 中云"红笺搦管吟红药，绿酒盈尊舞绿鬟"，因饮于官舍，可知此跳舞之"绿鬟"应为官妓。此年九月，欧阳修被任命为贺契丹登宝位使而出使契丹，至次年嘉祐元年（1056）二月还京。因刘敞亦同时出使，两人相差十余天，临行前二人在刘敞家中小饮话别。宴席上欧阳修对刘敞新买小鬟颇为关注，有羡慕之意，《重赠刘原父》云："忆昨君当使北时，我往别君饮君家。爱君小鬟初买得，如手未触新开花。"此时欧家有无购置歌妓尚不得而知。奉使途中欧阳修作《马啮雪》诗云："远客还家红袖迎，乐哉人马归有程。男儿虽有四方志，无事何须勤远征。"所谓"红袖"，多指家中侍妾，而非妻子。不过这句亦可指"同来向公子"家中"红袖"，因此尚不能确指此时欧公已置女乐。欧公置办女乐时间至迟在嘉祐元年（1056）二月回京后两个月内，因是年闰三月，刘敞出知扬州时，欧阳修"出家乐饮饯，亲作朝中措词"⑤，可证此时家中女乐已置办好。次年重阳曾邀梅尧臣到家中赏菊会饮，云"上浮黄金蘂，送以清歌袅"（《西斋手植菊花过节始开偶书奉呈圣俞》），亦明言家中有女乐佐酒。

---

① （宋）叶梦得撰：《避暑录话》卷二，《全宋笔记》第二编第十册，第262页。

② （宋）苏轼：《次韵答邦直子由五首》其二，《苏轼诗集》，中华书局1982年版，第740页。

③ （宋）韩维：《南阳集》卷四《和永叔小饮怀同州江十学士》，《四库全书》1101册，第542页。严杰《欧阳修年谱》云："疑韩绛诗误入韩维集中"，《欧阳修年谱》，第184页。按：此诗末云，"岁晏不在席，使我长叹喟"，则韩维可能并不在宴饮现场，诗歌为远程追和，实为维作。

④ 此诗洪本健笺注云作于至和二年。诗题一作"和子华朝退，寒甚，陪诸公饮"，可知作于冬或早春。至和二年九月，欧阳修出使契丹，此年冬无从在京宴饮，因此应作于至和二年早春。

⑤ （宋）苏轼著，龙榆生校笺：《东坡乐府笺》，上海古籍出版社2009年版，第133—134页。

欧阳修家中女乐的数量及容貌、年龄等详情，梅尧臣在嘉祐四年（1059）《次韵和酬永叔》诗中有细致描绘："公家八九姝，鬘发如盘鸦。朱唇白玉肤，参年始破瓜。"①可知这八九位歌妓容貌靓丽，正值豆蔻年华。而在欧阳修自己的笔下，此八九姝并未出现任何貌美的描述，而是"赤脚两髽丫"的寒陋之态，这两种描述的差异颇可玩味。薛夫人管束甚严，在至和二年（1055），欧阳修因此婉拒王素所赠"二侍女"，欧阳修的九子三女，除一子为胥夫人所生外，其余八子三女皆为薛夫人所出，亦可旁证薛夫人"性严"家风②。所置女乐因家宴中佐酒娱宾所需，无发展为侍妾之可能。

因此，在治平四年（1067），欧阳修因濮议风波出知亳州离开京师后，家中女乐应陆续遣散。熙宁五年（1072）春，赵概从南京至颍州探望致仕在家的欧阳修，盘桓月余，宴席上所用女乐为"官奴"，即颍州官妓。可推知欧公家女乐此前已遣散。

（二）京师宴饮活动类型及词体创作

欧公居京时间长，交游广泛，日常宾客盈门，其宴饮活动与知滁、扬、颍等外任期间有很大不同。其宴饮场合、宾客身份和自我心态的差异也让即席创制的词作产生了不同的风格和内蕴。

第一，于自己家中宴饮，与友人同僚相聚或饯别送友人外任。在居京期间的会饮活动中，以欧阳修主动邀请者居多，而且主动发起唱和、评诗等诸多文学活动，书简中即多有记载：

> 《与陆学士》：来日无事，幸见过，约持国闲话。修再拜子履，且纳原父诗去，如了，便送刘舍人也。③
>
> 《与李舍人》：来日午后幸垂顾，与介甫、持国、晦叔闲话，幸不阻。④
>
> 《与范蜀公》：欲初四日攀请枉顾弊居，无他客，只是吴宅尔。先此咨启，幸不为阻也。⑤

---

① （宋）梅尧臣：《次韵和酬永叔》，《梅尧臣集编年校注》卷二十九，第1076页。
② （宋）曾慥：《高斋漫录》，《全宋笔记》第四编第五册，大象出版社2008年版，第99页。
③ 《新见欧阳修九十六篇书简笺注》，上海古籍出版社2014年版，第88页。
④ 《新见欧阳修九十六篇书简笺注》，第94—95页。
⑤ 《新见欧阳修九十六篇书简笺注》，第92页。

《与梅圣俞》：二十二日，欲同子履、和叔闲话少时，先白，恐他有所适也。①

《与梅圣俞》：二十二日，欲就浴室或定力饯介甫、子固，望圣俞见顾闲话，恐别许人请，故先拜闻。《礼部诗》纳上。②

《与陆学士》：昨日承见过书局，仍约来旦枉顾弊居，方饬家人少具薄馔奉侍，忽报来晨宣看刘麦，午后幸寻前约也。③

《与宋龙图》：旬休日，略邀枉顾家餐，冀接清话少时，必不以容易见罪。④

嘉祐元年（1056）闰三月，刘敞出知扬州，欧阳修于家中置酒送别，席上作《朝中措》词。有论者指出，欧公此时的具体身心状态以及与刘敞的亲密关系让词中的表达有着特定的背景："在汴京家中设宴为之践行……其时欧阳修老病缠身，加之刚从契丹出使归来，旅途劳顿，疲惫不堪，心情灰暗，情绪低落，进取之心消退，故词中规劝好友刘敞趁着年轻享受生活。'行乐直须年少'是欧阳修对知心朋友说的体己话。"⑤ 之后与刘敞的唱和诗亦在"劝勉刘敞寻找远离政治纷争的'乐'之存在"，透露出他此时政治心态的内在转向。⑥ 龙榆生《研究词学之商榷》云："一家之作，亦往往因环境转移，而异其格调。欧阳修……晚年之作，气骨开张，如平山堂作《朝中措》……逸怀浩气，大近东坡，此又年龄之关系词格者也。"⑦ 亦指出"环境转移""年龄"等背景对于词作风格的影响。

欧阳修于家中手植菊花，嘉祐二年（1057）、嘉祐五年（1060）间在重阳节前后，曾于家中西斋召集过数次聚会："弊斋有菊数丛，去岁自开便邀诸公，比过重阳，凡作数会。"⑧ 欧词中《渔家傲》"九日欢游何处好"四首大致作于此时，兹举第一首为例：

---

① 《欧阳修全集》，第 1288 页。

② 《欧阳修全集》，第 1287 页。

③ 《新见欧阳修九十六篇书简笺注》，第 86 页。

④ 《欧阳修全集》，第 1276 页。

⑤ 肖鹏、王兆鹏：《欧阳修朝中措词的现场勘查与词意新释》，《北京大学学报》2018 年第 1 期，第 36 页。

⑥ 马里扬：《欧阳修词与政治心态的内在转向》，《北京大学学报》2012 年第 1 期，第 67—75 页。

⑦ 龙榆生：《龙榆生词学论文集》，上海古籍出版社 2009 年版，第 106 页。

⑧ 《与王懿敏公》其十一，《欧阳修全集》，第 1251 页。

　　《渔家傲》九日欢游何处好，黄花万蕊雕栏绕。通体清香无俗调，天气好，烟滋露结功多少。日脚清寒高下照，宝钉密缀圆斜小。落叶西园风袅袅，催秋老，丛边莫厌金尊倒。

　　这组咏菊词多以拟人比喻的手法刻画菊之色态、不俗格调，在对秋景的珍爱中略抒时光易逝之叹，但并不沉重，亦无哀怨愁苦，亦少用陶渊明相关故实，无隐逸人格投射，这都与此时欧阳修得时行道、执政主盟的综合心境较为契合。菊为社交场合欢聚宴饮之点缀，而非个人情志的象征。

　　第二，聚饮友人家。欧阳修也经常被邀请去友人同僚家宴饮，如至和二年（1055）奉使契丹前在刘敞家会饮钱别，新见书简第89封云：

　　　　前日饮酒殊欢，遂至过量，醉中不能相别，还家遽已颓然。小儿生六七岁者，未识乃翁醉，皆惊呼戏笑之。凌晨食肝生，颇觉当年情味犹在，但老不任酒力矣。窃承使骑来日遂行，道涂寒冷，尽将息理。无由瞻恋驰情，不宣。

　　洪本健《新见欧阳修九十六篇书简笺注》云"受简者及作年均不详"[1]。按：此简应为至和二年（1055）欧阳修与刘敞同使契丹前在刘家的钱饮之作，受简人为刘敞，写作时间为二人钱别后刘敞出发前的一两日[2]。嘉祐元年（1056）两人回京后欧阳修作《重赠刘原父》追忆出使之前两人宴饮的情形云："忆昨君当使北时，我往别君饮君家。爱君小鬟初买得，如手未触新开花。醉中上马不知夜，但见九陌灯火人喧哗。归来不记与君别，酒醒起坐空咨嗟。自言我亦随往矣，行即逢君何恨邪。岂知前后不相及，岁月匆匆行无涯。古北岭口踏新雪，马孟山西看落霞。"书简中"醉中不能相别""使骑来日遂行""道涂寒冷"等语皆与诗中所记相合。此简是欧阳修宴饮生活情态的细致记录，寥寥数笔，情景如在目前，对于我们了解欧阳修平日之宴饮生活有很大帮助。这次钱饮还有词作产生，《玉楼春·金雀双鬟年纪小》即记其事："金雀双鬟年纪小，学画蛾眉红淡扫。尽人言语尽人怜，不解此情惟解笑。　稳着舞衣行动俏，走向绮筵呈曲妙。刘郎大有惜花心，只恨寻花来较早。"描摹歌妓之稚嫩情

────────────

① 《新见欧阳修九十六篇书简笺注》，第107页。
② 洪笺云："小儿，欧阳修孙辈。"《新见欧阳修九十六篇书简笺注》，第107页。按：简中"小儿"亦非欧阳修孙辈，应为皇祐元年（1049）生于颍州的欧阳辩，此时7岁。

态惟妙惟肖，词句诙谐，语带调侃，反映出二人关系之密切。以男女之情为调侃焦点与诗歌中的戏谑亦有一致之处。"长短句中，作滑稽无赖语，起于至和。嘉祐之前，犹未盛也。"① 此词中的戏谑特色，虽在欧词中是偶一为之，但亦有着开风气之先的新意。

其他于友人家宴饮的活动亦不胜枚举。如至和二年（1055）于李端懿席上闻筝，作《生查子·含羞整翠鬟》及诗《李留后家闻筝坐上作》；嘉祐元年（1056）于李端愿席上赋十二月鼓子词，称一时盛事，令与会的王安石三十年后记忆犹新。

（三）白发形象与宦途感慨

在词体产生的具体情境中，虽然宴饮社交氛围规定了词作内容多以欢乐、艳情为主，但由于预席者多为士大夫同僚、知己同道，宾主身份相同，经历差近，浮沉遭际殊途同归，因此欧词中对于宦途感慨的抒发出现较早，在其贬夷陵初有迁谪意后即出现宦途浮沉之叹，其后持续至晚年。就演唱主体而言，欧阳修参加的宴席中佐酒歌妓基本为官妓和家妓，并无市井妓。官妓、家妓服务的对象常年为各级官员士大夫，她们对于宴饮时的唱词选择（包括词作归属）、劝酒、索词等环节驾轻就熟，个别出挑者还颇有文化修养，她们对于宴席上的士大夫之情怀心境、行事风格、交谈内容皆较为熟悉，某种程度上具备粗浅的与士大夫对话之可能，如杭州官妓琴操，可改《满庭芳》韵，并与苏轼有机锋对答②。因此，这样的情境下，士大夫在作词时可逐渐以一己情怀的抒发为侧重，渐次摆脱代言惯性。

此外，宴饮活动中往往诗词皆有创作，除即席填词聊佐清欢以外，还经常分韵赋诗。在相同情境和主题限制下，诗词之作亦常有立意、造语、风格上的近似之处，这在欧阳修相关作品中并不鲜见。罗泌跋《近体乐府》云欧阳修"吟咏之余，溢为歌词"③，虽旨在为雅词辩护而剔除艳词，亦指出欧阳修诗词的互通性。欧词在创制初期即有以士大夫形象为抒情主体的篇章，总体上自言内心情怀有三分之一比例，虽未完全摆脱花间牢笼，已具有相当显豁的自我面目。

清人汪懋麟云："昔晏元献、欧文忠为宋名臣……大君子之用心，不

---

① （宋）王灼：《碧鸡漫志》卷二，《词话丛编》本，第84页。

② （宋）吴曾：《能改斋漫录》卷十六，上海古籍出版社1979年版，第483页。

③ 《欧阳修全集》，第1085页。

汩汩于嗜欲。政事之暇，寄闲情于词赋，性情使然也。"① 欧词之创作，即基于这种"政事之暇"的"性情使然"。每个人生阶段不同的心境和体悟都渗透于词作表达中。

　　《夜行船》：忆昔西都欢纵，自别后有谁能共。伊川山水洛川花，细寻思旧游如梦。今日相逢情愈重，愁闻唱画楼钟动。白发天涯逢此景，倒金尊殢谁相送。
　　《临江仙》：记得金銮同唱第，春风上国繁华。如今薄宦老天涯。十年歧路，空负曲江花。闻说阆山通阆苑，楼高不见君家。孤城寒日等闲斜。离愁难尽，红树远连霞。
　　《浣溪沙》：十载相逢酒一卮，故人才见便开眉。老来游旧更同谁。浮世歌欢真易失，宦途离合信难期。尊前莫惜醉如泥。
　　《定风波》：对酒追欢莫负春，春光归去可饶人。昨日红芳今绿树，已暮，残花飞絮两纷纷。粉面丽姝歌窈窕，清妙，尊前信任醉醺醺。不是狂心贪燕乐，自觉，年来白发满头新。

　　以上部分词作系年尚有争议，但蕴含于其中的宦途感慨则较为显豁。词作多用时空大跨度对比来突出时光易逝而一事无成之感，"十年""十载"的长时段表达，"天涯"的广阔空间背景，加上白发满头的形象聚焦，继之以狂放姿态沉湎于醉酒，传达出一种在无力掌控命运的背景下仍然要有所坚守的执着姿态。此种豪放中的沈著之致是欧词中的性情体现，也是"疏隽开子瞻"所在。

第二节　人生何处似尊前：酒词之内蕴解读

　　作为酒边文学，词诞生于绮筵绣幌之间，流播于侑酒佳人之口。词中小令即来源于酒令。词调名有酒泉子、醉公子、荷叶杯、上行杯、金蕉叶、醉花间、倾杯乐、佳人醉、醉垂鞭、最落魄等众多与酒相关。入宋以来，榷酒制度、歌妓侑酒风气皆对词的创作环境、描写对象、传播方式产

---

① （清）汪懋麟：《棠村词序》，《百尺梧桐阁集》卷二，《清人别集丛刊》本，上海古籍出版社1989年版，第78页。

生了鲜明的影响①。作为北宋前中期创作量最大、流播广泛的士大夫词人，欧词中的酒意象非常突出，在240余首词作中，涉及酒的有110首，近二分之一，这一比例高于同时词人柳永、张先等。② 且酒意象类型多样③，内蕴情感丰富，组合方式灵动活泼，是欧词个性特征得以凸显的主要方式之一，本节拟从这一视角予以探讨。

一　酒意象的类型及其意蕴

就意义类型及营造的情感意蕴而分，欧词中的酒意象有以下几类：

1. "酒美春浓花世界"的感官享受

因经常参与喧哗热闹的宴饮场合，欧词中对此繁华场景有精彩描摹：

> 酒美春浓花世界。得意人人千万态。莫教辜负艳阳天，过了堆金何处买。（《玉楼春》）
>
> 歌檀敛袂。缭绕雕梁尘暗起。柔润清圆。百琲明珠一线穿。樱唇玉齿。天上仙音心下事。留住行云。满坐迷魂酒半醺。（《减字木兰花》）
>
> 笙上佳人牵翠袂。纤纤玉手按新蕊。美酒一杯花影腻。邀客醉。红琼共作熏熏媚。（《渔家傲》）
>
> 帘下清歌帘外宴。虽爱新声，不见如花面。牙板数敲珠一串。梁尘暗落琉璃盏。桐树花深孤凤怨。渐遏遥天，不放行云散。坐上少年

---

① 高峰：《榷酒制度与宋词》，《南京师范大学文学院学报》2008年第1期，第29—34页。

② 《花间集》收词500首，运用酒意象的有71首，占14.2%；柳永存词210首，运用酒意象的有78首，占37.1%；张先存词165首，运用酒意象的有53首，占32.1%；晏殊存词138首，运用酒意象的有86首，比例较高。但其中四分之一为寿词，与欧词互见6首，其余近60首亦约占二分之一。

③ "意象"这一概念的内涵一直以来有着较多说法，蒋寅《语象 物象 意象 意境》（《文学评论》2002年第3期，第69—75页）一文引入语象的概念，认为平时学者使用时有把自然物象与意象二者混为一谈的嫌疑，把意象定义为"经作者情感和意识加工的由一个或多个语象组成、具有某种意义自足性的语象结构，是构成诗歌本文的组成部分"，辨析细密，但其结论则未免把意象之内涵扩大化，在具体分析论证时颇为不便。本书仍采用袁行霈的通行定义"意象是融入了主观情意的客观物象，或者是借助客观物象表现出来的主观情意"（袁行霈《中国诗歌艺术研究》，北京大学出版社2010年，第62—63页）。笔者认为作为自然物象的词单独指称时为物象之原义，当它出现在具体的文学作品中时，因有上下文的限定语境，它即具有特定内涵而成为意象。而一个物象当我们抽象的在某位作家名下指称它时，它亦具有意象的资格。

听未惯。玉山将倒肠先断。(《蝶恋花》)

灯烬垂花月似霜。薄帘映月两交光。酒醺红粉自生香。双手舞余拖翠袖，一声歌已醽金觞。休回娇眼断人肠。(《浣溪沙》)

芙蓉斗晕燕支浅。留着晚花开小宴。画船红日晚风清，柳色溪光晴照暖。美人争劝梨花盏。舞困玉腰裙缕慢。莫交银烛促归期，已祝斜阳休更晚。(《玉楼春》)

以上描摹中，镂彩错金，场面绚丽，色泽饱和明亮，气氛喜乐喧哗。歌声之婉转，舞姿之曼妙，时节之宜人，处处弥漫着世俗极致的官能享受。而在美酒之沉醉中，"满坐迷魂酒半醺"，一切又蒙上迷离恍惚之意境，更加令人着迷。沉醉和喜乐的氛围同欧阳修的宴饮诗有异曲同工之妙，而描摹工巧则过之。酒具为"琉璃盏"、"梨花盏"；饮酒时节有"艳阳天"下、"晚风清"时、"月似霜"夜；劝酒行为则有"美人争劝梨花盏"、"一声歌已醽金觞"；沉醉酣态则有"满坐迷魂"、"玉山将倒"；醉后幻象则有"酒醺红粉自生香"。酒意象的多重类型与丰富的呈现方式建构了此类词作醉人的气息、享乐的旨趣、华美的风貌。

2. 代言体中的离情相思

男女相思等情爱主题自《诗经》以来一直是文学作品的重要题材。唐宋词中细腻刻画女性外貌、代言其心理，抒发爱恋相思之情的艳情词尤为此中翘楚。欧阳修承《花间》余绪，作有60余首艳词，约占其创作的三分之一。而在艳情词中，近三分之二的作品皆使用了酒意象，这是欧阳修艳词的显著特色，在表达女子对对方的思念之情时往往以酒为媒介：

海燕双来归画栋。帘影无风，花影频移动。半醉腾腾春睡重。绿鬟堆枕香云拥。翠被双盘金缕凤。忆得前春，有个人人共。花里黄莺时一弄。日斜惊起相思梦。(《蝶恋花》)

词写春睡、伤春，"前以惊梦起、伤春转，后以伤春起、惊梦转"，[1] 上片之"海燕双来"、"帘影无风"，下片之"双盘金缕凤"、"黄莺一弄"，无一不映衬主人公的孤单寂寥，一动一静皆尽收眼底。"前春

---

① （明）潘游龙辑：《古今诗馀醉》卷四，辽宁教育出版社2003年版，第134页。

人共，何日忘之？却偏说盘被双凤，因而忆得。蕴藉之极，又映衬之极。"① 这种"灵幻"的笔触以"半醉腾腾"之酒意象的运用更添神采。词通篇写睡，但设想主人公相思愁绪在怀，必无法安眠，遂借酒浇愁，盼一醉忘忧，"半醉腾腾"状态之下终于入梦，"绿鬟堆枕香云拥"是睡态亦是醉态，乃至"惊起"之后尚带微微醉意。酒意象浓缩了词中叙事情节及主人公复杂的内心活动，营造出迷离恍惚意境，扩展了全词的表达容量及内涵。

　　百种相思千种恨。早是伤春，那更春醪困。薄幸辜人终不愤。何时枕畔分明问。懊恼风流心一寸。强醉偷眠，也即依前闷。此意为君君不信。泪珠滴尽愁难尽。（《蝶恋花》）

　　面旋落花风荡漾。柳重烟深，雪絮飞来往。雨后轻寒犹未放。春愁酒病成惆怅。（《蝶恋花》）

　　罗衫满袖。尽是忆伊泪。残妆粉，馀香被。手把金尊酒，未饮先如醉。但向道，恹恹成病皆因你。（《千秋岁》）

　　离怀酒病两忡忡。欹枕梦无踪。可怜有人今夜，胆小怯房空。（《诉衷情》）

　　草际虫吟秋露结。宿酒醒来，不记归时节。多少衷肠犹未说。珠帘夜夜朦胧月。（《蝶恋花》）

借酒浇愁，在日常行为及文学表达中，往往带来一种阳刚的轻狂豪放气息。这种气息掺入艳情词的抒怀模式中，给词作风貌带来不一样的新鲜特征。在深化主人公离愁相思的同时，塑造了病酒沉醉、以酒放旷的女性形象。虽然饮酒情节多为细处点缀，使得女性形象并不丰满立体，但这一意象的引入无疑提升了欧阳修艳情词的格调，使相思之女性形象略具雅士风韵，对其后易安词中的饮酒表达和自我形象的塑造亦不无影响。写艳词在北宋初为一时风尚，"贤如寇准、晏殊、范仲淹、赵鼎，勋名重臣，不少艳词"②，但欧阳修的艳词却有着"虽作艳语，终有品格"③ 的评价，酒意象的引入或许是形成原因之一。

① （明）金人瑞：《金圣叹全集》卷六《批欧阳永叔词》，林乾主编：《金圣叹评点才子全集》（第一卷），光明日报出版社1997年版，第879页。

② （清）沈雄：《古今词话》，《词话丛编》本，第760页。

③ 王国维：《人间词话》卷上，上海古籍出版社1998年版，第7页。

3. 自言体中的感慨与遣玩

欧词突破《花间》藩篱，扩展词体功能及开拓词境的最主要方式为引入言志与抒情功能，抒发自我怀抱，使词不再囿于娱情遣宾的传统，为后来苏轼的"诗化"革新导夫先路，所谓"欧笔屈折，已开苏词之跌宕"①。这种开风气之先的自我怀抱抒写其表现途径之一是寓怀于酒，杯酒淋漓中展现其复杂而深沉的身世之感。具体来说其表现方式又可分为以下几个层面：

（1）身世之感

> 十年一别流光速，白首相逢。莫话衰翁。但斗尊前语笑同。劝君满酌君须醉，尽日从容。画鹢牵风。即去朝天沃舜聪。（《采桑子》）

> 十年前是尊前客，月白风清。忧患凋零。老去光阴速可惊。鬓华虽改心无改，试把金觥。旧曲重听。犹似当年醉里声。（《采桑子》）

> 画楼钟动君休唱，往事无踪。聚散匆匆。今日欢娱几客同。去年绿鬓今年白，不觉衰容。明月清风。把酒何人忆谢公。（《采桑子》）

以上三词约作于庆历四年（1044）欧阳修出使河东途径洛阳时。② 谢公指洛阳旧友谢绛。欧阳修有《再至西都》诗曰："却到谢公题壁处，向风清泪独潺潺。"对于时间概念的敏感是欧阳修诗文中一贯的特征。历叙交游，俯仰岁月，感慨淋漓，"六一风神"的美学风格在欧词中因创作主体一贯的内心状态亦有呈现。"尊前"和"语笑""旧曲"一起作为相同的往日背景衬托出时间的无声流逝，"满酌须醉"中酒筵情味颇似从前，可以暂时消弭十年间的"忧患凋零"，在尽今日之欢的同时，让光阴暂时停驻。酒意象的运用在此时既是宴席上实物，又凝聚宾主诸多感慨，在"绿鬓""白发"中咀嚼人生况味。在欧词中，"把酒""持酒"的惯常动作常和时光流逝之叹紧密结合，"把酒已嗟春色暮""把酒花前欲问君，世间何计可留春""戴花持酒祝东风，千万莫匆匆"，皆是于酒杯中一寓流年之惊、急景难追之叹。这种感叹与愁绪古今共有，虽寓于酒亦难消

---

①　钱基博：《中国文学史》，中华书局1993年版，第521页。
②　《欧阳修词校笺》，第25页。

解，但愁情并不压抑，感叹并不沉郁，"永叔词，只如无意，而沉著在和平中见"①，此类词便是绝好体现。

　　十载相逢酒一卮。故人才见便开眉。老来游旧更同谁。浮世歌欢真易失，宦途离合信难期。尊前莫惜醉如泥。（《浣溪沙》）
　　世路风波险，十年一别须臾。人生聚散长如此，相见且欢娱。好酒能消光景，春风不染髭须。为公一醉花前倒，红袖莫来扶。（《圣无忧》）

　　与前文三首词相比，"十年"之内涵寄寓更多的是宦海浮沉的人生遭际和世事无常的深沉喟叹，这是比流年飞逝的感慨更为复杂难解的情愫，开解方式"尊前莫惜醉如泥"也一反欧诗中对于饮酒的节制风格而出以豪纵与放旷。"世路风波险"一词作于皇祐元年②，前一首未知作年，味其意似亦作于滁州之贬后。滁州之贬是欧阳修人生中的重大转折，让他对于世事难料、宦途难期的苦涩况味有了更深的体会，是其后创作中沉痛悲慨之风格的心理基础。"醉倒花前""醉如泥"的表面放纵与悲慨的内心互为表里，其包蕴的内在情绪张力突破了平日"把酒花前"的闲雅，而近于李白"停杯问青天"的愤懑表达，堪称欧词酒意象中的高音别调。

　　（2）遣玩之兴

　　遣玩的意兴曾被论者标举为欧词的核心特质，"表面看来虽有着极为飞扬的遣玩之意兴，但在内中却实在又隐含有对苦难无常之极为沉重的悲慨。""这两种相反而又相成之力量，不仅是形成欧词之特殊风格的一项重要原因，而且也是支持他在人生之途中，虽历经挫折贬斥，而仍能自我排遣慰藉的一种精神力量。这正是欧阳修的一些咏风月的小词，所以能别具深厚感人之力的主要缘故。"③

　　此种极具个人特色与深厚内蕴的遣玩之兴，多通过酒意象的运用烘托。酒之魅力无限，"千金莫惜买春醪，且陶陶"（《贺圣朝影》）、"对酒追欢"（《定风波》）才堪称良辰乐事。最为典型而多层面地呈现出欧阳修遣玩之兴的作品莫过于以描摹西湖之景为主题的十首《采桑子》，下面就其中运用酒意象的篇幅略作分析：

① （清）周济著，顾学颉校点：《介存斋论词杂著》，人民文学出版社1959年版，第5页。
② 《欧阳修词校笺》，第225页。
③ 叶嘉莹：《唐宋词十七讲》，河北教育出版社2000年版，第163页。

画船载酒西湖好，急管繁弦。玉盏催传。稳泛平波任醉眠。行云却在行舟下，空水澄鲜。俯仰留连。疑是湖中别有天。

何人解赏西湖好，佳景无时。飞盖相追。贪向花间醉玉厄。谁知闲凭栏干处，芳草斜晖。水远烟微。一点沧洲白鹭飞。

清明上巳西湖好，满目繁华。争道谁家。绿柳朱轮走钿车。游人日暮相将去，醒醉喧哗。路转堤斜。直到城头总是花。

荷花开后西湖好，载酒来时。不用旌旗。前后红幢绿盖随。画船撑入花深处，香泛金厄。烟雨微微。一片笙歌醉里归。

残霞夕照西湖好，花坞苹汀。十顷波平。野岸无人舟自横。西南月上浮云散，轩槛凉生。莲芰香清。水面风来酒面醒。

十首之中有以上五首写到了酒意象。有意味的是，另外两组定格联章体月令词《渔家傲》中，写到酒意象的篇目亦是二分之一。欧阳修在联章组词中以精湛的艺术技巧实现了意境的繁复变化，这也是欧词卓立于北宋词坛的特点之一。[①] 就酒意象来说，这种变化亦有具体而微的表现。以酒意象的呈现幅度而言，第一、二、四首描写较多，有"玉盏催传"、"香泛金厄"等饮酒场面的描摹，亦有"稳泛平波任醉眠"、"贪向花间醉玉厄"等醉态的刻画，而第三、五首中酒意象仅为背景点缀。以描摹之内在节奏而言，饮酒场面中，"玉盏催传"、"香泛金厄"为一动一静；醉态刻画中，"稳泛平波任醉眠"、"贪向花间醉玉厄"则为一静一动，前者宁静祥和，后者放纵热烈。在同一首词中，这种差别亦有精细体现。第一首词中，"急管繁弦，玉盏催传"是快节奏，"稳泛平波任醉眠"则舒缓悠闲，同时，此词上片急促喧闹，是俗世繁华，下片则深远悠长，有出尘之思。第四首动静缓急的描摹节奏与此类似。第三、五首中起点缀作用的酒意象亦不雷同，"醒醉喧哗"是熙攘热闹场景，"水面风来酒面醒"则充满了自在悠然神韵。就描摹色泽而言，有"玉盏"、"玉厄"、"金厄"等华彩丽泽，亦有"水面风来酒面醒"等清淡意境。不过作为组词的一部分，这五首词中酒意象所呈现出的词境总体而言有很大趋同性，即情趣雅致脱俗、意境清新闲远、风格清隽秀逸。

再来看其他一些同样技艺精湛的遣玩之词：

---

① 胡可先、徐迈：《风格 渊源 地位——欧阳修词论》，《河南社会科学》2012 年第 2 期，第 88 页。

堤上游人逐画船。拍堤春水四垂天。绿杨楼外出秋千。白发戴花君莫笑，六么催拍盏频传。人生何处似尊前。（《浣溪沙》）

今日北池游。漾漾轻舟。波光潋滟柳条柔。如此春来春又去，白了人头。好妓好歌喉。不醉难休。劝君满满酌金瓯。纵使花时常病酒，也是风流。（《浪淘沙》）

"白发"意象是欧词诗化的显著表征，凝聚时光飞逝、宦途风波、忧患凋零等诸多沧桑感慨。而欧阳修兼具豪放与沉著特点的赏玩情致则以白发簪花、满酌醉酒的姿态充分凸显出来，暗寓倔强的抗争意志和风流自赏之态。在疏隽放旷的词境营构中，酒意象多用豪纵的极端表达以相协调。关于前首词的后半阕，即有论者云："欧阳修《浣溪沙》（堤上游人）之后半阕是伤感的……三句一句比一句伤感。第一句伤感中仍有热烈；人生有许多路可走，许多事可作，何可说'人生何处似尊前'。"① 后一首《浪淘沙》中，病酒的表述也颇得后世知音，明潘游龙评道："别病不可，病酒何妨。快甚。"② 类似的表达还有"便须豪饮敌青春，莫对新花羞白发"（《玉楼春》）、"当筵莫放酒杯迟，乐事良辰难入手"（《玉楼春》），这种伤感的热烈是欧词酒意象的独特审美情韵。

同样以豪纵旷达方式运用酒意象的优秀词篇还有下面这首名作《朝中措·送刘仲原甫出守维扬》：

平山栏槛倚晴空。山色有无中。手种堂前垂柳，别来几度春风。

文章太守，挥毫万字，一饮千钟。行乐直须年少，尊前看取衰翁。

刘敞是欧阳修晚年意气相得、文酒相欢的至交好友，学问敏赡，《宋史·刘敞传》载："欧阳修每于书有疑，折简来问，对其使挥笔，答之不停手，修服其博。"③ 二人于至和二年（1055）末先后出使契丹，临行前饯别大醉，欧有诗云："从今有暇即相过，安得载酒长盈车。"（《重赠刘原父》）岂知嘉祐元年（1056）初奉使回京两个月后，刘敞即因表兄王

---

① 顾随：《驼庵词话》卷五，朱崇才编：《词话丛编续编》第5册，人民文学出版社2010年版，第3203页。

② （明）潘游龙：《古今诗余醉》卷三，第112页。

③ （元）脱脱：《宋史》卷三百一十九《刘敞传》，中华书局1977年版，第10387页。

尧臣任参知政事而避嫌求知扬州，二人相聚过从之愿望落空。时距欧阳修庆历八年（1048）知扬州已有九年。

此词著名之处不仅在于"直起直落，大开大阖"①的疏宕特色，更由于其内在情感的丰富和淳厚：既有出以豪壮的惜别之情，又有岁月飞逝、人生苦短之叹息，复有故地忆旧之身世感怀以及及时行乐之放纵豪迈，情感热烈浓郁而伤感内敛其中，气势开阔，化用前人诗句而天然浑成，整首词表层复施之以强烈的遣玩意兴，不愧"洗脱南唐旧格"②之评价。"一饮千钟"的豪纵表达与"挥毫万字"相对，与全词之雄健相得益彰，相互辉映，凸显"逸怀浩气"，"大近东坡"③。酒意象中此类豪纵表达在欧词、欧诗中并不多见，但作为逸兴飞扬的最高音呈现出欧阳修运用酒意象的多样方式和不同风貌。无独有偶，在四年后赠刘敞出守永兴的送别诗中，酒意象的豪纵表达再次出现，与此词前后呼应，相映成趣：

> 酌君以荆州鱼枕之蕉，赠君以宣城鼠须之管。酒如长虹饮沧海，笔若骏马驰平坂。爱君尚少力方豪，嗟我久衰欢渐鲜。文章惊世知名早，意气论交相得晚。鱼枕蕉，一举十分当覆盏；鼠须管，为物虽微情不浅。新诗醉墨时一挥，别后寄我无辞远。（《奉送原甫侍读出守永兴》）

此诗豪宕磊落，且有新奇创格，首二句直接引发黄庭坚《送王郎》"酌君以蒲城桑落之酒，泛君以湘累秋菊之英"的新颖表述④；"鱼枕蕉，一举十分当覆盏"创"上三下三中四"之新格⑤。"酒如长虹饮沧海"与"安得载酒长盈车"、"一饮千钟"同为豪情满怀而壮丽气势又过之。酒意象之豪纵表达屡屡出现在与刘敞的酬赠往来中似非偶然，当是二人意气相得、知己同道情怀的文学折射。欧阳修于刘敞墓志中评价其人格云："为人磊落明白，推诚自信，不为防虑，至其屡见侵害，皆置而不较，亦不介

---

① 詹安泰：《简论晏欧词的艺术风格》，《詹安泰文集》，中山大学出版社 2004 年版，第258 页。

② 朱庸斋：《分春馆词话》卷五，张璋、职承让、张骅、张博宁编：《历代词话续编》下册，大象出版社 2005 年版，第 1224 页。

③ 龙榆生：《研究词学之商榷》，《历代词话续编》下册，第 984 页。

④ （宋）胡仔：《苕溪渔隐丛话》前集卷二九，第 201 页。

⑤ （清）宋长白：《柳亭诗话》卷二一，《续修四库全书》第 1700 册，上海古籍出版社2002 年版，第 316 页。

于胸中"(《集贤院学士刘公墓志铭》），这与欧阳修的"气度恢廓宏大，中心坦然，未尝有所屑屑于事。事不轻发，而义有可为，则虽祸患在前，直往不顾"①，可谓意气相投。因此离别时感慨伤怀之情真挚而厚重，投射于诗词作品中便形成雄健奇特之风貌。

4. 节序词中的生活情趣

欧阳修有两组联章体十二月月令词《渔家傲》，分别叙写一年十二个月的天象、物候、人事、习俗的推演变化。这二十四首词笔触新颖，视角精微，用语工稳熨帖，意境绮丽清新，是欧词中一个独特的存在。它一改宋前岁时月令词中闺情传统，视角转向岁时物象的描摹，主体感情节制客观，这种"独特的创作旨趣，与北宋前期士大夫阶层对月令岁时的普遍重视以及欧阳修自身对天地人之理的思考探究有着一种微妙的联系。"②与咏西湖的十首联章体《采桑子》相同，在这两组月令词中亦有一半词作运用了酒意象。但相异的是，此处由于饮酒主体的感情并不显豁，酒意象虽然姿态多样，表现方式丰富，但皆隐去了自言体词作中的述怀功能与情感指向，而代之以世俗生活内容，与物候的次第更续相映成趣，洋溢浓郁的生活气息，同时与整体月令词客观倾向保持一致。

比如第一组的第五首：

> 五月榴花妖艳烘。绿杨带雨垂垂重。五色新丝缠角粽。金盘送。生绡画扇盘双凤。正是浴兰时节动。昌蒲酒美清尊共。叶里黄鹂时一弄。犹薝松，等闲惊破纱窗梦。

五月的时令大事为端午节，民间有悬艾、佩五色丝、食粽子、以兰汤沐浴、祭屈原、竞舟等习俗。《续齐谐记》载："屈原五月五日投汨罗而死，楚人哀之。每至此日，竹筒贮米，投水祭之。汉建武年，长沙欧回见人自称三闾大夫，谓回曰：'尝见祭，甚善。但常年所患蛟龙所窃，今若有惠，可以练树叶塞其上，以五彩丝约之，此二物蛟龙所惮也。'回依言，后乃复见感之。今人五日作粽子带五色丝及练叶，皆是汨罗之遗风也。"③饮菖蒲酒也是常规活动之一。孙思邈《千金月令》载："端午，

---

① （宋）欧阳发：《先公事迹》，《欧阳修全集》附录卷二，第 2626 页。
② 欧阳明亮：《欧阳修词论稿》，华东师范大学 2012 年，博士论文，第 86 页。
③ （宋）李昉等：《太平御览》卷 31，中华书局 1960 年版，第 146 页。

以菖蒲或缕或屑以泛酒。"① 全词围绕端午节生发，由气候的典型表征榴花起笔，经五角新丝、食粽、浴兰、饮菖蒲酒的习俗叙写，再由"叶里黄鹂"轻轻一笔转到被惊梦的人物之内心情态，由物及人的笔法过渡自然，整首词的节奏由急入缓，尾声悠扬。虽有人物出场，但具体身份面目已作抽象处理。并没有夺去前半部分习俗活动的重心地位。词中"菖蒲美酒"作为端午习俗物象之一，被剥离了与饮酒主体情感的紧密联系，其形象与意蕴皆与此前讨论的酒意象有较大区别。

再来看第一组第十二首：

> 十二月严凝天地闭。莫嫌台榭无花卉。惟有酒能欺雪意。增豪气。直教耳热笙歌沸。陇上雕鞍惟数骑。猎围半合新霜里。霜重鼓声寒不起。千人指。马前一雁寒空坠。

这首词的起笔顺序亦是由气候推进、风景迭换开始，点出"严凝"的典型特征。由于本月没有重大节日（冬至在十一月，春节在正月），全词人事活动的叙写重点挑选了塞北的猎围活动，不啻冰封天地里勃勃有生气的俗世场景。末尾以类似镜头定格的方式来收尾，明快爽朗，简洁有力。而全词的叙写节奏由天象物候转向人事的连接点即是饮酒活动，一个"欺"字精妙地烘托出酒的神奇力量、饮酒后各种热闹喧腾的效果。不同于"五月"词中"菖蒲美酒"与角粽、浴兰等习俗的并列关系，此处饮酒活动的动态氛围及推进全词节奏迈向高潮的关键地位得到良好的体现。

在这两组岁时月令词中，酒意象的运用也极尽繁复变化之能事。在饮酒场合中，既有伴随着佳节庆祝活动的固定习俗，如五月端午节的"昌蒲酒美清尊共"、七月七夕节的"金尊倒，人间彩缕争祈巧"；又有为浇愁遣怀而发生的个人行为，如"把酒遣愁愁已去，风催酒力愁还聚"。关于饮酒的叙写方式，既有"花底一尊谁解劝""聊对酒"的实写，又有"渐好凭栏醒醉眼""宿酒半醒新睡觉"的虚指；感情色彩上，既有"留客醉花迎晓日"的明丽暄和，"酒阑莫遣笙歌放"的飞扬豪兴，亦有"恹恹病，宿醒和梦何时醒"的低迷叹息。可谓无一重复之笔。此外，从整体来审察这两组《渔家傲》，可以发现，后一组的叙写中似乎刻意规避了每个月中节日习俗的内容，主要笔墨集中于天象物候的变化。同时在酒意

① （明）陶宗仪等编：《说郛》卷六十九，《说郛三种》一百二十卷本，上海古籍出版社1988年版，第3222页。

象的运用上，后一组也偏离了前一组较为冷静节制的基调，出现"渐觉衔杯心绪懒""把酒遣愁""睡起日高堆酒兴"之类的情感流露之表达，所指向的具体人事仍作了模糊化处理，没有逸出客观节制的大范畴。根据摹写侧重点的细微变化，可以看出后一组的创作显然是在前一组基础上的结撰之作。

二　组合方式及运用特征：把酒花前

在具体谋篇布局时，单个意象往往需要置于特定的组合搭配或限定情境中来实现其意义自足性。欧词中，酒意象有多种组合运用方式，最典型的一种为"酒"与"花"的组合。"戴花持酒"、"把酒花前"、"醉藉落花"、"花粘酒盏"等表达不胜枚举。"酒"与"花"组合不仅表现方式多样，而且摒弃了花间词中的冶游内涵，贯注着欧阳修个人对世界的深沉感悟、特有的清狂意兴，深深塑造了欧词疏隽健爽的风貌，成为欧词中意象使用的独有方式和突出特点。

要探索欧词中酒意象的特殊历史意义，需要考察花间词中酒意象的运用情况。虽然词在晚唐五代就孕育于酒筵风月之地，"绮筵绣幌"、"羽盖之欢"不能缺少酒的参与，但酒意象并不经常出现在具体的词作中。花间词主要由两大意象群构成：以花鸟、草木为代表的自然意象群和以女性为中心的身体、服饰、闺阁意象群。[1] 在500首花间词中，运用了酒意象的词作仅71首，占14.2%。其中韦庄、李珣是使用比例较多的词人，分别有9次和10次。值得注意的是，韦庄之明快清丽、李珣之清新闲远在花间词人中皆属于清疏一派，与温庭筠的富丽判然有别。而后者则无一首词写到酒意象。这个统计昭示出以温庭筠为代表的富丽型花间词人并不钟爱酒意象，酒意象的运用带来的风格特质一定程度上让词作偏离闺情离恨的传统范畴。比如韦庄的《菩萨蛮》其四"劝君今夜须沉醉，尊前莫话明朝事。珍重主人心，酒深情亦深。须愁春漏短，莫诉金杯满。遇酒且呵呵，人生能几何。"[2] 词作对人生世事的喟叹已开启欧词中的类似表达，不过较欧词略嫌粗犷。而李珣使用酒意象较密集的数首《渔歌子》《南乡子》，其闲逸悠然的渔父家风更非花间词的典型美学风格。

另外，酒意象在花间词的具体使用语境中并无固定的组合搭配，其内涵则多指向冶游狎妓的迷醉生活，这一点包括韦庄在内的词人之作皆如

---

①　魏玮、刘锋焘：《花间词意象特色论》，《齐鲁学刊》2012年第2期，第115页。

②　（后蜀）赵崇祚编，杨景龙校注：《花间集校注》，中华书局2014年版，第340页。

此。如韦庄《菩萨蛮》（其三）："翠屏金屈曲，醉入花丛宿。"① 《浣溪沙》（其四）："日暮饮归何处客，绣鞍骢马一声嘶，满身兰麝醉如泥。"② 《归国谣》（其二）"罨画桥边春水，几年花下醉。"③ 尹鹗《醉公子》："尽日醉寻春，归来月满身。"④ 魏承班《满宫花》："玉郎何处狂饮？醉时想得纵风流"，⑤ 酒与花的搭配并不固定，但从仅有的几处"花丛宿"、"花下醉"来看，"花"的内涵显然是烟花柳巷之代称，而非自然界中植物。这从花间词中故事情景多发生于傍晚至黎明佛晓这个时间段也可以间接反映出来。⑥ 词中故事的展开节奏一般为日暮绮筵宴饮，"持玉盏，听瑶琴"⑦（顾敻《甘州子》其四），继之以狎妓而眠，"酒阑重得叙欢娱。凤屏鸳枕宿金铺"⑧ （欧阳炯《浣溪沙》其三），最后黎明分别，"离筵分首时，送金卮"⑨（牛峤《江城子》其二）。

与花间词大异其趣的是，欧词中酒意象则与花意象形成固定搭配，"花"之内涵褪去冶游色彩，转向自然界植物本身，因其绚丽短暂的生命特性升华为青春岁月以及一切美好易逝之物的象征。欧词向来被评为承继花间余绪，如清人郭麐《灵芬馆词语》卷一云："词之为体，大略有四：风流华美，浑然天成，如美人临妆，却扇一顾，《花间》诸人是也。晏元献、欧阳永叔诸人继之。"⑩ 但考察酒意象与花意象的组合运用，我们发现欧词则借这种组合方式跳脱出花间范式，开创了宋词明朗清新的时代新风气。

与酒意象类似，花意象也是欧阳修文学作品中反复出现的典型意象之一。其内涵其一指牡丹。洛阳重牡丹，直呼为"花"。欧阳修任职西京时正值青春年少，意气风发，饮酒赏花既是豪纵游赏之实写，亦是对青春的

---

① 《花间集校注》，第 335 页。

② 《花间集校注》，第 314 页。

③ 《花间集校注》，第 353 页。

④ 《花间集校注》，第 1348 页。

⑤ 《花间集校注》，第 1259 页。

⑥ ［日］青山宏：《唐宋词研究》，程郁缀译，北京大学出版社 1995 年版，第 11 页温庭筠词、第 37 页韦庄词。

⑦ 《花间集校注》，第 977 页。

⑧ 《花间集校注》，第 826 页。

⑨ 《花间集校注》，第 617 页。

⑩ （清）郭麐撰：《灵芬馆词话》卷一，《词话丛编》本，中华书局 1986 年版，第 1503 页。

追忆怀想。欧词中"花"意象恢复为自然界植物，为春光最直接的象征之物。饮酒及作词的时空场景由傍晚佛晓转到晴天丽日之下，明朗鲜亮的色彩，飞动的遣玩意兴，皆使欧词散发出不同花间传统的明快基调。欧词追忆洛阳岁月有数首，皆情根深种，怀恋不已，如这首《玉楼春》：

> 常忆洛阳风景媚。烟暖风和添酒味。莺啼宴席似留人，花出墙头如有意。别来已隔千山翠。望断危楼斜日坠。关心只为牡丹红，一片春愁来梦里。

除牡丹外，"花意象"之内涵更多指向易逝的美好事物。花虽然年年岁岁相似，但在一季的轮回中又极易凋谢消逝，代表着永恒与短暂的奇妙结合，成为繁华、美景、青春、激情等一切美好之物的绝佳象征，它们易逝的脆弱命运触发世人永恒的渴望追求，对锐感多情的词人来说更是如此。欧阳修笔下，酒与花的结合方式有"花前病酒"、"把酒花前"、"戴花持酒"、"醉藉落花"、"花间醉玉卮"、"丛边金樽倒"等多种，姿态纷繁，几无重复，显示出欧阳修于遣词上的用心努力，所传达出的放纵游赏情绪则是沉著悲慨中不乏清狂。

最典型的组合方式是下面一组《定风波》词，建构了"把酒花前"式的丰富内蕴：

《定风波》
把酒花前欲问他。对花何惜醉颜酡。春到几人能烂赏。何况。无情风雨等闲多。艳树香丛都几许。朝暮。惜红愁粉奈情何。好是金船浮玉浪。相向。十分深送一声歌。

把酒花前欲问伊。忍嫌金盏负春时。红艳不能旬日看。宜算。须知开谢只相随。蝶去蝶来犹解恋。难见。回头还是度年期。莫候饮阑花已尽。方信。无人堪与补残枝。

把酒花前欲问公。对花何事诉金钟。为问去年春甚处。虚度。莺声撩乱一场空。今岁春来须爱惜。难得。须知花面不长红。待得酒醒君不见。千片。不随流水即随风。

把酒花前欲问君。世间何计可留春。纵使青春留得住。虚语。无情花对有情人。任是好花须落去。自古。红颜能得几时新。暗想浮生何事好。唯有。清歌一曲倒金尊。

　　四首词中心意旨皆在抒发对春光、百花、青春等易逝之物的惋惜感伤。第一首由春来春去生发,第二首重点悼惜花之短暂易凋,第三首兼及花、春、莺,第四首由具体的春天及花升华为青春与红颜,层次逐级递进。整组词始终围绕伤逝这一主题,用语浅豁,意境直露,在末尾处略带愤慨。面对易逝的自然界之花以及易逝的青春,把酒赏花既是放纵的游赏方式亦是词人借以消解悼念之悲的放达途径。

　　在这五首《定风波》中,"把酒花前"的固定意象组合,构成一个统一的意象整体,并作为中心意象与其他意象形成辐射式结构。"惜红愁粉""艳树香丛""金船玉浪""金尊"皆是花与酒之代称。这两个意象组合一为味觉一为视觉,皆诉诸人生理的感官享受,但其侧重略有差异,"花"为客观世界之缩影,酒则是主观选择之象征,继而由此抽象为面对人世间坎坷的闲雅倔强姿态。词人围绕这个固定的意象组合,抒发各个层面上对时光易逝、世事浮沉、人生意义的追问思索。此种意象组合特征是欧词中酒意象运用的个体特征①。

三　酒意象的风格呈现

　　欧词之酒意象的文学呈现突出表现为两个特点:清狂与热烈。这两点也是欧词迥出时流奠定宋词基础的重要标志。在欧阳修运用酒意象的 110首词作中,四种意蕴类型之比例为:第一类描写酒筵场景的 9 首,占8.2%;第二类用女性视角的代言体 25 首,占 22.7%;第三类抒发士大夫情感的自言体 64 首,占 58.2%;第四类叙写生活情趣的节序词 12 首,占10.9%。其中比重最大的即是第三类词作。而从欧词整体来统计,抒发士

---

①　《醉翁琴趣外篇》中亦收有一首《定风波》:"把酒花前欲问伊。问伊还记那回时。黯淡梨花笼月影。人静。画堂东畔药栏西。及至如今都不认。难问。有情谁道不相思。何事碧窗春睡觉。偷照。粉痕匀却湿胭脂。"虽然《琴趣外篇》的版本来源经学者考证亦有可取之处(见陈尚君《欧阳修著述考》,《复旦学报》1985 年第 3 期,第170—171 页)以及王水照《〈醉翁琴趣外篇〉伪作说质疑》(《王水照自选集》,上海教育出版社 2000 年,第 646—652 页),并非无稽,但对照上面四首的主题及整体风格,这一首明显有突兀之嫌,与前四首并置而扞格难入。而且前四首首句"把酒花前"后所问对象无一相同,此首则重复"伊"字,亦是疑点。总之,从欧阳修前四首的整体性,更重要的是,从"把酒花前"这一组合意象的内涵来衡量,《琴趣外篇》所收《定风波》一词实属异类,应非欧所作。顾随《驼庵词话》卷五欧词之版本云:"欧词选本以宋曾慥《乐府雅词》所选最精且多。《琴趣外编》所收非皆欧作,中有极浅薄者。俗非由于不雅,乃由于不深。"(《词话丛编续编》第五册,第3204 页)可作佐证。

大夫个人情感主题的词作共 70 余首，基本与第三类酒意象词作重合。这一重合之处表明欧词中酒意象的运用多与个人抒怀有着紧密联系，其个人身世情怀的抒发多通过酒意象这一媒介来实现，酒意象的风格呈现某种程度上即是欧阳修个体抒怀词之风格呈现。

1. 清狂

顾随《驼庵词话》卷五"苏辛乃词中之狂"条云："苏辛乃词中之'狂'，白石犹不失为狷。恶意的'狂'乃狂妄、疯狂，好意的'狂'乃是进取，狂者是向前的，向上的。而六一实开苏、辛之先河。'晏欧清丽复清狂'，晏，清丽；欧，清狂。"① 顾氏此言实与冯煦"疏隽开子瞻"同义，不过所论范围更为宽广，与晏殊有比较，后续影响也提到辛弃疾。

欧阳修在运用酒意象抒发其身世之感时赋予了词体以言志功能，虽然他言论中始终把词当作"聊佐清欢"的工具，但在创作实践中已扩大了词境，推尊了词体。

> 相别重相遇。恰如一梦须臾。尊前今日欢娱事，放盏旋成虚。
> 莫惜斗量珠玉，随他雪白髭须。人间长久身难得，斗在不如吾。
> （《圣无忧》）

与前文已引用的《采桑子》（十年一别流光速）、《采桑子》（十年前是尊前客）、《采桑子》（画楼钟动君休唱）、《浣溪沙》（十载相逢酒一卮）、《圣无忧》（世路风波险）、四首《定风波》（把酒花前）等词一样，欧阳修在这类词中对遭际世事一抒喟叹时不免掺入议论，以"放盏旋成虚""莫惜尊前醉如泥""人生何处似尊前""暗想浮生何事好"等放旷愤激之语出之。但词人之心仍在放旷的表面下深藏对人世的眷恋、对自我意义的执着追寻。他的平和心性使他没有走入更为极端的地步。不同于晏殊酒词中融贯的哲思观照以及祝寿习语，亦不同于柳永酒词的羁旅飘零，正是平和与悲慨的交织让酒词充满欧阳修个人的独特张力。这种特点在苏轼身上颇有承袭，到稼轩则程度不免激越了。"十年"与"白发"是经常与酒意象搭配使用的两个意象，在纵向时间对比和当下自我描摹中，酒意象解闷浇愁、寄寓感慨的内涵更加突出。不过"白发""衰翁"虽貌衰而益增倔强，愁亦在可解可不解之间，这正是清狂风貌之下的内在意蕴。

---

① 顾随：《驼庵词话》卷五，《词话丛编续编》第五册，人民文学出版社 2010 年版，第 3200 页。

2. 热烈

"直须看尽洛城花，始共春风容易别。"欧词热烈而沉著的遣玩意兴是他独立于别家的鲜明个性特征，在诸多赏春词中有显著体现。顾随曾论述欧词风格云："六一的伤感是热烈"，"六一词热烈而衰飒"，与晏殊相比，欧词"如蝉之上到高枝大叫一气"①。欧词之热烈亦被论者归纳为其三大特征之一。② 热烈的表征之一是春与花的频繁使用。据统计，"欧阳修词中的'春'字共出现 144 次，在北宋词人中仅次于晏几道的 155 次，秋只出现 39 次，……'花'共出现了 213 次，是北宋词人中出现次数最多的。"③ 在欧阳修酒词中，追忆洛阳青葱岁月以及描写游赏颍州西湖的十首《采桑子》等作品，其景色之明媚、色调之鲜妍、游赏之热情固不待多言，而以下几首作于人生低谷时期的作品中，其意兴之热烈亦充溢全篇：

今日北池游，漾漾轻舟，波光潋滟柳条柔，如此春来又春去，白了人头。好妓好歌喉，不醉难休，劝君满满酌金瓯，纵使花时常病酒，也是风流。(《浪淘沙》)

一派潺湲流碧涨。新亭四面山相向。翠竹岭头明月上。迷俯仰。月轮正在泉中漾。更待高秋天气爽。菊花香里开新酿。酒美宾嘉真胜赏。红粉唱。山深分外歌声响。(《渔家傲》)

两翁相遇逢佳节。正值柳绵飞似雪。便须豪饮敌青春，莫对新花羞白发。人生聚散如弦筈。老去风情尤惜别。大家金盏倒垂莲，一任西楼低晓月。(《玉楼春》)

第一首作于庆历五年（1045）知真定府时，庆历新政已失败，主持者范仲淹、韩琦等人均已解职，欧阳修心情十分苦闷。第二首作于庆历六年（1046）谪居滁州之时。第三首作于熙宁五年（1072）春退居颍州老友赵概来访时。或仕途困顿，或垂暮之年，然而词中却全然没有低迷颓废气息，其赏玩之豪兴并不输洛阳颍州之什。这种热烈的意兴恰是欧阳修用以直面并消解人生困顿的良方。

---

① 顾随：《驼庵词话》卷五，《词话丛编续编》第五册，第 3199—3201 页。

② 胡可先、徐迈：《风格 渊源 地位——欧阳修词论》，《河南社会科学》2012 年第 2 期，第 88 页。

③ 孙艳红：《宋词的女性化特征演变史》，吉林大学 2012 年博士学位论文，第 93 页。

　　清狂与热烈本属不同层面的风格感受，清狂易趋于冷寂，热烈不免流于喧嚣，但二者却奇异地在欧阳修酒词中完美交融。对世事慨叹，二者关联的节点是欧阳修对世界既满怀愤慨又赤诚眷恋的文人之心，而融合的具体方式则是通过酒意象天然具备的浇愁解闷与娱宾助兴的双向功能。

　　欧词酒意象之清狂热烈风格有多重成因。首先源自欧阳修至老不衰的张扬锐利个性以及与命运相始终的宦海浮沉。欧阳修个性直率，敏锐且果敢。早在洛中时期就曾以"老而不知退"顶撞过上司王曙①；其后夷陵之贬亦由于他以异常积极的姿态主动投入；任谏官时，上书频繁，出语犀利，"论事往往面折其短"②；直至治平间任参政，政事堂会议他仍是"或与二相公有所异同，便相折难，其语更无回避"③。这种张扬且耿直的个性让他在抒写心曲时易形成清狂热烈之风。

　　其次源自他诗词文有别的文体观。与欧词相较，欧阳修诗文中的酒意象其特征意蕴皆与欧词有着较大差异。总体说来欧诗中酒意象偏于理性节制，"豪饮"的说法出现较少，甚至到后期多为生活普通饮品之一；欧文中酒意象充满寄寓象征意味。在二者之间，欧词赋予酒意象以呈现个人情怀、轻松喜乐基调的表现功能。

---

① （宋）邵伯温：《邵氏闻见录》卷八，上海古籍出版社1983年版，第83页。
② 《欧阳修全集》《奏事录》"独对语"条，第1835页。
③ 《欧阳修全集》《奏事录》"独对语"条，第1835页。

第八章　日常生活视域下的欧文创作

《居士集》及《居士外集》收文章近 450 篇，绝对数量虽不及诗歌，但因各篇容量庞大，众体皆备，成就卓异，欧文之名在文学史评价中远胜其诗词，一直以来都是欧阳修研究的重中之重。研究欧阳修古文成就的先行成果不胜枚举①，近年来宋代文章学、文体学的研究日趋兴盛，对欧阳修各体文章特色的探讨亦较为细致深化②。这些前期探索给本书的思考提供了诸多启发。本章探讨的对象主要为《居士集》《居士外集》中除诗歌、言事上书、策问、经旨、论辩之外的各体文章，如墓志碑铭、哀祭文、赋、序、记、书、论、跋等。就创作情境而言，这些实用性抒情性兼备的文章无疑产生在朝堂之外的日常生活场域。在内容呈现上，这些作品较少涉及日常生活，但在创作缘由和风格特征等方面，日常生活其实以幽微的方式渗透于欧文内外。本章拟从物质基础和交游情境两个方面去勾勒日常生活与欧文创作的关联。在物质生活上，早年的贫寒使得欧阳修家无藏书，

---

① 今举其大者，专书有陈幼石《韩柳欧苏古文论》（上海文艺出版社 1983 年版）、祝尚书：《北宋古文运动发展史》（巴蜀书社 1995 年版）、朱刚：《唐宋四大家的道论与文学》（东方出版社 1997 年版）及《唐宋"古文运动"与士大夫文学》（复旦大学出版社 2013 年版）、黄一权：《欧阳修散文研究》（华东师范大学出版社 2003 年版）、[日] 东英寿：《复古与创新——欧阳修散文与古文复兴》（上海古籍出版社 2005 年版）、冯志弘：《北宋古文运动的形成》（上海古籍出版社 2009 年版）、何寄澎：《唐宋古文新探》（北京大学出版社 2010 年版）及《北宋的古文运动》（上海古籍出版社 2011 年版）、刘越峰：《庆历学术与欧阳修散文》（商务印书馆 2013 年版）、洪本健：《欧阳修和他的散文世界》（上海古籍出版社 2017 年版），单篇论文则汗牛充栋，此不赘。

② 王水照、朱刚编：《中国古代文章学的成立与展开 中国古代文章学论集》（复旦大学出版社 2011 版）、王水照、侯体健：《中国古代文章学的衍化与异形 中国古代文章学二集》（复旦大学出版社 2014 版）、王水照、侯体健编：《中国古代文章学的阐释与建构 中国古代文章学三集》（复旦大学出版社 2017 版）、谷曙光：《贯通与驾驭 宋代文体学述论》（人民文学出版社 2016 版）。

这是他儿时于好友家敝筐中发现韩集的直接原因，而与韩集结缘正是欧文自成一家的发轫点。此外，早年物质窘迫使欧阳修年少早衰，对易逝之物尤为敏感，时间意识敏锐，这种身体心理状态是欧文"感慨系之"的深层背景。欧阳修生平交游广泛，大部分作品都产生于交游间的请托，日常交游情境是欧文的创作缘起，也影响了创作心态、创作理念与行文风格。

第一节　物质生活与欧文创作

一　物质困窘与结缘韩集

欧文的自成一家与韩愈渊源颇深，然而一向尊韩学韩的欧阳修偶尔也会对韩愈作贬抑之论。景祐三年（1036）写于夷陵的《读李翱文》即云：

> 凡昔翱一时人，有道而能文者，莫若韩愈。愈尝有赋矣，不过羡二鸟之光荣，叹一饱之无时尔。此其心使光荣而饱，则不复云矣。

从行文的鄙夷之意来看，似乎在欧阳修心中，文章只要和物质追求扯上关系，就没有什么价值可言。确实，在欧文中，并没有叹老嗟卑之作，没有对"光荣而饱"的艳羡追求，但这不等于说物质生活与欧文不发生关联，二者的交缠以幽微而曲折的方式贯穿于历史之中。

欧阳修与韩文的结缘很大程度上根源于幼年的家贫。欧阳修屡次云"少迫贱贫，偶勤学问"（《谢参知政事表》），云"只希干禄以养亲"（《乞外任第一表》），其中应有早年生活实情。但读书也是其兴趣所在，他多次坦言"少喜文辞"（《辞枢密副使表》）、"少喜文字"（《答陕西安抚使范龙图辞辟命书》），在过世后长子欧阳发追忆他是"以至昼夜忘寝食，惟读书是务"（《先公事迹》）。而衣食不继的家境自然是没有条件买书的，更何况书价昂贵，一般家庭都消费不起。① 欧集中不乏"贫无藏书""家无书读"的记载，可谓实录。基于以上背景考察，我们便能够理

---

① 宋代书价大致在每册 300 文左右，低时也需 100 文。参见田建平《书价革命：宋代书籍价格新考》（《河北大学学报》2013 年第 5 期，第 47—57 页）。即使按 100 文算，亦相当于 2 斗米。参照前文北宋前期官员俸禄的资料，一般的官员之家即使有能力购买一两本，藏书亦不会多。

解少年欧阳修于玩伴李公佐家发现韩集的必然原因：

> 予少家汉东，汉东僻陋无学者，吾家又贫无藏书。州南有大姓李氏者，其子尧辅颇好学。予为儿童时，多游其家，见有弊筐贮故书在壁间，发而视之，得唐《昌黎先生文集》六卷，脱落颠倒无次序，因乞李氏以归。读之，见其言深厚而雄博，然予犹少，未能悉究其义，徒见其浩然无涯，若可爱。
>
> 予家藏书万卷，独《昌黎先生集》为旧物也。……予于此本，特以其旧物而尤惜之。(《记旧本韩文后》)

清人孙琮评曰"庐陵之学本出昌黎，故篇中虽记叙韩文，实自明学问得力。"[①]

历史进程充满偶然。虽然韩欧是古文发展史上承流接响的一脉、道统接续的谱系，但关注其中衔接机缘为何也是一个饶有趣味的角度，可以帮我们还原具体场景，从而以动态细致的方式来重新观照。由于个体因素而对韩集产生的旧物之爱，无疑是欧阳修推崇韩愈、发扬韩文的重要原因。而后者正是欧文振臂革新自成一家的发轫点。

二 年少早衰与"感慨系之"的心理背景

物质的困乏造成了身体的多病和早衰，而这一身体状况使他对生命的脆弱与有限性特别敏感，对朋友的聚散存亡、历史的兴衰沦替，以及其他一切短暂易逝之物尤易情动于中，言于笔下，从而构成"六一风神"之"感慨系之"的心理背景。

欧阳修贫寒的家境导致其青少年时期营养极度缺乏，加上他又废寝忘食的读书，身体状况一直羸弱不堪，所谓"余生本羁孤，自少已非壮"(《新春有感寄常夷甫》)。在西京任幕职时，有一同僚张谷"病肺唾血者已十馀年"，比欧阳修更有甚者。大概是有感于同病相怜，在为张谷所撰墓表中，欧阳修写道：

> 康强者不可恃以久，而羸弱者未必不能生，虽其迟速长短相去几何，而强者不自勉，或死而泯灭于无闻，弱者能自力，则必有称于后

---

① (明)孙琮：《山晓阁选宋大家欧阳庐陵全集》卷4，转引自《欧阳修资料汇编》，第715页。

世，君其是已。(《尚书屯田员外郎张君墓表》)

在这里，欧阳修是慰人兼慰己。同为"旦暮人"，长年孱弱的身体一定促使他思考过生死之际的终极问题，焦灼于"为庸人以死尔"(《与王文公介甫三通》其一)的结局。作为对脆弱有限性的抗争，欧阳修对"称于后世"的永恒之追求亦较常人为执着。撰写碑志铭文，他追求"各纪实，则万世取信"(《与渑池徐宰无党六通》其四)，晚年朋友千里命驾见访，他许为"数百年间，未有此盛事"，欣喜之余亦称自己可以"因得附托，垂名后世"(《与赵康靖公叔平九通》其九)。面对山野间的断碑残刻，欧阳修强烈地感受到追求永恒的目标和漫漶磨灭的现实之间的巨大反差，这使他养成酷爱收集古碑铭文的习惯。以上这些内心触动及思考表现于文，便易为感慨淋漓。

作为简明而准确地概括欧文艺术风格的专门术语，"六一风神"的内涵包蕴丰富，学界多有探讨①，而"感慨系之"无疑是其中重要的构成因素②。评论者多已注意到欧文的这个特点，如近人李刚己云："欧公文字，凡言及朋友之死生聚散与五代之治乱兴亡，皆精采焕发。"③ 仍以明道二年(1033)游嵩山事为例，此次为欧阳修二游嵩山，同行的伙伴有所更替，欧阳修便在与梅尧臣的信中感慨到：

　　曩日恨不得同者尹十二、王三，今反俱游，而圣俞独不至。人生不一岁，参差遂如此。因思百年中，升沉生死，离合异同，不知后会复几人，得同不得同也！(《与梅圣俞四十六通》其一)

乍读之下，觉得欧阳修未免有点小题大做。所谓"少年轻别离"，年轻气盛本该笑语言别，视天涯如比邻，但26岁的欧阳修却由此发出百年聚散无常的感慨。不仅如此，在27岁时所写《书怀感事寄梅圣俞》诗中

① 有关"六一风神"的定义及演进，可参黄一权《欧阳修散文研究》第三章专门论述，华东师范大学出版社2003年版，第109—167页；洪本健：《略论六一风神》，《文学遗产》1996年第1期，第61—68页；刘宁：《叙事与"六一风神"：由茅坤风神观切入》，《文学遗产》2011年第2期，第100—107页。
② (宋)李涂：《文章精义》："此老文字遇感慨处便精神。"刘明晖校点：《文则文章精义》人民文学出版社1960年版，第70页。
③ 李刚己：《古文辞约编·丰乐亭记题解》，转引自洪本健《欧阳修资料汇编》，第1327页。

也感叹："相别始一岁，幽忧有百端。乃知一世中，少乐多悲患。"联系他那"生而孤苦"的家境、早衰的身体，感慨系之可以说是来源有自。而欧阳修人生中，所经历的幼年失怙、夫人病故、子女夭折、朋友聚散存亡、宦海沉浮的痛苦尤其深重，"百忧感其心，万事劳其形，有动于中，必摇其精"（《秋声赋》），每一次的磨难历练都凝聚成"感慨系之"的厚重内蕴，进而构筑起"六一风神"之美。

第二节　日常交游与欧文创作

欧阳修平生交游广泛，"少以进士游京师，因得尽交当世之贤豪"（《释秘演诗集序》），其后仕宦四十余年，所结交师长、同僚、后辈不可尽数，同时以卓越文采和宗师气魄"主天下文章之盟者三十年"①，自言"过吾门者百千人"②，因此交游往还是欧阳修日常生活中的重要人际活动，也是其文章创作的主要缘由。经统计，38篇记体文中，他人请托之作25篇，自作者13篇，三分之二皆为交游之作。墓志、碑铭、行状类作品中，因其特殊的使用场合，请托之作的比例更高。除《先君墓表》《泷冈阡表》《胥氏夫人墓志铭》《杨氏夫人墓志铭》等少量为直系亲属所作外，其余106篇皆为同僚、至交、后辈请托而作。祭文略相似，除公务祭祀文15篇外，其余26篇祭文中大部分为祭祀亲友之作，直系亲属仅为7篇，不足三分之一。赠序、字序、文集序类共49篇，自作者17篇，涉及交游者32篇，亦是三分之二的比例。书信类作品本身即为交游活动的直接产物，可视为全部与人际交往相关而作。统计详情见下表：

文体类型	总数	请托/交游	自作	交游之作所占比例	居士集	外集
墓志碑墓表墓碣行状	111篇	106篇	5篇	95.5%	98篇	13篇
记体文	38篇	25篇	13篇	65.8%	18篇	20篇
赠序、文集序、字序	49篇	32篇	17篇	65.3%	30篇	19篇

---

① （宋）毕仲游：《欧阳叔弼传》，《西台集》卷六，《丛书集成初编》本，第1943册，第84页。

② （宋）曾巩：《上欧阳学士第二书》，《曾巩集》，第234页。

续表

文体类型	总数	请托/交游	自作	交游之作所占比例	居士集	外集
祭文	41 篇	19（15 篇公务祭祀）	7 篇	82.9%	35 篇	6 篇
书	54 篇	54 篇	0	100%	8 篇	46 篇
赋	9 篇	3 篇	6 篇	33.3%	5 篇	4 篇
杂题跋	27 篇	23 篇	4 篇	85.2%	0	27 篇

以下就墓志碑铭、哀祭文、记体文等三种较为重要的文体来略作探讨。

一 从"本职"到"老业"：墓志碑铭撰写心态的复杂面向

由上表可以看出，欧阳修自编《居士集》中所收墓志和祭文比较多，墓志总数的88%、祭文总数的85%都收入了《居士集》，而杂题跋、书、记等文体淘汰率就比较高。这个数据可以说明欧阳修对于墓志类丧葬文体的重视，也反映出他作这类文体时的慎重思考和严谨态度。

由于文采出众和交游广泛，欧阳修"得论次当世贤士大夫功行"，自言"明道、景祐以来，名卿巨公往往见于余文矣。"（《江邻几文集序》）名卿巨公见于欧文的主要方式即为其后代请欧公铭墓。自天圣八年（1030）至熙宁三年（1070），40 年间欧阳修共作墓志、墓表、神道碑、行状等文 111 篇①，占文集总篇数的四分之一，平均每年 2.8 篇，总数在北宋士大夫中居第二。其中至和、嘉祐年间数量较多，与其官阶的提升、文名日盛有关。如至和元年、至和二年皆年均 6 篇，嘉祐五年（1060）由于要迁葬一部分宗室成员，此年所作墓志总数达到 21 篇之多。很多同僚亲朋更是一请再请，以得到欧公铭墓为荣。如同年兼好友蔡襄家，欧阳修先后为蔡襄弟蔡高、蔡襄母卢氏以及蔡襄三人撰写墓志；亲属中为薛夫人家族撰志最多，宝元元年（1038），欧阳修在与薛夫人成婚后次年即为已过世的岳父薛奎撰墓志铭，此后又为薛夫人之兄薛直孺、薛奎之弟薛塾、薛奎之兄薛睦、薛睦之子薛长孺、薛良孺等五人撰墓志铭。此外，如好友尹源、尹洙及其父尹仲宣；刘敞及其父刘立之；程琳及其父程

---

① 《先君墓表》《泷冈阡表》改动较大，视为两篇；《胥氏夫人墓志铭》《杨氏夫人墓志铭》为门生代笔，但一则收入《居士外集》，二则主要体现了欧阳修的私人情感，因此亦视为欧作。

知白；杨夫人及其父杨大雅、其母张氏；谢绛及其父谢涛、其妻高氏、其妹谢氏，一门数人的情况比比皆是。得欧公铭墓如此荣耀，以致时人在韩琦去世后惋惜他得不到欧公作墓志："公薨，士大夫恨勋德之难名，知与不知，皆为泫然而叹曰：'天何不为我留欧阳公为魏公作志文而后死也！'"①

虽然欧阳修的撰写理念与墓主亲属难免有龃龉之处，但由于欧文名声之鼎盛，这些墓主亲属虽不满墓志文稿，亦终无另换他人重写的行为。如尹洙墓志，尹氏子"卒请韩太尉别为墓表"，韩琦所作墓表详尽周到，对简略的墓志起到调和补充的作用，但尹家并没有请人重写墓志。范碑事件亦是如此，范纯仁刊二十余字入石，也仍然使用了他并不满意的欧阳修所作碑文，算是表面上仍维护了欧阳修文章的地位。

"铭志之著于世，义近于史"②，欧、曾皆援史笔入碑志，以作史的历史责任意识和严谨态度来撰写碑志。因此，在作墓志铭时，伤悼朋友离世之余，欧阳修屡有舍我其谁的"本职"意识，会主动承担铭墓这项工作，以酬知己。如庆历五年（1045）夏，好友尹源猝然离世，欧阳修即表示作为知己不可无文字悼念：

> 子渐为人，不待缕述，修自知之。然其所为文章及在官有可记事，相别多年，不知子细，望录示一本。修于子渐不可无文字，墓志或师鲁自作则已，若不自作，则须修与君谟当作，盖他平生相知深者，吾二人与李之才尔。纵不作墓志，则行状或他文字须作一篇也。愁人愁人。（《与尹师鲁第五书》）

嘉祐二年（1057），当前辈杜衍过世时，杜家请求欧阳修撰写墓志。欧阳修此时虽然事务繁杂，短期难以交稿，但仍然表示为杜公撰一篇文字是"本职"，是不可推卸的责任：

> 日夕忧迫，心绪纷乱，不能清思于文辞，纵使强为之，辞亦不工，有玷清德。如葬期逼，乞且令韩舍人将行状添改作志文。修虽迟缓，当自作文一篇记述。平生知己，先相公最深，别无报答，只有文字是本职，固不辞，虽足下不见命，亦自当作。然须慎重，要传久

① （宋）阮阅：《增修诗话总龟》卷三十四，人民文学出版社1987年版，第339页。
② （宋）曾巩：《寄欧阳舍人书》，《曾巩集》，第253页。

远，不斗速也。(《与杜诉论祁公墓志书》)

在以上表达中，欧阳修对于作墓志当仁不让的责任意识格外强烈。这种"主动请缨"的姿态在墓志撰写活动中较为少见①。刘静贞言"在所见的三百篇左右的墓志中，只有柳开为高南金写墓志，不是受到请托，而是他自己主动要求担任撰述，理由是'以报公厚知于我也'。柳开此举在可见的墓志书写活动中，似乎是相当例外的表现，因为绝大部分的作者都会谈到他们是受到请托、得到指示（包括奉旨）、基于感动而不得不承担起这项撰述的工作。"②

欧阳修这种主动铭墓的责任意识与柳开酬报知己的心态略同，但更多一种建构新型士人群体的自觉意识，体现了欧阳修交游时的道义相期，"在哀悼死者、叙述历史的同时，也在重申作为士大夫共同体的自觉。"③ 因此铭墓时除悲悼友人外，还有为"吾徒"这一群体的自伤："吾徒所为，天下之人嫉之者半，故人相知不比他人易得，失一人如他人之失百人也。"（《与尹师鲁第五书》）因此在尹源墓志中，除叙述其生平外，欧阳修还特意写了尹源与其弟尹洙及"一时贤士"的遭际，突出尹源死于为这些贤士的"叹息忧悲发愤"（《太常博士尹君墓志铭》)，世人群体风貌的塑造纳入了行文之中。

因此，当为政治上的同道至交作碑志时，虽大部分时候仍为应允家属之请托，但欧阳修的"本职"观念让他在墓主生平的事件剪裁中突出墓主的交游和党派立场，甚至往往逸出常格而生发感慨议论。与尹源墓志相类似，《王质神道碑》中亦着重记载了王质为被贬的范仲淹送行以及为进奏院狱"悲愤叹息""终日不食"（《尚书度支郎中天章阁待制王公神道碑铭》）的详情。王质刚去世时，欧阳修即云"子野之贤难得，此天下公议共惜之。若相知之难得，则某私恨亦有万万不穷之意。"（《与王郎中道损三通》其一）是以碑文撰写时始终有一个"公议共惜之"的观照视角。欧阳修笔下更突出的群体塑造及感慨议论见于传世名文《张子野墓

---

① 早在宝元元年，欧阳修知乾德县令时即为教化乡民而主动为作堤者李仲芳写墓表之事，仝相卿《北宋墓碑铭撰写研究》（中国社会科学出版社 2019 年版）第一章第三节有相关梳理，但主动撰铭者总体并不多见。第 50—51 页。

② 刘静贞：《北宋前期墓志书写活动初探》，《东吴历史学报》2004 年第 11 期，第 71 页。

③ 王启玮：《尹洙之死：唐宋思想变迁中的死亡及其书写》（《国学学刊》2021 年第 4 期，第 102—114 页）一文对此亦有分析"庆历士大夫多主动承当记录知交生平以垂不朽的任务，大有舍我其谁之意，这在欧阳修身上表现得最为突出"。

志铭》《张应之墓表》《黄梦升墓志铭》等。文字是为本职的使命感，让
欧阳修在撰写碑志时更多以自己的理念建构了一个文字世界，它有着不同
现实世界的理想秩序，而非对墓主生平进行实录记载。

墓志碑文的撰写者经常会面临的"真实的焦虑"①，即为满足孝子贤
孙的心理需求而溢美墓主的情况，欧阳修有较为清醒的认识，但这似乎并
未造成他的困扰，他作碑志的理念坚守极为执着。

在撰写碑铭过程中，欧阳修与墓主家属的冲突除熟知的"尹志""范
碑"外，还有陈尧佐神道碑一事。庆历四年（1044）十月，太子太师陈
尧佐卒于家。据田况《儒林公议》载，陈氏诸子先是纳行状于知郑州李
淑，求作神道碑。李淑怨陈尧佐素不荐引，虽受其润赂，而文有讥薄之
意，其后"其家耻不立石"。② 大约庆历五年（1045）前后，陈氏诸子辗
转通过梅尧臣请欧阳修作碑。碑文成于何时无考③，但陈氏诸子收到后大
约仍不满意，直到皇祐五年（1053）还通过梅尧臣致意欧阳修，想略作
增益。欧阳修回复云：

> 陈碑不可增矣，斯人不晓文义，有三两处是行状所无，出米、
> 修路等意。若果有当书，何故而略？切丁宁喻之。此辈不向道，亦
> 终不知。……赐茶、赐医，常事尔。谥，前面官衔中已有，赠官亦
> 然。散侍郎作相，不足为荣，但问人如何尔。若材堪，则自胥靡亦
> 作相，如不堪，则乃是侥幸。但如是向道，无妨。（《与梅圣俞》
> 二十二）

信中欧阳修的态度相当坚决，毫无商量余地，即使对其子弟看来相当
荣光的"散侍郎作相"一事亦略有微词。他对于陈氏三兄弟的看法一贯
并不高。其叔父欧阳晔墓志中，曾载"陈尧咨以豪贵自骄"事。《归田
录》中，记陈尧咨善射，亦非推重之语；记陈尧佐知制诰"不试而命"，
全集中除神道碑外，对尧佐只这一处记载。陈尧佐诚非北宋贤臣，但这些
直接的评论对于其子弟来说不免难以接受。陈氏子弟想来并无范纯仁兄弟
的名望地位而敢于擅自删改欧文，此事后来不了了之，并未酿成风波。但

---

① 刘静贞：《北宋前期墓志书写活动初探》，《东吴历史学报》2004 年第 11 期，第 67 页。
② （宋）田况：《儒林公议》，《全宋笔记》第一编第五册，第 132 页。
③ 欧集中陈碑题下注庆历四年，误。按：《长编》卷一五二载，陈尧佐庆历四年十月卒。
   李淑作碑在先，陈氏诸子弃李文不用而请欧作碑应已至五年。

欧阳修此时对于撰写碑铭的理念坚持大有宁折不弯的激烈态势，与《论尹师鲁墓志铭》中的疾言申论同一风格。

在尹志、范碑风波之后，欧阳修感慨"范公家神刻，为其子擅自增损，不免更作文字发明，欲后世以家集为信，续得录呈。尹氏子卒请韩太尉别为墓表。以此见朋友、门生、故吏，与孝子用心常异，修岂负知己者！范、尹二家，亦可为鉴，更思之。然能有意于传久，则须纪大而略小，此可与通识之士语，足下必深晓此。"（《与杜䜣论祁公墓志书》）这里，欧阳修再申"不负知己"的作文初衷，同时，更进一步坚持自己的撰写原则，以"传久"为目的，以"纪大而略小"为具体途径。此外，还有"互见""录实""有稽据"等多方面标准。这数次风波并没有改变他的立场。

在各篇具体的写作构思中，这些原则或主或次，相辅相参，又有着变动不居的取舍扬弃，呈现出非常有弹性的适用范围。在为岳父薛奎作墓志铭时，欧阳修并没有点明他与薛奎的姻亲关系，《唐宋文醇》评曰："欧公叙事以简为贵如此。叙子女处直曰：次适庐陵欧阳修，余不著一句，何等严重。《祭薛尚书文》又甚详明。志言天下之公，祭尽一身之私也。"① 评语指出墓志与祭文两种文体的不同取材特征，但公私比重之裁夺，在欧阳修笔下亦偶有不同的处理方式。其所作墓志并非皆"言天下之公"。当为名臣作志，有功勋政绩可言时，他并不点明自己与墓主的私人关系。与薛奎墓志类似，他为胡宿作墓志亦只言"女四人，皆适士族"，而实际上胡宿与欧阳修为儿女亲家，欧阳修次子欧阳奕即娶胡宿女。《祭胡太傅文》中"三十年间，既亲且旧"即指此事。但为一般人物作志，并无太多功勋可彰，他亦多次言及"一身之私"。如为叔父欧阳晔作墓志，第一段即动情地记叙儿时母亲教导之言"尔欲识尔父乎？视尔叔父，其状貌起居言笑皆尔父也"（《尚书都官员外郎欧阳公墓志铭》），笔法横生波澜，却是志文中感人至深处。在《薛质夫墓志铭》中，结尾感叹云"某娶简肃公之女，质夫之妹也。常哀质夫之贤而不幸，伤简肃公之绝世，闵金城夫人之老而孤，故为斯言，庶几以慰其存亡者已。悲夫！"（《薛质夫墓志铭》）几乎把姻亲关系写得面面俱到。因记薛奎、胡宿等重臣生平时，政治建树为大，妻子亲族为小，记大略小只能舍弃，而在记普通人的一生时，其大处则不一，或为早夭，或为多病，或偶有一言一行可传后世，或为至亲养育之恩，此时

① 《御选唐宋文醇》卷三二，乾隆三年武英殿四色套印本，第十页。

"一身之私"的纳入则有助于"大处"的凸显。此外，关于"纪大略小"的执行程度也有着即时性的调整。在撰杜衍墓志铭时，欧阳修一开始认为"其他常人所能者，在他人更无巨美，不可不书，于公为可略者，皆不暇书。（如作提刑断狱之类）然又不知尊意以为何如？"但经与杜衍子杜诉商量后，还是增加了提刑断狱的内容①，亦说明他并非严格执行自己的创作理念而绝不迎合墓主家人的要求。

　　欧阳修总体上一直以较为开放的态度接纳碑志文的请托，现存欧集中没有婉拒铭墓请托的书启。这与司马光、苏轼等较少作碑志形成鲜明对比。北宋中后期，党争日趋激烈，深刻影响了碑志文的写作②，苏轼等人的极端做法除避免诶墓外，当有这一重考虑。而欧阳修生活的庆历、嘉祐间，整体上政治环境和党派立场对碑志创作的影响和制约并不深入。范碑事件算是受党争影响而产生的争议，体现了欧阳修在面对"敌兵尚强"时多方考虑而使碑文撰写有部分曲笔③，但并非普遍性现象，整体上后人对于欧阳修碑志文的史学价值较为认可，其内容多为《长编》和《宋史》采用④。在这种开放心态的基础上欧阳修以自成体系又灵活变通的碑志创作理念来应对频繁的铭墓请求。考察其碑志创作，可以发现墓志身份复杂，有亲属友朋，同僚至交，有党派立场不同但为亲属私交尚笃者，如为王拱辰父王代恕作墓志，亦有党派立场不同私交亦较淡漠者如陈尧佐。尤其是王拱辰之父墓志，墓主葬期为庆历四年（1044）九月，欧阳修所作应在此前不久。此时在政坛上，因庆历新政而展开的政治斗争正日趋白热化，六月，范仲淹、富弼先后出京，八月，欧阳修亦出为河北都转运按察使，十一月，进奏院狱事发，王拱辰恰与欧阳修分属不同阵营。但考察请托铭墓、私简往来，王欧二人私交似乎一直维

① 仝相卿：《北宋墓志碑铭撰写研究》，第 143 页。

② 刘成国：《北宋党争与碑志初探》，《文学评论》2008 年第 3 期，第 35—42 页；罗昌繁：《北宋党争中党人碑志的书写策略》，《华中学术》（第九辑），第 260—269 页。

③ 参见李贞慧《历史叙事与宋代散文研究》（中国社会科学出版社 2015 年版）第三章第三节、仝相卿《北宋墓志碑铭撰写研究》（中国社会科学出版社 2019 年版）第六章第三节，皆有关于范仲淹神道碑和墓志铭的对比分析，可知相较墓志，神道碑中的叙事剪裁有不合史实之处。

④ 洪本健：《欧阳修和他的散文世界》，上海古籍出版社 2017 年版，第 242 页。

系着密切联系，屡有诗篇唱和，约以卜邻，子孙辈更有联姻①。这种公私有别的复杂交游情态值得关注②。

欧阳修在至和、嘉祐后，请托碑志数量增多，一是由于他此时文名更盛，官位亨通，二是由于此时年届五十，同辈亲友至交去世渐多。面对越来越多的写作任务，本来就疲弱多病的欧阳修在身体上也逐渐支撑不住，作碑志逐渐成了一个不堪重负的担子。

> 某两日为伯庸趁了志文，盖其葬日实近，恐误他事。**然其为苦，不可胜言。闲思宜为刘叉所诮，然自此当绝笔，虽不能如俚俗断指刺环、邀于鬼神以自誓，然当痛自惩艾兹时之劳也。**方执笔，得少风，稍清，故能忉忉。（《与刘侍读原父》）

> 某为之翰家遣仆坐门下要志铭，所以两日不能至局。大热如此，又家中小儿女多不安，**更为人家驱逼作文字，何时免此老业？**

晚年的欧阳修，由于身体状况恶化，多病缠身，作墓铭之心态不复往日，使命感蜕变为苦差事，而其文名又让请托之坚变得无法摆脱，他甚至为往日的开放应允行为后悔不已。此时虽不至敷衍成文，但其创作心态已较早年的主动承担"期于久远"大大不同。由于身体衰弱的原因，欧阳修晚年的作品也多以杂题跋、书信、序等短小篇章为主体，长篇宏论之

---

① （宋）苏辙《欧阳文忠公夫人薛氏墓志铭》云："孙女七人……次适承务郎王景文"，《栾城集》卷二十五，第525页。刘敞《公是集》卷五一《王开府行状》云："孙男七人，秉文、景文，并承务郎。"（《丛书集成初编》本）（按：《王开府行状》为刘挚作而误入《公是集》，见清劳格《读书杂识》卷十二）可知欧阳修孙女嫁王拱辰孙王景文。

② 祁琛云：《北宋科甲同年关系与士大夫朋党政治》（四川大学出版社2015年版）第五章第一节考察欧阳修与王拱辰之交游，认为"欧、王之间却因为政治立场的不同而渐行渐远""（二人）书信主要是出于官场应酬及维持亲戚关系之需要而做，所叙乃无关痛痒的生活琐事，从中看不出所谓的同年之谊、手足情深。"（第232页）我们认为这种论断稍有可商之处。欧王之交游较为复杂，二人党派上的对立人所共知，但私交领域似乎颇为密切。二人至和、嘉祐时期的书信亦有谈及政事，非全为生活琐事，可视为对早年激进为政态度的某种反思。在欧阳修的交游中，公私领域表现不同亦有他例，如任谏官时曾激烈弹劾李淑、王举正，但在书简、跋尾中又记与其交游。庆历三年曾弹劾苏绅奸邪，皇祐年间任南京留守时与苏绅子苏颂关系颇睦，长子欧阳发还与苏颂为儿女亲家（见《张耒集》卷五十九《欧阳伯和墓志铭》）。这种公私交游之区隔还需更深入探讨。

著作多作于早年。碑志无疑是极为耗费心力的大手笔，是以欧阳修自嘉祐六年（1061）后作碑铭数量年均不足一篇，应是对有些请托予以谢绝了。

二 哀祭文：交谊之私与悲悼之情的抒写新变

不同于墓铭之典重，祭文的创作更多面向亲属或交谊之私。"志言天下之公，祭尽一身之私"的原则大体上适用于二者的创作范围。"墓志多以记述死者的生平、赞颂死者的功业德行为主，且多为请人代笔之作；而祭文则偏重于对死者的追悼哀痛，多是作者为亡亲故友而作，虽也追记生平、称颂死者，但感情色彩比较浓厚，……多带有抒情性。"①

欧阳修的祭文亦是如此，其碑志文数量多达百余篇，但其哀悼亲属友朋的祭文只有26篇，所祭对象皆是其交游之核心圈，如父母、叔父、岳父岳母、内兄等亲属，以及范仲淹、杜衍、石延年、谢绛、尹洙兄弟、梅尧臣、蔡襄、丁宝臣、苏舜钦、刘敞等至交好友。欧文整体风格本就长于感慨言情，祭文尤为典型。

在祭文发展史上，韩愈"自觉地从事哀祭文的创革"，在体式与内容上皆有重大突破，成果颇丰②。欧阳修在此基础上学韩而能自具面目，体现了唐宋哀祭文的承袭和新变，以下分三点评析之。

欧之祭文承袭借鉴韩文者约有下列数篇：1.叶国良指出的，"《祭梅圣俞文》，以四言韵语行文，述两人半生交谊及患难，似韩愈《祭河南张员外文》，中用十个'子'、十一个'余（我）'以见情谊之切，又似《祭侯主簿文》，学韩痕迹犹颇明显。但如《祭尹师鲁文》，以杂言韵语行文，而句式忽长忽短，夹散夹骚，却又收放自如，情味天成，得韩愈《祭田横文》的神理，而体貌略别。"③此中有形式内容之借鉴，亦有神理风韵之吸收。2.《祭叔父文》中"使修哭不及丧，而葬不临穴"之语，袭用韩愈《祭兄子十二郎老成文》"敛不凭其棺，窆不临其穴"④之意。3.《祭谢希深文》重点叙述谢绛去世之前欧、谢、梅三人在南阳相聚之情形，来表达对谢绛猝然离世的悲痛，如"清风之馆，览秀之凉。坐竹林之修荫，泛水芰之清香。及告还邑，得官灵昌。走书来报，喜咏于章。

① 褚斌杰：《中国古代文体概论》（修订本），北京大学出版社1990年版，第415页。

② 叶国良：《古典文学的诸面向》，大安出版社2010年版，第116页。

③ 叶国良：《古典文学的诸面向》，第124页。

④ （唐）韩愈著，刘真伦、岳珍校注：《韩愈文集汇校笺注》，中华书局2010年版，第1471页。

罢县无归，来客公邦。欢言未几，遽问于床。不见五日，而入哭其堂。"
此种笔法仿韩愈《祭郴州李使君文》而来，韩文亦大段追忆与亡者相聚
衡阳之场景，并表达恋恋不舍之意以及得知友人猝然离世消息的震惊：
"空大亭以见处，憩水木之幽茂。逞英心于纵博，沃烦肠于清酎。航北湖
之空明，觑鳞介之惊透。宴州楼之豁达，众管啾而并奏。得恩惠于新知，
脱穷愁于往陋。辍行谋于俄顷，见秋月之三毂。逮天书之下降，犹低回以
宿留。念睽离之在期，谓此会之难又……始讶信于暂疏，遂承凶于不
救。"① 此外，在这篇祭文的首尾，欧阳修还特意叙写了他即将要去滑州
赴任的细节，"以明日祗役于滑""滑人来迎，修马当北"，来凸显与谢绛
南阳相聚的现场感，渲染难舍之悲情，类似细节记载在其他祭文中较少出
现。4.《祭梅圣俞文》在内容上追述二人半生交谊，亦有模仿韩愈《为
崔侍御祭穆员外文》之处。韩文云："於乎！建中之初，予居于嵩。携扶
北奔，避盗来攻。晨及洛师，相遇一时。顾我如故，眷然顾之。子有令
闻，我来自山；子之俊明，我钝而顽。道既云异，谁从知我？我思其厚，
不知其可。于后八年，君从杜侯。我时在洛，亦应其招。留守无事，多君
子僚。冈有疑忌，维其嬉游。"② 形式上，"予""子"两方之分述亦有
似之。

　　除借鉴模仿外，欧阳修祭文更有重要新变之处，大略有四：其一，各
篇皆有突出而集中的主旨，而非泛泛抒发悼念之情③。如《祭薛尚书文》
围绕与薛氏结亲这一主题叙写，而较少涉及薛奎的政治评价；《祭苏子美
文》，"集中笔力于描绘苏舜钦心胸与文章的一致性上"④；《祭资政范公
文》着力抒发遭受朋党之诬的不公与愤懑："公曰彼恶，谓公好讦；公曰
彼善，谓公树朋。公所勇为，谓公躁进；公有退让，谓公近名。谗人之
言，其何可听！"对比强烈，行文激越。茅坤言："范公与公同治同难，
故痛独深。"⑤ 浦起龙评曰："全为罢党论抒愤，言之不足，长言之
也。"⑥ 可谓知言。《祭梅圣俞文》集中叙写二人大半生交谊、出处遭际，
对二人交谊之深之久反复铺叙，以抒悲痛之情；《祭尹师鲁文》围绕尹洙

① （唐）韩愈著，刘真伦、岳珍校注：《韩愈文集汇校笺注》，第1315页。
② （唐）韩愈著，刘真伦、岳珍校注：《韩愈文集汇校笺注》，第1304页。
③ 叶国良：《古典文学的诸面向》："欧阳修主张文章当避琐事而记'大节'，要'简而有
　法'，因而其哀祭文主题往往极为突出。"第125页。
④ 叶国良：《古典文学的诸面向》，第125页。
⑤ （明）茅坤编：《唐宋八大家文钞》卷五十九，《四库全书》第1383册，第662页。
⑥ （清）浦起龙：《古文眉诠》卷六十二，乾隆九年三吴书院刊本。

"困厄艰屯"的命运以及能通达死生之间的修为着笔，跌宕回环，感慨丛生。

其二，在形式上，欧阳修祭文多以散体为主，间以韵语齐言穿插。通篇皆为齐言者仅 10 篇，在 41 篇中占四分之一。韩愈 37 篇祭文中，有 16 篇齐言，占近二分之一。韩文中《祭兄子十二郎老成文》通篇为散体，间或穿插少量对句，这种形式在后世继作者较少，缘于祭文在其使用场合需吟诵。欧阳修在韩愈打破齐言体祭文的基础上进一步创制了长短自如，又极具韵律感的成熟体式。气脉贯注，音韵铿锵，代表作如《祭石曼卿文》：

> 呜呼曼卿！吾不见子久矣，犹能彷佛子之平生。其轩昂磊落，突兀峥嵘，而埋藏于地下者，意其不化为朽壤，而为金玉之精。不然生长松之千尺，产灵芝而九茎。奈何荒烟野蔓，荆棘纵横，风凄露下，走磷飞萤。但见牧童樵叟，歌吟而上下，与夫惊禽骇兽，悲鸣踯躅而咿嘤。今固如此，更千秋而万岁兮，安知其不穴藏狐貉与鼯鼪？此自古圣贤亦皆然兮，独不见夫累累乎旷野与荒城？

句式上，由局部各组不同的齐言或对句组成整体上的散体。气脉贯注者，体现在想象的连贯性和环境渲染的统一性。音调上，让亡者姓名入韵，使用余韵悠远的后鼻音八庚韵，读来倍增凄凉，同时两句一韵与三句一韵交替，增添了舒缓节奏。"其声调、句式、用韵随感情之发泄而流转，如泣如诉，低回跌宕，读来倍觉凄凉；在内容上，作者任想象随悲情奔驰，文辞宛如天外飞来，无中生有，也开拓了新的领域，所以此文之精，堪称欧阳修哀祭文的代表作，同时也为宋代哀祭文开辟一条宽敞大道。"①

其三，欧阳修祭文中多插入独立成段的议论，与抒情叙事结合，形成独特的对生死之际、生命意义等问题的抒情性探讨，从而使祭文具有独特的哲思内涵。如《祭尹子渐文》，由尹源的仁善而夭发出对天命的质疑，对祸福吉凶规律难以理解的控诉：

> 呜呼！天于万物与吾人，孰爱憎而薄厚？其生未始以一齐，其死宜其有夭寿。苟百年者亦死，则短长之何较！惟善人之可喜，谓宜在

---

① 叶国良：《古典文学的诸面向》，第 125 页。

世而常存。曰仁者寿兮，是亦爱之者之说；谓善必福兮，得非以己而推天？祸福吉凶，至其难通，虽圣人亦曰命而罕言兮，岂其至此而辞穷？寿夭置之，吾不能问。

再如《祭吴尚书文》，祭文主体为就士人名节、交游零落而发的大段议论，悼念吴育的篇幅只有不到三分之一：

> 呜呼公乎！余将老也，阅世久也，见时之事可喜者少而可悲者多也。士少勤其身，以干禄仕、取名声，初若可爱慕者众也。既而得其所欲而怠，与迫于利害而迁，求全其节以保其终者，十不一二也。其人康强饮食，平居笑言以相欢乐，察其志意，可谓伟然。而或离或合，不见几时，遂至于衰病，与其俯仰旦暮之间忽焉以死者，十常八九也。
>
> 呜呼公乎！所谓善人君子者，其难得既如彼，而易失又如此也。故每失一人，未尝不咨嗟殒泣，至于失声而长号也。公材谋足以居大臣，文学足以名后世，宜在朝廷以讲国论。而久留于外，宜享寿考以为人望。而遽云长逝，此搢绅大夫所以聚吊于家，而交朋故旧莫不走哭于位，岂惟老病之人独易感而多涕也。尚飨！

茅坤评此篇云："交似疏而感独深，用也字为韵，贯到篇末。"① 欧阳修与吴育算不上至交，此篇祭文在立意上独辟蹊径，以感慨议论为主，以纪念亡者为次，体现了欧阳修对于祭文取材的新创。以上议论其思考并不以深度见长，更多的是增强抒情之力度，拓展思索之面向，更真切呈现出感慨淋漓之风神。

其四，欧阳修的祭文在风格上力求与所悼念之亡友"文如其人"，因此，各篇祭文着意于呈现不同风貌，也体现了欧阳修写作祭文的匠心②。这个理念欧阳修在碑志文创作中已经有所运用。他为尹洙撰墓表，行文简要，遭到尹家质疑，作《论尹师鲁墓志》辩驳云："修见韩退之与孟郊联句，便似孟郊诗；与樊宗师作志，便似樊文。慕其如此，故师鲁之志用意特深而语简，盖为师鲁文简而意深。"欧阳修的这个判断也在尹洙笔下得

---

① （明）茅坤编：《唐宋八大家文钞》卷五十九，《四库全书》第 1383 册，第 662 页。

② 何寄澎称为"文称其人"，以碑志文为例有详细分析，见氏著《唐宋古文新探》，129—130 页。

到证实。尹洙《刘公烨墓表》云："某撰述非工，独能不曲迂以私于人，用以传信于后。故叙先烈则详其世数，纪德美则载其行事，称论议则举其章疏，**无溢言费辞，以累其实**，后之人欲观公德业，当视于斯文为不诬矣。"① 可见尹洙对于碑志文的创作理念即为简要。在祭文中，"文如其人"的理念有更多体现，如《祭梅圣俞文》：

> 昔始见子，伊川之上，余仕方初，子年亦壮。读书饮酒，握手相欢，谈辩锋出，贤豪满前。谓言仕宦，所至皆然，但当行乐，何有忧患？子去河南，余贬山峡，三十年间，乖离会合。晚被选擢，滥官朝廷，荐子学舍，吟哦六经。余才过分，可愧非荣；子虽穷厄，日有声名。余狷而刚，中遭多难，气血先耗，发须早变。子心宽易，在险如夷，年实加我，其颜不衰。谓子仁人，自宜多寿；余譬膏火，煎熬岂久？事今反此，理固难知，况于富贵，又可必期？念昔河南，同时一辈，零落之馀，惟予子在。子又去我，余存兀然。凡今之游，皆莫余先，纪行琢辞，子宜余责。送终恤孤，则有众力，惟声与泪，独出余臆。尚飨！

此文虽然借用韩文中的两方对举叙事技巧，但在造语上更为平易畅达，自二人早年结交娓娓道来，时间线索完整清晰，同时粗笔勾勒中又有"谈辩锋出"的聚焦特写和"发须早变""其颜不衰"等容貌刻画，叙事与感慨交替呈现，对久而益笃的友情的珍视弥漫字里行间，结尾处对"零落之馀"伤痛之情的抒发语缓而情深。通篇在结构布局、遣词造语、描写方法等方面皆努力与平淡工巧闲远的梅尧臣诗靠近，是以明代王鏊评曰："理质气清，一脉流串，大类圣俞之诗。"②

而代表作《祭石曼卿文》则长短句收纵自如，灵动跳脱，一气旋转，虚实相生，感慨淋漓，其首段云：

> 呜呼曼卿！生而为英，死而为灵。其同乎万物生死而复归于无物者，暂聚之形；不与万物俱尽而卓然其不朽者，后世之名。此自古圣贤，莫不皆然，而著在简册者，昭如日星。

① （宋）尹洙撰，时国强校注：《尹洙集编年校注》，中华书局2019年版，第86页。
② 《山晓阁选宋大家欧阳庐陵全集》卷四引明王鏊评，转引自《欧阳修诗文集校笺》，第1237页。

孙琮评此文曰："此文三提曼卿，分三段看：第一段许其名垂后世，写得卓然不磨；第二段悲其生死，写得凄凉满目；第三段自述感伤，写得唏嘘欲绝，可称笔笔入神。"① 祭文之风格也与"状貌伟然，喜酒自豪，若不可绳以法度"（《石曼卿墓表》）的石延年可谓若合符节了。此外，如《祭苏子美文》亦致力于摹写苏舜钦"风云变化"之心胸与"雄豪放肆"之文章的对应关系："子之心胸，蟠屈龙蛇；风云变化，雨雹交加；忽然挥斧，霹雳轰车。人有遭之，心惊胆落，震仆如麻。须臾霁止，而回顾百里，山川草木，开发萌芽。子于文章，雄豪放肆，有如此者，吁可怪邪！"

三　记体文之腾挪开拓

记体文创作，兴盛于中唐②。"记之文，《文选》弗载，后之作者，固以韩退之《画记》、柳子厚游山诸记为体之正。"③ 宋人沿流扬波，创作益繁④。欧阳修记体文现存 38 篇，其中亭台楼阁等营造记 26 篇⑤，记游 1 篇，记事 5 篇，记物 6 篇。营建类记文本为唐代记体文大宗⑥，就题材而言，欧之记体文呈现出复古的特征。然就具体记述内容而言，欧阳修记体文多关涉个人生活和真实经历，沿韩愈所创"感慨成文"的脉络进一步增强自叙性⑦，呈现个人生活及志趣。

从早年的《游大字院记》到晚年的《三琴记》，欧阳修在多篇记体文中以灵活多变的笔法呈现出其日常生活的丰富内容和生动细节，由此生发的感慨议论更具真挚性和深厚性。

《游大字院记》以清新工丽之笔叙写早年的洛中游赏唱和：

---

① 　（明）孙琮：《山晓阁选古文全集》卷二十四，明刊本。

② 　何李：《唐代记体文研究》，华东师范大学 2010 年博士论文，第 99 页。

③ 　（明）吴讷：《文章辨体序说》，人民文学出版社 1998 年版，第 41 页。

④ 　对唐宋记体文的研究，参见谷曙光《"以论为记"与宋代古文革新发微》，《中国人民大学学报》2014 年第 1 期；谢琰：《文法交融与风景变容——唐宋记体文发展轨迹管窥及"破体说"反思》，《文化与诗学》2014 年第 2 期；刘珺珺：《论唐宋记体文的意义演进——以营造记为中心》，《南京大学学报》2018 年第 2 期。

⑤ 　洪本健：《欧阳修承前启后引领营造记演变的贡献》一文对于欧阳修营造记有细致分析，《福州大学学报》2019 年第 6 期。

⑥ 　"唐代营建类记的数目非常多，有 433 篇，占了近总数的一半"，见《唐代记体文研究》，第 40 页。

⑦ 　见刘珺珺《论唐宋记体文的意义演进——以营造记为中心》，《南京大学学报》2018 年第 2 期。

折花弄流，衔觞对弈。非有清吟啸歌，不足以开欢情，故与诸君子有避暑之咏。太素最少饮，诗独先成，坐者欣然继之。日斜酒欢，不能遍以诗写，独留名于壁而去。

《伐树记》以朴实语调记种菜莳花之生活：

署之东园，久芜不治。修至，始辟之，粪瘠溉枯，为蔬圃十数畦，又植花果桐竹凡百本。

《非非堂记》记洛阳居室：

予居洛之明年，既新厅事，有文纪于壁末。营其西偏作堂，户北向，植丛竹，辟户于其南，纳日月之光。设一几一榻，架书数百卷，朝夕居其中。以其静也，闭目澄心，览今照古，思虑无所不至焉。故其堂以非非为名云。

其他如《养鱼记》记养鱼："乃求渔者之罟，市数十鱼，童子养之乎其中。"《画舫斋》亦记居室："予至滑之三月，即其署东偏之室，治为燕私之居，而名曰画舫斋。斋广一室，其深七室，以户相通，凡入予室者如入乎舟中。"《三琴记》记弹琴体会："余自少不喜郑卫，独爱琴声，尤爱《小流水曲》。平生患难，南北奔驰，琴曲率皆废忘，独《流水》一曲梦寐不忘，今老矣，犹时时能作之。其他不过数小调弄，足以自娱。"

在记体文中，欧阳修扩大了对自我日常生活的呈现，叙述风格早年偏于工丽，晚年趋于平实，体现出他在记体文取材方面的新尝试。虽然闲居、种菜、养鱼、弹琴这些活动并非文章记叙重点，但这些题材的纳入使欧阳修记体文的个人化色彩更为凸显，由个人生活叙事而生发的个人志趣表达也更自然。反之，个人志趣、怀抱的寄寓对象由远离尘世的清冷山水转变为日常起居之所，是以欧阳修为代表的宋人在记体文取材方面中的努力开拓，亦与其他文体中的日常化特征息息相通。

不过，单纯记叙日常并不能成为一篇记文的成功关键，还必须"每篇有所发明，有警策过人处"①，这已成为自中唐以来作记文之共识。是以养鱼生出"渺然有江湖千里之想""舒忧隘而娱穷独"的遣怀效果；私

---

① （宋）陈模：《怀古录》，《历代文话》第一册，复旦大学出版社 2007 年版，第 523 页。

堂闲居可"闭目澄心，览今照古"。其中，《非非堂记》《画舫斋记》等
文承袭唐人私人宅居园亭记而来，以释建筑命名之由来立一篇之警策，表
达或超脱隐逸或洞彻明达的某种人生理念。司空图《休休亭记》、白居易
《庐山草堂记》、李德裕《怀嵩楼记》皆为同类先驱之作。这类作品多为
自作，与大部分营建类记文为请托他人所作不同。因此营建过程被压缩或
全部删去，阐释命名内涵成为文章主旨，这内涵进一步成为作者期待的某
种内在人格或人生图景。

　　值得注意的是，欧阳修记体名文《醉翁亭记》《丰乐亭记》亦为此类
模式之延展。虽然在使用功能上，醉翁、丰乐二亭为公共游赏空间，而非
庐山草堂、画舫斋等私人燕寝住所，二文中着力构建的与民共乐的德政图
景也与私人宅园记的独善之旨不侔，但在本质上，醉翁、丰乐二记所塑造
的共乐盛景仍是欧阳修内心个人化理念的一种表征，其非政治化的哲理内
涵较为浓郁①。在欧阳修区隔"禽鸟之乐""游人之乐"与"太守之乐"
时，其现实层面的德政内涵已被大大弱化。在叙述视角上，文章始终以旁
观者的第三人称视角来塑造太守形象，隐喻自我与太守的某种分离，呈现
虚笔效果。同时，以多处生活细节如"苍颜白发""饮少辄醉"等使太守
形象真实可感，又指向实录特征。《丰乐亭记》避开了已在《醉翁亭记》
中展开的共游场景描写，而以"与滁人往游于其间"简单带过，宕开思
路，凌跨百年，以时间线索展开对"丰年之乐"的感慨，"将实事于虚空
中摩荡盘旋"②。在虚实相生的笔法营造下，在处于"醉中遗万物"的谪
居困境中，欧阳修所要传达的主要是个体化的超越之思而非"与民共乐"
的刺史之事。

　　在整体风格偏于"修辞峭丽、造句骈偶"③的欧阳修记体文中，晚年
学书所作《三琴记》可称异类。此文内容为记叙家中三把古琴的名称、
形态、琴徽材质、弹奏体会，语句平实，结构毫无波澜，简单的记载如同
白话，记叙之后并无"发明"，只略谈学琴"自娱"之观念，亦毫不
拓展：

　　　　余自少不喜郑卫，独爱琴声，尤爱《小流水曲》。平生患难，南
　　北奔驰，琴曲率皆废忘，独《流水》一曲梦寐不忘，今老矣，犹时

① 参见陈幼石《韩柳欧苏古文论》，第100—105页。
② 陈衍：《石遗室论文》卷五，《历代文话》第七册，第6761页。
③ 何寄澎：《唐宋古文新探》，第149页。

时能作之。其他不过数小调弄，足以自娱。琴曲不必多学，要于自适；琴亦不必多藏，然业已有之，亦不必以患多而弃也。

根据结尾"以疾在告，学书，信笔作欧阳氏《三琴记》"可知此文创作过程较为随意，非精心结撰。但诵读数遍，可感知此文平淡中深蕴挚情，前两段罗列三琴之各方面特征，最后一段辅以弹琴经历体会，依稀有韩愈《画记》之影响，却又自具神韵，似风行水上自然成文，亦体现出落尽豪华臻于化境的作文功力。

第九章　笔记与诗话：日常化的
个人撰述及文学融会

欧阳修以"醉翁"、"六一居士"等号自我命名是在中晚年，体现出他对于日常生活关注的增多，尤其是"六一"之物所传达的闲适、愉悦的艺术生活情调透露出他对于日常生活的情趣追求与价值定位。与此同时，欧阳修晚年撰写了两部具有创格体式的作品《归田录》与《诗话》，它们在记录形式、行文风格、取材偏好等方面皆与日常生活有着多层次的联系，具有丰富的日常生活之呈现，以下试论之。

第一节　《归田录》：转向日常的个人化撰述

《归田录》是现存北宋文人士大夫自觉撰述的第一部笔记体著作。笔记的构成条件为："首先，笔记在形式上必须采取'条列式'的写作方式；……其次，非刻意著作之文。……再次，笔记著作没有贯穿始终的中心，随意性较强。"① 虽然从《世说新语》到《隋唐嘉话》、《唐国史补》，再到宋初陶谷《清异录》、张洎《贾氏谈录》、张齐贤《洛阳搢绅旧闻记》等，笔记著作的创作历史悠久且代不乏人，《归田录》在这个系统中仍具有以下几个方面的开创性意义而值得关注：转向日常生活的叙述视角、对当下现实的密切关注、融贯于行文的个性议论、闲适诙谐的叙述笔调。

一　创作背景及"删削说"再检讨

《归田录》序作于治平四年（1067）九月，其中纪事止于治平三年（1066），称英宗为"今上"、"上"，则成书约在治平四年（1067）正月

---

① 　安芮璿：《宋人笔记研究》，复旦大学2005年博士论文，第6—7页。

神宗即位前。① 这是其晚年准备退隐之际的作品，主体内容则是对执政居京多年所经历见闻的随性记录。

欧阳修自至和元年（1054）母丧服除后入朝，先后任翰林学士、参知政事、枢密副使，备位二府十九年。"官高责愈重，禄厚足忧患"（《偶书》），身体的衰病、政事的繁冗使他精力疲惫。据严杰《欧谱》，在治平二年（1065）正月，欧阳修即上书乞求外任。治平三年（1066）三月、四月，因濮议被攻，连上《再乞外任》三表、五札子。治平四年（1067）正月，英宗卒，神宗即位。二、三月，蒋之奇、彭思永诬其"帷薄不修"，欧阳修连上《乞根究蒋之奇》等七札子、《罢政事》三表、《乞外郡》三札子。闰三月，陛辞，知亳州，便道过颍，营造私第以备退居之计。②

濮议风波中的攻击、长媳案的人格侮辱，使他愤懑莫名，坚定了退居的决心，以一种不光彩的方式告别了执政生涯。《乞外郡第二札子》云："今如臣者，举必为众人所怒，动必为众人所怨，谗谤忌嫉，丛集于一身，以此而居要任者八年矣。其未陷于祸咎者，臣窃自怪以为晚也。所赖者圣君在上，朝廷至公，察臣孤危，辨正诬罔，使臣不罹枉横，得为完人。臣于此时不自引去，是不知进退矣。"其后出知亳州，假道过颍，《思颍诗后序》亦云："尔来俯仰二十年间，历事三朝，窃位二府，宠荣已至而忧患随之，心志索然而筋骸惫矣。……今者幸蒙宽恩，获解重任，使得待罪于亳，既释危机之虑，而就闲旷之优，其进退出处，顾无所系于事矣。谓可以偿夙志者，此其时哉！"

以上可见欧阳修作《归田录序》之前的内心情形。而这与序言中所抒写的愤懑情怀如出一辙：

> 《归田录》者，朝廷之遗事，史官之所不记，与夫士大夫笑谈之馀而可录者，录之以备闲居之览也。
>
> 有闻而诮余者曰："何其迂哉！子之所学者，修仁义以为业，诵六经以为言，其自待者宜如何？而幸蒙人主之知，备位朝廷，与闻国论者，盖八年于兹矣。既不能因时奋身，遇事发愤，有所建明，以为补益。又不能依阿取容，以徇世俗。使怨嫉谤怒丛于一身，以受侮于群小。当其惊风骇浪卒然起于不测之渊，而蛟鳄鼋鼍之怪方骈首而窥

---

① 陈尚君：《欧阳修著述考》，《复旦学报》1985 年第 3 期，第 164 页。
② 严杰：《欧阳修年谱》，南京出版社 1993 年版，第 255—266 页。

伺，乃措身其间以蹈必死之祸。赖天子仁圣，恻然哀怜，脱于垂涎之口而活之，以赐其馀生之命。曾不闻吐珠、衔环，效蛇雀之报。盖方壮也，犹无所为，今既老且病矣，是终负人主之恩，而徒久费大农之钱，为太仓之鼠也。为子计者，谓宜乞身于朝，远引疾去，以深戒前日之祸，而优游田亩，尽其天年，犹足窃知止之贤名。而乃裴回俯仰，久之不决。此而不思，尚何归田之录乎？"

余起而谢曰："凡子之责我者，皆是也，吾其归哉，子姑待。"治平四年九月乙未，欧阳修序。

此序是为前序。其中主客问答的方式是欧阳修所惯用，对答内容是其内心状态挣扎的外化。这种充满愤懑张力的心态表达与后序中的平淡和婉显得矛盾而不协调：

唐李肇《国史补》序云："言报应，叙鬼神，述梦卜，近帷薄，悉去之。纪事实，探物理，辨疑惑，示劝戒，采风俗，助谈笑，则书之。"余之所录，大抵以肇为法。而小异于肇者，不书人之过恶，以谓职非史官，而掩恶扬善者，君子之志也。览者详之。

后序中的写作原则基本贯彻于正文诸条目中，轻松闲适的叙述语调也颇吻合此处所言"不书人之过恶"。细考《诗话》诸则内容，所纪人事亦多止于治平前，仅"苏轼赠蛮布弓衣"及"谢伯初诗"两条作于熙宁年间[1]。而且《诗话》中的感情色彩亦无强烈褒贬，与后序中提倡之原则相当契合。因《诗话》与《归田录》二者有同源的关系[2]，则包括《诗话》在内的原本《归田录》之主体内容亦在治平四年（1067）前已大体撰成。此外，熙宁间因神宗索看《归田录》而导致欧阳修对其大幅删削一事多属讹传，因此后序的写作时间大概与正文同时，约在治平四年（1067）之前。

综合后序与《归田录》正文，可以看出，嘉祐、治平年间欧阳修撰写《归田录》时平和闲适的创作心境和旨在规避史书评骘人物的笔法。与此相

---

①　张海明：《欧阳修〈六一诗话〉与〈杂书〉、〈归田录〉之关系——兼谈欧阳修〈六一诗话〉的写作》，《文学遗产》2009 年第 6 期，第 34—44 页。

②　同上，张文云："《诗话》之作虽有部分条目写于归颍以后，但其主体乃集《归田录》删稿而成"，《文学遗产》2009 年第 6 期，第 34—44 页。

异的是前序中激烈冲突的表达风格，它重点在于书写经历"帷薄不修"之辱后的愤慨和致仕归隐的决心。因政治风波猝然降临，使得这篇序言不自觉中一抒块垒，而成为不多见的游离于主体内容之外的序言。虽然篇幅不短，但对于主体内容的撰述大旨并无多方面阐发。但在对"诮余者"的言论描写中，仍隐约传达出他对于文本中戏谑闲适琐碎之记载的辩护。

总之，前后二序中包含的信息仍足以让我们了解《归田录》这部撰述的特殊内涵。欧阳修在创作前后的晚年复杂心态，叙述中的闲适化、琐碎化倾向以及对这种倾向的焦虑，对褒贬色彩的抑制等方面都可以通过细读序言得到某种程度的体悟。

在《归田录》的流传中，熙宁间的"删削说"是绕不过去的一大公案。这个问题由两宋间人朱弁在《曲洧旧闻》卷九中首次提出：

> 欧阳公《归田录》初成，未出而序先传，神宗见之，遽命中使宣取。时公已致仕在颍川，以其间纪述有未欲广者，因尽删去之。又恶其太少，则杂记戏笑不急之事，以充满其卷帙。既缮写进入，而旧本亦不敢存。今世之所有皆进本，而元书盖未尝出之于世，至今其子孙犹谨守之。①

其后王明清《挥麈后录》卷一、周辉《清波杂志》卷八、陈振孙《直斋书录解题》卷十一皆有类似记载，大抵皆祖袭朱弁之说。民初夏敬观校《宋人小说》本《归田录》，自宋椠朱熹《五朝名臣言行录》中辑出两条佚文，并据以推测欧阳修初稿曾行世。今人李伟国校点《归田录》，复从《皇朝事实类苑》《诗话总龟》《事文类聚》等书中辑出 38 条佚文，并以夏敬观所辑两条，附在《归田录》校点本正文之后。《归田录》曾被大量"删削"之说似能成立。

关于这个问题的考辨，陈尚君《欧阳修著述考》、张海明《欧阳修〈六一诗话〉与〈杂书〉、〈归田录〉之关系——兼谈欧阳修〈六一诗话〉的写作》二文皆有详尽辩驳，"佚文"说似难成立。现补充两个方面的证据以进一步坐实"删削"说之讹谬：

首先，重新逐条核查李伟国所辑 40 条佚文，可以发现，除去第 11 条"王沂公吕许公"和第 39 条"寇莱公擢第"之外，其余 38 条的来源皆存疑，分两种情况：

---

① （宋）朱弁：《曲洧旧闻》卷九，中华书局 2002 年版，第 217 页。

1. 重出见于他书而为辑佚者漏注。如第 1 条"郑文宝"诗其实见于《六一诗话》；第 3 条"韩魏公诗"又见于司马光《续诗话》；第 5 条"宦官"又见于《涑水记闻》卷十三；第 25 条"浮图诗"又见于《苕溪渔隐丛话》前集卷五十七及《诗人玉屑》卷八，皆云出自《古今诗话》；第 26 条"杨玢"又见于张镃《仕学规范》卷八，注出自《杨文公谈苑》；第 28 条"夏英公"又见于《青箱杂记》卷五；第 40 条"刘昌言"又见于陈鹄《西塘集耆旧续闻》卷十。相较之下，《续诗话》、《涑水记闻》、《青箱杂记》等书版本来源较为可靠，并无删削之事。即便是《古今诗话》、《杨文公谈苑》之类的后辑之书，因材料两见，亦未可遽定为《归田录》佚文。

2. 只见于类书者，覆核原书，则材料末尾并未注明出处或出自别书，而为辑佚者误辑。如第 2 条"丁晋公镇金陵"注云出自《诗话总龟》前集卷四十六，覆核原书，则此条实出自朱定国《续归田录》[①]；第 5 条"宦官"覆核《宋朝事实类苑》卷五，末尾并无出处；第 20 条"三馆"，覆核《事实类苑》卷二十九，自"知制诰先试后命"条以下九条皆不注出处，至第十"翰林院故事"条末注云"各出归田录"。[②] 考此十条，有出于今本《归田录》者如"知制诰先试后命""索润笔""学士朱衣双引""学士入札不著姓""学士赐带不佩鱼""得学士体""咨报""学士日益自卑"等八条，因此夹在中间的两条"三馆"与"翰林院故事"亦被当作俱出《归田录》，佚文中的第 16、17、18、19、21 条等皆来自这两条。但考 16 条"梁祖都汴"、18 条"史馆有直馆"及 19 条"本朝三馆"又见《青箱杂记》卷三、17 条"集贤有直院"又见《青箱杂记》卷八、21 条"唐翰林院"又见《梦溪笔谈》卷一，所以此第 20 条亦未必出自《归田录》。且内容与前后次序相贯，为《青箱杂记》之佚文的可能性更大；第 32 条"置迩英延义二阁"，覆核《锦绣万花谷》前集卷十二，末未注出处[③]；第 33 条同上，亦未注出处；第 35 条"胡旦有俊才"，覆核《新编古今事文类聚》前集卷二十六，条末亦未注出处[④]；第 37 条

---

① 查人民文学出版社 1987 年版《诗话总龟》前集卷四十八，此条末注："出自朱定国《续归田录》，据南图藏明钞本更正。"第 468 页。

② （宋）江少虞辑：《宋朝事实类苑》卷二九，上海古籍出版社 1981 年版，第 366—369 页。

③ 《锦绣万花谷》前集卷十二，《北京图书馆古籍珍本丛刊》第 73 册，书目文献出版社 1998 年版，第 175 页。

④ （宋）祝穆辑：《新编古今事文类聚》，中文出版社 1989 年版，第 296 页。

"曾谏议致尧"，覆核《新编古今事文类聚》前集卷三十九，条末亦未注出处；第38条"种放"同上。

因此，点检之下，40条佚文中只有两条目前找不出疑点，其余38条皆于他书互见或来源不实。以两条佚文的单薄数量似乎难以支撑"删削"之说，因为据《曲洧旧闻》所载，欧阳修所删数量应不少。

其次，从今本《归田录》正文与佚文中所分别使用的虚词特点来分析二者的异质性。欧阳修文章中虚词的使用堪称一大特点，曾引起众多学者的注意和研究。① "对虚词的考察可以作为分析欧阳修文章特色的手段之一。"② 以下通过考察《归田录》正文和佚文中常用15个虚词的出现情况见表一，可以看出二者的相关度并不大。

表一　　　　　　《归田录》正文、佚文虚词使用个数

作品	字数	乎	也	焉	矣	耳	而	然	于	盖	尔	哉	因	则	乃	邪
正文	14037	9	149	1	23	0	165	55	114	22	24	2	37	38	35	2
佚文	4850	0	26	4	5	3	26	0	29	3	4	1	8	10	10	1

表二　　　　　　　　　　每一万字中的虚词出现数

作品	字数	乎	也	焉	矣	耳	而	然	于	盖	尔	哉	因	则	乃	邪
正文	10000	6.4	106.1	0.7	16.4	0	117.5	39.2	81.2	15.7	17.1	1.4	26.4	27.1	24.9	1.4
佚文	10000	0	53.6	8.2	10.3	6.2	53.6	0	59.8	6.2	8.2	2.1	16.5	20.6	20.6	2.1

表二中，以表示认定、疑问、反问、感叹等语气的虚词"也"为例，佚文中的使用数量只有正文中的一半。"而"、"盖"、"尔"、"然"等词的使用也远远不及正文的频率。总体来看，佚文中虚词的使用频率较正文远为稀少，这就形成佚文的文风偏向质实严整的风格，与正文中的多赞叹感怀的抒情文风颇为不同。

综合这两个方面的论据及陈、张二文所论，《归田录》在熙宁间因神宗索看而遭欧阳修大幅删削之说基本可断为讹缪不实之词。

---

① 　陈尚君：《欧阳修与北宋文学革新的成功》，《研究生论文选集·中国古代文学分册》，江苏人民出版社1983年版，第216页；吴孟复：《唐宋古文八家概述》，安徽教育出版社1985年版，第80页；刘德清：《欧阳修论稿》，北京师范大学出版社1991年版，第273页。

② 　[日] 东英寿：《从虚词使用看欧阳修古文的特色》，见氏著《复古与创新——欧阳修散文与古文复兴》，上海古籍出版社2005年版，第87页。

　　不过这种传言的背后所反映的心理颇堪玩味①，它在某种程度上折射出传言的制造者如朱弁等人对于《归田录》文本内容的不认可，从而凸显出这个笔记本身值得关注的侧面。美国汉学家艾朗诺就此分析道："（《归田录》的删削）听起来好像是某人认为现在《归田录》的内容不够高雅，想极力解释为什么伟大的欧阳修会写出这样的作品。若真如此，则忽视了欧阳修在序言中已经预料到有人会反对他的笔记的事实。这样做也把上面引用的考官作诗取乐的条目贬低为毫无意义、不值一提的填补作品。在我看来，这样的条目正是欧阳修作品和创作动机的新意与重要价值所在。"② 那么，欧阳修创作的新意与重要价值到底呈现在哪些方面？它在笔记创作史上的意义在哪里？

二　转向日常的个人化撰述

　　《归田录》与之前的笔记著作相较有诸多体式创格之处。这与欧阳修的创作及晚年心态回归日常有关③，同时这些新创特征也为后世诸多笔记著作沿袭，开创了宋代笔记中日常琐闻类，引领了有宋一代笔记撰述的繁荣。以下略分四个方面论述之。

　　（一）记述主题偏重日常生活

　　《归田录》"偏于记录日常的主题"④ 这一特点已为研究者所注意。在全书115条中，有三分之一的条目主题都指向或涉及日常生活层面。这个比重在之前的笔记中是少见的。欧阳修明言他以李肇《国史补》为法，"纪事实，探物理，辨疑惑，示劝戒，采风俗，助谈笑"，但他的关注视角显然不自觉中滑出"补史"范畴，书中大量倾注于日常情境、日常细节的描写，以上六方面并不能囊括全部。他标举以李肇为法，是在著述惯性下向传统史学书写系统靠拢的表现，但记录本身却客观上流露出他特殊的关注视角与书写转向。他并非要补史官之阙记，而是记史官有意不采的内容，最终目的不是如李肇《国史补》或司马光《涑水记闻》仍隶属史

---

① 陈湘琳指出："真正可注意的地方……是这个传言引发的思考，即欧阳修对北宋当代史的可能关注。与此有关的，还有欧阳修中晚年以后的畏避藏缩心态"，见氏著《欧阳修的文学与情感世界》，复旦大学出版社2013年版，第320—321页。

② ［美］艾朗诺：《美的焦虑——北宋士大夫的审美思想与追求》，第53页。

③ 孙宗英：《释"六一"：欧阳修日常生活的心态转向及历史考察》，《浙江学刊》2016年第5期，第85—96页。

④ ［美］艾朗诺：《美的焦虑——北宋士大夫的审美思想与追求》，杜斐然等译，上海古籍出版社2013年版，第51页。

部拾遗补阙的范畴，而是"资闲谈"，为了给日常生活消遣增加调味品。无论这个表述真诚与否，考察书中描写日常生活的部分，它至少暗合了这个最终目标。

1. 日常生活书写具体可分以下三个层次：

（1）以自我（文人）为中心的日常生活：饮食用具、文房清供等物品

如卷二第 25 条记京师食店所卖食品的写法，以及及食品因地域不同和时代间隔产生的各样叫法。卷二第 48 条"江西金橘"，述金橘的外观、特性、口感、市价，以及保存办法等具体资料，细微而详尽。特别点出是故乡出产，以增加记载的真实性。卷二第 49 条写各种物品"相感"原理，如烘柿之法、藏蟹之法、翡翠屑金、人气粉犀等，后二者的叙述更以诸多自身经历佐证，显示出欧阳修对日常生活中各种实用知识和技能的留心。

除个体普通生活内容外，还有一类记载专属文人的日常生活，如饮茶、斗酒、读书、赏画、下棋等活动。如卷一第 24 条与卷二第 14 条皆述茶之品种。虽然在北宋茶之消费普及大众，但欧阳修所记日注、双井白芽、团茶等品，皆是茶中名品，"其价直金二两"，显然不在普通人的享用范围，而是如他一样的高级文官所用之物。卷二第 50 条写早年文友石曼卿与刘潜酒楼豪饮之事，二人酒量惊人、傲然自放，字里行间充满着欧阳修所倾慕的以酒自放的文人气度，可与其名作《石曼卿墓表》相参证。卷二第 41 条载书籍装帧名"叶子格"者，述其源流、形制、消亡，及今世杨亿、郑戬、章得象等著名文人所作的创新，对叶子格的消亡表示惋惜。卷二第 6 条载"近时名画"的各种题材代表，是其日常赏画经验的记录。卷二第 15 条记围棋国手之沦替，如贾玄、李憨子等，显示出欧阳修对于围棋的兴趣与关注，以及如何提升棋艺的困惑。实际上下棋是他日常生活中重要的娱乐活动，晚年以"棋一局"列入"六一"即可知。卷二第 28 条记载与文人生活息息相关的润笔事。他送给蔡襄的润笔"鼠须栗尾笔、铜绿笔格、大小龙茶、惠山泉"皆是罕见难得之物，雅致不俗，颇为自得。欧阳修一生受请作文众多，润笔的来往收授是其日常生活中常见之事。卷二第 16 条记梅尧臣诗名远播宫闱，亦有对二人平日来往过从的记载。

还有一类记载较为特别，欧阳修以饱含感情的笔触追忆自己与好友任职翰林及锁院礼部唱和的风雅盛事，分别为卷二第 26 条及卷二第 43 条。其中，礼部唱和的记述笔端有情，篇幅也成为全书最长的两条之一。此二

事在欧阳修的任职生涯中甚为少见，据其发生频率来说不能算日常生活范畴。但从文中的追忆热情来看，他无疑非常享受二事带来的尊荣感与精神愉悦。二事与日常生活的共性在于都摆脱了政务的繁剧枯燥，是能够舒展心灵、施展才情的场合。虽然任职翰林与锁院知贡举等本身是政务，但欧阳修倾心追忆的显然是政务的间隙、休憩以及变异所带来的精彩，是他能够自由掌控并呈现自我价值和心灵世界而产生的满足感。从这个角度上说，二事与日常生活无疑有着深刻的共通性。任职翰林之荣显，欧阳修在嘉祐六年的《内制集序》及八年《跋学士院题名》中皆有表达："既都荣显，又享清闲，而兼有人天之乐者，惟学士也。"（《跋学士院题名》）而礼部唱和之事，他于嘉祐二年已编诸人之诗成集并作序述其事。如今撰述《归田录》，再次形诸笔下，热情浓厚持久，则二事对于他的意义可以推知。

（2）皇帝重臣等大人物的日常生活：细节情境及个性特点

《归田录》中相当多的篇幅确实记载"朝廷之遗事"。欧阳修身处高位多年，对北宋前五朝的宫廷掌故、制度源流、名臣言行了解颇多。但仔细考察这些"朝廷遗事"的内容，可以发现，欧阳修记录视角多为名公重臣的日常生活情态，具有丰富的细节性和生动的情境化特征，这些多为传统史料类笔记不载。

卷一第4条载鲁宗道饮酒事，不仅重点揄扬他的忠实品德，亦记其家贫无器皿的情形，而且有京师仁和酒肆的描述。卷一第7条、卷二第47条皆记石中立谐谑轶事，亦载杨亿之好棋，石、杨之戏谑善对，以及章得象"身既长大，语声如钟"的外貌特点。卷一第8条载五代冯道、和凝戏谑之事，二人性格刻画传神，且有新靴价格的细节史料。卷一第29条、第30条记仁宗的日常生活，书法的飞白之技、生活中恭俭之德无不是立足于政事之余的关注角度。卷一第31条则记载陈尧咨与卖油翁相遇的一个日常生活情境。卷一第41条载张齐贤与晏殊二人平日的饮食习惯。卷一第48条记钱惟演"闺门用度"之事，卷一第49条记李照制礼乐的同时亦载王洙"身尤短小"且喜戏谑的特点。卷一第50条记载寇准与杜衍二人生活用度奢俭对比。卷一第57条记杨亿的日常生活及创作情形，有很强画面感。卷二第31条记盛度、丁谓、梅询、窦元宾等人外貌及个人喜好特点，生活细节突出。卷二第33条记吕蒙正不为物累之贤，亦通过古鉴这一生活用品来体现。卷二第17条记钱惟演、宋绶及自己等不同的阅读及创作特点，相同之处是都提到如厕这一不登大雅之堂的生活行为，极具世俗气息。卷二第51条记燕肃之博学多闻有巧思，同时亦记载寇准生活中"好舞柘枝"的特点。卷二第 37 条记华元郡王允良"性好昼睡","好坐木马子，坐则不下"的奇特癖好，是个人生活细节的具体展示。

（3）社会下层小人物的日常：对习俗、经济的关注

《归田录》对于日常生活的关注还体现在记载了很多下层小人物、俚语俗谚以及生活中经济层面史料。

卷一第 2 条记京师开宝寺塔修建者都料匠预浩及其女所撰《木经》。卷一第 30 条中的卖油翁、卷二第 15 条中围棋国手李憨子、卷二第 49 条中的医僧元达等，皆是欧阳修及士大夫于日常生活中所接触的中下层人物。关注经济细节方面，卷二第 21 条载三班院与群牧司的工资及额外收入情况，尤其是对于群牧司收入最优的记载，显示出他对经济基础的熟稔。至和元年他曾经举出这个理由让一直拒绝京官的王安石接受了群牧判官职位。卷二第 55 条载"用钱之法"，币制方面"省陌""依除"的规定，折射出他平日操持实际生活的熟练能力和关注视角的细微。欧阳修早年有长期下层生活的经历，在西京任职时，谢绛曾记其会"歌俚调"①。《归田录》中对市井所用俚语俗谚也有记载。卷二第 10 条记俚谚"赵老送灯台，一去更不来"，卷二第 35 条提到咨报俗称草书。卷二第 54 条记"打"字之义在今世俗言语中的泛用及讹缪，显示出对世俗语言使用习惯的熟悉。

2. 关注日常生活的原因

欧阳修关注日常生活及市井情形的视角可以从他自身经历找到根源：

首先，及第前多年下层生活的经历是形成这种关注视角的深层基础。欧阳修出身贫寒，其父长年出任幕职州县官，俸禄仅供温饱，又早在欧阳修四岁时去世。其母郑氏携欧阳修兄妹投奔在随州任职的欧阳修叔父欧阳晔，并定居随州。其时任军事推官的欧阳晔不过是一介选人，俸禄微薄，其后又调任各地。欧母一度自力于衣食，教育欧阳修也只能画荻学书。这种生活经历造就他对于日常生活实际事务的精熟能力和洞悉下层社会的背景。在欧阳修所撰家书中，尤其是新出书简中可以看到他对家事各方面熟练的操持安排。在日常闲谈及撰写杂记著作时，由于没有主题边界及风格限制，这种人生经历及独特的性格特点、思维方式、关注视野便会自然有所呈现。

其次，关注日常闲谈并录以成书的做法有早年受钱惟演影响的因素。欧阳修在天圣、景祐年间任西京留守推官，时在钱惟演幕。"主人乐士喜

① 谢绛：《游嵩山寄梅殿丞书》，《欧阳修全集》附录卷 4，第 2718 页。

文学，幕府最盛多交朋"。在钱幕优游唱和的经历对于欧阳修一生的文学创作和人生道路影响深远。集闲谈以录之是其中一个方面。《邵氏闻见录》卷八载"钱相谓希深曰：'君辈台阁禁从之选也，当用意史学，以所闻见拟之。'故有一书，谓之《都厅闲话》者，诸公之所著也。"①《都厅闲话》并无流传，内容不详，但从欧阳修其后致力于修撰五代史、领衔新唐书的经历可以看出他把钱惟演的教诲贯彻到了实处。而"闲话"的题名也透露出所录史料驳杂的性质。正史修撰已然耗尽心力，在集录闲谈"以备退居之览"关注"戏笑不急之事"是某种程度的有意规避。

（二）聚焦于当下时代及现实社会

和《新唐书》《新五代史》两部史学著作相比，《归田录》的着眼时间显然重在当下时代。从这个角度来说，《归田录》在撰写之始未尝没有承担当代史写作的初衷。这也是取法李肇的一个方面，不同于宋代其他笔记的纵贯各代。在《归田录》表面的零散随性背后，欧阳修对取材时间的边界非常清晰。这种界定反映出他对当下现实的密切关注和思考，同他对自身所处时代的敏感和肯定息息相关。

有关宋前的记载，只有卷一第8条"冯道和凝论靴价"，是五代时事，五代之前一概阙如。同时，记载在赋予冯、和言行以明显贬抑色彩之后，记录重点转向此本朝名臣吕蒙正、王曾、李沆等人的卓越表现，无形中已成衬笔。记事时间下限则止于欧阳修预备告老归休的治平年间。所录内容共计太祖、太宗、真宗、仁宗、英宗五朝事，其中英宗享国日短，太祖、太宗朝事又为欧阳修耳目不接，真、仁二朝的人事故实为笔下大观。在重点记述的35位人物之中，真、仁二朝就占了29位。

所记人物大致有：皇帝如太祖之权谋、机变，太宗、真宗之崇奖儒学、亲试进士，仁宗之飞白书法、恭俭之德，英宗之恭己畏天。重点记述二府重臣有五代宰相和凝、冯道，太祖朝陶谷，太宗朝张齐贤、吕蒙正，真宗朝李沆、寇准、王钦若、丁谓、鲁宗道、薛奎、盛度、杨亿、王曾、钱惟演，仁宗朝石中立、章得象、夏竦、晏殊、宋绶、陈尧咨、宋庠、贾昌朝、杜衍、富弼等。其他官员有燕肃、蔡襄、王珪、梅尧臣、石延年。武将有郭进、李汉超、曹彬。还有内臣曹利用、宗室燕王元俨、华元郡王允良、外戚张尧封、处士林逋、都料匠预浩父女、高僧赞宁等各阶层人物。至于简略涉及的大量各级官员及各阶层人物更是繁多，计八十余人。其中不少皆是欧阳修同僚好友，欧为其做墓志、墓表的就有杜衍、谢绛、

① 邵伯温：《邵氏闻见录》卷8，中华书局1983年版，第81—82页。

陈尧佐、薛奎、晏殊、梅尧臣、蔡襄、梅尧臣、石延年、胡宿、王尧臣等十几人。

　　所记内容涵盖君臣之际、人事变动、制度沿革、社会风俗、个人日常、语言习惯等诸多层面，皆指向现实维度。其中卷二第52条记婚礼之仪的转失乖谬，在结尾处转向对"前日濮园皇伯之议"亦乖谬的议论，堪称关注现实的代表。欧阳修任馆职及翰林学士多年，曾撰《太常礼院祀仪》，参预修《太常因革礼》，修《新唐书》各志，"其于《唐书·礼乐志》发明礼乐之本，……《五行志》不书事应。"（《先公事迹》）他注重礼制及制度建设的思想是一以贯之的。如卷一第13条记降麻之无定制、第14条惋惜敛避之礼渐亡及军制非旧、第21条记宰相李沆执政不改朝廷法制、第33条记润笔之变迁、第39条记御史台言事制度之变更、第51条记学士觐见礼仪变迁、52条记学士札子署名著姓之来由、第59条记太常作乐之事；卷二中第5条记科场焚烧御试卷子之由、第8条记翰林学士赴契丹使宴及王宫教授入谢之仪两种制度的来由、第11条记官职名称如郡马、县马之讹谬、第12条记唐宋三卫四色官之变迁、第21条记三班院与群牧司的俸禄福利、第23条记学士及两府之臣赐服之例的各种变迁、第27条慨叹国宴制度中反映出的枢密权盛及"朝廷制度轻重失序"、第35条记唐宋学士院奏事制度之变更，感叹唐制"近时堕废殆尽"、第39条记端明殿学士之拜、第42条记诸州通判设立之弊、第44条记学士与宰相接见之礼益薄等近二十条内容，主旨皆是针对不同层面的制度建设。慨叹旧日礼制渐亡，今日多新出定制是情感指向之一，反映出在讨论制度时常见的复古倾向。卷二第54条追索"打"字之泛用含义、第48条记金橘重于京师、第49条记物之相感之理、第55条记述用钱之法，无一不是立足现实的有为而发。

　　《归田录》中关注现实的倾向与欧阳修对所处时代的肯定、自豪感有着深层联系。他早年甲科及第，中年备位二府，又执掌文坛三十年，可谓"得时行道"①。而且，欧阳修的四十年从政生涯与仁宗朝"四十二年太平"几乎重合，这个时期堪称北宋立国以来的极盛之世。虽然作为参政者，他屡上奏章言称"三弊五事""当今所尚阙"（《准诏言事上书》），但作为文人，他在诗文作品中更多的呈现出因时代繁盛与个人通达所涵育出的自豪情怀、雍容气象。在诗歌创作上，他在嘉祐年间创作的数联，如"万马不嘶听号令，诸蕃无事乐耕耘""绿槐夹道飞黄盖，翠辇鸣鞘向紫

---

①　刘壎：《隐居通议》卷7，《丛书集成初编》本，第72页。

宸""云深晓日开宫殿，水阔春风飐管弦"等，被誉为"升平气象瞭然在目"①；在词创作上，《采桑子》"西湖好"十首曲尽西湖物象之丰盛，《诉衷情·清晨帘幕卷轻霜》一阕，论者赞为"发端便可见名贵娴雅气象"②，《踏莎行·候馆梅残》亦称"极显外界伟大之气象"③；文章创作更是独具典型：《醉翁亭记》《丰乐亭记》二文虽作于贬谪期，但文中包蕴的官民优游之乐、物阜人丰之美使它们超越了贬谪文学常见的压抑与苦闷，风韵流动千古，而这种"乐"的深层基础即是对于时代荣华的敏锐把握，即《丰乐亭记》所云"休养生息，涵煦百年之深"。

对现实的关注还表现在对政事的热心，欧阳修先政事后文学的主张曾给很多同僚留下深刻印象④。同时，这一态度在北宋文学家中并不孤立。名臣如范仲淹、王安石、司马光、苏轼等，政治见解和从政态度各有不同，先政后文的原则亦颇一致。这是由北宋士大夫独特的历史环境决定的。进取之路大幅度打开，而现实的忧患问题需要他们拿出对策，所以北宋堪称是文学家向政治家靠拢甚至结合的时代。⑤

由对时代背景的把握体察传递到个人层面，即是对个人日常生活的欣赏、玩味，并沉醉其中，对个人所参与诸事的津津乐道、反复追忆。在《归田录》中，这种心理特征有以下典型表现：卷二第26条记与赵概、胡宿、吴奎四人同为翰林学士并相继登二府之尊荣、第43条记嘉祐二年知贡举时与韩绛、王珪、范镇、梅挚、梅尧臣六人唱和事，末尾皆发感叹"一时之盛事"。此二事中，欧阳修所追忆的更多的是他的参与感及由此带来的荣誉感。政事已熔铸为个人经历和内心体验甚至个人身份，追记本身就是对自我对时代对现实的价值认定。卷一第32条记自己制词所作之来由、卷二第19条记自己诗句为摹写当时具体情形、卷二第36条记为燕王元俨赠官制词属实，这几条记录的重点不在制词与诗句水平高下，而在追记阐释行为反映出一种优雅的自我欣赏和满足。其他还有大量条目中记载着"余尝过""余偶见""余时在坐""余家"之类看似不经意的闲笔，除了主观上增强叙述的真实度以外，还当从此心理取解。

① 刘壎：《隐居通议》卷7，见《丛书集成初编》本，第73—74页。
② 邵祖平：《词心笺评》，复旦大学出版社2007年版，第45页。
③ 唐圭璋：《论词之作法》，见钟振振《词学的辉煌：文学文献学家唐圭璋》，南京大学出版社2001年版，第285页。
④ （宋）范镇：《东斋记事》补遗，汝沛点校，中华书局1980年，第47页。
⑤ 陈尚君：《欧阳修与北宋文学革新的成功》，见《研究生论文选集·中国古代文学分册》，江苏人民出版社1983年版，第194页。

（三）叙述笔调闲适诙谐

以南宋朱弁等人为代表的一种观点认为，《归田录》中诸多"戏笑不急之事"是临时为拼凑字数加上去的。① 其实，《归田录》删削一事并不属实（见前文考辨），但朱弁的记载表明这种写法在南宋仍不太受认可。但从前序中"笑谈之馀"与后序中"助谈笑"，前序中"史官之所不记"与后序中"探物理""辨疑惑""采风俗"的表达以及"备闲居之览"的写作目的，可看出在写作之初，欧阳修便已设定好了记"戏笑不急之事"的倾向，而以他的尊崇身份去记录创作这样的内容无疑是需要承担被指责的风险，所以他的前序才充满了辩解的味道。② 总之，经过有意识的努力，他在这部笔记中贯彻了闲适谐谑的写作原则，使得文本别具和缓摇曳之美，并由此树立笔记写作的重要模式。

首先，欧阳修本人的诙谐性格和其他戏谑创作是《归田录》中闲适诙谐特色的背景基础。

欧阳修性好戏谑，尤其是同僚好友之间，他经常开无伤大雅的玩笑。为王旦作神道碑，其子王素送金酒盘盏十副、注子二把，他戏云："正欠捧者耳。"③ 吴奎中贤良之选，他戏云"披沙而拣金"（"沙"为"野人"之俗称）。④ 刘敞知长安，恋一妓名茶娇，他戏曰："非独酒能病人，茶亦能病人多矣。"⑤ 养病在家，精神衰惫，他仍戏家人云："近日人脆，事须过防。"⑥ 在后生心目中，其"抵掌谈笑"的形象已成典型，杨杰就曾惟妙惟肖的模仿过。⑦

在文学创作上，他受韩愈影响积极探索戏谑诗风的创作。不仅有多首戏题诗，还将戏谑之风渗透到题中无戏字的诗作中。尤其是嘉祐二年的礼部唱和，形成了戏谑诗创作的第一个高峰，引起众多文人的关注与效仿。⑧ 其他如《怀嵩楼晚饮示徐无党徐无逸》诗，以自嘲口吻戏谑自

---

① （宋）朱弁：《曲洧旧闻》卷9，中华书局2002年版，第217页。
② ［美］艾朗诺：《美的焦虑——北宋士大夫的审美思想与追求》，杜斐然等译，第52—53页。
③ （宋）曾慥：《高斋漫录》，见《全宋笔记》第四编第五册，第99页。
④ （宋）江休复：《江邻几杂志》，见《全宋笔记》第一编第五册，第151页。
⑤ （宋）范公偁：《过庭录》，中华书局2002年版，第365页。
⑥ （宋）欧阳修：《欧阳修全集》，李逸安点校，第2420页。
⑦ （宋）苏轼：《苏轼文集》卷69，第2197页。
⑧ 崔铭：《欧阳修与宋代戏谑诗风的兴起》，《江西社会科学》2015年第12期，第65—70页。

己的谪居处境；刘敞纳妾，他戏作诗云"洞里新花莫相笑，刘郎今是老刘郎"。贬谪滁州，他自号醉翁，称"聊戏客"，其名作《醉翁亭记》也被认为"其辞玩易，盖戏云尔"。①《州名急就章》叙云："官不坐曹，居多暇日，每自娱于文字笔墨之间，因戏集州名，作《急就章》一篇，以示儿女曹，庶几贤于博塞尔。"可以说，欧阳修以笔墨自娱的精神和努力是由来有自的，是他一贯的消遣与游戏方式。其晚年辑录朝野遗事、名公闲谈，不免会关注"戏笑不急之事"，这正是他一贯行为的体现。

其次，《归田录》文本中条目形制的简短、表述语言的通俗畅达是闲适风格得以实现的主要方式。

《归田录》的条目篇幅显然经过精心剪裁。在115条内容中，最短的有三四条，仅30余字。最长的如卷二第43条"嘉祐二年知贡举事"357字，卷二第49条"物有相感者"亦357字，其他"刘岳书仪"条312字，"李汉超"条283字，"鲁宗道饮酒"条268字。210字以上的略长篇幅大概有10条左右，其余百条左右篇幅皆在100—200字之间。这种条目字数的分布范围在以散著称的笔记中是相当有计划而规整的。因此，关于同一人的记载经常被分散在数条之中，且散见于全书各个角落，但小条目本身内容保持了相对集中的主题。对勘《归田录》与《儒林公议》相同题材的记载即可发现二者剪裁之不同：如杨亿事，《儒林公议》只作一条，记其"理识清直""为邪佞者所排""阳翟探母""分务西洛"卒谥等一生关节大事，类似一篇杨亿外传。②而《归田录》中散见于全书近10条的内容中，卷一第3条记其"知制诰不试而命"，卷一第7条记其好棋与戏谑，第9条记其有知人之鉴，第19条记其为人所谮，第27条记其因丁谓怜其才而未被斥逐，第54条记其主张为文避俗语，第57条记其作为一代文豪之表现，第58条记其"不通商量"之刚烈性格；卷二第7条记其善对。其他还有曹利用事，《儒林公议》作一条，《归田录》作两条，且有诸多细节增益。

条目的简洁、小主题集中首先关合"辑录闲谈"的创作原生态，这些条目的撰写未必在一时一地，可能近似欧阳修随手所录的如《笔说》之类的杂记。其次，更重要的是，在成书后整体统筹调整时，欧阳修仍然选择塑造了这样一种零散、随机性的文本呈现状态，不仅吻合"集闲

①　（宋）苏轼：《东坡志林》卷2，见《全宋笔记》第一编第九册，第133页。
②　田况：《儒林公议》，见《全宋笔记》第一编第五册，第100—101页。

谈"，更切合"资闲谈"，而闲谈是日常中极具闲适性和生活气息项目。条目的简短、零散、随机状态与全书要呈现的闲适、和缓的整体氛围是一体的。

语言用词的通俗畅达、多口语是闲适性的另一重要体现。书中不仅采用了诸多俗语如"浴堂巷""生菜""措大""笼头""押字""彭郎矶""圣母庙""黏口大王"之类，亦写了诸多市井物事和下层人物，如酒肆、开宝寺塔、食店、汤饼、金橘、烘柿、都料匠、医僧等。同时，运用了大量人物对话、人物语言等直接引语，现场感很强。如"李汉超"条记太祖与百姓的诸多对话，"鲁宗道饮酒"条记多条鲁宗道与中使及真宗的对话，冯道、和凝条主要记二人对话，"陈尧咨与卖油翁"条亦主要通过记载二人对话展开情节。此外，全书措辞通俗畅达，几无晦涩生僻字。通过这些语言表达的努力，使得全书生活气息浓郁，符合闲谈的情境，烘托出闲适和缓的氛围。

再次，闲适谐谑的写作风格与"不书人之过恶"的写作理念互为表里，代表着欧阳修晚年心态的重要变化。

"壮年犹勇为，刺口论时政"（《述怀》），欧阳修早年的锐意进取，直谏敢言是众所共知的。然而多年的政治风波和年岁阅历使得欧阳修的身体、理念、心境都在发生着变化。自嘉祐、治平间他任参知政事后，与韩琦一起执政风格转向和缓稳健。晚年致仕后编定《居士集》时，删去《与高司谏书》就透露了个中消息，并不是偶然为之。而《归田录》"不书人之过恶"创作主张的提出，更为明显地昭示出他晚年由激进到平缓，由疾言厉色到优游从容的心路转折历程。

后序云"小异于肇者，不书人之过恶，以谓职非史官，而掩恶扬善者，君子之志也。"欧阳修领修《新唐书》，私撰《五代史记》，史官之职于他是长年的熟悉身份。而《归田录》的创作在体制类型上刻意避开了前者范畴。相较以上二史中的宏大叙事与公共空间建构，《归田录》则是私人生活的勾勒。与公共空间要求的是非原则分明不同，私人生活天然具有混一、调和、复杂、边界不分的特点。因此《归田录》记录了诸多"不属于那些与政治相关的、有用的历史细节"，"语气上太个人化、太宽泛和太轻松"。① 他以充满自得自矜的笔触兴致勃勃的记录当年的玉堂旧事、元夕赐宴、"欢然相得"的礼部唱和，记录他所作的某些制词如何精妙贴切，记录他对于生活中物理相感之奇妙体验，与好友的来往过从

---

① ［美］艾朗诺：《美的焦虑——北宋士大夫的审美思想与追求》，杜斐然等译，第52页。

（梅尧臣、蔡襄），记录市井生活中感兴趣的各种琐事，总之，所谓"戏笑不急之事"，正是他走向暮年的生活、生命中倍感温存的部分。这种历经岁月和阅历沉淀后的闲适、宽容，被后人赞为"君子之用心，当如此也。"①

（四）议论微婉融于无形

欧阳修自言"不书人之过恶"以及后人对其"戏笑不急之事"的趣味判定，使得《归田录》似乎消弭了褒贬评价和个人化议论的特点。但近来已有论者指出"（李肇《国史补》）态度是客观冷静的，避免把自己的好恶带入叙述当中，作者第一人称口吻从不出现。……（《归田录》则）运用了很强的个人语气。"②

有无议论及自我色彩确实是《归田录》和《国史补》的极大差别。史部著作并非没有议论，而是论赞的方式在末尾进行述评，内容也尽量呈现出客观公正。《归田录》的议论方式与此不同，并非以"欧阳子"或"呜呼"等感叹词发端，而是如润物细雨般贯注在行文之中，使得整体的行文特色皆带有明显的个人印记和褒贬色彩。这种个人印记的具体呈现方式是幽微婉曲的，带有欧阳修个人极强的"意在言外"的文风特征。

比如，在关于太祖的6条记载中，重点突出太祖善驭臣下的雄才谋略。以卷一第28条李汉超事尤为典型：

> 太祖时，以李汉超为关南巡检，使捍北虏，与兵三千而已。然其齐州赋税最多，乃以为齐州防御使，悉与一州之赋，俾之养士。而汉超武人，所为多不法，久之，关南百姓诣阙，讼汉超贷民钱不还，及掠其女以为妾。太祖召百姓入见便殿，赐以酒食，慰劳之，徐问曰："自汉超在关南，契丹入寇者几？"百姓曰："无也。"太祖曰："往时契丹入寇，边将不能御，河北之民岁遭劫虏，汝于此时能保全其资财妇女乎？今汉超所取，孰与契丹之多？"又问讼女者曰："汝家几女？所嫁何人？"百姓具以对。太祖曰："然则所嫁皆村夫也。若汉超者，吾之贵臣也，以爱汝女则取之，得之必不使失所。与其嫁村夫，孰若处汉超家富贵？"于是百姓皆感悦而去。太祖使人语汉超曰："汝须钱，何不告我而取于民乎？"乃赐以银数百两，曰："汝自还之，使其感汝也。"汉超感泣，誓以死报。

---

① 叶梦得：《避暑录话》卷上，见《全宋笔记》第二编第十册，第265页。
② ［美］艾朗诺：《美的焦虑——北宋士大夫的审美思想与追求》，杜斐然等译，第51页。

此事田况《儒林公议》亦载：

> 李汉超帅军于高阳关，贷民财而不归之，民挝鼓登闻上诉。太祖召谓之曰："尔之乡里亦尝为契丹所钞掠乎？"曰："然。"上曰："自汉超帅彼有之乎？"曰："无之。"上曰："昔契丹掠尔，不来诉；今汉超贷尔，乃来诉也。"怒而遣之。乃密召汉超母，谓之曰："尔儿有所乏，不来告我，而取于民乎？"乃赐白金三千两。自是汉超奋必死之节矣。①

田况为欧阳修同年，二人早年私交颇笃。景祐三年欧阳修贬夷陵途中，田况任楚州团练判官，欧曾在楚州逗留会饮半月之久。其后二人亦志趣相投、出处略同。《归田录》中记田况二事，并赞其为"宽厚长者"。田况有文武材，其所著《儒林公议》被赞"明悉掌故，皆足备读史之参稽，其持论亦皆平允。"② 田况卒于嘉祐八年，因此《儒林公议》成书约早于《归田录》。欧阳修是否寓目此书，不得而知。但二书所记事件有五事略同，在篇幅不大的《归田录》中算是不小的比例。李汉超事为其中之一。

两处记载对勘，可以发现，首先，欧阳修的叙述衍生出二分之一的情节。田况记载的版本中百姓诉李汉超不法事只有"贷民财不归"一事；欧阳修的记述则多出"掠民女为妾"一事。而围绕此民女所嫁应为何人的对话就占了相当多的篇幅。这使得百姓与李汉超的矛盾复杂多样化，更能突出太祖于其中斡旋的手腕。其次，欧阳修的叙述衍生出多处细节。如太祖召见百姓后"赐以酒食""慰劳之"，百姓最后"感悦而去"，太祖最后的嘱咐"汝自还之"，李汉超最后的反应"感泣"等细节，皆为田况笔下所无。这些细节在烘托太祖的调停能力上起着重要作用。相较田况所记"怒而遣之"，太祖的形象就不如前者仁爱而完善。再次，欧阳修的叙述更动了两处关键细节。一是把田况记载中的李汉超母更换为模糊的"使人"，二是太祖所赐金钱数量由"白金三千两"变为"银数百两"。这两处更动对集中突出叙述主题作用重大，"汉超母"这个角色隐去，文中事件牵涉到三方"李汉超""关南百姓""太祖"，变得更为清晰。赐

---

① （宋）田况：《儒林公议》，《全宋笔记》第一编第五册，第97页。

② （清）纪昀：《〈儒林公议〉提要》，见《四库全书总目提要》卷140，中华书局1965年版，第1189页。

金数量由多变少，意在表明太祖的安抚有理有节，并非在金钱上一味骄纵武将。欧、田二人的记述现已无从考证孰先孰后，如果田氏在前，则欧阳修所作增益更改意味更加明显；如果欧氏在前，则说明欧阳修这种记述的指向性是自出机杼。纵观欧阳修的记述，在这次事件中，太祖的镇定应变能力、安抚人心效果、笼络武将的谋略皆鲜明而集中凸显出来。欧阳修个人对于太祖的颂扬也在字里行间不动声色的融入细节叙述中，而不是割裂在叙述之外另发议论，可谓不著一字尽得风流。因欧阳修对李汉超此事的出色记述，《东都事略·李汉超传》《隆平集·李汉超传》及《宋史·李汉超传》几乎皆是原封不动采入。

在《归田录》描写的为数不多的武将中，曹彬是欧阳修最为赞赏的一位。其议论偶有溢出叙述之外，但仅点到为止。同样，对比田况《儒林公议》中类似记载，欧氏议论的融贯与微婉便得到很好体现：

> 曹武惠王彬，国朝名将，勋业之盛，无与为比。尝曰："自吾为将，杀人多矣，然未尝以私喜怒辄戮一人。"其所居堂室弊坏，子弟请加修葺。公曰："时方大冬，墙壁瓦石之间百虫所蛰，不可伤其生。"其仁心爱物盖如此。既平江南回，请阁门入见，榜子称"奉敕江南勾当公事回"。其谦恭不伐又如此。（卷一第 46 条）

田况《儒林公议》：

> 曹冀王彬遭会兴运，勋效寖著。诸将平蜀，竞掠财货，彬独不犯厘忽，由是太祖益知之。性兢畏不伐，破伪唐回入都城，令监门者但报自江南勾当公事回。及勋望日隆，名宠亦峻，愈谦下诚惧，以保禄位。……
>
> 曹彬居第卑陋，未尝修广。盖深惧侈满，安于俭德。临终诫诸子曰："慎不得修第。"厥后遵其遗训，无敢逾者。及中官升俪，门户翕赫，里巷之间舆马填切，亦止加丹垩而已。噫！夫人欲之纵，由外物之侈也。据广侈之居以养气体，则俭菲之奉不能充，理势然矣。矧子孙被华腴之荫，不知艰苦者哉。其致满覆也，必矣。如曹王之保家训后，可以为富贵之师乎。①

---

① （宋）田况：《儒林公议》，《全宋笔记》第一编第五册，第 94 页。

欧阳修记载了曹彬三事：勋业之盛、仁心爱物、谦恭不伐。主要通过记言来表现，选取精炼而极具代表性的言论，不需多加外在议论，其常人不可企及之高洁情操便宛若眼前。整体叙述简略而包蕴丰富，措辞通俗畅达，符合曹彬武将身份。相较之下，田氏的记载题材类似，但稍嫌芜杂，记述重点似乎突出不了曹彬个人的气度胸怀，尤其是"以保禄位"的描述使得曹彬的人生境界落下一层。其"遭会兴运，勋效寝著"的语言表达也未免略带晦涩，不如欧氏追求口语化表达之明快清新。最后以"噫"发端的议论部分尤其见出二人行文风格的不同。田氏的议论外在于记叙部分，保留着史论影子，情感指向鲜明而集中，是非观念强烈；欧氏议论则融化于无形，褒贬色彩显豁，但语言并不激烈严肃。这种温和叙述是使文本与"记闲谈""资闲谈"等日常生活行为吻合的努力，因日常生活中闲谈场合亦大多不适宜抒发情感激越的严正之论。同时也贯彻了他"不书人过恶"的理念。这种心态是他遭受大半生政治风波攻击后忧谗畏讥的反映，也是反思早年从政理念和思维太过刚锐而有所缓和的举动。

类似这种融议论于行文之中的条目还有很多。虽然欧阳修晚年的处境与心境与早年有很大改变，但基本政治立场、从政理念并未彻底更改，所以他笔下的北宋前中期各色政坛人物仍有正邪善恶之分，他的笔调仍有褒贬之别，只不过方式隐微曲折。

如卷一第 8 条记五代宰相冯道、和凝论新靴价值的谐谑之事，末云"时谓宰相如此，何以镇服百僚?"暗含贬抑。欧阳修在《五代史记》中对冯道"依阿诡随"的批判众所周知，正如树靶子一样给予其否定评价而砥砺名节，振兴起一代士风。他晚年对于冯道的基本态度并没有改变，文中所云时人看法其实不妨视为他自己的看法（考诸史实，在五代及宋初，"时人"对冯道的评价其实多为正面①）。而用"时谓"一词，便在行文表层隐去了鲜明的批评意味而使文意深曲。卷一第 25 条记贾昌朝为仁宗讲《春秋》《左传》事、卷一第 36 条记王钦若深受真宗宠遇之事，在不动声色的记述背后皆有褒贬色彩。至如卷一第 41 条记张齐贤食量过人、卷一第 50 条记寇准夜宴剧饮，褒贬略淡，但对照对晏殊、杜衍清俭的描写，则对张、寇二人亦有婉讽。

欧阳修正面揄扬、表达敬仰之情的名臣亦有数人，如卷一第 20 条记王文正公曾为人方正持重，及其名言"恩欲归己，怨使谁当"。欧阳修对

---

① 王瑞来：《从宋人的冯道论看历史人物评价》，《文汇报》2014 年 8 月 4 日。

此句甚为赏爱，其子欧阳发把此事录入《先公事迹》，并为吴充所作《行状》及韩琦所作《墓志》沿袭。其他尚有卷一第 48 条记钱惟演之纯德、卷二第 36 条记燕王元俨"平生未尝语朝政"之高行、卷二第 33 条记吕蒙正"不为物累"之贤等，皆能看出欧阳修显豁的揄扬态度。

总之，"不书人之过恶"的主张并没有消弭《归田录》文本中的褒贬议论色彩。不同于叙事加议论的史论模式，欧阳修在《归田录》的写作中创造出融贯于行文之中的幽微隐曲的议论方式，在不破坏文本语言简练、温和、有致之美的前提下，又于字里行间融进鲜明的褒贬。而这种个性化主观化的叙述方式也让它与传统史料区别开来。

（五）笔记史转折之作

宋代笔记蔚为大观，在时代潮流的发展中，《归田录》的引领作用不可忽视。它开创的一系列新颖的记述方式使它成为笔记发展史上重要节点。明人编《五朝小说》概括宋代笔记特点云："唯宋则出士大夫手，非公余纂录，即林下闲谭，所述皆生平父兄师友相与谈说，或履历见闻、疑误考证。故一语一笑，想见先辈风流，其事可补正史之亡，裨掌故之阙。"① 王季思亦云："大约宋人的笔记，有两个特色：一、每节故事下面常附以议论；二、所记多同时人的故事——即使所记系先朝或怪异的故事，也往往是对当时社会意有所指的。"②

兼具以上特色的《归田录》一定程度上开启了其后宋人笔记的撰述范式。

第一，是议论内容及个性化方式。

好议论本是宋人典型习气，笔记中掺入议论似是自然而然。但以纵向时间来细察，在笔记中发表议论是一个渐进过程。欧阳修明言效法李肇，但李肇等人在严格控制个人化语言、个性化评论时，他们期待创作的是一部隶属史部的著作。历代各种公私目录亦把它列入"史部"，或杂史类或传记类。③ 而随着中原板荡，"朝野遗芳，莫得传播"④，五代宋初时孙光宪已在其著作《北梦琐言》中掺入个人化色彩的议论，屡以"葆光子曰"

① 桃源居士：《宋人小说序》，见丁锡根《中国历代小说跋集》下册，人民文学出版社 1996 年版，第 1790 页。
② 王季思：《玉轮轩古典文学论集》，中华书局 1982 年版，第 304 页。
③ 知见所及，只有《八千卷楼书目》、《四库全书总目》等少量目录书列入"子部小说家类"。
④ （五代）孙光宪：《北梦琐言》序，见《全宋笔记》第一编第一册，第 14 页。

为发端表达，这种效仿"太史公曰"的方式表明孙氏撰著时向史部靠拢的意识，但终因记述的芜杂在目录书中被归入子部。其后众多的他人追忆式笔记则直接保存了所记述主人公对事件的评论，如张洎《贾氏谈录》《丁晋公谈录》《王文正公笔录》《杨文公谈苑》《宋景文公笔记》《王文正公遗事》等，少有或几乎没有著作人自己的议论语言。① 这类著作意在以人存言，个人化色彩虽浓郁，但又和纂辑者存在一定距离。成书于真宗景德二年的张齐贤《洛阳搢绅旧闻记》，其中多有作者以"余"之口吻姿态出现。如卷四"安中令大度"条"时余已佐著作、直史馆，余举之，授太常丞，……余布衣时，守亮待余厚……守亮登庸之初，余以诗寄贺……余数年前过其门，已为他人所有。"② 这种在行文中点出作者个人经历、凸显作者主体性的评论方式颇类《归田录》。而翻检欧阳修所参与修撰的《崇文总目》，卷五小说类已著录此书，则欧阳修应当曾寓目。《归田录》中亦载张齐贤"饮食过人"事，可见欧阳修对此人有一定程度的熟悉。张氏此书的议论方式无疑对《归田录》的撰写产生过影响。至欧阳修《归田录》则接续张氏著作合二者为一，既是自觉撰述，又具有《论语》等语录体著作记载善人言行之魅力，③ 影响深远。

第二，是以自我为代表的士大夫阶层的凸显和创作身份的示范作用。

欧阳修是北宋士大夫形象第一人，出身贫寒，高科及第，学养深厚，以天下为己任，是第一批学者、文人、政治家"三位一体"的复合型人才。其政治事功、学术、史学、文学等领域的成就让他不仅在当时就被视为宗师，还影响了其后的笔记效仿行为。这类主观意在补史实际上又内容驳杂、频发议论而被纳入小说类的笔记著作层出不穷。范镇《东斋记事》序云："予尝与修唐史，见唐之士人著书以述当时之事，后数百年有可考正者甚多，而近代以来盖希矣，惟杨文公《谈苑》、欧阳永叔《归田录》，然各记所闻而尚有漏略者。予既谢事，日于所居之东斋燕坐多暇，追忆馆阁中及在侍从时交游语言，与夫里俗传说，因纂集之。"④ 《东斋纪事》沿袭《归田录》之处非常明显，如燕肃事、石中立谐谑事、薛奎治民事，

---

① 在《杨文公谈苑》、《宋景文公笔记》、《王文正公笔录》等书中，撰述者一般于行文中通篇贯穿对于杨亿、宋祁、王曾等名公巨卿的景仰追慕，这种感情基调较为单一，与作品中作者个人化的议论不属同一概念。

② （宋）张齐贤：《洛阳搢绅旧闻记》，见《全宋笔记》第一编第二册，第184页。

③ ［美］宇文所安：《中国文论：英译与评论》，王柏华、陶庆梅译，上海社会科学院出版社2003年版，第396—398页。

④ （宋）范镇：《东斋记事》序，汝沛点校，第1页。

二书皆有涉及。南北宋笔记撰者多有名臣钜公，如司马光、苏轼、苏辙、沈括、叶梦得、洪迈、陆游等。

第三，在传统史料笔记外开创日常琐闻类。

《归田录》记录日常主题，其意义在于开创了以自我日常生活为关注点和表现内容的日常琐闻类笔记，内容中充满对于文人日常阅读、创作、交游、评点等记述。关于宋代笔记分类，褚斌杰在《中国古代文体概论》中提到第四类"杂录丛谈类"与此颇近似之。"这一类主要是写人情、记风土、谈时俗、明器用、探技艺，以至或记一时之戏谑，或述对某事之感触，凡所遇杂事、杂识，皆信笔记之，特别显示出笔记文内容多样性的特征。"① 这类笔记以《归田录》为最早，其后约略大者有：《道山清话》，多日常生活情形；《文昌杂录》，约三分之一篇幅为生活内容；《避暑录话》，"泛语古今杂事，耳目所接，论说平生出处，及道老交亲戚之言，以为欢笑"② 。如记苏轼在黄州酿酒事、王安石晚年在钟山日常起居、欧阳修在平山堂宴会事、欧家奉佛事、司马光在洛阳退居事，皆着眼于日常生活情态。

第二节 《六一诗话》：日常文学感受的重塑 与欧梅诗学观的错位

《六一诗话》，原名《诗话》，其创作成书在欧阳修晚年。《诗话》序云："居士退居汝阴，而集以资闲谈也。"对比欧阳修所作其他序言，其简短单薄的不太寻常，或许是撰写时身体状况受限所致。③ 其中，"集"字隐约展示了《诗话》为再次编纂而非原创的特征。据学界研究成果，《诗话》原为《归田录》的一部分，欧阳修致仕后根据"谈诗"这一标准专门把相关材料辑出，独立成书。④ 虽短短二十八则，却成功创立了诗文评的全新门类，后世效仿者层出不穷。对《六一诗话》的研究，历来因其始创地位，学界成果颇多。但以往的研究大多是在默认其内容具有高

---

① 褚斌杰：《中国古代文体概论》，北京大学出版社 1990 年，第 463 页。

② 叶梦得：《避暑录话》卷上，见《全宋笔记》第二编第十册，第 223 页。

③ 张海明：《欧阳修〈六一诗话〉与〈杂书〉、〈归田录〉之关系——兼谈欧阳修〈六一诗话〉的写作》，《文学遗产》2009 年第 6 期，第 34—44 页。

④ 张海明：《欧阳修〈六一诗话〉与〈杂书〉、〈归田录〉之关系——兼谈欧阳修〈六一诗话〉的写作》，《文学遗产》2009 年第 6 期，第 34—44 页。

度真实性的基础上展开，而考察史源，我们可以看到，《诗话》诸多条目中都有拼凑情节、重塑情境等现象，文本呈现的主题集中，结构完整的批评世界实则经不起推敲。窃以为其内蕴还有以下三个方面未发之覆，试论述之。

一　从史源看《诗话》之改写

因《归田录》与《诗话》具同源性，二书在叙事脉络、语言表达、体式风格上皆有相当多共同之处。其所据史源多来自耳目见闻，文本史源较少或已不可考。所幸欧阳修嘉祐年间学书时随手所记之《笔说》《试笔》因当时士人所宝予以收集珍藏得以传世①，其中有部分材料为《归田录》《诗话》撰写之所本，可据此考察后二书之史源。欧阳修学书时并不抄录他人或自己的作品，而是自出机杼，进行当下创作。他认为"学书勿浪书，事有可记者，他时便为故事。"（《试笔·学书作故事》）《三琴记》即为学书时的即时创作。"嘉祐七年上巳后一日，以疾在告，学书，信笔作欧阳氏三琴记。"《鸣蝉赋》亦作于学书时，一本有跋云："予因学书，起作赋草。"因此，《笔说》《试笔》由于近似日记的撰写方式其内容真实度较高。对勘四书，可以发现，很多相关材料在《笔说》《试笔》中较为随意、散乱，而在《归田录》《诗话》中则被精心编写，改写后主题突出、结构完整，同时叙述风格上又努力保持闲适随意。

《归田录》中有数条内容源自《笔说》、《试笔》。如《笔说》"转笔在熟说"即是《归田录》卷一第31条"陈尧咨与卖油翁事"所本。后者删去了学书转笔的情节，而集中叙写陈尧咨与卖油翁相遇相谈之场景，且增益许多生动细节，如"立睨之""微颔之""徐以杓酌油沥之"等，并在结尾附以总结"此与庄生所谓解牛、斫轮者何异"，形成理论提升。《试笔》"谢希深论诗"条关于晏殊论诗的部分后改写入《归田录》卷二第3条"晏元献评诗"，此条中关于谢绛论诗的部分则改写入《诗话》第12条。《试笔》"王济讥张齐贤"中有关张齐贤饮食兼数人的记载，后增益诸多细节描写成《归田录》卷一第41条"张齐贤饮食过人"；有关张齐贤得裴度绿野堂事亦见《诗话》第22条"裴晋公绿野堂在午桥南，往时尝属张仆射齐贤家，仆射罢相归洛，日与宾客吟宴

---

① （宋）欧阳发《先公事迹》："笔札精劲，自成一家，当世士大夫有得数十字，皆藏以为宝。"《欧阳修全集》附录卷二，第2628页。

于其间"。另外，司马光《温公续诗话》明言创作上为接续《六一诗话》之作，而二书的承续关系在很多条目上都有显示，如"梅尧臣之卒""科场程试诗""王建宫词""九僧诗"事等，此外尚有数条记述与《归田录》略同，如林逋《梅花诗》、丁谓善诗等条目，亦有接续《归田录》之痕迹。这从侧面反映出《归田录》与《诗话》二书的同源性。也许在司马光看来，《归田录》中关于林逋诗、丁谓诗的记载亦应当纳入《诗话》中。

《诗话》中改写自《试笔》的条目如下：《试笔》"九僧诗"改写入《诗话》第 9 条"国初浮图"；《试笔》"吊僧诗"改写入《诗话》第 18 条"诗人贪求好句而理有不通"；《试笔》"郊岛诗穷"条前段改写入诗话第 10 条，后段改写入诗话第 12 条；《试笔》"谢希深论诗"改写入诗话第 12 条；《试笔》"温庭筠严维诗"改写入《诗话》第 12 条。

二　重塑：再现日常闲谈情境

《诗话》与《归田录》创作的同源性体现在具有同样关注日常生活及闲适谐谑叙事风格之特点。比对《诗话》及《试笔》相关材料，可以发现，《诗话》关注日常生活的方式是努力塑造一种日常闲谈的现场感，建造即时情境，从而在叙事风格上保持闲适轻松的语调，在随意、开放的环境中发表诗歌理论见解。

日常社交场合中谈诗活动至少在 8 世纪晚期已出现。"文学家们聚在一起，探讨诗歌的妙处，谈论文学轶事，为诗人们提出建议并描述诗人的风格。"[①] 欧阳修执掌文坛三十余年，平生门下士人投谒拜访、同僚宴集几乎虚日，他喜爱的日常生活场景亦是"座上客常满，尊中酒不空"，日常生活中的谈诗论文、分韵赋诗场合比比皆是。欧阳修笔下及宋代诸多笔记中皆记载了类似活动。[②] 可以说，诗话所记录的日常闲谈场景在某种程度上是真实生活场景的一种反映，诗歌评论多产生于这样的场合。

《诗话》中再现日常闲谈场景的条目如下：第 2 条记众人交谈戏谑中对白体诗浅俗的嘲讽、第 7 条记众友会饮"余"家关于梅尧臣官职的场景对话、第 8 条记陈从易与诸公补杜诗的场景、第 9 条记许洞与诸僧的会

---

① ［美］宇文所安：《中国文论：英译与评论》，第 395 页。

② 《欧阳修全集》中记聚星堂宴集、嘉祐二年礼部唱和事；苏轼《东坡志林》卷一记孙觉问文于欧阳修，苏轼《仇池笔记》卷下记欧阳修论文同诗，邵博《邵氏闻见后录》记欧阳修与刘敞论韩诗，第 149 页。

诗场景、第 12 条记欧梅关于"意新语工"及"言外之意"的诗歌创作对话、第 14 条记吕蒙正与胡旦之对话交往、第 15 条记圣俞谈浅俗之诗的语录、第 20 条记欧梅谈论晏殊对于梅诗的赏爱、第 27 条记欧梅谈论韩诗之用韵。"它记录了口头创作与社交场合的情况,或者试图再现对这些场合的印象。"① 据成玮考证,第 27 条欧梅论韩诗约发生在庆历四年至至和二年,时梅诗奇险风格之作增多,《古柳》一诗即用韩愈《病中赠张十八》原韵,且末尾云"吾交评韩诗,险韵古莫双。"②

不过,"记录"和"再现"并不能准确概括《诗话》与日常谈诗情境的关系。对照《试笔》与《诗话》中类似段落,可以看出,某些现场的对话情境并非全为实录,而是后来经过重塑与虚构的场景:

《试笔》"温庭筠严维诗":

余尝爱唐人诗云"鸡声茅店月,人迹板桥霜",则天寒岁暮,风凄木落,羁旅之愁,如身履之。至其曰"野塘春水慢,花坞夕阳迟",则风酣日煦,万物骀荡,天人之意相与融怡,读之便觉欣然感发。谓此四句可以坐变寒暑。诗之为巧,犹画工小笔尔,以此知文章与造化争巧可也。

《试笔》"谢希深论诗":

往在洛时,尝见谢希深诵"县古槐根出,官清马骨高",又见晏丞相常爱"笙歌归院落,灯火下楼台"。希深曰:"清苦之意在言外,而见于言中。"晏公曰:"世传寇莱公诗云'老觉腰金重,慵便枕玉凉',以为富贵,此特穷相者尔,能道富贵之盛,则莫如前言。"亦与希深所评者类尔。二公皆有情味而善为篇咏者,其论如此。

《诗话》第 12 条:

圣俞尝语予曰:"诗家虽率意,而造语亦难。若意新语工,得前人所未道者,斯为善也。必能状难写之景,如在目前,含不尽之意,见于言外,然后为至矣。贾岛云:'竹笼拾山果,瓦瓶担石泉。'姚合云:'马随山鹿放,鸡逐野禽栖。'等是山邑荒僻,官况萧条,不如'县古槐根出,官清马骨高'为工也。"余曰:"语之工者固如是。状难写之景,含不尽之意,何诗为然?"圣俞曰:"作者得于心,览者会以意,殆难指陈以言也。虽然,亦可略道其仿佛:若严维'柳

① [美] 宇文所安:《中国文论:英译与评论》,第 395 页。
② 成玮:《制度、思想与文学的互动》,复旦大学出版社 2013 年版,第 263 页。

塘春水慢，花坞夕阳迟'，则天容时态，融和骀荡，岂不如在目前乎？又若温庭筠'鸡声茅店月，人迹板桥霜'，贾岛'怪禽啼旷野，落日恐行人'，则道路辛苦，羁愁旅思，岂不见于言外乎？"

细读以上三则材料，可以看出《诗话》第 12 条中所记录的欧梅之间的对话并非实有其事，而是试笔两则材料合成，并把谢绛与欧阳修自己两个评论人抽空，虚拟出梅尧臣这个发言角色并承担前二人的诗评内容。由此可推知，诗话中其他关于谈诗场合的记录或许亦未必真实发生，类似的虚构与重塑应不少见。

不过，指出这种重塑并非要否认欧阳修生活中曾经存在过的日常谈诗情境，而是重在强调，日常谈诗场景的真实发生与它被"对话体"记录下来并非同一件事，两者之间可能经过上述材料中所反映出的折射与改造。日常生活之中的谈诗场景发生之后，记录者可以采用诸多转述、议论等记录的方式把诗学观点保存下来，而欧阳修所采用的重塑虚构日常闲谈的方式颇耐人寻味。它在某种程度上颠覆了文字记载和日常生活真实情景的对应关系，是一种刻意呈现出日常性的随意松散的精心安排。这种安排被遮盖在随意性与随机性之下并不容易被看出，因此《诗话》第 12 条的论述在很多场合都被认为是梅尧臣的观点。①

对日常谈诗情境的重塑虚构或再现，这种记录方式是晚年欧阳修所创立的独特记载方式。与《归田录》的闲适谐谑相类似，《诗话》中这种表达有以下诸多良好效果：首先，它使诗话文本呈现出闲适轻松的氛围，且不乏诙谐语调，与人到晚年追求闲适惬意的心境相切合，并且带有老人式的追忆以及"和缓忧伤的语调"②，以一种亲切有味的方式拉近与读者的距离。同时，谈话式的现场感使读者感受到作者强烈的存在感，"由于感受到作者的存在而增强了真实的效果，确为本书带来很大影响。"③ 此外，这种闲谈式的论诗方式把理论观点包裹在轻松非正式的外在表述中，脱离说教，使作者以及文本皆呈现出开放平等的姿态，这种开放平等因欧阳修

---

① （宋）葛立方《韵语阳秋》卷一："梅圣俞云'作诗要须状难写之景于目前，含不尽之意于言外'，真名言也。"张戒《岁寒堂诗话》卷上："梅圣俞云'状难写之景，如在目前。'"后世论者关于梅尧臣诗学观念的讨论，多据此立论或以此作为重要的论据支撑，文献繁冗，不赘。

② ［美］宇文所安：《中国文论：英译与评论》，第 396 页。

③ ［日］兴膳宏：《宋代诗话中的欧阳修〈六一诗话〉的意义》，《异域之眼——兴膳宏中国古典论集》，复旦大学出版 2006 年版，第 331 页。

个人文坛宗主的地位而充满魅力。

纵观欧阳修《诗话》之后的诗话创作，这种重塑日常闲谈场景的努力得到了很好的传播效果，引起大量模仿，甚至奠定了诗话的某种叙事范式。"诗话在士大夫生活中扮演重要角色，因为当时没有比闲聊更具持久生命力的、能够裁断具体诗歌优劣的场所。"① 同欧阳修一样，后世的诗话有相当大一部分亦作于作者晚年②，追忆与总结伴随着老年心境，在娓娓道来中完成对生平文学感受的记录。

三　欧、梅诗学观的交织与错位

在仅有 28 则条目的《诗话》中，关于梅尧臣的就有 8 则之多，分别为第 4、5、7、12、13、15、20、27 条。无怪乎有论者直言"梅尧臣正是这部诗话的最大看点"，字里行间充满了对梅尧臣这位"终生挚友的敬意"③。"敬意"固然浓郁，但据上文所引《试笔》中相关材料，则《诗话》中所记录的梅尧臣诸多诗学观点并非梅氏所倡，而是在改写过程中附益其名下。这个细小的龃龉之处像一道裂缝展示了被欧阳修精心修改后的《诗话》所塑造出来的光洁墙壁背后掩盖的斑驳残缺。《诗话》中呈现出来的梅尧臣及其评价，是经过欧阳修的视角观念过滤之后的状态，远非原貌。

事实上，欧梅之间的诗学张力、矛盾冲突已为研究者所注意。④ 欧阳修一方面极力揄扬梅诗，赠其"诗老"的称号，另一方面在内心观念中他对于诗歌又肯定有限，称"维诗于文章，泰山一浮尘"。同时这种观念在整个社会上亦有着广泛的影响，并施与梅尧臣极大的压力。欧阳修一生对于梅诗的评论前后有所变化，且关注视角并不全面⑤。在撰写《诗话》时，好友梅尧臣去世已十余年，欧阳修自己亦是迟暮之年，虽然他行文中饱蘸深情，追忆中不免哀伤，但二人诗学观念的龃龉与错位依然潜伏在细心结撰的背后。

---

① ［美］艾朗诺：《美的焦虑——北宋士大夫的审美思想与追求》，第 80 页。

② 张伯伟：《中国古代文学批评方法研究》，中华书局 2002 年版，第 444 页。

③ ［日］兴膳宏：《宋代诗话中的欧阳修〈六一诗话〉的意义》，《异域之眼——兴膳宏中国古典论集》，第 334 页。

④ 参见［美］宇文所安《中国文论：英译与评论》，第 429 页；成玮《制度、思想与文学的互动》第七章、第八章相关内容，第 210—269 页。

⑤ 参见周治华《试评欧阳修对梅尧臣及其诗的评价》，《南充师院学报》1982 年第 2 期，第 24—30 页；成玮：《制度、思想与文学的互动》，第 235 页。

来看最负盛名的第 12 条。这条记载中，梅尧臣提出被广泛称引的"状难写之景如在目前，含不尽之意见于言外"之论。这个论断本身非常精彩，承前人"隐秀"说及"韵外之致""味外之旨"而来又有所发展，"甚称其得文章秘要"①。但考察这段记载的史源可以看出这个论断并非梅尧臣所出。为方便论述，再征引原文如下：

　　圣俞尝语予曰："诗家虽率意，而造语亦难。若意新语工，得前人所未道者，斯为善也。必能状难写之景，如在目前，含不尽之意，见于言外，然后为至矣。贾岛云：'竹笼拾山果，瓦瓶担石泉。'姚合云：'马随山鹿放，鸡逐野禽栖。'等是山邑荒僻，官况萧条，不如'县古槐根出，官清马骨高'为工也。"（为谢绛语）余曰："语之工者固如是。状难写之景，含不尽之意，何诗为然？"圣俞曰："作者得于心，览者会以意，殆难指陈以言也（为欧阳修语）。虽然，亦可略道其仿佛：若严维'柳塘春水慢，花坞夕阳迟'，则天容时态，融和骀荡，岂不如在目前乎？又若温庭筠'鸡声茅店月，人迹板桥霜'，贾岛'怪禽啼旷野，落日恐行人'，则道路辛苦，羁愁旅思，岂不见于言外乎？（为欧阳修语）"

首先，《试笔》"谢希深论诗"中记载谢绛"诵'县古槐根出，官清马骨高'"，并评曰："清苦之意在言外，而见于言中"。"县古"一联也是第 12 条中梅尧臣所举例证，实则赏析者为谢绛。此外，《试笔》"郊岛诗穷"又记载欧阳修评诗语"有言不能尽之意"，而他所评诗恰是第 12 条中梅尧臣用以举例的"鸡声茅店月""柳塘春水漫"二联。谢、欧这两处表达已接近"含不尽之意见于言外"。其次，《试笔》"温庭筠严维诗"又再次记述欧阳修对"鸡声""柳塘"两联的欣赏，评前者"则天寒岁暮，风凄木落，羁旅之愁，如身履之"，评后者"则风酣日煦，万物骀荡，天人之意相与融怡，读之便觉欣然感发。谓此四句可以坐变寒暑。诗之为巧，犹画工小笔尔，以此知文章与造化争巧可也。"其中"画工小笔""与造化争巧"的评语也与"状难写之景如在目前"有内在一致性，强调诗句强大的描摹物象功能。两次评论此二联，可知对它们心摹手追赞赏有加的是欧阳修，而非梅尧臣。欧早年曾拟作"晚烟茅店月，初日枣林霜"（《被牒行县因书所见呈寮友》）及"鸟声梅店雨，野色柳桥春"

①　郭绍虞：《宋诗话考》，中华书局 1979 年版，第 3 页。

（《过张至秘校庄》）二联，可见对"鸡声"一联的欣赏一以贯之。对
"柳塘"一联的喜爱苏轼也有佐证，蔡绦《西清诗话》载"东坡云：欧公
喜古人……'柳塘春水漫，花坞夕阳迟'，自言终身学不能到。"① 最后，
第12条中"圣俞曰：'作者得于心，览者会以意，殆难指陈以言也'"
的记载与欧阳修《书梅圣俞稿后》有共通之处，应为欧阳修对自己观点
的化用。《书梅圣俞稿后》云："余尝问诗于圣俞，其声律之高下，文语
之疵病，可以指而告余也，至其心之得者，不可以言而告也。余亦将以心
得意会，而未能至之者也。"

　　要之，《诗话》第12条中梅尧臣提出的著名理论"状难写之景如在
目前，含不尽之意见于言外"，其主要例证及内涵阐释基本都是欧阳修自
己的诗学观念，加上谢绛的部分评语。《诗话》这则材料实际上是《试
笔》"郊岛诗穷""谢希深论诗""温庭筠严维诗"三则材料的整合重编，
把谢绛与欧阳修两个评论人抽空，并虚构梅尧臣发言，同时营造了日常对
话情境。考察梅诗，其"步趋昌黎，出入于玉川"②，相较于韩愈、李贺、
王维、韦应物等前贤，严维、温庭筠、贾岛也并非梅尧臣称赞并师法的对
象。同时，他对于晚唐诗人"区区物象磨穷年"也有所批评，主张"因
事有所激，因物兴以通"，诗歌应有为而发，有所寄托。由此可推知，
《诗话》中其他关于谈诗场合的记录或许亦未必真实，类似的记载还有第
15条：

　　　　圣俞尝云："诗句义理虽通，语涉浅俗而可笑者，亦其病也。如
　　有《赠渔父》一联云：'眼前不见市朝事，耳畔惟闻风水声。'说者
　　云：'患肝肾风。'又有咏诗者云：'尽日觅不得，有时还自来。'本
　　谓诗之好句难得尔，而说者云：'此是人家失却猫儿诗。'人皆以为
　　笑也。"

　　这条内容中对"语涉浅俗"之诗的嘲讽颇类第2条中对白体"容易"
之诗的戏谑，而反映出的是欧阳修本人的态度。梅尧臣其实提倡"以故
为新，以俗为雅"的主张。③ 因此，"'失却猫儿诗'这虽是梅圣俞的话，

---

① 张伯伟编校：《稀见本宋人诗话四种》，江苏古籍出版社2002年版，第198—199页。
② 钱钟书：《谈艺录》，商务印书馆2011年版，第424页。
③ （宋）陈师道：《后山诗话》，（清）何文焕辑：《历代诗话》本，中华书局1981年版，
　　第314页。

其实就是欧阳修本人的观点。"①

在《诗话》之外，欧阳修亦承认过他对梅诗的欣赏常与梅本人意见不合："昔梅圣俞作诗，独以吾为知音，吾亦自谓举世之人知梅诗者莫吾若也。吾尝问渠最得意处，渠诵数句，皆非吾赏者。"（《集古录跋尾·唐薛稷书》）梅尧臣也认为，欧对自己诗歌的认识有一个渐进过程，并非一开始就心领神会："欧阳最我知，初时且尚室。比以为橄榄，回甘始称述。老于文学人，尚不即究悉。"② 最后一句其实委婉表达了他对欧评的保留意见。阐释的主观性是普遍存在的现象，但这种差异在《诗话》中却被细心弥合，欧阳修在其中扮演的角色俨然是梅诗的品评权威。第 5 条中，他直言《春雪》诗"未为绝唱"；第 20 条中，欧之疑问表明他认为晏殊所欣赏的二联并不出色，不过梅尧臣并没有争辩。由二人对梅诗欣赏的差异性出发，回溯欧阳修编纂梅集的记载："得其遗稿千余篇并旧所藏，掇其尤者六百七十七篇"，（《梅圣俞诗集序》）可知"掇其尤者"不过是欧阳修个人解读视角之下的好作品。梅诗艺术世界之呈现很大程度上为经过欧阳修这一观照视角过滤后的风貌。

在《梅圣俞墓志铭》中，欧阳修对梅性格的评价就抽去了其诗中的战斗性，使得梅诗的精神面貌有所遮蔽。③ 而流传甚广的"如食橄榄"之喻，似乎与梅诗的平淡风格也略有偏差。④ "梅尧臣也有其他诗学价值观，只不过它们在欧阳修编排的文学历史剧中找不到位置。当代文学史与文学选本中的梅尧臣是欧阳修的梅尧臣。"⑤ 而《诗话》第 12 条内容以隐蔽难以觉察的方式提供了二人诗学观念差异的例证，从而提醒我们注意从多维度去体味文献材料的深层言说。

四　错位原因探析

欧阳修为什么要把自己和谢绛的论诗观点经演绎后冠以梅尧臣的名义？具体详情已无从得知。或许这是欧阳修晚年对梅诗及梅氏诗学观的重新体认和建构。"覃思精微，以深远闲淡为意"是欧阳修晚年重编《诗

---

① 李清良：《论〈六一诗话〉写作动机与内在逻辑》，《江海学刊》1994 年第 3 期，第174 页。

② 梅尧臣著，朱东润编年校注：《梅尧臣集编年校注》，上海古籍出版社 2006 年版，第826 页。

③ 朱东润：《梅尧臣诗选序》，人民文学出版社 1980 年版，第 9 页。

④ 钱钟书：《谈艺录》，商务印书馆 2011 年版，第 424 页。

⑤ [美] 宇文所安：《中国文论：英译与评论》，第 429 页。

话》当下对梅诗的评价，相较近三十年前"近诗尤古硬，咀嚼苦难嗫"
（《水谷夜行寄子美圣俞》）的评语，二者侧重的美学风格并不相同。欧
阳修对梅诗品评的变化持续终生，其变换的视角皆是品评梅诗的参照系之
一。《诗话》中的这次建构并没有引起后世论者的怀疑，"深远闲淡"的
评价与托名梅尧臣"状难写之景"的论诗观有逻辑上的自洽之处，同时，
"意新语工"也与梅尧臣"定应伴前人，未尝有蹈袭"①的诗学主张在力
求新变上相互呼应，而梅集中也确有很多作品达到了"状难写之景如在
目前，含不尽之意见于言外"的艺术境界②。作为苦心孤诣"日成一
篇"、"刻意向诗笔，行将三十年"③的诗老，梅尧臣提出这个诗论是非
常适宜的。

　　另外，从现实角度及深层心理看，这种假托更是欧阳修借以推重梅尧
臣使其留名后世的努力，而这种对留名的追求也呼应了欧阳修自己内心对
不朽的焦虑。对于穷困一生未展怀抱的故友，欧阳修做了多方面工作予以
体恤，"上书立后禄绍先，分宅恤穷祭有田。"④对于欧梅二人屡倡的韩孟
之喻，梅尧臣颇能领会故友的深意："公之此心实扶助"⑤《诗话》中，
"扶助之心"尤为明显，既赞其作于尊俎之间的绝唱，又记其名播夷狄，
复哀其官止都官。李昉诗、两京纪实诗、批评义理不通之诗、描写西洛古
都之警句等条皆指向诗歌与现实之关系，主张诗歌在纪实前提下力求精准
叙写多样现实同时兼顾逻辑义理。参照对梅尧臣河豚诗的赞赏，"只破题
两句，已道尽河豚好处"，梅诗正是在诗歌与现实关系处理上有精妙表
现。"郊岛诗穷"有影射梅尧臣穷困一生的隐喻，记九僧、晚唐诗人、苏
舜元、谢景山等被迅速遗忘的诗人之事亦关联梅诗之易逝命运。对不朽的
追求是欧阳修关注的议题，欧集中处处可见对于垂于久远的思虑探讨。对
既无功业又无文章可以"千载垂"的故友，欧阳修期待他能以诗才及诗
论留名于世，因此精心提炼论诗警句相赠。"状难写之景"的表达不但进
入《宋史·梅尧臣传》，更成为后世诗论中的经典论断。

　　综上，《诗话》部分内容改编自《试笔》《笔说》，后二者皆为欧阳

① 梅尧臣著，朱东润编年校注：《梅尧臣集编年校注》，上海古籍出版社 2006 年版，第
432 页。
② （宋）葛立方：《韵语阳秋》卷一，第 8 页。
③ 梅尧臣著，朱东润编年校注：《梅尧臣集编年校注》，上海古籍出版社 2006 年版，第
367 页。
④ 刘敞：《公是集》卷十八，《丛书集成初编》本，第 202 页。
⑤ 梅尧臣：《梅尧臣集编年校注》，第 801 页。

修练习书法时随手记录的零简断章。这些内容经过重新编辑后，呈现出欧梅二人诗学观的错位。《诗话》中梅尧臣诗学观是经过欧阳修重塑后的面貌，其他诸多论诗理念更多反映的是欧阳修之主张。虽然某些具体言论未必与梅尧臣圆凿方枘，但整体上我们不应该把它当做梅尧臣的诗学观原貌去全盘接纳，而应当看到其中呈现的二人间复杂而幽微的诗学张力。

第十章 书简：日常交往中的情感与文学

书简，亦称书札、书信、尺牍，是同僚朋友、家人故旧之间告知事宜、沟通情感、谈事论理的一种实用文体，应用范围广泛，内容涵盖丰富。由于书简主要是针对内心状态交流的私人书写，并不以广泛传播为目的，所以其史料价值向来为治文史者所看重。书简的写作源远流长，但宋前书简或因保存不易或因不受重视而大多散亡不存。据学者统计，宋前书简留存最多的为西晋陆云存 68 篇，其次为唐韩愈 55 篇，柳宗元 35 篇，南朝徐陵 33 篇，其余大多不足 20 篇，或在 10 篇以下。① 而入宋以来，书简数量激增，苏轼存 1668 篇，黄庭坚 1229 篇，强至 877 篇，李之仪 498 篇，宋祁 445 篇，其他如韦骧、王安石、毕仲游、蔡襄、华镇、范仲淹、孔平仲、胡宿、刘攽等人皆有一百余篇存世②。这些书简多因收入文集而得以传世，是研究宋代文人心态、交游、创作等诸多层面值得信赖的原始文献。

写作书简本是日常生活中一项常规活动，但后人把欧阳修存世书简编入总集，《书简》十卷就具备了著述的资格，从而在日常生活活动与创作之间构建了某种互通性。以下就书简中的几个重要方面入手来探讨作为日常活动与创作活动关联之处的书简之内在价值。

第一节 欧阳修书简概况

今以私人书写即授予独立受书人为收录标准，欧阳修书简现存 714

---

① 洪本健：《欧阳修〈书简〉略论》，《福州大学学报》2014 年第 5 期，第 36—37 页。

② 金传道：《北宋书信研究》，复旦大学 2008 年博士学位论文，第 30—31 页。

篇，居北宋文人第四位。其中，《居士集》收 8 篇，《居士外集》收 45 篇①，《表奏书启四六集》收 87 篇（包括散体书简 1 篇)②，《书简》十卷收 465 篇③，《补佚》卷 2 收 15 篇④，共 620 篇，存世墨帖有书简 1 篇⑤，

---

① 《居士外集》卷十九中收《与乐秀才第一书》，据洪本健笺注，实为《居士集》卷四十七《与荆南乐秀才书》之前本，未发出。（洪本健：《欧阳修诗文集校笺》，第1850 页）内容略似，今将二书视为一封。

② 据中国书店本《欧阳修全集》表奏书启四六集卷六、卷七共收启、书、状 101 篇，剔除《上执政谢馆职启》、《亳州到任谢两府书》、《代人辞官状》等公文及代作公文外，授与独立受书人的启、书、状共得 87 篇。

③ 《书简》十卷（中华书局本）收书简 467 封，其中卷一《与韩忠献王》第十六、十七文意略同，十六当为十七之修改本，计为一封；卷三《与冯章靖公当世》一（嘉祐三年）与新发现佚简第 35 封《与孙威敏公》（嘉祐二年）略同，考《长编》冯京仕履，嘉祐二年在京，嘉祐三年知扬州，徙庐州，与简中"河东"无涉，此简受书人当为孙沔。因此以上二简不计入。

④ 李逸安点校《欧阳修全集》卷一百五十五收补佚书简 21 篇，然其中多有误收者。第6 条《思奉帖》即为《书简》卷四《与吴给事中复》其二的前半部分。第 8 条《与江惇礼秀才书》为苏轼作，见《苏轼文集》卷五十六。江惇礼，即江端礼，为江邻几孙，曾作《非国语》，事迹见晁说之《江子和墓志铭》（《嵩山集》卷一九）。欧阳修逝世时，端礼十三岁，此简非欧作甚明。第 12 条《寓随启》即为《全集》卷九五《上随州钱相公启》之部分。第 13 条《与尹师鲁书》，辑自黄庭坚《豫章先生文集》卷三十《跋欧阳公红梨花诗》，细味黄文，自"心快快此处"以下为黄氏自语，非欧简原文。"到官作庭趋"一语，见《全集》卷六九《与尹师鲁第一书》。第 16 条《与十三侄奉职帖》，辑自元黄溍《黄文献公集》卷十四，只"十四郎从县中来"一语出自《书简》卷十《与十三侄奉职一通》，其后"三班奉职右选卑官"，据上下文意可知为黄氏评论之语。第 17 条《与蔡君谟帖一》数语见《书简》卷五《与王龙图益柔》其五，此帖南宋韩元吉及元柳贯皆考订为与蔡襄（见《南涧甲乙稿》卷十六及《柳待制文集》卷十九）。按此简应为与蔡襄，简中言"无由相见"，嘉祐五年夏蔡襄在知泉州任上（见《蔡襄年谱》），王益柔则居京任开封府推官或三司盐铁判官（见《东都事略本传》及《长编》卷一九五嘉祐六年闰八月己丑条）。因此除去 6 条，只 15 条为可靠文献。

⑤ 欧阳修手迹，今存十一帖，散见于全国三大博物院馆。其中有 5 帖为书简，分别为《灼艾帖》、《局事二帖》、《气候帖》、《上恩帖》。参见曹宝麟《欧阳修存帖汇考》，《抱瓮集》，文物出版社 2006 年版，第 377—413 页。除《灼艾帖》外，其余已被《全集》之《补佚》卷二收录。

加上新发现 93 篇①，共计 714 篇。其中四六 86 篇，散体 628 篇。

在书简的小类中，由于"书、简、帖多用散体，形式和内容都更为灵活，能见作者真性情。启多用四六文，形式较板滞，多为应酬文字"②，同时，从私密性来说，有部分启进呈的对象较为公开化，如《谢校勘启》《谢知制诰启》之类，这就使得写作中修饰成分及程式化内容增多，较少袒露个人信息或内心情怀。此外，这类应酬文字并不被作者看重，甚至还多有别人代作的情形。《表奏书启四六集》卷七《回颍州吕侍读远迎状》后周必大跋语云："公尝典数郡，凡应用之文，如颁历、恤刑、贺正、贺冬，岁岁皆当上表，而集中才见一二。至于监司、邻郡，往复书启，亦仅有之。按苏丞相跋公帖（在书简第二卷）谓南京幕府二年，府事外，章奏书疏，悉以见托。然则公委人代作者固多。此二状，未知出公手与否，姑存之。"③ 对于书简类别中公私畛域的划分，欧阳修亦有着明确意识，他对于好友陈员外写书简过来却以"且状且牒，如上公府"的形式非常不满，直接指出："然而群居平日，幸得肩从齿序，跪拜起居，窃兄弟行，寓书存劳，谓宜有所款曲以亲之之意，奈何一幅之纸，前名后书，且状且牒，如上公府。退以寻度，非谦即疏。此乃世之浮道之交，外阳相尊者之为，非宜足下之所以赐修也。……非有状牒之仪，施于非公之事。"（《与陈员外书》）从欧阳修的严肃甄别态度来看，他对于私人书简"寓书存劳"、"有所款曲以亲之"的情感沟通价值相当期待，而他自己创作的私人书简也在很大程度上遵循了这一理念。因此本书探讨范围主要针对欧阳修六百余封散体书简，不过对于一些能够折射个人心态的私人往来之启如《与晏相公书》亦纳入考察范围，但主体仍为散体书简。

---

① 新发现佚简 96 封，其中第 42 封《与刘侍读》，为现存《丛刊》本《书简》卷五《与刘侍读》第三简大致相同，此简疑为修改本。见洪本健《新见欧阳修九十六篇书简笺注》，上海古籍出版社 2014 年版，第 63 页。按，与此简略同的为今存《丛刊本》《书简》卷五《与刘侍读》第二十五简。今二简计为同一封。第 69、70 两封《与杜郎中》，二书所述内容与《书简》卷八《与杜植》相似，"后者乃合二为一"，见洪本健《新见欧阳修九十六篇书简笺注》，第 90 页。疑新发现二简为未发草稿，今不计入。按，《书简》卷八《与杜植》系年有误，简中既云"圣俞家，赖诸故人力，得不失所"，则作于嘉祐五年四月梅尧臣卒后。又云"新岁"，应作于嘉祐六年初。

② 曾枣庄：《论宋启》，《文学遗产》2007 年第 1 期，第 47 页。在欧阳修书简中，有很多以书命名的四六体书简如《与晏相公书》、《回富相公辞枢密使书》、《转吏部侍郎回谢亲王书》等，因书多为散体，启多为骈体，为称引方便，仍把此类书纳入"启"的范围。

③ 中国书店本《欧阳修全集》，第 769 页。

　　考察北宋文人书简的留存情况，可以发现，书简存世最多的文人多为一时宗仰之文坛领袖，如欧、苏、黄等人。他们的煊赫文名及个人魅力是时人及后人精心保存其书简的最大动力。苏、黄自不待言，二人书简尺牍不仅整理结集早，而且后世的研究相当成熟深入。就欧阳修而言，其短札小简在当世即被人追捧珍藏，欧阳发在《先公事迹》中云"先公笔札，精劲雄伟，自为一家，当世士大夫有得数十字，皆藏以为宝。"从书简中可以看到，欧阳修有几次明确表示因内容的私密性希望对方看后毁掉书简，如明道年间洛阳好友商议"八老"命名之事，皇祐年间《五代史记》修成之事，欧阳修皆言希望梅尧臣"此小简立焚"，但据书简流传后世的经历可知梅尧臣没有这样做。苏轼亦云："公墨迹自当为世所宝，不待笔画之工也。"① 又，据新发现96封佚简中，有31封是写给吕公著，它们都被精心保存在吕公著玄孙吕伯寿家。南宋时金石书画收藏家汪逵即致力于收藏欧阳修手简，藏有二十二副。新发现96篇佚简中有相当一部分即源自汪氏的收集。② 明代吴宽在阅欧公书简后曾感叹："此欧阳公修《唐书》纪、表时二小帖也，黔阳令陈君坚远持以示予。片纸数字于史事无大关系，而后世独加爱护，终不落蛛丝煤尾中，非物也，人也。"③

　　欧阳修知己众多，交游广泛，且喜提携后进，其中大多为仁、英、神三朝重臣及各界知名人物。今存受书人近二百人，依现存受书数量多寡分列如下：韩琦（47）、梅尧臣（47）、吕公著（39）、刘敞（28）、蔡襄（23）、焦千之（20）、薛仲孺（20）、王素（19）、吴奎（15）、欧阳发（15）、王拱辰（12）、王陶（10）、吴充（10）、常秩（10）、赵概（9）、杜衍（9）、王回（9）、颜复（9）、富弼（8）、李端愿（8）、王益柔（8）、丁宝臣（8）、苏颂（8）、徐无党（8）、程琳（7）、冯京（7）、曾巩（7）、陆经（7）、陈力（7）、马著作（7）、欧阳焕（7）、文彦博（6）、孙沔（6）、苏洵（6）、尹洙（5）、王安石（5）、章岷（5）、连庶（5）、张洞（5）、张方平（4）、王珪（4）、范仲淹（4）、神宗（4），其他4封以下的受书人重要的还有晏殊（3）、韩绛（3）、韩维（3）、范镇（3）、宋敏求（3）、胥偃（2）、王曾（2）、石介（2）、吕夷简（1）、钱

---

① （宋）苏轼：《题欧阳帖》，《苏轼文集》卷六十九，第2197页。

② ［日］东英寿撰，陈翀译：《新见欧阳修书简考》，《东华汉学》2012年第15期，第281页。

③ （明）吴宽：《题欧阳文忠公遗墨》，《匏翁家藏集》卷五十，《四部丛刊初编》第1567册，卷五十第八页。

惟演（1）、王尧臣（1）、宋庠（1）、司马光（1）、田况（1）、高若讷（1）等。其中，前辈有晏殊、杜衍、程琳、范仲淹、赵概、孙沔等，为政界有影响的人物，晏、杜、程、范、赵皆官至宰辅；平辈有尹洙、梅尧臣、富弼、王素、张方平、韩琦、苏洵、丁宝臣、吴奎、蔡襄、王拱辰、王益柔等，其中富、张、韩、吴官至宰辅，富、韩与尹、蔡、王素等为庆历革新重要人士，梅尧臣为宋诗开山祖师，苏洵文章得到欧阳修极力夸奖；晚辈有吕公著、刘敞、曾巩、王珪、韩维、韩绛、张洞、常秩、苏颂、王安石、王陶、吴充、冯京、王回、司马光等，其中吕公著、王珪、苏颂、王安石、冯京、司马光、韩绛皆官至宰辅，刘敞、曾巩、王回等学识都为欧阳修所赏识。此外，王拱辰、薛仲孺、吴充与欧阳修为亲戚，徐无党、焦千之为门人弟子。"可见，欧阳修交游之广泛非同寻常。他与政界、文坛、学术圈的许多重要人物均有密切的联系，因此，我们可以理解他对仁、英、神宗三朝及后来宋代的政治、文化、学术，特别是文学有着何等重大的影响。"①

存世书简依写作年代可考者分布如下：天圣、明道间三年（1031—1033），存6篇，年均2篇；景祐时期四年（1034—1037），存20篇，年均5篇；宝元、康定时期三年（1038—1040），存17篇，年均5.4篇；庆历时期八年（1041—1048），存42篇，年均5.3篇；皇祐时期五年（1049—1053），存70篇，年均14篇；至和时期二年（1054—1055），存33篇，年均16.5篇；嘉祐时期八年（1056—1063），存224封篇，年均28篇；治平时期四年（1064—1067），存66篇，年均16.3篇；熙宁时期五年（1068—1072），存100篇，年均20.2篇。欧阳修存世的年均创作书简数量随着他的阅历增加和名位凸显基本呈递增趋势。"这与他交游越来越广，涉事越来越多，官职越来越大，声望越来越高有必然的关系。由治平末至自请离京补外及熙宁时归老颍州，书简量又见减少，也是十分自然的。"② 早年明道、景祐间书简存世数量的稀少，除交游有限外，因欧阳修当时名位不显使得受书人并不注意保存而大量散佚也是重要原因。嘉祐年间存世书简的丰富从一个侧面展示了欧阳修在政坛、文坛的显赫地位及交游圈的广泛。

欧阳修散体书简有两类，大体以篇幅长短为界分别收入《居士集》、《居士外集》以及《书简》十卷。除篇幅上前者宏阔后者简略以外，书写

---

① 洪本健：《欧阳修〈书简〉略论》，《福州大学学报》2014年第5期，第38页。

② 洪本健：《欧阳修〈书简〉略论》，《福州大学学报》2014年第5期，第38页。

风格亦判然有别。前者"论理言事……兼有书、论的特点而以论为主，多数平顺柔和，亦有峻厉严正者，风格取向与所论事理性质和受书对象特点有关。"后者则为"存劳谈心简札……以袒露情怀、丁宁委曲为多"①。简言之，前者多论事、论学，主题集中，逻辑严密，内容不妨公开，后者则多为日常往来，生活细节繁多，倾诉内心情怀，随手散记，不宜广泛传阅。"欧阳修的书简除具有一般书简明白、简直、通脱的特点外，最具个性化的地方，可能就是存劳情意款曲，言己'辄不自外'，说事必吐真情。……读《与章伯镇》就感受到欧阳修笃于友情和中年以后心境的悲凉，读《与梅圣俞》、《与王几道》就感受到他的风趣诙谐，读第89通佚书就感受到他率真自得、生活情趣颇浓的特点。"② 二者内容驳杂，包蕴丰富，皆展示出欧阳修政治生活以外的日常生活状态，重现政治家、史学家、经学家等众多光环笼罩之下作为普通人的饮食起居、朋友过从、家长里短、求医问药等日常情态，勾勒出一个生动鲜活、可触可感且多样化的欧阳修形象。这些生活史料一般会较早被时间及历史学家淘汰而罕有存世，"汇传多以辅史乘，止载大端，小说止以供燕闲，惟取奇事，馀亦大抵详于高行而略于庸德，详于国政而略于家常。"③ 因此，欧阳修存世的大量书简无疑具有极高的多层面史料价值。

刘熙载《艺概·文概》云："文有仰视，有俯视，有平视。仰视者，其言恭；俯视者，其言慈；平视者，其言直。"④ 这种现象在书信写作中表现得最为明显，欧阳修书简中亦有典型呈现。与杜衍、韩琦、范仲淹、富弼、司马光等执政大臣、政治盟友，则下笔庄重，出语恭敬，多叙仕路情怀，出处大节，政策得失，家国安危等，以上数人中虽有前辈与晚辈之分，但因对方名位甚重，书写探讨内容亦多国事；与梅尧臣、刘敞、蔡襄等至交好友，则笔端尤带深情，见信如晤，娓娓而诉，婉曲动人，书写自己从政情怀、身体状况、文学创作等各方面现状，并细心关怀对方，尤其是与梅尧臣书简，存世数量多，时间跨度广，洋洋洒洒，意犹未尽，充分体现出欧阳修笃于友情、情感细腻的性格特点；与薛仲孺、陈力、欧阳

---

① 熊礼汇：《略论欧阳修书简的艺术特色——从日本学者新发现的 96 通书简说起》，《武汉大学学报》2012 年第 3 期，第 29 页。

② 熊礼汇：《初读欧阳修九十六通佚书所想到的》，《长江学术》2012 年第 2 期，第 132—133 页。

③ 刘咸炘：《文学述林·传状论》，《刘咸炘学术论集·文学讲义编》，广西师范大学出版社 2007 年版，第 57 页。

④ 刘熙载：《艺概》，上海古籍出版社 1978 年版，第 47 页。

发、欧阳焕等亲戚家人，则又是另一番面貌，关心对方生活更加细致周
到，考虑全面，慈祥和气，语言叮咛嘱咐，甚至有些絮叨，呈现出一个关
爱家人、热爱生活并事无巨细操心的蔼然仁者型家长。尤其是在后两种与
知交、家人之间的书简中，欧阳修个人独特的性格特点和生活情态得到充
分的展现：他心思细密、敏感多情，于友情、亲情皆至诚笃厚，这是大部
分书简中表现出的自然通脱、亲切真诚、宛如面谈风格的内在基础，同时
亦是欧文纡余委备、摇曳有情之"六一风神"具体而微的呈现。

第二节　书简中的家庭生活

　　日常中的家庭生活，是个人全部生活的基础和底色。政事虽为立身之
资，但范围所及却不如家庭生活更为宽泛持久。在退朝之余，政事之暇，
名臣们并非不食烟火，他们也知经营家事，也会求田问舍，也懂饮食养
生。这些具有强烈个性特征的日常生活情态，是一个比政事更准确地了解
他们性格心态及思维习惯的窗口。《欧集》《书简》卷十保留有给其子欧
阳发、从弟欧阳焕、侄欧阳修通理等家人的家书 22 封，新发现佚简中亦
有家书 4 封，如果扩大范围，算上内兄薛仲儒、妹夫陈力、连襟王拱辰、
亲家吴充等亲戚，则欧阳修的家书数量留存甚为丰富。就私密性来说，家
书及与亲属的书信比其他书信更能展示作书人私人的生活详情而具有较高
史料价值。欧阳修的家书尤以真率坦荡受到后人珍视。苏轼《跋欧阳家
书》云："凡人勉强于外，何所不至？惟考之其私，乃见真伪。"[1] 下面
以书简中的家书为中心对欧阳修的家庭生活略作探讨。

一　敏于家事

　　欧阳修在家庭生活中的角色如何，先从薛夫人的墓志说起。元祐四年
（1089）八月，薛夫人卒于京师。受欧阳棐之请，时任翰林学士的苏辙为
撰墓志。在文中他高度评价薛夫人的治家有方：

　　　夫人高明清正，而敏于事，有父母之风。及归于欧阳氏，治其家
　　事，文忠所以得尽力于朝而不恤其私者，夫人之力也。……文忠平生

---

[1]　（宋）苏轼：《跋欧阳家书》，《苏轼文集》卷六十九，第 2185 页。

不事家产，事决于夫人，率皆有法。①

薛夫人幼为处事精敏、为政有方的名臣薛奎之女，长为一代文宗欧阳修之妻，上述评价对她来说可谓恰当贴切。除墓志外，薛夫人治家甚严的记载亦见宋人笔下②。同时，欧阳修在嘉祐后期备位二府期间也得薛夫人从中襄助为多③。这种类似的模式化表达在其他名臣夫人墓志中并不鲜见。韩琦的崔夫人即"治家政，动有节法，严不失仁，喜不踰度。自奉简薄，服用不求过美。……是以丞相三纪之间，未尝有一日图虑家事。"④富弼的晏夫人："文忠以尧舜之道致吾君，卒就大志，以至休显。尽瘁王室不恤其家者，以夫人为之内故也。"⑤同为薛奎之女的王拱辰妻薛夫人："公早登从宦，荐试繁剧，身任事责，曾不以家事为忧"⑥。可以说持家有法、襄助夫君使其尽力于朝政的贤内助角色，是这些名臣夫人人生价值的终极体现。墓志所传达的信息，蕴含着撰述者所代表的士人乃至整个社会对女性地位及其社会角色的设定，对宏观社会秩序的安排理念。

因此，在这个秩序中，士人或名臣的角色便被剥离出家庭生活，"平生不事家产"，苏辙另撰有《欧阳文忠公夫人挽词》云："先生才盖世，家事少经心。"⑦亦是同样的指向。欧阳修是否"家事少经心"，还需细作考察。

欧阳修一生在生活境遇上由贫穷而通泰，翻转较大。虽然中年后俸禄颇优，衣食不愁，但早年生活的贫寒却是众所周知。他四岁而孤，其父欧阳观官终泰州军事判官。这虽属州县幕职官中等级较高之职，但官阶仍属最低级之选人。俸禄仅够一家糊口，加上其父又喜宾客，所以去世后家贫如洗。母亲只得带欧阳修兄妹投奔时任随州军事推官的欧阳修叔父欧阳晔，并定居于此。不幸的是，此时欧阳晔的随州军事推官官阶与俸禄比泰州军事判官还低一级，而欧阳晔亦有五六个子女，家累颇重，加上两三年后，欧阳晔又转官从宦他乡，欧阳修母子的生活艰难可以想见。所幸其母

---

① （宋）苏辙：《栾城集》卷二十五，第523—524页。
② （宋）曾慥：《高斋漫录》，《全宋笔记》第四编第五册，第99页。
③ 刘子健：《欧阳修的治学与从政》："欧阳修因其妻薛夫人与曹太后相得，发言较他人更为有力。"第234页。
④ 孔德铭主编：《安阳韩琦家族墓地》附录四之二，科学出版社2012年版，第97页。
⑤ 《富弼家族墓地发掘简报》，《中原文物》2008年第6期，第15页。
⑥ 李献奇、郭引强编：《洛阳新获墓志》，文物出版社1996年版，第339页。
⑦ （宋）苏辙：《栾城集》卷十六，第392页。

郑氏出身江南名族，自身文化素养较高，虽然生活困顿，但守节自誓，自力衣食，并且想尽各种办法对欧阳修进行教育。以荻画地教其识字，找碑刻教其学书，并以吃苦耐劳、坚守原则的优秀品质为欧阳修树立了立身行事的榜样。在这样的环境中成长起来的欧阳修，身体屡弱，敏感细腻，心智早熟，侍母至孝，并深谙生活的艰辛况味，敏于家事并不亚于薛夫人，日常行事中绝非落拓任侠的世家子弟之流。对于这一个体特征，以下从三个方面详述之，借以展开对欧阳修于庙堂政事之外的日常生活情形之考察。

第一，对于家人的身体情况，欧阳修时刻牵挂于怀。求医问药，侍亲抚幼，是欧阳修日常生活中的重要内容。由于自幼身体屡弱多病，加上营养不良，欧阳修一生疾病缠身，容貌身体皆早衰，所以于疾病尤为在意。加上自幼失怙、婚后两位夫人相继病亡，所生子女夭亡过半，疾病所带来的痛苦可以说终其一生，几至难承其重。在家人生病之际，欧阳修每每忧心如焚，日夜操劳。

由于幼年早孤，与母亲相依为命长大，欧阳修侍母可谓尽心尽力。景祐间贬官夷陵，他最担心的是母亲身体，"浮水奔陆，风波雾毒，周行万三四千里，侍母幸无恙。"（《与余襄公》）母亲有疾，他坐卧不安，庆历间，对门生徐无党言"夏大暑，老母病，故不得从今学者以游"（《答徐无党第二书》），甚至对梅尧臣云"某母老多病，而身才过四十，顿尔心阑。"（《与梅圣俞》二十）皇祐四年（1052），郑氏卒于南京官舍，欧阳修在与孙沔的信中一诉孤苦无依之痛，至言其不欲久于人世："修自亲老感疾，以至不起，整一周年，心绪忧惶，日夜劳迫。今髭已三分中二分白，发十分中四分白，恐亦不久在世。然事亲已毕，复何所求？"（佚简第32《与孙威敏公》）至和元年（1054）服除回朝后，未尝一日忘却远在千里之外的母亲坟茔，四年间连上七章乞外任洪州札子，皆不允。欧阳修侍母的赤诚之心，远过普通孝子的感情，或许只有同样幼年失怙的范仲淹可以互相体会。范仲淹晚年弥留之际，甚至要求与其母葬在同域（佚简第33《与孙威敏公》）。因其母生前已再适朱氏，而范仲淹已复归本姓，于礼不合，不过其子孙仍遵行遗愿安葬。欧、范这一特殊的家世背景与心态是我们了解其性情及为人的重要依据。

对于家中妻子儿孙，他亦时刻关怀备至。庆历五年（1045）春，欧阳修出使河北，于家书中听闻妻子卧病在床，他忧郁不安，甚至占卜以问吉凶（《班班林间鸠寄内》）；在给朋友的信中，他多次诉说子女生病的忧心烦恼，无暇他顾："为一儿子患伤寒，三次劳发，已一月在床，虚乏可忧。日夕忧迫，心绪纷乱，不能清思于文辞。"（《与杜诉论祁公墓志书》）"某自过年，儿女多病，小女子患目，殆今未较，日颇忧煎。"（《与王懿恪公》五）儿女不幸夭亡，更是痛彻心扉："修尝失一五岁小儿，已七八年，至今思之，痛若初失时。"（《与尹师鲁第三书》）长女师八岁夭折，他忧伤以至神情恍惚，鬓发苍苍："暮入门兮迎我笑，朝出门兮牵我衣。戏我怀兮走而驰，且不觉夜兮不知四时。忽然不见兮一日千思。日难度兮何长，夜不寐兮何迟！暮入门兮何望，朝出门兮何之？"（《哭女师》）欧阳修笔下关于悼念家人亲朋散亡的文字，篇篇皆让人低回俯仰，感人至深。

晚年的欧阳修，对于孙辈的饮食起居亦颇萦怀，俨然一位心思细密、慈祥可亲的祖父。治平四年（1067）五月底，欧阳修携薛夫人赴任亳州，其时长子欧阳发一家仍留居京师家中。保存下来的欧阳修家书中有多封写于此时。信中除了嘱咐欧阳发尽心置办英宗祭祀事宜外，欧阳修最放不下的就是他的两个爱孙：

> 不知尔来汝与诸幼各安乐否？迎孙、婆孙入夏来长进否？婆孙疮痍较未？不瘦否？此吾日夕所念也。（《与大寺丞发》二）
> 只是闻得婆孙患脏府后甚烦恼，盖孩儿三好两恶已多时，且须用心调理，及知道奶子乱吃物道不得……你不得迎子，何不与青黛丸吃？此是汝小时服之得效者。前时王泽附去者豆蔻丸，亦是汝辈患脏府时得效者，可与婆孙吃。医人药中用黄连、甘草者，与儿吃。此中日夕，惟是忧烦二孙过夏不易。（《与大寺丞发》三）
> 只是闻得迎孙患痢，甚忧。得王昌来时书中，只言稍减，次日送黄清急脚回书中，并不言增减，以此不能无忧。才得婆孙稍安，又却大姐患痢，料得煎迫可知。（《与大寺丞发》四）
> 急脚子回时，于张永寿处觅些止泻和气药，要与翁孙吃。向迎子、婆孙道，莫厮争，翁翁婆婆忆汝。（佚简第94《与大寺丞发》）

在这些明白如话娓娓道来的家书中，我们看到一位和蔼亲切，有点絮叨，满心挂念他的爱孙是否安好的老人。欧阳修一共生有子女12人，等做了祖父，他已积累了丰富的婴幼儿养育经验，一一都教给儿子让其参照。他还担心当着两个孙子孙女的面关心另一孙子会引起他们吃醋争闹，因此耐心抚慰。这些极富生活情趣的生动场景宛然如现目前，呈现出一个完全不同于朝堂上"议论争煌煌"（《镇阳读书》）的欧阳修。

第二，在日常家事经营中，欧阳修亦多有参与，从家中诸物采买、诸事置办到营建归老之居，还有教育子侄、管理仆役等，几乎事无大小皆经心擘画处置，而且细心周密，思虑妥帖。这一方面来自于欧阳氏家族敏于吏治的行事之风，另一方面，更主要的是早年贫寒生活的磨练。幼孤而孝顺的欧阳修早年想必知家政生计之艰难而力所能及的为母亲分忧。即使在及第成婚后，也偶有须他管家主事之时。景祐三年（1036）五月，欧阳修以上书责谏官而被贬夷陵。此时，胥、杨二夫人已相继因病过世，欧阳修携老母寡妹幼儿奔赴贬所。在与好友尹洙的信中他说"加以乍到，闺门内事亦须自管。"（《与尹师鲁第二书》）持理家政的重担因女主人的阙失而落到欧阳修身上。因为经历过类似的锻炼，在迎娶薛夫人之后的家事经营中欧阳修仍然担当着重要的角色。

先来看对子侄的教育方面。与欧阳修自身的成长经历截然不同，欧阳发兄弟四人可以说是生于富贵，家世显赫。也许是早年迫于生存压力而应举的经历不免沉痛，在生活条件得到根本改善后，加上门荫恩及，欧阳修对其四子的教育明显有优容宽纵的倾向。如长子欧阳发，十五岁入太学师事大儒胡瑗，"既长，益学问，不治科举文词。"① 在次子欧阳奕落第时，他给予宽慰开解，说"得失常事，命有迟速"（《与二寺丞奕》）。所以欧阳发兄弟于科第皆罕有高名，不过并非久困场屋，而是读书求学有所建树。欧阳发直到36岁才因有史学由章惇荐而赐进士出身，但他学识渊博，"独探古始立议论，自书契以来至今，君臣世系，制度文物，旁至天文地理，无所不学。"② 次子欧阳奕性倜傥，未第而英年早逝，"博极典坟，世其文行，气刚而直，才高而雄。"③ 三子欧阳棐成就尤高，"能以文学世其家，有文集二十卷"④，其余著作 17 种，近百卷⑤，有乃父之风。欧阳修曾手书"晦明说"教导欧阳棐云：

> 藏精于晦则明，养神以静则安。晦所以畜用，静所以应动。善畜者不竭，善应者无穷。此君子修身治人之术，然性近者得之易也。

① （宋）张耒：《欧阳伯和墓志铭》，《张耒集》卷五十九，第 876 页。
② （宋）张耒：《欧阳伯和墓志铭》，第 876 页。
③ 中国文物研究所、河南省文物研究所编：《新中国出土墓志》河南壹上册《欧阳恕墓志》，文物出版社 1994 年版，第 369 页。
④ （宋）王偁：《东都事略》卷七十二，《景印文渊阁四库全书》第 382 册，第 468 页。
⑤ 中国文物研究所、河南省文物研究所编：《新中国出土墓志》河南壹上册《欧阳棐墓志》，第 371 页。

付裴。

此条可视为欧阳修教子的原则理念，强调藏精善畜以修身，戒贪躁冒进露才。从小简中可见欧阳修平日对儿子的谆谆教导。

不仅教其修身治学，在生活上亦关怀备至，在次子欧阳奕下第归家时担心天热儿子路途中辛苦（《与二寺丞奕》），天气降温时忧心儿子们身边没有棉衣，赶紧派急足送去（《与大寺丞发》九）。饮食上告诫儿子"少吃发风物，酒亦少饮"（《与大寺丞发》六）。在人际交往上，告诉儿子要先去拜谒州官，不可阙礼（《与大寺丞发》五）。

欧阳修门户衰薄，"同母之亲，惟存一妹"（《滁州谢上表》）。另有异母兄欧阳晟，且居处颇远①。由于他幼时丧父依叔父长大，所以对同样幼孤丧父的侄子倍加怜爱。欧阳晟去世后，欧阳修把侄子欧阳通理接到家中养育，教导其立身向学，并荫补官职②。皇祐间，欧阳通理任象州司理参军，逢侬智高叛乱，欧阳修在家中日夜担忧侄子一家安全，但同时敦谕通理多思报效，不得避事，又戒其为官守廉，尤可见欧阳修家风之谨严高纯。

另外，欧阳修还经常操心家中的事项置办、物品采买等日常琐事。嘉祐五年（1060）居京师时，欧阳修准备买一匹马，写信向内兄薛仲孺询问一百两的价格是否值当（《与薛少卿》八）；治平四年（1067），在家书中嘱咐长子欧阳发于京师买"脂麻油三二斤，葛布子买三二百文"（佚简第95《与大寺丞发》），还有"明黄罗一匹，白生罗二匹"（《与大寺丞发》三）；母亲归葬吉州后，每年清明他都会派人带钱去上坟，因自己无暇亲自祭拜而愧疚不已，并在给从兄弟的家书中细心安排祭扫事宜（《与十四弟》五、六）；嘉祐中，因家中被盗，家人惊扰，欧阳修准备置一铺家宅巡警（《与薛少卿》七），亦写信咨询妻兄薛仲孺，后来似乎成功置办，给长子欧阳发送信的人中就有"宅兵"（佚简第96《与大寺丞发》）；在家中经济收支、仆人所负责差役及其月俸等诸事上，欧阳修亦亲力亲为：

① （宋）欧阳修：《于役志》"庚午，至于鄂州……辛未，遣人之黄陂，召家兄"，则知欧阳晟定居鄂州黄陂。《欧阳修全集》卷一百二十五，第1903页。
② 见（宋）欧阳发《鄂州武昌县尉欧阳府君墓志铭》，《光绪吉安府志》卷四十五，江苏古籍出版社1996年版，第86—87页。

王昌处米麦绢钱索足未？今并在何处收附？所云赵祐请米，又是
何米？后信子细说来。出京时旧历上未请物数，令王昌录一本来，仍
开说后来已请，见今未请。（《与大寺丞发》三）

夏、陆二人，或请一月米，各与五石。昨送香合来，依常年例，
各与酒一瓶。侯威亦与一瓶。（《与大寺丞发》四）

王昌是欧府仆役中办事得力深得欧阳修信任之人，治平四年
（1067）欧阳修父子商量置办英宗祭祀事宜，采买各项祭品，王昌多有参
预并担当指挥角色。除经常往来送信外，王昌还主要负责欧家的财政收
支。在此封家书琐碎事项的背后，我们看到欧阳修于日常生活中的绵密心
思与细致规划。

实际上，在家庭生活与日常往来中，欧阳修不仅如此劳心劳力，还堪
称心细如发，顾虑周详。景祐三年，尹洙亦被贬监郢州商税。作为难兄难
弟，欧阳修所尤为关心的并不重在尹洙自身感受，而是其家人的反应：

师鲁欢戚不问可知，所渴欲问者，别后安否？及家人处之如何，
莫苦相尤否？六郎旧疾平否？（《与尹师鲁第一书》）

这样细腻的关怀角度更能打动对方。在贬黜厄运来临之际，当事者或
许可以因对理想原则的坚守而凛然面对，不忧不惧，但大多无法直面和承
受殃及家人受难的内疚之情。旅途险恶，风波雾毒，稍有不测即有性命之
虞而追悔莫及。家人的责难也在所难免。范仲淹贬睦州，就有"妻子休
相咎，劳生险自多"[1] 之语，可见家人有怨言。不仅如此，他的原配李夫
人还病死在睦州。相较之下，欧阳修夷陵之贬无疑是幸运的，家人有惊无
险安全到达贬所，母亲尚言笑自若，以"故安贫贱"来宽慰儿子，使其
不因贬黜而折节，尤难能可贵。鉴于自己得到家人支持，细心的欧阳修便
关注好友处境。在家事处理的某些重要关节，亦可见欧阳修的思虑周到之
处。治平四年（1067）六月，欧阳修亲家、二儿媳之父胡宿去世。欧阳
修看到邸报，还是担心万一消息不准确，因此告诫欧阳发："汝有书来，
更不要言及。恐大新妇有书与二新妇，亦勿令言及。"（佚简第93《与大
寺丞发》）以免以讹传讹，让二儿媳惊慌。好友王素知益州，西川蜀锦

① （宋）范仲淹：《赴桐庐郡淮上遇风》其二，《范仲淹全集》卷五，李勇先、王蓉贵点
校，四川大学出版社2007年版，第92页。

名扬天下，他写信向好友索要，云"薛婆老亦多病，于锦绣无用，只是儿妇辈或恐有所要，临时奉烦尔"（《与王懿敏公》五），照顾家人衣食住行各方面无微不至。

第三，在日常生活和家庭事务中，欧阳修有很强的经济观念和经济意识。出身贫寒的背景使他明白经济为生存之本，关系重大。不仅他自身的出仕转官多出于经济处境的衡量，关心朋友也多从经济角度着手。

欧阳修早年坦言"贪禄仕以养亲，不暇就师穷经"（《与荆南乐秀才书》），就是经济因素制约其人生选择的开端。虽然他对科场时文不满，热爱"浩然无涯"的韩文，但为了养家侍母，他仍然用心学作时文。十七岁时应举随州，虽遭黜落，但名句"外蛇斗而内蛇伤，新鬼大而故鬼小"广为流传[1]；天圣六年，谒知汉阳军胥偃，精心撰构长文《上胥学士启》，用事精当贴切，婉转流丽，令胥偃一见而奇之，留置门下，为之称誉于公卿间（《胥氏夫人墓志铭》）。这些都可以看出欧阳修对科场时文用力之深、成就之高。景祐元年（1034），欧阳修西京留守推官秩满，闰六月充馆阁校勘，居京师。馆阁校勘虽为清要之职，但此时欧阳修官阶尚低，俸禄微薄，京城物价又高，因此在京城生活了一年左右，在与梅尧臣的信中他就抱怨道："京师侍亲，窘衣食，欲饮酒，钱不可得，闷甚。"（《与梅圣俞》六）京朝官的清要与生活的窘迫是纠缠于仕宦初期的欧阳修心头一个两难问题。康定元年（1040）六月欧阳修从滑州召还，十月转太子中允，预修《崇文总目》，同修礼书，仍然面临着经济生活的困窘。太子中允官阶为朝官之最低一级，俸禄比初仕之西京留守推官仅多3千。考此时家中寡妹已携女来归，长女欧阳师、长子欧阳发亦已出生，人口增多，所以他对好友梅尧臣诉苦道："某于此，幸老幼无恙，但尤贫，不可住京师，非久，亦却求外补。"（《与梅圣俞》十二）于是两年后通判滑州。而反观景祐间夷陵之贬，虽然仕途受挫，但因地僻荒远，生活成本颇低，"日食有稻与鱼，又有橘、柚、茶、笋四时之味"（《夷陵县至喜堂记》），所以一年多的夷陵生活在欧阳修笔下，并没有到无法忍受的地步。欧阳修一生中的贬官外任时期，在经济上皆可以此类推。因同等官阶下，外任官的俸禄比京朝官多职田、添支等项，加上外任官居有官舍，不用租房，当地物价又远低京师，所以贬谪外任的物质生活一般较同级之京朝官为优。虽在贬官外任时，支持士大夫们度过人生低谷的主要原因是其精神气度，宁折不弯的原则，但优裕的经济生活无疑对缓解精神困境，调

---

① （宋）魏泰：《东轩笔录》卷十二，第138页。

适心理郁结有着辅助作用。庆历五年（1045），谪居滁州的欧阳修即对韩琦说此处"地僻事简，饮食之物，奉亲颇便"（《与韩忠献王》二）。百世流芳的"太守之乐"雍容闲雅，毫无穷酸相，背后当有丰裕的经济基础作为后盾支撑。欧阳修一生中未尝一日忘怀家庭生计，家中诸事皆悉心经营。在晚年所撰《归田录》中，他还记载了用钱之法的除陌规定："用钱之法，自五代以来，以七十七为百，谓之省陌。今市井交易，又克其五，谓之依除。"（《归田录》卷二）由此亦可见其对于经济事务的熟悉。

欧公一生笃于朋友，尤重交谊。对于朋友故旧的聚散存亡，他每每感怀于心并形于笔下，感慨淋漓。除了撰写碑铭文字以慰故友外，他还多从解决经济问题入手以抚恤其家，这种做法不仅对朋友家人有实质性帮助，亦体现了欧阳修在日常生活中一贯敏于事善理财的特点。吴充所撰《行状》称欧公"笃于朋友，尹师鲁、梅圣俞、孙明复皆贫甚，既卒，公力为经纪其家，表其孤于朝，悉录以官。"① 即可见一斑。

宝元二年（1039）十一月，与欧亦师亦友的谢绛卒于邓州任上，欧梅二人凄惶奔丧。得知谢家"廪无馀粟，家无馀资"（《谢绛墓志铭》）的凄惨状况，作为妹夫的梅尧臣决定把自己的俸禄拿出来治丧，欧阳修写信劝阻道："又云减俸为助，此特圣俞患于力弱，不能厚报知己而然尔。恐于谢氏无益，而于圣俞有损尔。圣俞若此月减三五千，如失万钱，谢氏族大费多，得之未觉甚助。谢家亦自有书，必言，幸思之也。"（《与梅圣俞》十一）欧阳修此处的劝阻极有道理，能见出其处理经济事务的精敏练达。梅尧臣此时任襄城县令，月俸仅约 10 千左右，自家奉养尚犹不足。他提出的"减俸为助"，当指预支俸禄，此后发放时再逐月扣除，所以欧阳修言"月减三五千"。这是俸料支付时允许的做法②。梅尧臣的心情可以理解，却不免使自己陷入窘境，同时杯水车薪，亦难解谢氏之困。在处理朋友故旧身后事时，欧阳修绝非袖手旁观之人，他平生赙助友人丧事不胜枚举。嘉祐五年（1060），梅尧臣去世，他出钱出力着意经办（《与裴如晦》一、《答杜植一通》）；治平三年（1066），苏洵过世，他赠银二百两③。此次谢绛丧事，他刚解官乾德县令，俸禄亦微薄，仍然带了钱来相助（《与梅圣俞》十一）。他接着劝解梅尧臣云："洪氏庄极佳

① （宋）吴充：《欧阳公行状》，《欧阳修全集》附录卷三，第 2694 页。

② 龚延明：《宋代官制辞典》之《宋代官制总论》，中华书局 1997 年版，第 43 页。

③ （宋）李焘《长编》卷二百十六"熙宁三年十月己卯"条载范镇奏状："（苏）轼治平中父死京师……韩琦亦与之银三百两，欧阳修与二百两，皆辞不受。"第 5263 页。

尔，不须圣俞竭囊橐，此固亲朋好事，然幸其可以自办尔，望圣俞力为干之。"（《与梅圣俞》十一）谢家族多口众，解决困难可以有诸多周转办法，欧阳修的建议于劝阻中见周详，为梅尧臣设想入微，理智而有次第，非娴于家计者不能为此。

至和元年（1054），王安石舒州任满赴阙，除集贤校理，他多次以家贫口众、难住京师为由力辞不就。虽然这并不完全是王安石力辞的真正原因，他真正希望的乃是外任地方官，"使得因吏事之力，少施其所学"①，但生计所迫应当亦非虚语。因家贫口众而难住京师是不少中下层官员共有的经历，欧阳修就曾有切身体会。所以他的劝谕正对王安石心结而奏效，使其接受了群牧判官一职。《归田录》"群牧判官俸优"条云："群牧司领内外坊监使副、判官，比他司俸入最优，又岁收粪壤钱颇多，以充公用。故京师为之语曰'三班吃香，群牧吃粪'也。"在"录之以备闲居之览"这样看似随意的写作行为背后，反映出欧阳修一贯对经济的明晰概念。詹大和《王荆文公年谱》至和元年云"免试，特除集贤校理。公有状，以私计辞。欧阳公言，群牧司领内外坊监，判官比他司俸入最优。乃以公兼群牧司判官。"②

欧阳修在经济上扶助朋友及门生故旧的例子较显著者还有荐陆经书碑事与荐焦千之任郓州州学事。陆经与欧阳修天圣八年（1030）即相识于管城，为多年诗酒酬唱之好友。陆经家贫，欧阳修在与人作碑志之余往往顺带要求让陆经来书，助其增加收入。嘉祐三年（1058），欧阳修为李端愿作《浮槎山水记》，作成后即在回信中婉转地要求"然得子履一挥，尤幸，盖不敢烦公谨真翰也。"（《与李留后》五）此事时人多有所记录。③ 焦千之，常年追随欧阳修门下，在讲学论道之余，欧阳修对门人的生计问题亦颇记挂于心。嘉祐四年（1059），欧阳修写信向赵概推荐焦千之去郓州州学任职，"焦千之秀才久相从，笃行之士也。昨来科场，偶不曾入。其人专心学古，不习治生，妻、子寄食妇家，遑遑无所之。往时闻郓学可居，所资差厚，可以托食，而焦君以郡守贵侯，难以屈迹。今遇贤主人，思欲往托。"（《与赵康靖公》三）虽然因焦千

① （宋）王安石：《王安石文集》卷七十四《上执政书》，中华书局2021年版，第1289页。
② （宋）詹大和：《王荆文公年谱》，裴汝诚点校：《王安石年谱三种》，中华书局1994年版，第5页。
③ （宋）《皇宋书录》卷中引魏道辅《续东轩笔录》，见《东轩笔录》佚文，第181页。

之个人的原因此事最终未能成行，但欧阳修热心周到的关怀必定让焦千之感动不已。郓州州学的"所资差厚"体现出欧阳修于世事经济敏锐清晰的认识。

综合以上几个方面的考察，可以看出，欧阳修在家庭生活与家计经营中，他始终扮演着相当重要的角色。举凡照料家人身体、措置家事、采买家中诸物、教育子侄、抚恤友朋等他无一不操心经办，亲力亲为，而且敏感细腻、心细如发，同时和善而热心，考虑问题周到妥帖，经济意识明晰，洞悉人情世故，处事练达精敏。在家庭生活中展现出来的欧阳修形象充满着烟火气息，偶尔还有庸碌之嫌，与心怀国事的名臣、俯仰百代的宗师呈现出不同的面貌。

二 家庭生活与"人情"理论

家事和日常生活的琐碎、庸常特性决定了它们易被忽略。关注政治与学术的事功而忽略日常生活的平庸细事或许是研究士大夫时无可厚非的路径。士人的日常生活、家庭生活并非独立于其政治、学术生活之外，游走于各种角色变换之间的是一贯而自成系统的主体心性特征、价值判断与表达方式。如何把握这一内在关联，重新整合归纳出被分割成不同侧面中的士人主体的内在一致性，是解读和研究他们的关键。

日常生活中欧阳修的敏于家事、洞悉世故、人情练达深刻地影响了他的为政理念、学术思想、文学观念、经济思想等诸多方面，形成以"人情说"为核心的思想体系。关于欧阳修理论体系中的"人情说"，论者已探讨颇多①，但大多忽略了与家庭生活的内在关联。综合以上对欧阳修家庭生活的考察，我们可以看出，其"人情说"的提出，实践来源即在于对日常家庭生活的深刻体验与总结，没有对现实生活的深切关怀与精敏强干的日常理事之才是难以对人情有清醒认识的。

"人情"涵义约有三项：人的感情；人之常情；人心，众人的情绪、愿望。欧集中出现频率较高，以前两种义项较常见。欧阳修对于人情之认识体察可谓入木三分，他说"人情莫不欲寿"（《夫子罕言利命仁论》）、

---

① 顾永新：《欧阳修学术研究》第五章《欧阳修曲尽人情、切于人事的学术思想及其影响》，人民文学出版社 2003，第 139—148 页；陈晓芬：《宋六家"人情"观念及其散文走向》，《华东师范大学学报》2004 年第 2 期，第 57—63 页；刘德清：《欧阳修的"人情说"与平易文风》，《江西社会科学》2010 年第 11 期，第 7—12 页；刘德清：《欧阳修"人情说"与执政理念》，《社会科学战线》2011 年第 1 期，第 93—96 页。

"人情处危则虑深，居安则意怠"（《易童子问》卷二）、"人情成是而败非"（《为君难论上》）、"仕宦而至将相，富贵而归故乡，此人情之所荣"（《相州昼锦堂记》）、"人情重怀土"（《送慧勤归馀杭》）、"天下久无事，人情贵因循"（《奉答子华学士安抚江南见寄之作》）等，从心态、处事、社交等方面把人情之常态、优劣揭露的一览无余。欧阳修的"人情"理论与其家庭生活之间的关系体现在以下几个方面：

首先，在施政理念方面，他在施政中的宽简爱民，一如家庭生活中的教子育侄、抚爱诸孙，而日常生活中敏于持家的行事作风，与其在仕宦中多谈吏事有着内在统一。欧阳修所推崇的施政典范是"尧、舜、三王之治"，"必本于人情，不立异以为高，不逆情以干誉"（《纵囚论》）；贬斥唐太宗纵囚之行为是"上下交相贼以成此名"，因为此事不近人情；提倡典章制度的制定要符合人情，"刑在禁恶，法本原情"（《论大理寺断冤狱不当劄子》）；施政方针提倡宽简，"为政所以安民也，无扰之而已"（《江邻几墓志铭》）。与此对应，他对于子侄的教育也以宽简为长。欧阳修固然敦促他们努力向学，磨砺自我，也经常指导长子欧阳发、侄子欧阳通理的写作，但总体上还是宽松而不严苛的，他并不严格要求他们以科举为事，反而鼓励他们游心于所好，潜心钻研。在宽松的环境下，长子欧阳发学识渊博，三子欧阳棐著述丰赡。此外，欧阳修一直重视吏治，主张"文章止于润身，政事可以及物"①，在贬谪地"每以民事便为销日之乐"（《与薛少卿》九），并多次对后生强调吏事的重要性②，背后所蕴含的是对现实当下的关注与"切于人事"的价值导向，也与娴于家事、日常生活紧密相关。

其次，在礼制遵守方面，欧阳修的主张及原则也多与家庭生活经历有密切关联。在濮议事件中，欧阳修立论的主要依据亦是人情，认为"子不能绝其所生，……圣人以人情而制礼者也"（《为后或问下》）。这种主张与他少年失怙的个人经历有内在关联。因少孤，他不得"备闻祖考之遗德"，对于家世谱系、父子伦常更有一种缺失的补偿心理。他曾经上表请求仁宗准许杨察终母丧，并以"不通人情"来批评皇帝，可见其性直谠论，更体现出他内心深处的观念。少孤的经历是他整理家谱的内在动力，也是其在丁母忧期间严格遵守各种服丧礼仪的心理背景。欧阳修对于"居丧不赋诗"这一习俗严格遵从，文也极力少作，

---

① （元）脱脱：《宋史》卷三百一十九《欧阳修传》，第 10381 页。

② （宋）洪迈：《容斋随笔》卷四《张浮休书》，上海古籍出版社 1978 年版，第 45 页。

身体健康状况更是在服丧期间急剧恶化。以上种种都说明礼制观念与自身经历密切相关。

　　再次，在学术研究中，欧阳修多以人情为出发点来阐释经典，其经学思想及疑经意识源于他家世不显，贫寒无所师的经历。① 欧阳修认为"圣人之言，在人情不远"（《又答宋咸书》），"以常人之情而推圣人可以知之矣"（《易童子问》卷三）；认为春秋之所以地位高，在于"上揆之天意，下质诸人情，推至隐以探万事之元，垂将来以立一王之法者，莫近于《春秋》矣。"（《石鹡论》）疑经所据理论基础亦多为人情，如《泰誓论》中批驳文王生前称王改元之妄，即三言"此岂近于人情邪"（《泰誓论》）。

　　最后，在经济思想方面，欧阳修对经济问题一贯重视，在家庭生活中对经济有着敏锐意识的他，于为政措施中亦贯穿着尤为开放通达、注重利益的务实经济观念，也是其注重人事、人情观念的典型体现。他明确主张提高工商业者地位，认为"治国如治身，四民犹四体，奈何窒其一，无异刖厥趾。工作而商行，本末相表里"（《送朱职方表臣提举运盐》），主张国家应与商共利，反对禁榷，并且用实际的盈亏计算来做例证说明问题，"至今年六月，用米、曲本钱三千五百贯，所收净利只及一千八百贯"（《乞放麟州百姓沽酒劄子》），体现出切实精细的行事作风。这些观念在以"重农抑末"为主流价值的社会中显得颇为醒目。一方面是当时社会上工商业发展的潮流涌动在士大夫群体中的反映，另一方面，从欧阳修个体的角度说，这种经济思想与其家庭生活中的重视经济是互为表里，融汇贯通的，二者皆根源于其出身孤寒的背景和敏于家事的长期经历。欧阳修的母亲在其幼时曾自力衣食，欧阳修早年亦与工商小贩等下层民众有所往来，曾经跟梅尧臣的书信往来就是用贩伞小贾的船传递的（《与梅圣俞》六）。在亲自操持家事的长期经历中，家中物品购置、居室营建、襄助朋友等事无巨细皆离不开经济作基础，欧阳修明晰的经济意识与他的家庭生活历练密不可分。

　　综上，由于家庭背景及早年经历，欧阳极为擅长经营家事、善于理财、细心照料家人、体恤门生故旧。这一家庭生活状态是形成"人情说"理念的生活基础，也是其诗文创作中多感慨深情的生活背景。

---

　　① 　巩本栋：《欧阳修的经学与文学》，《江西社会科学》2014 年第 1 期，第 60—71 页。

第三节　书简中的文人交游

欧阳修期待的日常生活场景是"座上客常满，尊中酒不空"①，这一源于后辈人的印象在欧阳修笔下有较多体现。虽然这个评价是针对欧公的喜士，着眼于他援引后生、举贤荐能的品质，但却真实概括了其日常生活中交游广泛、喜爱朋友过从、笃重友情的特点。由书简和诗文唱和所披露的交游圈可以看出，欧阳修的交游动态几乎是北宋前中期历史进程大事件及主要人物关系的某种折射。三五好友或骋心游赏，或坐而论道，或欢然饮弈，是他最为钟爱的日常生活内容。对于相聚过从的热忱与他出身孤寒、锐感细腻的个人特点有关，同时也是其立朝从政、寻求道义之交的客观需求。同时，这种笃重友情的生活经历和性格特征深深影响了其文章"六一风神"的美学构成。

一　交游活动的书简呈现

欧阳修终生皆重视交游，其交游之广泛并不始于嘉祐年间在朝时。早在及第之前，他就结识诸多往复过从之友人，如应山二连等乡党（应山为随州属邑）。今存最早书简即是写给连庶的，其中还有诗文唱和：

> 小生学非师授，性且冥惷，仰赖良交，时赐教诱。若不为索其病疵，而姑效司马生言好字，则三哥顾我之厚薄，可由斯而见矣。（《答连职方》一）

除诗篇唱和外，二人还情趣相投，连庶曾得一涂金两耳三趾鼎，后赠欧阳修。② 欧阳修之后集古之热情亦有早年受连庶影响的因素在。二人相交终生，书简往还直至欧阳修去世前一年，欧阳修邀请连庶到蔡州会面（《答连职方》其五）。其交游之笃、历时之久令人感慨。

欧阳修早年交游盛况，以洛阳时期为最。西京交游之盛奠定了他人生历程中许多方面的基调；洛阳情结、洛阳花成为他文学创作中的典型意象；追忆盛衰、俯仰今昔的咏叹感慨往往以洛阳时期为追溯的起点和抒情

---

① （宋）惠洪：《冷斋夜话》卷二，第 19 页。

② （宋）王得臣：《麈史》卷下，上海古籍出版社 1986 年版，第 74 页。

的关键点；诗文革新、著史计划乃至广泛兴趣的培养皆发轫于此时，源于钱惟演营造的优容氛围；诸多意气相投的至交好友也为日后从政之人脉积累打下了良好的基础。

这个时期的交游因众人官职不显，又值青春壮年，因此交游活动多发生于室外山水间，如两游嵩山、游普明院、游午桥庄，所谓"洛下多水竹奇花，凡园囿之胜，无不到者。"① 游赏的同时多伴有诗文创作，及"七交""八老"等品题结社活动。值得注意的是，欧阳修最初被众人赠予的"逸老"，其含义为"才辩不窘"（《与梅圣俞》三），这从一个侧面看出欧阳修能言善辩的性格特点。实际上，他的才辩不窘是让上司王曙得以赏识的一个因素，从而引荐馆职，以致大用；而与友朋往复过从的交谈也是他得以充分发挥这一特长的场合，宋人对此多有记录。他曾辩解其幼子小名"僧哥"之事，云"人家小儿要易长育，往往以贱名为小名，如狗、羊、犬、马之类"。② 治平间执政时，英宗的印象即是"每见奏事时，或与二相公有所异同，便相折难，其语更无回避。亦闻台谏论事，往往面折其短"（《独对语》）。到晚年，仍是"醉后剧谈犹激烈"，且其抵掌剧谈之态为后生所熟悉模仿。③ "才辩不窘"之特点基于欧阳修敏锐的反应力与才情，而这一交游中的表现情态，也反映出他对朋友交流与表达的渴望，是他钟爱三五好友清谈相聚的内在驱动力。

西京任满，"洛阳旧友一时散"。在贬夷陵、任谏院、出河东等宦途冗迫中，欧阳修心心所念还是与洛阳旧友的重逢相聚。宝元二年（1039），欧阳修于乾德任，四月谢绛知邓州，梅尧臣知襄城，一同南下，欧阳修从乾德谒告会面，相聚欢然：

> 为别五六岁，贬徙三年，水陆走一万二千里，乃于此处得见故人，所以不避百馀里，劳君子而坐邀也。（《与梅圣俞》八）
>
> 乘馀闲，奉尊俎，泛览水竹，登临高明，欢然之适无异京洛之旧。（《与谢舍人》二）
>
> 昨夏中，虽喜会于清风，然犹未尽区区之怀。今兹寓居，方欲悉屏他事，为圣俞极数日之欢，而先后参差，若相避然。又见圣俞书中，言有事欲相见，以不克为恨者，益令人怏怏尔。（《与梅圣俞》九）

---

① （宋）魏泰：《东轩笔录》卷三，中华书局1983年版，第29页。
② （宋）佚名撰：《道山清话》，《全宋笔记》第二编第一册，第100页。
③ （宋）苏轼：《题刘景文所收欧阳公书》，《苏轼文集》卷六十九，第2197页。

庆历四年（1044）四月，欧阳修出使河东，随后八月又出任河北转运使，闻尹洙亦有知晋州、潞州之命，计算二人相聚机会，奈何终未遂心愿：

> 始闻师鲁徙晋，乃骇然，本初与郭推官计，师鲁必离渭而受晋命，中道无所淹留，径之晋，则谓于晋得相见。既闻待阙，至九月，又计当入洛，则谓于洛得相见。又闻方留邠州，有所陈，来期未可知，则谓遂不相见而东也。及陕，乃知直趋绛州。修在绛阻雨数日，苟更少留，犹得道中相遇，奈何前后相失如此！（《与尹师鲁第四书》）

以上二事可见欧阳修于朋友风义之笃。在早期交游阶段，欧简中不乏长篇，倾诉对朋友近况的思念，如《与梅圣俞》一、六，《与薛少卿》一，《与尹师鲁第一书》等。从这些充满真情、宛如面谈的书信中，可以看出欧阳修对洛阳旧友的珍惜关怀，此时交游多为志趣相投，欧、梅有三十年诗篇往还，欧、尹有合作五代史之约。交游情感的纯粹性亦是他晚年追忆时屡屡感慨盛衰的原因。

自至和元年（1054）回朝，欧阳修的官阶攀升、名望日盛。嘉祐三年夏，权知开封府。虽在四年初即罢，但五年冬又擢升枢密副使，六年初升参知政事。在居京的十三年中，他的交游在人数、范围、宴集频率等方面皆非昔日可比。但交游心境却无复昔日之清欢。

首先是其日常生活几乎被盈门宾客所占满。一方面，新旧同僚、故交多有宴集，"日暮还家，客已盈室"（《与蔡省副》一），另一方面，因文坛宗师之地位，来拜谒求教之士子亦"日有来吾门者"（《与陈之方书》）。因此，客多成为退朝后家居常态，尤其是"雨晴便苦客多"（《与苏丞相》五）。他给梅尧臣写信抱歉，"前日承见过，偶他客多，不遂款曲。"（《与梅圣俞》四十五）与王素写信是"客多，偷隙作此简。"（《与王懿敏公》十二）

就书简写作来说，嘉祐、治平间所作众多书简亦是交游频繁的体现。嘉祐、治平间留存书简数量远多于其他阶段，且大部分为日常往来言事之百字以内短简，如至和二年邀吕公著和诗及相见的六封、嘉祐元年邀焦千之见过及询问对方身体的六封、嘉祐五年与薛仲孺问候的三封，皆简短明了。

其次，过于繁冗的迎来送往也使得他原本羸弱的身体恶化。嘉祐二年

就曾 "以客多饥疲，风眩发作，卧不能起。"（《与焦殿丞》十）他屡次在与朋友的书简中感叹 "衮衮度日，公私不济一事，此京师之态也。"（《与焦殿丞》九）"忽忽度日，公私无所益，此处京师者汩汩之常态也。"（《与丁学士》二）"京师日苦俗状，无复清思，临觞之乐，未始有之。"（《与程文简公》五）

再次，因事务冗多，往来宾客如市，欧阳修经常外出，来访之人也多有扑空的遭遇。李觏就曾两次拜谒不遂（《与李贤良》）。梅尧臣更因欧门的喧嚣、拜访不遇而发出 "不登权门"（《与梅圣俞》三十二）的牢骚，令欧阳修倍感压力。他急忙去简修复关系："某每日晚多在家，因出，望见过，幸甚。"（《与梅圣俞》三十九）

不过，对居京时的交游盛况，欧阳修的态度其实颇为多样化。他既厌倦人事扰攘，无复清思，同时又积极主动组织各种聚会宴集，交流各种信息、维系感情，享受这种往复过从的繁华带来的满足感。据《欧阳修纪年录》，至和初至嘉祐初的三四年内欧阳修在京城所参与之宴集如下：

至和元年（1054）：九月，诏王安石为群牧判官，邀王安石相见；十二月，与韩绛、刘敞聚饮，有诗寄江休复。①

至和二年（1055）：春，内直对月、退朝小饮、内直晨出，与韩绛、韩维、刘敞、陆经等唱和。四月，与陆经游城西李园。六月二十八日，李端懿知郓州，预送别宴席，作《李留后家闻筝坐上作》、《送郓州李留后》。送别刘敞使北。②

嘉祐元年（1056）：约三月，在刘敞家听杨褒女奴弹琵琶。③ 秋，滁人送白兔，邀诸公宴集赋诗，预者梅尧臣、刘敞、刘攽、韩维、苏洵、裴煜、王安石等。④ 八月秋社日，邀梅尧臣饮酒赋诗。宴集食车螯，同赋诗者有梅尧臣、王安石、韩维等。十月，送裴煜知吴江。预者王安石、杨

---

① 《欧集》卷五《与子华、原父小饮坐中寄同州江十学士休复》。

② 《欧集》卷六《重赠刘原父》："忆昨君当使北时，我往别君饮君家。"此诗《纪年录》系于嘉祐元年。按，欧、刘二人使北皆于至和二年秋冬出发，此送别宴席当在至和二年。

③ 《欧集》卷七《于刘功曹家见杨直讲褒女奴弹琵琶戏作呈圣俞》，题下注嘉祐二年作。洪本健笺注刘功曹为刘敞。按刘敞嘉祐元年闰三月出知扬州，二年在扬州任。姑系此事于刘敞嘉祐元年年初使北还至闰三月知扬州之间。

④ 白兔诗唱和详情见吕肖奂《宋代唱和诗的深层语境与创变诗思——以北宋两次白兔唱和诗为例》，《四川大学学报》2008 年第 2 期，第 28—35 页。

褒、梅尧臣、王安国、苏洵、姚辟、焦千之等。① 十二月七日，与王洙、韩绛、吴奎等拜访梅尧臣，不遇。咏吴充鸦鸣树石屏，同赋者王安石、梅尧臣。梅诗注："时在唐书局，与欧阳永叔、王原叔、范景仁会食，得所示诗。"② 与梅尧臣观杨褒书画。聚坐分题《赋虎图》，王安石妙手先成，欧阳修为之袖手。在李端愿席上赋十二月鼓子词。③

嘉祐二年（1057）：正月知贡举，与梅尧臣、范镇、王珪、梅挚、韩绛等唱和。春，与赵概、王珪、王洙、韩绛于李端愿来燕堂联句。五月二十二日，邀梅尧臣于定力院饯别王安石知常州、曾巩赴太平州司法参军。秋，以西斋手植菊花开，有宴集，和诗者梅尧臣、韩维。饯别陆经通判宿州。

就书简所见，他经常邀众多好友至私第闲谈：

至和二年（1055）秋，同韩绛、王安石和诗，邀请至宅相聚：

> 小诗幸同作，以送介甫。因出见过，思仰思仰。（《与韩门下》）

约至和二年，邀陆经、韩维、韩绛、韩宗彦等见过闲话：

> 来日无事，幸见过，约持国闲话。修再拜子履，且纳原父诗去，如了，便送刘舍人也。
> 陆经帖附
> 经启。永叔有简相邀，来日约甚时同往，幸示谕。久不见君子，使我劳矣劳矣。切申恳子华、钦圣，不宣。经再拜持国。十四日。
> （佚简第68《与陆学士》）

至和末、嘉祐初，邀李大临、王安石、韩维、吕公著见过闲话：

---

① （宋）龚颐正：《芥隐笔记》，《丛书集成初编》第0312册，第11—12页。
② （宋）梅尧臣：《梅尧臣集编年校注》，第883页。
③ 刘德清：《欧阳修纪年录》系此事于两处，分别为至和元年及嘉祐元年，上海古籍出版社2006年版，第265及291页，失考。按欧阳修《内制集》卷三有《赐镇东军节度观察留后知颍州李端愿赴阙茶药诏》，注作于嘉祐元年四月八日，可知李端愿嘉祐元年曾赴阙，姑系于此年。

　　累日不奉见，稍凉，气体清佳。来日午后幸垂顾，与介甫、持国、晦叔闲话，幸不阻。谨此奉闻，不宣。修再拜才元学士。十五日。（佚简第 74《与李舍人》）

嘉祐二年（1057），邀梅尧臣、陆经、陈绎小聚闲话：

　　二十二日，欲同子履、和叔闲话少时，先白，恐他有所适也。（《与梅圣俞》三十二）

　　与此相对应的是，在外任时，虽然他屡言夷陵、滁州等地有山水之乐，但信息闭塞、生活不便也是他不喜和担忧的。任职滑州时，"惟僻陋，日益愚鄙尔。"（《与王待制》）与曾巩信中，他坦言对于滁州生活的忧虑，"山州少朋友之游，日逾昏塞，加之老退，于旧学已为废失，而韩子所谓终于小人之归乎？"（《与曾舍人》一）甚至在预想致仕后生活时也有类似忧虑："亲朋之会，邈不可期，恐遂不闻道义，默默寖为庸人尔。"（《与颜直讲》八）"旧书编稿未经一二君商榷，今遂复田亩，会见无期，此为恨尔。"（《与颜直讲》九）

　　综言之，他固然不喜居京师时的纷扰冗迫，亦难以接受乡居闭塞的信息不通。他期待的交游场景为三五知己学者作伴切磨的临筋之乐，如洛阳时期，或者皇祐初知颍州时，因此在晚年再度外任尤其是致仕后杜门而居时，朋友千里命驾的见访，是他最为看重而大书特书的事件。

　　对于晚年及致仕后的生活，欧阳修的计划中一直有邀请知交好友共卜居这一项，体现出朋友风义于他内心的分量。早在皇祐二年知应天府时就与梅尧臣相约"买田于颍上"。嘉祐元年（1056），王拱辰约他卜居洛阳①。熙宁三年（1070），已决心归颍，闻王陶卜居许昌，于是畅想"柴车藜杖，岁时往来，此自一段佳事，古人难遂。"（《与王文恪公》八）熙宁四年（1071）七月归颍，昔日好友吕公著知颍州，欧阳修虽众疾在身，仍与吕公著有频繁的聚会。新发现佚简中二人交往写于此时的有 14 封之多。熙宁四年（1071）九月，苏轼、苏辙二人过颍州拜会恩师，欧阳修身体欠佳，但精神矍铄，谈兴浓郁，

---

① 　（宋）欧阳修《与王懿恪公》其二："年齿日增，心意日耗，归洛之兴何可遏？承示许以卜邻，亦一时盛事。"《欧阳修全集》，第 2394 页。

"谓公方壮须似雪，谓公已老光浮颊。竭来湖上饮美酒，醉后剧谈犹激烈。"① 熙宁四年（1071）四月，他还邀请故友连庶到蔡州会面："相去不远，惠然之顾出于乘兴，古贤佳事，有望于故人，但不敢坐邀尔……若遂还颍，则相去益远，至时或一就蔡枉顾可否？千里命驾，近世未闻，亦是一时奇事，有望有望。"（《答连职方》五）连庶后来是否成行不得而知，就书简的阙失来看似乎未能成行。对于赵概的见访，欧阳修的惊喜与感动可想而知：

> 所承宠谕，春首命驾见访。此自山阴访戴之后，数百年间，未有此盛事。一日公能发于乘兴，遂振高风，使衰病翁因得附托，垂名后世，以继前贤，其幸其荣，可胜道哉！在公勉强而成之尔。（《与赵康靖公》九）

赵概留颍一月有余，期间纵游聚饮唱和甚欢。欧阳修在之前与吕公著小聚时，屡因足疾、齿疾请求"惟幸免酒"（佚简第 28《与吕正献公》），此时也慨然道："我病犹堪酹一钟"（《会老堂》）。而且创作热情大增，计作有诗《会老堂》、《叔平少师去后会老堂独坐偶成》；《会老堂致语》；词《渔家傲》其三《与赵康靖公》、《玉楼春》其九"两翁相遇逢佳节"等作品，并把前三篇刻石赠亲家吴充（《与吴正献公》八）。韩琦闻此事有寄诗，② 苏轼有次韵诗。③ 此事在其后的笔记诗话中亦多有记载，如吴处厚《青箱杂记》卷八、王辟之《渑水燕谈录》卷四、《蔡宽夫诗话》、《彦周诗话》等皆有记录。可见在当时的轰动性。宴饮之地会老堂也由此成为欧阳修生命中一个代表性的符号，毕仲游在欧阳修挽词中就写道："醉翁亭远名空在，会老堂深壁未干。"④ 同时，会老堂更因此事成为颍州城内一个具有沉厚历史文化积淀的所在，后世于此诗篇唱和怀想

---

① （宋）苏轼：《陪欧阳公燕西湖》，苏轼著，清王文诰辑注，孔凡礼点校：《苏轼诗集》卷六，中华书局 1982 年版，第 276 页。
② （宋）韩琦：《闻致政赵少师远访欧阳少师于颍川》，《安阳集》卷十七，《景印文渊阁四库全书》第 1089 册，第 309 页。
③ 苏轼有二诗：《和欧阳少师会老堂次韵》及《和欧阳少师寄赵少师次韵》（《苏轼诗集》卷八，第 364、365 页），前诗次韵欧阳修《会老堂》，韵全同，因此后诗亦当用欧诗原韵，且为五七言杂体。欧集中原诗似已佚。
④ （宋）毕仲游：《挽欧阳文忠公三首》，《西台集》卷二十，《丛书集成初编》第 1945 册，第 311 页。

欧公者不乏其人。①

赵概见访之意义，欧阳修屡言为"振高风""激薄俗"，这个效用固然是实情，二人皆致仕归乡，拜谒求见已无关仕途前景和现实利害，纯粹出于精神性的朋友风义，这种行为无疑具有超越性内涵，与宦途中"一贵一贱交情乃见"式的奔竞攀附不可同日而语。不过就欧阳修个体来说，这件事的特殊意义更在于契合他一贯笃于友情的生活期待与心理需求。会老堂宴集所彰显的交道之质朴、友情之可贵，堪比早期的洛中之游。自中晚年后，昔日故友相继凋零，这次相慰之行不啻夺目霞光，给欧阳修注重交游的一生划上圆满句号。

二 笃于风义的心理诉求

朋友风义之所以在欧阳修生命中具有特别的位置，缘于以下几个方面的背景原因：

1. 出身孤寒的家世特征

欧阳修的孤寒出身已为众所周知。他本为其父晚年之子，又四岁丧父，"生而孤苦，少则贱贫。同母之亲，惟存一妹。"（《滁州谢上表》）并且其父亦是"少孤力学"（《泷冈阡表》），欧阳修"不得备闻祖考之遗德"（《欧阳氏谱图序》），因此家族背景可谓单薄，"迹零丁而孤苦"（《谢国学解元启》）。在早年的交游中，这种身世羁单的孤寒心态屡有流露，"学非师授，性且冥惷，仰赖良交，时赐教诱"，可谓非谦辞虚语。内既无兄长教诲提携，外便仰仗朋辈交游。因此对于友情他往往倾注心力，分外珍惜，视如亲人。连庶即是早在天圣间结交并维系终生往来的故人之一。其他如诗篇唱和三十年的梅尧臣，道义之交韩琦、尹洙，洛阳旧友陆经、王复，夷陵旧友丁宝臣，莫逆忘年之交刘敞、吕公著、王安石，同年蔡襄、田况等，还有王素、韩绛、韩维、吴奎、范镇等僚友，胡宿、吴充、王拱辰、薛仲孺等亲属，皆真诚相待，岁时往来不绝。他关怀朋友的方式最为人称重的即是在朋友身后悯恤家艰，出力经营，或"置义田以恤其家，且乞录其子"如梅尧臣，"乞录其子"如尹洙，或"乞令

① （清）和瑛：《清颖书院课士毕偕张松泉裴西鹭两明府劝农西湖上燕集会老堂即席赋诗》，《易简斋诗钞》卷一，《续修四库全书》集部第1460册，第459页；（清）计东《改亭诗文集》卷十三《颍州重复西湖碑记》："康熙七年，铁岭喻公来守颍，思复欧、苏两先生遗迹，再浚西湖……复建数楹于会老堂之址。"《续修四库全书》集部第1408册，第236页。

其家录进，而推恩其子"如孙复，或赠银二百两如苏洵。这些关照方式直接而有力，皆无异于亲族之为。

2. 重情重义的细腻性格特征

欧阳修心思细密，虑事周全，重情重义，倾心相待，这在与朋友交往中有很多体现。此性格特点无疑是与诸多知交故旧维系久远的因素之一。就欧梅之交而言，早年志趣投合，情深至笃。除诗篇唱和外，内心思想动态之实情亦屡相告。康定元年冬，范仲淹以掌书记召，他以"奉亲"为由拒绝，而在与梅尧臣的书简中却一吐实情："直以见召掌笺奏，遂不去矣。"（《与梅圣俞》十二）足见二人相契之深。庆历初，欧阳修母亲患病，他曾托梅尧臣访求医者。皇祐间母丧，他亦曾托梅尧臣访问小侄所在，且梅尧臣一度失音，他急忙告知解救之方。二人相知之笃已掺入家事，胜似亲人。但在嘉祐年间随着欧阳修官位攀升，二人之间一度出现嫌隙。"孟不改贫韩渐贵"的事实让梅尧臣颇为焦虑，几次登门不遇，他发出不登权门的牢骚，而欧阳修看后急速去信，耐心抚慰，"若以此见格，何望于老兄？某每日晚多在家，因出，望见过，幸甚。"（《与梅圣俞》三十九）"昨日早至薛二家，空心饮十数杯，遂醉，归家却与诸薛饮。承见过，仍留刺，何乃烦老兄如此？既醒，不遑，无以自处也。节下，外处送酒颇多。往时介甫在此，每助他为寿，昨只送王乐道及吾兄尔。愚性疏简，人事不能周，然意之所至，实发于诚心。蒙惠简，云有所答，则非也。恐不知鄙怀，故略自陈述。二十二日，欲同子履、和叔闲话少时，先白，恐他有所适也。"（《与梅圣俞》三十二）欧阳修的诚挚解释让这段珍贵友谊得以善终。在交往中，欧阳修也处处体现出他的细致，如接到梅尧臣赠送的茶叶，又恐对方家里缺乏，只留了一半（《与梅圣俞》四十六）；他向梅尧臣讨要近作，又怕对方无人送信，嘱咐他等写好了自己专门派人去取（《与梅圣俞》十六）。类似的细节不胜枚举。

3. 文酒之欢、主盟文坛的心理需求

欧阳修以文学词臣立身，早年即展露出卓越的文学才华，中年后更是执掌文坛三十年。而且在时代思潮的影响下，欧阳修尚统、主盟的意识非常自觉清晰①，这种经历和地位使得他的交游带有鲜明结社、结盟色彩。洛阳时期的"八老"品题事件，欧阳修汲汲为己正名，要求以"达"替换"逸"，看似较真固执，实则表达了对于结社结盟的严肃认识，"诸君

---

① 王水照：《北宋的文学结盟与尚"统"的社会思潮》，《王水照自选集》，第105—130页。

当世名流，为人所重，一言之出，取信将来。"(《与梅圣俞》其二）明道
元年秋，梅尧臣移河阳，众友齐聚普明院竹林小饮以饯别。欧阳修先是主
张大家醉酒之后应赋诗纪之，"各探一句，字字为韵，以志兹会之美"，
以别于"酒肉狂人"①，随后嘱托梅尧臣作序，得梅序后赞叹不已，觉得
此会可与昔日竹林七贤相媲美，接着把它遍呈各位与会者，督促大家尽快
上交作品（《与梅圣俞》四）。在此次饯别宴饮活动中，欧阳修俨然已是
自觉的小团体组织联络角色。这次赋诗活动的影响力固不如嘉祐二年礼部
唱和之盛，但欧阳修的联络意识、结社结盟思想、所发挥的核心影响力已
经并无二致。嘉祐、治平间欧阳修组织的此类活动更为频繁多样，上文已
述之。

4. 立朝从政、寻求道义之交的客观需要

除文学家身份外，欧阳修更是一位出入二府、历仕三朝的重臣，他的
生平交游与政治生涯注定有着千丝万缕的联系。尤其是早年《与高司谏
书》、《朋党论》等文的广泛传播，他以极其主动的姿态迅速选择了派系
阵营并鸣鼓助威。虽然中晚年他对于早期朋党论之二元思维有所反思，但
他的交游与政治态度的紧密胶合已难以分开。景祐之贬与庆历新政时期，
急速变幻的政治态势及自我选择让他的交游圈有了较大变动，一方面，与
胥偃、晏殊等早期提携自己的长辈由亲转疏，另一方面，与范仲淹、韩
琦、蔡襄、尹洙、余靖、王素等人同气相求，共同进退。欧阳修与同辈人
的交游以这一批人为笃，直至晚年。嘉祐、治平间任翰林、参政时，欧阳
修的政治态度历经十年外放已转为稳健持重，他一如既往发现提携后辈如
王安石、吕公著、苏轼等，同时交际范围如其执政风格类似已没有判然的
派系区分。他同韩绛、韩维、陆经、吴奎、梅尧臣等人多有过从。嘉祐二
年御史吴中复、嘉祐四年御史韩绛皆因事弹劾过他，他与二人仍有私交
往来。

虽从政风格有激进平缓之别，欧阳修始终欣赏坚持原则、以道进退的
知义之士，这既是他早年所择取的立朝态度，亦是他寻求同道所看重的方
面。嘉祐六年（1061），他曾经上札子论御史王陶云："至如王陶者，本
出孤寒，只因韩绛荐举，始得台官。及绛为中丞，陶不敢内雇私恩，与之
争议，绛终得罪。夫牵顾私恩，人之常情尔，断恩以义，非知义之士不能
也。以此言之，陶可谓徇公灭私之臣矣。"(《论台谏官唐介等宜早牵复札

---

① （宋）梅尧臣：《新秋普明院竹林小饮诗序》，朱东润：《梅尧臣集编年校注》卷二，第
32—33 页。

子》）这个论述其实可以作为欧阳修自己一抒心曲，是对自己早年背离胥偃、晏殊等前辈的行为，以及对吴中复、韩绛等人弹劾自己行为的综合解释。寻求坚持原则、有操守的道义之交是欧阳修交游时一个基本方面。王陶亦是嘉祐间往来频繁的僚友之一。

虽然欧阳修多谈生活琐事、身体家人情况，但官员交往本身难免政治态度及消息的传播影响。嘉祐四年（1059），磨勘法新出条令，欧阳修就在与吴奎的书简中商量此事：

> 昨见新制：京朝官不自下文字，令审官举行磨勘。朝士唧唧，皆为不便。某亦思之，有数节未便，盖为害甚广。然不知长文曾留意否，始初莫与建议否？欲有所陈，未敢，先此咨问，幸思而见教。（《与吴正肃公》九）

据此简可知，对待磨勘新法欧、吴二人的态度应略同。虽此类谈政事书简并不多见，亦可反映出朝臣交游之际暗含的微妙政治内涵。正如论者所云，"士人在朝堂之外的走访、雅集，正是退朝之后的生活常态。由于远离传统史学所关注的重大事件，这些'常态'在此前的讨论中似乎没有寻得'意义'。实际上，人际关系的建构需要感情的投入，看似琐细平淡的交游在这一过程中能够起到润滑剂的作用。在日积月累、潜移默化的日常交游中，形形色色的社会关系得以缔结、维系，并可能在将来的关键时刻发挥作用。"①

第四节　书简中的文学创作

文学创作是欧阳修在与友人的书简中一个反复出现的主题。现存最早的一封书简（写于天圣年间）中即有与友人诗篇唱和的内容（《答连职方庶》其一），一直到去世的最后一年仍与友人有诗文往还②。虽然诗文皆属文学创作，但它们在书简往来中呈现的状态颇为不同。诗篇唱和多有来

---

① 梁建国：《朝堂内外：北宋东京的士人交游——以"嘉祐四友"为中心的考察》，《文史哲》2009 年第 5 期，第 120 页。

② 作于熙宁五年的《与吴正献公》其八云："有《会老堂》三篇，方刻石续纳。"《欧阳修全集》，第 2372 页。

有往，充满热烈的对话氛围。欧阳修经常把自己的作品寄与友人，请他们品评、斧正，并邀请对方拟作和作，他也经常收到对方的作品，并创作诸多和诗。与友人的诗篇往还是他们彼此借以备知动静、沟通情感、刺激创作的常用方式，是日常中一项重要的交往方式和生活内容。在这种热烈频繁的互动中，欧阳修有着较为明晰的倡导、组织、联络意识，是构建粗具规模之文坛的核心力量。文章的创作则不同，欧阳修记体文、碑志等作品的撰写多为应对方要求而作，是单向的创作，写作态度较为严谨，尤其是碑志的写作追求传之久远，每个细节都贯注庄重。这些则是以一种静态的方式折射出欧阳修已具备的文坛领袖之地位。

一 书简中的诗歌唱和与集会

诗作赠答往还是北宋文人用以存劳慰问、沟通情感、建立密切联系的重要方式。① 现存书简中的诗篇往还活动以年份而论，从皇祐年间以后呈增多趋势，以人而论，则与梅尧臣互动最多，吕公著、刘敞次之。因梅、吕二人的年辈差距，他们分别担当了欧阳修诗篇唱和生活中前期与后期的主要对象。以至和元年（1054）欧阳修结束十年外放回朝为界分前后两期，随着文坛及政治地位的差别、所处时空的不同，欧阳修书简中前后两期的诗篇往还亦呈现出截然不同的姿态。

前期的诗篇互寄、赠答、唱和活动，就现存书简留存来看，其对象一半以上集中于梅尧臣。这些诗篇往来所发挥的作用首先是抒写离别思念，存劳诉心，以慰款曲，为沟通感情而生发互动，充满浓郁的知己情谊。

《与梅圣俞》一（明道元年）：昨日贤弟至，辱寄书，并前所寄二书及梦中诗，又五百言诗，频于学士处见手迹，每一睹之，便如相对。

《与梅圣俞》七（景祐五年）：圣俞新作，虽京师多事，不惜录示，以开昏钝而慰相思，故人之惠莫越于此也。至祷至祷。

《与梅圣俞四》二十（庆历七年）：谷仆来，捧书，得询动静。又见诗中所道，有相游从唱和之乐，备详平日幕中所为，可胜慰也。

---

① ［英］Colin Hawes 曾在其专著 *The Social Circulation of Poetry in the Mid-Northern Song* 第三章中探讨北宋诗歌作为文人间建立情感联系（relationship building）的重要作用，文人间各种私人情感较多的采取以诗的形式而非以文来抒写，State University of New York,2005，第51—77页。

《与梅圣俞》二十二（皇祐五年）：某孤苦中，中外多事，偷闲便思一得故人为会。某不可往，圣俞不可来，奈何奈何。惟当一读新篇若会面，而圣俞惜不寄，又将奈何奈何。

作为相识伊始即一见如故的洛阳旧友，梅尧臣当之无愧是欧阳修之私交第一人，这从欧赠梅简数量之多以及行文中的娓娓絮语、款款深意都可以一览无遗。在叙说别后相思的段落中，已然具备欧文之纡余委备、俯仰咏叹的六一风神之成熟风格。欧阳修勤勤于与梅的唱和，存劳之情当属重要因素。

在与梅尧臣的唱和中，二人诗艺的碰撞、互相激发亦是唱和行为的积极效果之一。欧阳修在诗歌创作中屡次推重梅尧臣，云"论诗赖子初指迷"，"作诗三十年，视我犹后辈"，个中原因在书简中亦多有展现。他一方面积极热切地督促梅尧臣寄诗相示："百花洲唱和必多，欲一读以祛俗累之心，何可得也？"（《与梅圣俞》十）"足下必不惮见寄，闲吟者皆录示。"（《与梅圣俞》十二）一方面在和诗时多有力不从心之感："牵强攀和盛篇，已不能如韵，实愧于诗老也。"（《与苏丞相》其五）"拙诗趁韵，有梅二之业，病无其工也。"（《与苏丞相》六）"昨夜再读《和景仁雪诗》，甚妙。兼以韵难，如何可和？"《与梅圣俞》四十）欧对梅的自叹不如有推重故友的成分，亦有自谦之词，但梅诗的争奇斗胜显然多数情况下技高一筹，欧阳修有多次感叹韵高难继然后搁笔的经历，而接下来的再次寄诗相示则是另一轮竞赛启动，在同气相求的互相激励中，二人诗篇赓和不绝，相互品评与斧正，诗风亦互有渗透，影响所及，唱和范围扩大至周围的文人圈，对北宋前中期文人唱和之风的兴起有一定引领作用。

欧阳修早期与友人的唱和行为中，还展示出一种豪迈爽利的处世态度：

《与梅圣俞》十六（庆历四年）：前有《水谷诗》，见祁公，云子美秘不令人见，畏时讥谤。吾徒廓然以文义为交，岂避此辈？子美豪迈，何乃如此！世涂万态，善恶由己。所谓祸福，有非人力而致者，一一畏避，怎生过日月也？

这条资料历来关注引用者甚夥。它不仅以简洁的语言勾勒出欧阳修彼时年轻气盛、无所畏避的处世姿态，相较晚年"惟知忧畏，而众论实可多惧"（《与王懿敏公》九）的转变恰相映成趣，更是凸显出书简这一极具个性化文体特点的绝佳代表。同时，此简中欧阳修明言"吾徒廓然以文义为交"，点明其与友人诗作往还的另一深层内涵，即通过"文义为交"构建"吾徒"这一群体身份意识。在早年品评同为洛阳故友的王复诗歌时亦云"圣俞得诗大喜，自谓党助渐炽，又得一豪者。"（《与王几道复》）在这个层面上，诗篇往还具有了超越普通人际交往的党派政治内蕴。"党助"虽为梅尧臣戏语，这个词所传达的内在庄重色彩和群体意识恰是欧阳修所要表达的。

总体来说，书简中欧阳修前期的诗篇唱和活动多集中于故友梅尧臣，其他如王复、谢景初、章岷、杜衍、张洞等人次数稀少。唱和赠答多为沟通情感而发，同时亦营造出激发创作的竞技氛围，对于二人诗歌创作起到一定促进作用。在唱和行为中，欧阳修已显露出主动组织、积极热情参与的自觉意识和兴趣特点，这将在后期的唱和活动中进一步发展。

欧阳修至和回朝后的诗篇唱和活动更加频繁，参与人数迅速扩大，方式也更加多样。除了写诗和诗外，欧阳修还经常扮演组织斡旋的角色，周旋于多方友人间传递诗作，并组织较大的统一主题唱和活动。主要有以下几种形式：

1. 强烈要求甚至是坚持对方予以和作。如新发现佚简《与吕正献公》第4封云："前日承示手教，兼见还弊制，便欲再伸面请，适值累日牵仍，岂胜区区！修行能素薄，仰慕清德，梦寐之勤，自谓终所不能企及。惟得托附高名，以见后世，亦庶几少偿其志，不意见拒之深。俗鄙屑屑于片文，诚不足以勤远大之怀。惟谅其勤切，一挥笔之顷，为赐无涯，亦何忍却也？谨再以请。"① 这种执着有点较真的邀请在前期的唱和活动中并不多见。言辞之恳切，语气之谦卑都是较为稀罕的。其对吕公著的推重可见一斑。因此这封佚简的片段被吕公著之子吕希哲录于《吕氏杂记》。② 新发现佚简中数量最多的即为与吕公著之书，佚简的重大价值之一便是进一步证实欧吕二人的亲密关系，也使我们对欧阳修的交游网络有了更深入认识。

---

① ［日］东英寿考校，洪本健笺注：《新见欧阳修九十六篇书简笺注》，第32页。
② 《辑存稿》中与吕公著之简注为"传于蜀中正献公元孙伯寿"，第4封作年注为"至和二年"。《吕氏杂记》云："先公时知蔡州，欧阳公答先公書曰……"，又据《名臣碑传琬琰之集》下卷十《吕正献公公著传》："出知蔡州。神宗即位，召为翰林学士兼侍读。"（《四库全书》第450册第731—732页）则知蔡州在治平四年前后。两处记载龃龉之处，或为吕伯寿误记，或为吕希哲误记。此简作年俟考。

2. 把友人甲的诗作呈送给友人乙，请求和作或品评；或向友人甲讨要友人乙之诗。如"介甫诗甚佳，和韵尤精，看了却希示下。"① "小诗幸同作，以送介甫。"（《与韩门下》）"适得冲卿简，言原父已送诗云。某殊未有一句，欲借一拭目，以发衰钝。"（《与蔡省副》二）"得介甫新诗数十篇，皆奇绝，喜此道不寂寞，以相告。诗轴，俟看了驰上。"（《与刘侍读》四）"前承要介甫诗，谨以咨呈，其一二篇不当传者，特为剪去之矣。恐知。"（《与刘侍读》八）"韩、范二公诗，看了示下。"（《与梅圣俞》四十）"闻有与禹玉《花》诗，乞一本。"（佚简第53《与蔡忠惠公》） 由以上诸多繁忙的联络传递活动可知，欧阳修于在朝住京的十几年间，频繁的在梅尧臣、王安石、刘敞、蔡襄、王珪、韩维、范镇等友人间分享新作、乞求唱和、互相品评，追求"此道不寂寞"的信任相知和默契。在欧阳修的积极联络下，嘉祐、治平间京城俨然已粗备文坛的雏形。以欧为中心的文人圈中信息传播迅速，互动频繁，不同于前期唱和诗之间一对一的模式，而呈现出多样连接的网状特点。在现存书简中，欧阳修对于王安石诗歌的欣赏尤为瞩目，代表了他对于后辈新人提携揄扬的态度。此时诗歌唱和备问存劳的功能趋于淡化，竞技性亦不明显，而更多的作为文人间人际沟通的一种社交方式。

3. 新创唱和形式，与友人分作组诗前后两部分。如嘉祐四年与梅尧臣分作《归田乐》四首："闲作《归田乐》四首，只作得二篇，后遂无意思。欲告圣俞续成之，亦一时盛事。"（《与梅圣俞》四十二）"承宠惠二篇，钦诵感愧。思之，正如杂剧人，上名下韵不来，须勾副末接续尔。呵呵。家人见诮，好时节将诗去人家厮搅，不知吾辈用以为乐尔。"（《与梅圣俞》四十三） 这种分作的方式带有以诗为戏的味道，其事开始或出偶然，欧阳修其后兴致勃勃的记载却表明他对这种新颖唱和方式的肯定和陶醉，也体现出他一贯求新求变的思维方式。此次分作规模小，事件微，不比聚星堂燕集影响深远，然而欧阳修在诗歌创作时于戏谑中仍力求创格的

---

① 见于《与沈待制邀》其一，注云"庆历□年"。按：此简受书人可疑，似非沈邀，亦非作于庆历间。据新发现沈邀墓志，沈邀卒于庆历七年（1047）五月一日，享年四十六。见赵君平、赵文成编《河洛墓刻拾零》，北京图书馆出版社2007年版，第675页。庆历七年，欧阳修谪居滁州，曾巩往谒，再示王安石文。此时欧王似未曾谋面，亦不曾有唱和诗作。此简前半部分云："苦暑，非常岁之比，少壮者自不能当，衰病之人不问可知焉。"此语与《与赵康靖公叔平》其四（嘉祐四年）中数语颇相吻合："久不奉状，乃以今夏暑毒非常岁之比，壮者皆苦不堪，况早衰多病者可知。"则此简约作于嘉祐四年，受书人不详。

心态却并无二致。

4. 组织三人以上的群体唱和。如嘉祐二年的贡举锁院唱和。欧阳修在当时积极首倡，热情赓和，事后负责统筹编集并作序："唱和诗编次得成三卷，共一百七十三首，亦有三两首不齐整者，且删去。其存者，皆子细看来，众作极精，可以传也。盛哉盛哉。然其中亦有一时乘兴之作，或未尽善处，各白诸公修换也。内《刑部竹》诗，欲告公仪更修改令简少为幸，缘五篇各不长故也。拙序续呈，乞改抹。"（《与梅龙图》）而且在晚年撰写《归田录》时仍然以极大热忱追记当日情形。在这封与梅挚的书简中，欧阳修的热切以及为此事所付出的心力可见一斑，他作为此次唱和项目第一负责人的角色也一览无遗。类似的群体唱和还有小规模的聚会赋诗，如重阳赏菊："弊斋有菊数丛，去岁自开便邀诸公，比过重阳，凡作数会。"（《与王懿敏公》十一）或唐书局小会："书局之会，幸出偶尔，遂成鄙句，兼邀坐客同赋。虽老拙非工，而诸君盛作，亦聊纪一时之事，谨以附递致诚。"（《与祖龙图》）还有著名的白兔唱和。嘉祐元年秋与二年春，欧阳修与梅尧臣、苏洵、王安石、刘敞、刘攽、韩维、裴煜、王珪等人，为他的一只白兔举行了前后两次唱和活动。[①]"主人邀客醉笼下"点明此事始于欧阳修的组织。在众人首轮赋诗结束后，欧阳修又进一步提出了新的想法："前承惠《白兔诗》，偶寻不见，欲别求一本。兼为诸君所作，皆以常娥月宫为说，颇愿吾兄以他意别作一篇，庶几高出群类，然非老笔不可。"（《与梅圣俞》四十一）这是他在诗歌创作中力求突破的表现。在诗歌创作理论和实践中，中晚年的欧阳修越来越清醒且努力不懈地追求对思维定式与局限的超越。同时，这也是对于唱和活动组织方式的创变与改革。人赋一诗就此结束的模式开始让他觉得并不完善，他无疑寄希望于梅尧臣的二次创作，能给白兔唱和活动带来新鲜体验。不过梅尧臣《重赋白兔》的构思跳出嫦娥月宫之说，却又落入"拔毛为白笔"的窠臼，对其他参与者的影响甚微，唱和活动之创变努力没有奏效。

由书简所披露的情形可以看出，欧阳修后期的唱和活动次数频繁、方式多样、参与人数众多、唱和活动呈网状分布。唱和活动的竞技色彩弱化，交际功能凸显。这主要归功于欧阳修积极自觉的首倡意识、组织力量、领袖魅力和沟通效果。是他嘉祐、治平间文坛宗师地位的映射与体现。

---

① 关于这两次唱和活动详情参见吕肖奂《宋代唱和诗的深层语境与创变诗思——以北宋两次白兔唱和诗为例》，《四川大学学报》2008 年第 2 期，第 28—35 页。

治平四年（1067）欧阳修离朝外任，晚年经历的濮议风波及长媳案的人身攻击让他心力憔悴。熙宁三年（1070）知蔡州时，他反复跟朋友申说"某自至蔡，遂不曾作诗。老年力尽，兼亦忧畏颇多，冀静默以安退藏尔。"（《与韩忠献王》四十）"自去年至蔡，遂绝不作诗。"（《与曾舍人》四）晚年的萧索情怀也于诗歌创作的零落中予以展现。

二　书简中的文章撰写与品评

应同僚故旧之请作记文、碑铭等大制作，是欧阳修日常生活中另一重要内容，这在书简中有相当多的展现。由于文多为载道之具，其中难见其个人生活踪迹。而这些文章创作的缘起背景则是欧文与其日常生活发生关联、互相交织的独特方式。在应请作文的前前后后，欧阳修创作的原则和态度皆有着不同程度的变化，这又与其身体状况、日常交游等生活内容相互缠绕而互为作用，展示出日常生活与文章写作的交互关系。

应朋友故旧请求作文，尤其是记体文、墓志碑铭，是欧阳修生活中频繁发生的重要内容。在《居士集》、《居士外集》所收的 38 篇记体文中①，有 20 篇是应请之作，占一半以上。墓志碑铭的比例更大，除《泷冈阡表》、《尚书都官员外郎欧阳公（晔）墓志铭》等 5 篇为家人所作之外②，其余基本为应墓主亲属之请而作，反映出欧阳修的广泛交游与煊赫文名。如《吉州学记》（庆历四年 1044）为应知吉州李宽之请而作：

> 乡郡多幸，得贤侯为立学舍。蒙索鄙文，窃喜载名庑下，遂不敢辞。笔语粗恶，幸望与伯镇学士评改而刻石也。（《与李吉州》）

《偃虹堤记》（庆历六年 1046）为应知岳州滕宗谅之请而作：

> 示及新堤之作，俾之纪次其事。旧学荒芜，文思衰落，既无曩昔少壮之心气，而有患祸难测之忧虞。是以言涩意窘，不足尽载君子规模闳达之志，而无以称岳人所欲称扬歌颂之勤。勉强不能，以副来

---

① 《居士集》卷三十九、《居士外集》卷十三皆收有《吉州学记》，二文前者为后者之修定稿，计为一篇。

② 5 篇为其父欧阳观《泷冈阡表》、叔父欧阳晔《尚书都官员外郎欧阳公墓志铭》、堂叔父欧阳载《尚书工部郎中欧阳公墓志铭》、堂伯父欧阳颖《尚书职方郎中分司南京欧阳公墓志铭》、母亲郑氏《母郑夫人石椁铭》。

意，愧悚愧悚。(《与滕待制》)

《浮槎山水记》(嘉祐三年 1058) 为应知庐州李端愿之请而作：

> 前承惠浮槎山水，俾之作记，又于递中辱书，久不为报，盖牵强拙记未成尔。某中年多病，文思衰落，所记非工，殊不堪应命。文辞已如此，不欲更自缪书，亮不为罪。然得子履一挥，尤幸，盖不敢烦公谨真翰也。(《与李留后》五)

《有美堂记》(嘉祐四年 1059) 为应知杭州梅挚之请而作：

> 梅公仪来要杭州一亭记。述游览景物，非要务，闲辞长说已是难工，兼以目所不见，勉强而成，幸未寄去，试为看过，有甚俗恶幸不形迹也。(《与梅圣俞》四十五)

在写作过程中，欧阳修还会寄请老友修改，如把《有美堂记》录呈梅尧臣修订；还会在书石人选上照顾一下略微困顿的故友，如建议吉州知州李宽请章岷给《吉州学记》书石，《浮槎山水记》则建议李端愿请陆经书石。章岷，字伯镇，天圣间进士，欧阳修写作《吉州学记》的庆历四年 (1044) 冬，章岷因进奏院狱被贬通判江州①，正是困顿之时。第二年冬欧阳修还曾有书信慰问 "伯镇尚淹江郡，忽已踰年。大亨有时，先以小抑，亦通否之理然也。" (《与章伯镇》一) 其后《偃虹堤记》亦经章岷书石 (《与章伯镇》三)，或亦是由欧阳修所荐。陆经字子履，是欧阳修洛阳时期即结识的多年故友，亦家贫偃蹇，魏泰《东轩笔录》载 "陆经学士坐责流落，欧阳文忠公怜其贫，每与人作碑志，必先约令陆子履书，欲以濡润助之也，由是子履书名亦自此而盛。"② 由上述材料可知，除碑志外，在与人作记文时也对陆经多有关照。欧阳修笃于友情且心细周全的关怀于此可见。与朋友知己的诗文往还或日常过从是他生活中不可缺少的主体内容。

在作文之余，他还会饶有兴趣的向朋友讨要心爱之物，也经常随简附

---

① (宋) 李焘：《长编》卷一五三庆历四年十一月甲子条 "集贤校理章岷通判江州"，中华书局 2004 年第 2 版，第 3715 页。

② (宋)《皇宋书录》卷中引魏道辅《续东轩笔录》，见《东轩笔录》佚文，第 181 页。

上各种礼物给对方，透露出他与朋友们赠答往还的浓郁生活情趣。如作完
《浮槎山水记》之后，他还对浮槎水之佳味念念不忘，嘱咐李端愿再寄
些许：

> 所寄浮槎水，味尤佳，然岂减惠山之品。久居京师，绝难得佳山
> 水，顿食此，如饮甘醴，所患远难多致，不得厌饫尔。……因人入
> 都，小瓶时为致一两器。千里致水，恐涉好奇之弊，然若不劳烦，则
> 亦无害。更裁之。(《与李留后》八)

在应请作文以外，欧阳修在与朋友的书简中还经常互相寄文以求品评
指正，交换看法。与诗歌赠答类似，以文会友是文人之间的典型交往方
式。不同的是，文章并无唱和的环节。不过在密切的交流中，他们偶尔也
会有创新之举。如嘉祐四年（1059）大热，刘敞作《病暑赋》，并寄来邀
欧阳修和作：

> 熇然炎燎中，方不知所以逃生，忽辱宠示佳作，强起疾读，其为
> 清快，难以言传。然赋无属和之理，但当卧诵，以代饮冰咀雪尔。
> (《与刘侍读》十二)

话虽这么说，欧阳修后来仍然和了一篇《病暑赋》，且于题下自注
"和刘原父作"，并把它收入《居士集》，可见是颇欣赏这一新颖的和赋行
为以及这篇作品的。

作《浮槎山水记》后，欧阳修还把自己的相关旧作一并呈上，以求
更多交流。"此山前世粗有名，然皆因僧居以为胜，今所记者，特水尔，
故不及其他也。张又新《水记》，与陆羽不同，考于二家之书，可见矣。
今更录往时所作《大明井记》奉呈，庶可知其详也。"(《与李留后》
八) 这篇即是收入《居士外集》卷十三的《大明水记》，作于庆历八年
（1048）知扬州时。

皇祐元年（1049），欧阳修移知颍州，与王陶书简中抒发近来撰述状
况云：

> 自到此，公私未尝发尺牍，惟有书来即答，馀外惟自藏于密。但
> 时有一二文字，此事吾徒断不得尔。进取不可干，大祸患当避，其馀
> 爱恶，岂能周恤也？到此极无事，所恨渐老益懒堕，空过日月，不曾

成头段著得些文字。《五代史》，近方求得少许所阙书，亦未能了。人生多因循，已十三年矣。足下幕中苟有著述，无惜寄示。李习之文字序附上。（《与王文恪公》二）

历经滁州之贬，欧阳修的心境已较庆历时有较大转折，趋于退避藏拙。虽然他说要"自藏于密"，但对于文字之事还是亲切地称为"此事吾徒断不得尔"，可见对于撰述的执着态度。随后即把近来疏于著述的状况倾诉笔下，并恳求对方要常寄来大作，同时寄去关于李翱文章一篇。"李习之文字序"不详为何文，今欧集中仅存天圣年间《书李翱集后》及景祐三年（1036）《读李翱文》两篇，似乎皆非此文，疑已佚。

欧阳修因文名日盛，更多的知交及后辈寄文相示，以求欧阳修品评或指点，抑或揄扬：

如庆历六年（1046）章岷寄文：

示及传记三本，文伟意严，记详语简。而赏罚善恶，劝戒丁宁，述作之功，正为此尔。钦服钦服。（《与章伯镇》三）

常秩在嘉祐、治平间寄文：

向蒙宠示盛文一编，究味意趣，殊发蒙陋，珍玩秘藏，未曾暂释。续更有新作，苟赐不鄙，无外开示，至幸至幸。（《与常待制》一）

治平四年（1067）韩琦寄文相示：

昨日辱以《相台园池记》为贶，俾得拭目辞翰之雄，粲然如见众制高下映发之丽，而乐然如与都人士女游嬉于其间也。荣幸荣幸。（《与韩忠献王》三十一）

庆历七年（1047）曾巩赴滁州拜访欧阳修，再示王安石文，得到欧极高称赞：

辱示介甫鄞县新文，并足下所作《唐论》，读之饱足人意。盛哉盛哉！天下文章，久不到此矣！（佚简第58《与曾舍人》）

嘉祐年间向吕公著推荐新科进士王纮：

> 王纮者，去年南省所得进士，履行纯固，为乡里所称。初见其答策，语辞有深识，遂置之上等。今得其书五篇，粲然甚有可称。更虑愚鄙偏见，敢质之长者。可否幸示一言，庶几自信。（佚简第 11《与吕正献公》）

丧葬是生活中的重要事务。在各种文类中，碑志文因使用场合的特殊性和严肃性而先天具备与其他文类不同的诸多敏感性。它的实用性也决定了其创作前后皆与生活发生紧密的联系，包括碑文作者的生活和墓主亲属的生活。

由于母丧、交游等诸多自身遭际的生活原因，欧阳修在范碑风波之后应请作碑铭时虽不改写作底线，但表现方式上不再有刚直激越的理念坚持，而多了对于墓主家属心态的理解。在作杜衍墓志时，他在与其子杜诉的信中说："若以愚见，志文不若且用韩公行状为便，缘修文字简略，止记大节，期于久远，恐难满孝子意。但自报知己，尽心于纪录则可耳，更乞裁择。"（《与杜诉论祁公墓志书》）

就碑铭的写作态度方面，欧阳修经历了由主动承担到被迫无奈的幽微过程。他早年于至交去世会偶有主动承担作志任务的举动，反映出他重情义的锐感心灵。在"文字是本职"的自我认定中，欧阳修赋予墓志以史传的功能和价值定位，同时亦是尽心尽力之方式。不过中晚年因身体疾病、冗事繁多，作墓志碑铭已大大侵蚀他的身体健康和正常生活。而随着名声在外，求碑铭者日益盈门，他经常忍不住一抒愤懑之情，在牢骚满腹中已不见早年作碑时的敬畏和沉重感，而变得更具生活气息。这种吊诡的转变怕是他始料未及的。

欧阳修身体状况的恶化是他晚年苦于作碑志的主要原因。从嘉祐二年（1057）起，书简中对疾病的倾诉比比皆是，近乎絮叨的哀告：

嘉祐二年（1057），"风眩发作，卧不能起"（《与焦殿丞》十）；"以手指为苦，旦夕来书字甚难"（《与梅圣俞》三十八）；

嘉祐三年（1058），"苦风眩甚剧，若遂不止，当成大疾。作书未竟，已数眩转，屡停笔瞑目"（《与李留后》七）；

嘉祐四年（1059），"左眼脸上生一疮"（《与吴正肃公》五）；"自盛暑中忽得喘疾"（《与赵康靖公》四）；

嘉祐五年（1060）作孙甫墓志："某为之翰家遣仆坐门下要志铭，所

以两日不能至局。大热如此，又家中小儿女多不安，更为人家驱逼作文字，何时免此老业？"（《与刘侍读》十六）

孙甫家讨要志铭的方式令人莞尔，大概欧阳修以忙迫为由推拒的请求次数不少，所以孙家才出此下策，"坐门下"以"相煎"。不过欧阳修对此应有同情之理解，因为他请别人为亡母作墓志亦是再三坚持不懈："今遣人去知府舍人处，求太君墓志。若此人将得来，即更不言。若未得来，即汝因事至府中面告，言吾令汝请文字，且与请取，求的便附来。"（《与十三侄奉职》）只是欧阳修作墓志次数无疑更为频繁，今存墓志碑铭数量为北宋第二，仅次于王安石。如他自云，"某忝以拙讷，获铭当世仁贤多矣。"（《与蔡交》）由早年郑重下笔，称为"本职"，到晚年无奈感慨"何时免此老业"，为人作墓志不仅是其文坛地位的象征，更以一种恒久的姿态贯穿了他大半生的生活。

应请作文与以文会友是欧阳修的日常生活与文学创作交叉地带的常见内容。与诗歌唱和赠答相比，文章创作在日常生活及交往中对话层面的交流并不多，不管是求记、求字序，还是求作墓志碑铭，文章的写作更多是单向赠予。尤其是在指导后辈作文的书简中，这种主盟姿态更为明显。于诗坛，他以热切联络、组织宴集赋诗并编集的动态方式来昭示其宗师风范；于文坛，则以静态的创作实绩奠定地位。总之，诗文创作及诗文往还在他的日常生活中占据了很大比例的时间和精力，是其生活中的重要内容。

第五节　欧阳修书简风格略论

风格是个人作品呈现出的整体风貌特点，涵盖取材内容、行文特色、审美感受等方面，是内容和形式的综合体。书简作为个体化色彩最为浓重的一种书写体式，最大程度上凸显了写作主体的个人化特征。七百余封书简，是欧阳修生命历程的记录，更是其心灵世界的精彩呈现。内容丰富驳杂，史料价值珍贵，艺术风貌鲜明。整体观照欧阳修书简，其写作风格有以下几个方面的特征，试概括如下：

一　生命历程及身心体验的展示

第一，从纵向编年来看，七百余封丰富的留存书简不仅清晰地勾勒出欧阳修从入仕到致仕归老的人生轨迹，而且细致地呈现了漫长而复杂的心路历程。"天圣、明道时的英气勃发，放达不羁；景祐、宝元时的勇于担

当，坦荡自信与沉潜；康定、庆历时的奋发无畏与后来受挫的不甘与藏
拙；皇祐时的安闲与感伤；至和时的彷徨和宽慰；嘉祐时荣升的光鲜下难
有作为的无奈；治平时的纷扰、屈辱与郁愤；熙宁时在青州为民请命的坚
守和归老颍州的执着，都在欧阳修与同僚、友朋、亲人的一篇篇书简中得
到淋漓尽致的表达。"①

　　第二，书简还细致呈现了欧阳修一生的身体状况。景祐元年
（1034）曾"患一肿疽"，"二十余日不能步履"（《与王几道》）。庆历八
年（1048）于扬州任，得目疾，"双眼注痛如割，不惟书字艰难，遇物亦
不能正视。"（《与王文恪公》一）皇祐四年（1052），因丧母忧伤，加速
衰老，"髭已三分中二分白，发十分中四分白"（佚简第32《与孙威敏
公》），至和二年（1055），"喘加以痰毒、风眩，居常在告。"（佚简第2
《与吕正献公》）嘉祐二年（1057），"左臂疼痛，系衣、揎笏皆不得"
（《与吴正肃公》三），嘉祐四年（1059），"左眼脸上生一疮"（《与吴正
肃公》五），嘉祐五年（1060），"苦牙车，饮食艰难"（佚简第69《与杜
郎中》），嘉祐六年（1061），"目生黑花"（《与薛少卿》其十），嘉祐七
年（1062），"屡患膝疮数日"（佚简第42《与刘侍读》），治平元年
（1064），"颈颊间又为肿核"（《与韩忠献王》二十六），治平二年
（1065），"得淋渴疾，癯瘠昏耗，仅不自支"（《与王龙图》七），熙宁四
年（1071），"病齿尤苦于前，食物甚艰苦。"（佚简第30《与吕正献
公》）熙宁五年（1072），"令医工脱去病齿。"（《与薛少卿》二十）综
上，欧阳修曾患有目疾、足疾、齿疾、淋渴、风毒、风眩、腹疾、风湿关
节等众多疾病。

　　身体疾病的记载几乎可以还原出他后半生的病历详情。除了与朋友间
备知动静这一初衷之外，在对疾病的描绘与倾诉中，欧阳修在一定程度上
缓解了身心的焦虑与压迫，同时亦是他对朋友间信任与赤诚相待的某种坚
守。尤其让人动容的是，在后半生众疾并攻、疾病折磨下，欧阳修仍以常
人难以企及的毅力孜孜不倦的创作诗文、著史书、练习书法、应人撰碑
志、作集古录跋尾、编辑文集、撰写章奏札子，留下了数量巨大的文字遗
产。这种勤奋与坚毅与他对疾病的倾诉相映之下显得尤为悲壮。

　　第三，书简中细致幽微地展示出他生命中最为看重的交游经历和友情
体验。对于择友标准，他曾自信地标举："某常自负平生不妄许人之交，
而所交必得天下之贤才。"（《与谢景山书》）交游之多寡、俗雅是他评判

---

①　洪本健：《欧阳修〈书简〉略论》，《福州大学学报》2014年第5期，第41—42页。

一个地方的重要标准。乾德之不堪源于"官属无雅士"（《与梅圣俞》七），滁州之自得则因"州僚亦雅"（《与梅圣俞》十八）。嘉祐年间虽居京，但"交游多在外，块然处此，情绪可知"（《与王懿敏公》一）。书简产生之初本是为沟通感情、存劳慰问而作，所谓"士或同师友、缔交游、以道谊相期者，尚有手书勤勤之意"（《与陈员外书》）。见信如晤，"每一睹之，便如相对"（《与梅圣俞》一）。心情迫切，"思得足下一书，不啻饥渴。"（《与富文忠公》一）此外，写简还能销忧，"暑中绝近文字不得，无以度日，时因作书简，得一挥毫，尚可销忧尔。"（《与梅圣俞》三十五）梁启超评曾国藩及胡林翼的文集曾说"信札最可读，读之见其治事条理及朋友风义。"① 欧阳修书简虽非其著述中最可读，但朋友风义亦是流溢于笔下贯注于字里行间。从早年的洛中盛游到中年的宾客盈门再到晚年的交游索寞，他一生最为注重珍惜的经历体验便是"月中琴、弈、尊酒之会"的风雅或"清话少时"的畅谈。大部分书简的主体内容为向朋友询问动止、述说近况、倾诉心态、赠送各种小礼品。文风真切自然，诚挚古朴，时而风趣诙谐，时而情深义重，笔端如见其人，其于交游中倾注之心力和深情可见一斑。

二　典故繁密到自然通脱的转变

欧阳修的诗文创作皆经历了由青涩到成熟的过程。诗歌早期受西昆体影响甚大，意象密集华丽，风格旖旎娴婉。文章则早年多作用事繁密之四六，纡余委备、往复百折之古文成熟于庆历中。在这一整体进程中，书简作为同一主体创作之一种亦有着类似诗文的演进与流变特征。

欧阳修书简现存作年最早的一篇为天圣间与连庶：

> 某惶悚顿首上党三哥良执。少别，伏想体中佳好。近者兄长行，获奉短札，恳悃之素，具之如昨。洎任进来，得三兄信，伏知轩车犹未归仙墅。某自返党间，遢然块处，日以贱事相逼，鱼鳞左右，至于笔砚之具，视同长物而已。前承宠示佳句，久欲为答，奈六情底滞，不能叩课，加之对雷门之前，非布鼓之能过也。但效曹生游扬季布之名，日得传播于汉东士流之间，讽诵传写者，殆使中山兔悲而洛阳纸贵也。今勉成一首，以报来赐。小生学非师授，性且冥惷，仰赖良交，时赐教诱。若不为索其病疵，而姑效司马生言好字，则三哥顾我

---

① 　梁启超：《梁启超讲国学》，凤凰出版社 2008 年版，第 20 页。

之厚薄，可由斯而见矣。峥岁且晏，平居寡徒，想望故人，能不怆恨？时因北风，幸无忘德音之惠。某顿首。（《答连职方》其一）

连庶字君锡，应山人，曾任寿春令，有政绩。应山为随州属邑，欧阳修及第前曾与之游，庆历八年（1048）为其父作墓表。此简叙二人分别后诗篇唱和之事，本无繁杂，但简中连用曹丘游扬季布、中山兔悲、洛阳纸贵等众多典故；又用"轩车""仙墅""峥岁且晏"等语，略嫌生硬堆砌。这种书写风格恰与早期的诗文风格有着内在关联和相似性。与友人诗篇唱和是书简中反复出现的主题之一，后期书简中的类似表达便较为纯白流畅，宛如面谈。如嘉祐三年（1058）与梅尧臣信中云："昨夜再读《和景仁雪诗》，甚妙。兼以韵难，如何可和？且只和得《岁日书事》一篇。"（《与梅圣俞》四十）又，"前承惠《白兔诗》，偶寻不见，欲别求一本。兼为诸君所作，皆以常娥月宫为说，颇愿吾兄以他意别作一篇，庶几高出群类，然非老笔不可。"（《与梅圣俞》四十一）无论是自己和对方诗还是请求对方再和诗，皆明白如话，真切自然。

欧阳修后期的书简，无论长短，皆于尺幅中见出推心置腹之真诚，述近况，话家常，诉相思，亲切蔼然，娓娓而道。如嘉祐四年（1059）与王素一封：

> 自去岁秋冬已来，益多病，加以目疾，复左臂举动不得，三削请洪。诸公畏物议，不敢放去，意谓宁俾尔不便，而无为我累，奈何奈何。然且告他只解府事必可得，不过月十日，且得作闲人尔，少缓汤火煎熬。有无限鄙怀，不能具述。薛婆老亦多病，于锦绣无用，只是儿妇辈或恐有所要，临时奉烦尔。土宜归日，惟好且当，正如宽厚之说也。呵呵。酒绝吃不得，闻仲仪日饮十数杯，既健羡，又不能奉信。蜀中碑文，虽古碑断缺，仅有字者，皆打取来。如今只见此等物，粗有心情，馀皆不入眼也。递中续得来书。京师自立春泥雪，至今冻尸横路，遂罢放灯。经节，不敢过诸人，皆云寂寞。恐知恐知。疏拙无佳物表意，不怪不怪。（《与王懿敏公》五）

嘉祐四年（1059）春，欧阳修于权知开封府任上已半年，事务繁剧，使得他身体健康状况恶化。先是多年目疾加重，"十年不曾灯下看一字书，自入府来，夜夜灯下阅数十纸，目疾大作，一月之内已在告。"（《与王文恪公》三）又"左眼脸上生一疮"，且"脚膝行履艰难"，因此屡次上章请辞府事。"三削请洪"指他自至和元年（1054）回朝后，因挂念祖茔，且历经十年外放，进取之心已淡，已三上《乞洪州札子》。"薛婆"事概指向王素讨要著名的蜀锦。王素为名相王旦幼子，欧阳修多年好友，早在庆历三年（1043）即与欧阳修同知谏院，即蔡襄诗云"御笔新除三谏官"其中一员，政治上同进退，私交亦甚笃。嘉祐三年（1058）春知益州，此时仍在西川，故欧阳修有讨要之言。且言非为薛夫人，是赠予儿妇辈。所写已涉及家眷之事，可见二人交谊之深厚非泛泛之交可比。其后谈吃酒事，又请求代为访碑。考诸欧阳修生平及爱好，所谈之事皆心头之好，无一虚语托词。此简述事细致熨帖，笔端有情，是欧阳修后期书简真挚自然之风格的典型代表。

三　"六一风神"的微观呈现

作为欧文风格的经典概括，"六一风神"最初为针对叙事之文而发[①]，其后扩展为欧阳修散文的整体审美特性。[②] 就其"蕴藉吞吐"、"一唱三叹"、"俯仰古今"、"感慨系之"、"情感外显"等内涵来说，书简中的某些代表精品亦有着精彩的呈现。

1. 曲折深婉。如早年所作与富弼第一封书简：

　　某顿首白。彦国自西归，于今已踰月，无由一致书。盖相别后患一大疽，为苦久之，不暇求西人行者。然亦时时有客自西来，独怪彦国了无一书，又疑其人不的。于段氏仆夫来，致几道书，此人最的，宜有书，又无，然后果可怪也。始与足下相别时，屡邀圣俞语，谓"书者，虽于交朋间，不以疏数为厚薄。然既不得群居相笑语尽心，有此犹足以通相思，知动静，是不可忽。苟不能具寸纸，数行亦可。易致则可频致，犹胜都不致也"。当时相顾切切，用要约如此，谓今别后，宜马朝西而书夕东也。不意足下自执牛耳登坛先歃，降坛而吐之，何邪？平生与足下语，思欲力行者事何限，此尺寸纸为俗累牵之，不能勉强，向所云云，使仆何望哉？洛阳去京为僻远，孰与绛之去京师也？今尚尔，至绛又可知矣。自相别后，非见圣俞，无一可语者，思得足下一书，不啻饥渴，故不能不切切也。秋暑差盛，千万自

---

① 黄一权：《"六一风神"称谓的来源及其阐释》，第37页；刘宁：《叙事与"六一风神"：由茅坤风神观切入》，《文学遗产》2011年第2期，第100—107页。
② 罗书华：《论六一风神的八个维度》，《中国文学研究》2013年第1期，第70页。

爱。（《与富文忠公彦国》一）

此简原题天圣、明道间，误。据欧阳修患疽的经历，景祐元年
（1034）与王几道书中亦云"自彦国去后，患一肿疽，二十馀日不能步
履，甚苦之"，则此简应作于景祐元年（1034）居京师任馆阁校勘时。富
弼此年通判绛州①，夏末归洛阳，所以简中云"西归"。元代刘壎曾以此
为例论欧文之特色，云："欧公文体，温润和平，虽无豪健劲峭之气，而
于人情物理，深婉至到，其味悠然以长，则非他人所及也。尝见其天圣、
明道间，有一书与富文忠公，责其久不寄书，曰……此书非特曲尽事情，
而当时朋友真切之意，尚可想见。"② 王水照曾评此简云："絮絮叨叨，只
有一个意思：责其久不寄书，却用了302个字。然而主旨单纯而文意几经
曲折，意味悠长，责备怨望而深婉不迫，入情合理，是欧氏以阴柔美为特
征的散文主体风格的最早体现。"③ 作为早期作品，其"蕴藉吞吐"的特
征尚不成熟，还易流于"絮叨"的印象。但此简中对友情思渴之心的倾
诉宛如九曲深溪，幽韵回环，层叠有致，虽不免带有用力作文的痕迹，已
显露出鲜明的自我特征。

2. 聚散感慨。"凡朋友契阔之余必藉尺书以通情款"④，交游之思作
为书简中一大恒定主题，在感慨盛衰、俯仰今昔之际便与"六一风神"
有了本质的内在关联。同样作于早期的与梅尧臣的一封书简，更堪称欧文
之阴柔美的典型作品：

　　昨日贤弟至，辱寄书，并前所寄二书及梦中诗，又五百言诗，频
于学士处见手迹，每一睹之，便如相对。别后虽尹氏弟兄、王三并
至，然幕中事比圣俞在此时差多。盖东都兴造，日有须求，仓卒供
办，未尝暂休息。职此，未始得从容聚首，独游嵩事一胜尔。然而历
览中春之游，山水之状皆如故，独昔之青林翠壑，今为槁叶。又目前
不见圣俞，回忆当时之事，未一岁间再至，寻见前迹，已若梦中。又

---

① 曹清华：《富弼年谱》，《宋人年谱丛刊》第二册，四川大学出版社2003年版，第
902页。

② （元）刘壎：《隐居通议》卷十三《文章》，《丛书集成初编》本，第0213册，第
141页。

③ 《王水照自选集》，第456页。

④ （清）梁章钜：《退庵随笔》卷二，《续修四库全书》子部第1197册，第196页。

河阳咫尺，顾足下若万千里。又曩日恨不得同者尹十二、王三，今反
俱游，而圣俞独不至。人生不一岁，参差遂如此。因思百年中，升沉
生死，离合异同，不知后会复几人，得同不得同也！自足下去后，未
尝作诗，前枉制未及和。尹十二去，应能尽说此中事，故略不论。知
与师鲁相见，少酒为欢，值无酒寄去，奈何。（《与梅圣俞》其一）

　　与上封书简相比，此简在呈现欧文之典型特征上更为精进一层。写作此
简时，相知最契的梅尧臣移知河阳，第一次分别，在欧阳修心中已勾起深沉
的离合之感。简中抒发对梅尧臣别后的思念以及由此生发的人生聚散感慨，
是欧阳修细腻锐感心灵的呈现，更是其后欧文中一再回响的旋律。简中今昔
时间跨度固然有太短之嫌，但在对比参照下，在欧阳修心中已生具体而微的
"古今之叹"及"盛衰之感"。"思百年中，升沉生死，离合异同，不知后会
复几人"，欧阳修或许不经意的几句咏叹，竟谶语般预示了其后交游盛衰零落
的境遇。在西京友人云散之后多年，欧阳修方悟洛阳盛游之难得："予时尚
少，心壮志得，以为洛阳东西之冲，贤豪所聚者多，为适然耳。其后去洛，
来京师，南走夷陵并江汉，其行万三四千里，山砠水厓，穷居独游，思从曩
人，邈不可得。然虽洛人至今皆以谓无如向时之盛，然后知世之贤豪不常聚，
而交游之难得为可惜也。"（《张子野墓志铭》）因可惜而更增咏叹情怀，发
于笔下，如泣如诉，饱含深情。近人李刚己云："欧公文字，凡言及朋友之死
生聚散与五代之治乱兴亡，皆精采焕发。盖公平生于朋友风义最笃，于五代
事迹最熟，故言之特觉亲切有味也。"[①]
　　3. 温润和平。
　　"欧公书牍，惟《与高若讷》自云发于极愤，其他无一峻厉之
辞。"[②] 如嘉祐六年（1061）与好友刘敞一封：

　　　某启。自春首以来，儿女辈疾病，日益忧煎。自顾无补于时，而
衰病日增，咎责四至，其何以堪之？惟思春物烂然，故都遗胜不可胜
览，而公专有之，犹恐厌饫所见，不以难得为惜也，须知有不可得之
者也。贤弟亦稀相见，盖难得尽从容之适尔。公自至镇，一尝辱问，
遂绝惠音，不知何嫌，遽尔见疏也？西斋尘土，无复人迹。偶因连日

---

①　李刚己：《古文辞约编·丰乐亭记题解》，转引自洪本健《欧阳修资料汇编》，第
　　1327 页。
②　王元启：《读欧记疑》，转引自洪本健《欧阳修资料汇编》，第 1039 页。

假，故试寻笔研，略布此诚，以此亦可见其为赆也。其他俗事可憎，不复多道，但布瞻企之勤尔。气候犹未和畅，不知西路如何？惟为国自爱。某祇拜。

初望西物甚众，今寸纸一字不可得，况南山竹萌之类耶？至于新诗醉墨，并弃前约，无乃太甚乎！（《与刘侍读》十七）

嘉祐六年（1061）三月，欧阳修拜参知政事，刘敞于知永兴军任上，治长安。二人自皇祐元年（1049）于颍州相识，始终交谊甚笃，"同为昭陵（仁宗）侍臣，其学问文章，势不相下，然相乐也。"① 同是责怪友人不寄书信，但此简语气已颇不类与富弼书简。先述家人及自己近况，转到对方之胜游，再转回自己之忙迫，接着略抒音讯稀少之怨，又转到己方，写西斋之萧索情形，暗示无友朋相聚，再述作书之缘由，最后问候对方，又补上几句对好友无音讯的抱怨，语带诙谐。整篇书简似清话闲谈，娓娓道来，如沐春风，虽有久不得好友音讯的怨望，然而感情内敛，情绪始终约束于笔端事件的转换中，含蓄蕴藉。南宋韩元吉曾评欧简云："文忠公手墨，世固多有之。二帖盖与原甫、君谟，皆平日至厚，周致委曲，情如家人，足以见前辈交友之谊，为可宝也。"② 洵为精到之言。

① （宋）邵博：《邵氏闻见后录》卷十八，邵博撰，刘德权、李剑雄点校：《邵氏闻见后录》，第140页。
② （宋）韩元吉：《南涧甲乙稿》卷十六《跋范元卿所藏欧阳公帖》，《丛书集成初编》本第1982册，第319页。

结语　在琐细的日常中塑造自我、拓展生命

"饮酒横琴销永日，焚香读《易》过残春。"熙宁二年（1069），63岁的欧阳修这样描述他的日常生活。对统领一方的青州太守而言，这样的销日方式似乎有怠政之嫌。不过两年后他即连上三表两札子坚请致仕，带着他的酒、琴、书还有碑帖和棋归于颍水之上，老于五物之间去了。

欧阳修晚年对于琴、棋、书、碑帖等文房清玩的热爱和表达虽让人耳熟能详他"六一居士"的名头，但也容易让人以为这些物品不过是一老者的把玩消遣之具，曾备位二府多年的他置办这些物品应该也没有什么难度。但当我们梳理欧阳修何时备齐"五物"时，我们就会发现，"五物"由来已久，而非临时撷集，且地位极为重要。为此，欧阳修还专门作文解释"五物"之详情以及给他带来的欢乐。《六一居士传》在文本渊源上继承《五柳先生传》，但"五柳先生和六一居士与其心爱之物的关系有深刻的不同。"① "五柳"对陶渊明而言是随机的，并非具有不可替代性，更像一个空洞的指称；而"五物"对于欧阳修来说，却大部分都是伴随终生的有情之物，是其日常生活之重要构成部分。他对"五物"的拥有毫无疑问成为了他晚年最新的自我定义内容。"与五为六"而非"以一有五"的表达可以视为"君子可寓意于物，但不可留意于物"② 的先声，但此时的时代环境让欧阳修显然还没有产生苏轼那样玩物丧志的焦虑，"五物"与他一起构成"六一"，支撑起他的自我形象之建构，是自我的一部分。

当我们以审慎的态度细察五物之构成时，我们就进入了欧阳修的日常生活世界。不过，这个世界边界模糊，性质不明，琐碎杂乱，但大体上，它与宏观的政治事件、历史图景有别，异于离奇情节和生死大事，

---

①　[美] 宇文所安：《华宴：宇文所安自选集》，刘晨等译，南京大学出版社 2020 年版，第 147 页。

②　（宋）苏轼：《宝绘堂记》，《苏诗文集》，第 356 页。

具有极高的重复性，世俗性①。与"五物"有关的活动大体皆属于这个范围。与政治上的事功、经学上的贡献相比，日常生活中的欧阳修有普通人的悲欢喜乐，亦有不同流俗的创造力。近年来，学界对于欧阳修的研究逐渐由文学、政治、学术转向更广泛的文化领域。如艾朗诺认为，"欧阳修是个关键人物。他非但首创把石碑铭文的书法当艺术品收藏，撰写诗话和花谱，他对词的发展贡献也非常大。换句话说，这些不同领域曾被同一个人塑造，无论是创始或是改造的动力都是通过此人的生命迸发出来的，而他恰恰是一位这一时代特别具有代表性的人。"② 刘子健亦云"欧阳修最能代表北宋中期活跃和开创的精神。"③ 基于这种思路的启发，透过日常生活视角去阐释欧阳修之所以成为"关键人物"及具有"开创精神"的成因，或者说，欧阳修这一"关键人物"在其日常生活领域如何呈现其"开创精神"，就成为本文展开思考和探讨的出发点以及重心。

除了个人因素以外，欧阳修还站在了一个时代的临界点上。作为新崛起的科举士大夫阶层之代表，欧阳修的阶级归属和日常生活内容与前人有着很多不同。"唐宋转型"说认为，唐代属于中世的末端，而宋代则是近世的发端。"忽视了这一种与历史时代区划相关的大判断，而谈论欧诗乃至宋诗的'日常化'特点，其实是十分危险的。"④ 虽然近年来对此转型说亦有不少反思的声音⑤，但欧阳修所代表的宋代士大夫日常生活类型肇始于中唐白居易、韩愈等科举士人，而与更早的士大夫日常生活不同，则是学界共识。而作为"赵宋一代文学之父"⑥ 及"本朝儒宗"⑦ 的欧阳修，无疑对两宋历史文化影响深远。因此，研究欧阳修的日常生活对于进

---

① 南帆：《文学、现代性与日常生活》，《当代作家评论》2012 年第 5 期，第 28—36 页。

② ［美］艾朗诺：《美的焦虑——北宋士大夫的审美思想与追求》，杜斐然等译，上海古籍出版社 2013 年版，第 2 页。

③ 刘子健：《欧阳修的治学与从政》引言，第 3 页。

④ 朱刚：《唐宋"古文运动"与士大夫文学》，第 158 页。

⑤ 朱刚：《唐宋四大家的道论与文学》第六章即有辨析"中国文化发展到两宋时期，确实进入了一个新的阶段，与前代具有差别，这是不争的事实，但这种差别，是不是中世纪与近代的差别，则仍需检视。"第 166 页；新近论文亦有多篇谈及，如成一农《跳出"唐宋变革论"——兼论当前中国古代史研究中存在的一些缺陷》，《厦门大学学报》2021 年第 5 期，李华瑞：《走出"唐宋变革论"》，《历史评论》2021 年第 3 期。

⑥ 陈子展：《唐宋文学史》（宋代），山西人民出版社 2015 年版，第 18 页。

⑦ （宋）周必大：《龙云先生文集序》，《文忠集》卷五十五，《四库全书》第 1147 册，第 582 页。

一步深化两宋士人的日常生活研究具有示范意义。

但在研究设计上，本书无意勾画出一个人人皆适用的清晰的日常生活范围，从而使本文的研究方法可以无差别替换对象，而是主要致力于从每个具体的人出发，检视探讨"这一个"的日常生活情态，从而在此基础上勾连其心境、志趣、理念和文学创作，呈现出立体而复杂又不乏时代共性的生命情境个案。日常生活的暧昧不明之处就在于不同的社会阶层及不同的个体之间会有相当不同的重复性、庸常性内容。引车卖浆者流的日常生活不会有"终日在几案""饮酒横琴"的内容，即使同为宋代新兴科举士人群体，梅尧臣的日常生活内容就没有欧阳修的"访古寻碑"①，在宴饮活动中，梅尧臣的作词次数也远远少于欧阳修，但"日课一诗"这个内容则是欧阳修的日常中缺少的。因此，本文所讨论的日常生活某种程度上是以欧阳修为具体对象同时有着具体边界范围的客体，而在行文的叙述分析中，关涉士大夫群体之日常生活内容，则根据需要有或多或少之呈现。

本书的思考围绕日常生活和文学创作两个重心展开，这也是上下编章节设计的核心。上编由"六一"中的具体事物入手，探讨欧阳修以"六一"自我命名的意义、醉翁的自我形象建构、集古爱好、家庭生活、身体状况等五个方面，侧重于生活史实之爬梳，辅之以文学作品分析；下编为各体文类创作的研究，从诗、词、文、笔记、诗话、书简等文体视角探讨其日常生活与文学创作之关系，侧重于各类文体创作风格及成就之提炼，辅之以相关史料论证，其主要观点概述如下：

本书以对"六一"的探讨为起点。"六一居士"的命名体现了欧阳修对日常生活的意义追寻。"六一"的构成和自我阐述说明欧阳修对自己的日常生活状态有着清醒意识和自觉概括，体现出他对日常生活的关注和自得情趣。欧阳修的"五物"之爱贯穿终生，不等于他晚年生活的简单概括。它们承载了欧阳修的人生思考、理念追求，彰显了他的性格特征、生活旨趣、价值定位。藏书的广博、集古的沉迷与焦虑、琴道观的节性自适、饮酒行为的韬晦弥迹无一不是其生命形态具体而微的体现。"老翁"与"五物"并置，是欧阳修借以建构自我形象的方式，赋予"六一"以主客混一的姿态，是欧阳修对日常生活审美的超越。同时，五物皆属室内可容纳摆放的事物类型，凸显出欧阳修个体的日常生活与时代的共融之处。

---

① 梅尧臣：《闻永叔出守同州寄之》，《梅尧臣集编年校注》，第733页。

　　"六一"中，饮酒与集古二者其内涵较其余三事更为深厚。就饮酒而言，醉翁之号体现了欧阳修中年借以建构自我形象的努力。欧阳修日常生活中饮酒频繁，酒在其一生不同时期有着差异性的呈现。酒是慰藉心灵的浇愁之具，亦为身份认同之物和友情见证，同时也是日常生活的情趣象征。但其饮酒行为比较理性，少有狂醉之态。在不同文体之间，欧阳修对于酒的描绘风格颇不相同。欧诗关于饮酒的描述多偏于纪实、保守、节制，欧文中对于酒意象的描摹除了《醉翁亭记》中的寄寓内涵，其他篇章少见涉及。这是欧阳修追求不同文体风格刻意营造出的结果，诗言志，词娱情，文载道。酒意象是折射他这种观念的具体表征。

　　集古是欧阳修日常频繁进行的重要活动，是学术生活化的体现，改造了欧阳修及当时文人的日常生活，引领了有宋一代文人集古的风潮，体现出其一贯的探索意识与创新精神。集古的历程从广义说贯穿了欧阳修一生，幼年以碑学书的经历使其对碑文产生兴趣，后经零散收录和系统收集两个阶段聚集了数千篇碑刻铭文，成千卷之巨。集古缘由大略有好古之癖、追求不朽、热爱书法等诸多方面。《集古录跋尾》的撰写集中于嘉祐、治平间，以治平元年（1064）为最。撰写跋尾从深层上说是欧阳修对自己人生已过去的主体岁月的回顾反思，是其预备隐退之际内心世界的投影折射。《跋尾》中文学内涵丰富，涉及文体的复古与革新、文辞的尚真与求工等多方面问题，个别精心结撰的跋尾还呈现出感慨淋漓的"六一风神"。

　　如果说"六一"是欧阳修日常生活中独具个人特色的部分，那么稍后引入的家庭和身体视角则是人类共有的日常生活构成。家庭是日常生活的基础性空间。家庭生活以及父子、夫妇等伦理关系构成每个人日常生活的重要内容和基础框架，也是解读个体性格特征与内心世界不可或缺的有效方式。欧阳修幼年丧父，与母亲寡妹相依为命，他成长过程中有着深重的遗孤心态及传家使命。这与他的文学创作关联甚密，集中体现在《泷冈阡表》中"有待"情结的抒发。在丁母忧时，欧阳修哀毁过礼的表现和对"丁忧不赋诗"习俗的遵守皆体现了母教对他的深广影响。在夫妻关系中，欧阳修年轻时两度丧妻，与薛夫人得以终老。夫妻关系对他的性格及生活影响甚大，早年生活放纵而后期生活趋于严肃，皆多由薛夫人严格机敏之管束。就创作而言，早年悼亡诗沉痛又充满愤郁不平之气，中年寄内诗篇幅宏阔叙事绵密议论慷慨，皆为同类题材中精警之作。在教育子侄方面，因子女夭亡过多，他采取宽简全性的教育理念，不苛责科场成败。同时养育族中子侄，教导其为学为官之道，体现出他性格中的宽厚温情。

欧阳修的身体状况是传统文学研究中易忽视的角度。他因先天遗传及幼年环境等因素而体弱早衰，并早生华发，中年后患足疾、风眩、目疾、消渴等多种严重疾病。白发、瘦弱、衰容等早衰特征的描写是他疾病书写的主要内容。其衰病书写有以下几个特征：一是淡化疾病名称，粗笔勾勒；二是多以青春、鲜花等反差对立意象与衰病并置；三是以戏谑自嘲笔调及卑陋物象来营造衰暮生活情境，以诙谐气氛化解衰病的沉重感。在衰病书写中，欧阳修内心的情愫较为复杂，有对老病之苦、世路艰难的哀叹，亦有对疾病衰老的抗争、玩味、自嘲、接纳与满足。前者是衰病书写的常见内涵，是继承前贤之处，后者则体现欧阳修的开拓以及时代特色。衰病书写的穷愁内涵在欧阳修笔下并不占主要比例，其创作在体现宋诗"扬弃悲哀"特点的同时，更鲜明的凸显出"不以己悲"的人格范型和对"乐"的践行。

下编前三章以诗词文三类核心文体为中心，探讨日常生活视域下各自不同风貌。欧诗创作方面，首先，欧诗扩大了日常生活题材，举凡日常中的饮食、宴会、日用、起居、读书、疾病等皆形诸笔下。欧阳修还以极大热情开辟新诗材，并广邀和作，在构思时常以小见大，引申联想，俯仰古今，辅以感慨化议论，极具历史纵深感。其次，处理日常生活题材时，欧诗多采用规避细节、对某些事实进行变形虚构的方式，而非细致实录描摹。其次，欧诗拓展了戏谑诗风，其戏谑对象主要聚焦于自我形象及好友梅尧臣的"穷而后工"，戏谑方式主要为男女之情、以物喻人、雅俗突转等，在"放言"背后体现出其理性的自持及严肃的诗歌观念。最后，日常生活中的物质基础对欧诗影响颇深。早年的贫寒家境使得其尽力于时文，其诗学观念也对杨、刘多所宽容，"不好杜诗"的态度与杨亿一脉相承；中年的优裕生活又使得其诗多"廊庙富贵气"。

如果说诗文作品大部分作于独居静思时的书斋中，那么词作则大多诞生于嬉笑喧哗的群居宴饮场合。这一静一动的两种生活形态构成了日常生活的主体情形。日常宴饮生活是欧词的创作情境。纵向考察，欧阳修早年在洛阳时期的纵游生活是其创作艳词的环境，其艳词亦多化用晚唐艳情诗，代言性质明显。但艳词的接受者在阅读过程中易由作品解读构建出相应的作者个人私生活，进一步用此构建之私生活来解释作品内涵。这种循环论证的困境通常只会带来阐释的无效性，但在云谲波诡的政治斗争中以及南北宋之交时代巨变衍生的词体雅俗之辨思潮中，艳词创作与解读、词人的狎妓生活与个人品行、词作的真伪混杂遂与党争弹劾、修史立场、科场改革等诸多问题交织缠绕，颠倒错乱互为因果，是欧词传播中的独具特色的现象。经历滁州之贬，欧阳修的生活不复洛阳式纵游。初次知颍时的藏拙心态是其决定终老于此的关键因素，这一时期的《采桑子》十首在宋代山水词发展史上值得关注，可视为宋代山水词至此确立。词中对春景之媚、游赏之乐的描摹抒发则山水词中的别调，呈现出欧词一贯的热烈风格。此后居京时宴饮多为家宴，预者多为京官同僚，其抒情逐渐侧重士大夫之宦途感慨。饮酒行为与词创作关系密切。酒意象是欧阳修词作中的典型意象之一，近二分之一的欧词中皆有运用。酒意象不仅数量众多，意蕴丰富，可分为感官享受、遣玩之兴、身世之感、生活情趣等类型；而且与花意象形成独特的"把酒花前"并列意象组合方式，包蕴欧阳修深沉的世事感怀；同时在艺术风格上呈现出清狂与热烈的美学特征。酒意象的引入和多层次呈现是欧词跳脱花间藩篱，自出蹊径开拓宋词新境界的重要手段。

　　欧文的创作及其特色与其日常生活状态密不可分。首先，在物质生活上，早年的贫寒使其家无藏书，这是他儿时于好友敝筐中发现韩集的直接原因，而与韩集结缘正是欧文自成一家的发轫点；其次，物质困窘使其年少早衰，对易逝之物尤为敏感，时间意识强烈，痛心于朋友散亡，执念于青史留名，这种身心状态是欧文"感慨系之"的深层背景。再次，欧文的创作大部分源于其日常交游。交游情境直接影响欧阳修作文时的多样心态。在碑铭撰写中，对于道义相期的至交好友，他会有"文字是本职"的使命感和责任感，亦会主动请铭。总体上，他也以较为开放的心态广纳铭墓的请托而少有拒绝，并以严格谨慎"有意于传久"的作史理念来创作，以强硬姿态面对与丧家之冲突。但晚年多病疲惫的身体状况和越来越多的请托还是让他产生"痛自惩艾"的自悔想法，作铭成为一种不可承受之重。与数量繁多的碑铭相比，少量的祭文则呈现出欧阳修交友圈的核心层。其祭文颇多新变，形式上以散体为主，间插韵语，技巧上多插入独立成段的议论，与抒情叙事结合，形成对生死之际、生命意义等问题的探讨，使祭文具有不同的哲思内涵，同时，风格上力求与所悼念之亡友"文如其人"，各篇祭文着意呈现不同文风，也体现了作祭文之匠心。在记体文中，欧阳修扩大了对自我日常生活的呈现，叙述风格早年偏于工丽，晚年趋于平实，体现出他在记体文取材方面的新尝试。其中，营建记以释建筑命名之由来立一篇之警策，表达或超脱隐逸或洞彻明达的某种人生理念。

下编后两章探讨笔记、诗话、书简等文类与日常生活之关系。《归田录》与《六一诗话》皆以其自身的独特性开创了笔记体著作和诗话体著作的风气之先，二者与其日常生活具有密切关系。就《归田录》而言，首先，内容上由注重志怪、宫廷轶事转向日常生活和普通民众，写作目的转为日常中的自我消遣。其次，叙述风格上，个性化议论、闲适诙谐笔调突出，与欧阳修生活中好戏谑的性格有关。再次，记录场景时喜用日常对话的方式展开情节，注重细节，用词多口语化。就《诗话》而言，其零散体式与日常闲谈的零散随性相呼应；"资闲谈"的目标表明其诞生与日常生活场合密不可分；内容多为欧阳修日常生活中文学感受的融会。

欧阳修书简所包蕴的丰富特性，让它处在日常生活与文学创作衔接的焦点之上。首先，它是欧阳修日常生活的丰富记录和创作呈现。包括96篇佚简在内的书简多为政事之外日常生活细节的记录，诸如饮食、疾病、交游、酬赠往还、宴请聚会、创作研讨、风土人情等。其次，由于写作的即时性与随意性，书简中较多展示了欧阳修性格中思绪缜密又直率爽利、颇有情趣的一面，可了解其性格的多维度。再次，书简中亦多有关于文学创作的感受，与诗友酬唱的记载，体现欧阳修文学创作的实时情态及精英阶层的"我辈"身份认同。

日常生活与一切活动有着深层次的联系，并将它们之间的种种区别与冲突一并囊括于其中。日常生活是一切活动的汇聚处，是它们的纽带，它们的共同的根基。也只有在日常生活中，造成人类的和每一个人的存在的社会关系总和，才能以完整的形态与方式体现出来①。如同大多数人一样，欧阳修的日常生活是琐碎、重复和庸常的，有人人习见的生计操持和养家糊口、人情往来、生死病痛，但同时，他的日常生活更是充满革新精神和时代新风的。他兴趣广泛、才学深厚、刚健进取的开拓气魄②不仅展露于政治生活、审美活动，更贯注于日常生活之中，正是日常生活中的开拓、创新性思维及活动让欧阳修的历史地位和文学文化成就丰富、立体、充满魅力。

---

① 刘怀玉：《现代性的平庸与神奇——列斐伏尔日常生活批判哲学的文本学解读》，中央编译出版社 2006 年版，第 103 页。

② 刘子健《欧阳修的治学与从政》："年青时已经表现兴趣多，方面广，有学力，有雄才，有领导的魄力和气度。北宋中期济济多士，而要找出一个能和欧阳修相提并论的人，还颇不易。"第 136 页。

　　欧阳修始终以锐意进取、自强不息的刚健有为精神来对待改造日常生活，成为宋代士大夫群体之卓越代表。这种刚健有为的人生态度在青壮年时表现为"每自勉励"，以善养马自比，"惜其天姿，不欲废堕"（佚简第43），感叹"君子之学也，其可一日而息乎"（《杂说三首》）。这种自强不息的精神体现在他积极投身于政治活动，体现在交游时的"以道义相期"，更体现于日常中"居闲僻处，日知进道"（《与尹师鲁第一书》）的不苟态度。经历宦海风波和人事凋零，晚年的欧阳修虽多病缠身，心志消沉，仍以坚韧的态度不苟于创作、修改，以"不畏先生嗔，却怕后生笑"的谨慎态度来编纂文集，把刚健精神贯彻得有始有终。《归田录》《诗话》《跋尾》的创作结集大部分都在 57 岁之后的晚年，而这些著述皆极具创新价值，各创独立著述体例，引领后世继作不绝。也许在内心情感上，欧阳修是"无悰鲜欢，哀痛孤独"①的，但他开风气之先的宗师气度始终未曾消歇。

　　欧阳修的开风气之先离不开对时代脉搏的把握以及新型士大夫群体的建构和引领。这种建构由政治生活延伸至日常生活的末节，与其交游情境、文学创作融会交织，形成复杂而多样的生态。随着宋代科举的深层改革及右文政策的影响，士大夫逐渐形成一个独立的阶层登上政治舞台。但宋初的士风、文学"犹袭五代之卑陋"②，至"真、仁之世，田锡、王禹偁、范仲淹、欧阳修、唐介诸贤，以直言谠论倡于朝，于是中外搢绅知以名节相高，廉耻相尚，尽去五季之陋矣。"③范仲淹、欧阳修对于有宋一代新型士风建设的贡献前贤多有论述，此处想补充在生活细节中，欧阳修塑造新型士人群体的种种努力。

　　在交游方面，经历了从重政治同盟到意在生活志趣相投的观念之演变。初入仕途时，锐意有为的欧阳修以同年及洛中同僚为核心构建起"廓然以文义为交"（《与梅圣俞》十六）的士人阶层，追求"以至公相期""少励名节"，志在扭转昔日"趋走门下，胁肩谄笑"（《与刁景纯学士书》）的世俗交游观。这个士人阶层的核心是参与庆历新政的一众同年好友如尹洙、蔡襄、余靖、苏舜钦等。正是在梅尧臣、石介、欧阳修等人的笔下开始大量出现"吾徒""吾辈"等用以指称新型士人群体的词

---

①　陈湘琳：《欧阳修的文学与情感世界》，第 304 页。
②　（宋）陈亮：《书欧阳文粹后》，《陈亮集》（增订本），邓广铭点校，中华书局 1987年版，第 246 页。
③　（元）脱脱：《宋史·忠义传序》，《宋史》，第 13149 页。

汇，其内涵皆重在强调发扬儒道、承担社会历史责任以及与前辈价值追求的不同。而在这些同道中人去世时，欧阳修会主动请求为其铭墓，以作史传的方式掌握盖棺论定的话语权来塑造历史。对"至公相期"的追求同时也意味着对私领域的弃置，"吾徒所为，天下之人嫉之者半"（《与尹师鲁第五书》），价值观的不同使欧阳修选择了与前辈士大夫私交破裂的决绝方式，体现了政治对日常生活的侵蚀，这在欧阳修与胥偃、晏殊等人的私交由亲至疏的转变中有典型体现。

不过这一士人阶层的范围随着欧阳修年岁见长交游广阔而逐渐扩大，人员也更为驳杂，其标准逐渐由政治、道义同盟泛化为博学多闻、鉴赏雅趣、文学创作等生活情态内容。这在集古活动中有明确表达，在跋尾中他屡言众友人的帮助，"余所集录自非众君子共成之，不能若此之多也。"（《唐蔡有邻卢舍那珉像碑》）同时，亦以集古爱好来作为"吾辈"与"世俗"的区别："发书，惊喜失声。群儿曹走问乃翁夜获何物，其喜若斯？信吾二人好恶之异如此，安得不为世俗所憎邪！"（《与刘侍读原父》二十六）此外，日常生活中的诗作唱和亦是身份认同之方式。"家人见诮，好时节将诗去人家厮搅，不知吾辈用以为乐尔。"（《与梅圣俞》四十三）在谈到苏轼对他和梅尧臣的仰慕时，欧阳修的重点亦不在政治同道，而是"亲执文柄"① 改变文风的贡献。在日常书简写作中，对"吾徒"的强调和表达更是比比皆是。

日常生活有常与变两个维度，在内涵上或节奏上，它"可能为历史事变的节奏加快所改组与改变，但是在这一框架之内，也必然流行一种相对稳定和持久的节奏。"② 在刚健有为、砥砺士风之外，欧阳修的人生态度中还有一种"稳定和持久的节奏"，即敏锐而焦灼的时间意识以及强烈的不朽追求。后者其实是前者的心理基础。由于身体的孱弱、情感的敏锐、对佛道思想的拒斥而带来的信仰的淡薄，欧阳修把灵魂的安顿放置于此世的传道立言进而留名于历史，因此，生命时间对于他来说即为物理存在时间。"不朽"固然能够拯救物理时间的短暂，但如何实现"不朽"取决于在物理时间内的树立和成就，甚至经常归于"幸与不幸"。他对于时间流逝的焦灼忧虑无时无刻不展露于笔下，体现在日常生活的方方面面。

当以高科及第身份步入仕途后，欧阳修就把自己的言行自觉放在了历

---

① （宋）苏轼：《谢欧阳内翰书》，《苏轼文集》，第1424页。

② ［匈］阿格妮丝·赫勒：《日常生活》，第236页。

史的维度上：在洛阳时众友人取名号自娱，他坚决要换"逸"为"达"，原因在于"诸君当世名流，为人所重，一言之出，取信将来"；与友人聚饮饯别，他提出探韵赋诗，"以志兹会之美"，意在与前人的酒肉之欢作区别，同时以后人的眼光加以审视，"不尔，后人将以我辈为酒肉狂人"①；晚年身体病痛加剧，所大惧者并非死亡本身，而是"平生所怀，有所未毕，遂恐为庸人以死尔"（《与王文公介甫》其一）；评价亦师亦友的谢绛生平，以名声不亡为慰藉："若公之有，言著于文，行著于事，材著于用，既久而愈彰。此吾徒可以无大恨，而君子谓公为不亡"（《祭谢希深文》）；晚年致仕后对于友人赵概能不远千里拜访，也视为"垂名后世"之事；书简和乞致仕表札中，他连篇累牍对于自己及家人病痛的叙述颇为醒目，与其说是客观情形的某种铺垫，不如说是内心对于似乎如影随形的死亡的焦虑，对于时间脆弱性的精微体认。这些体认如同暗流涌动于他的日常生活中，也是他大部分文化活动、文学创作如集古、编文集、作墓铭、组织唱和的心理原动力。同时，他也借由这些文化文学活动拓展其日常生活"对象化的有效半径"②，从家庭、书房等个人日常空间延展而与整个历史连接。

在日常生活中，个人以多种形式使自身对象化。他塑造他的世界（他的直接环境）并以此塑造自身③。对自身形象的塑造是欧阳修晚年赋予日常生活的重要意义。在个体再生产如衣食住行等日常生活的基础层面，欧阳修同薛夫人一样是"敏于家事"，娴熟而干练的。他熟悉俸禄制度，精通各种药方，打理生活能力突出。当他于政治上锐意进取时，他坦言"非敢效庸人苟且乐安佚"（《答陕西安抚使范龙图辞辟命书》），日常生活是被否定的负累，此时决意以"日知进道"的方式去改造日常；当他的政治体验逐渐深入而"世事之为吾累者众"（《六一居士传》）时，日常开始呈现出与政治对立的价值载体。他称田家之乐"独吾知"，之后更极言"得意于五物"之乐。此时，他放弃了"达老"和"醉翁"的自称，通达、达观的姿态或许仅为自我之部分，醉翁之狂放寄寓内涵亦未免沉重，徜徉于日常之物，发现日常之乐的自我是欧阳修对于

---

① （宋）梅尧臣：《新秋普明院竹林小饮诗序》，《梅尧臣集编年校注》卷二，第32—33页。

② ［匈］阿格妮丝·赫勒：《日常生活》，第6页。

③ ［匈］阿格妮丝·赫勒：《日常生活》，第6页。

生命价值的重新认定①。

　　终其一生，他把生命价值和自我塑造寄寓于政治生活之建树、文学创作之成就，同时也置放于日常生活之细节，在琐细日常中延展生命及自我的丰富价值和多重向度。

---

① “六一” 这个数字还被欧阳修家族赋予象征家族的某种标志，具有更广泛的文化内涵。据《新中国出土墓志·河南壹》，欧阳修第三子欧阳棐及孙辈欧阳恕、欧阳愻三人的墓志尺寸皆为 “高六一、宽六一厘米”。见中国文物研究所、河南省文物研究所编《新中国出土墓志·河南壹上》，文物出版社 1994 年版，第 369—371 页。

参考文献

一 著作

［匈］阿格妮丝·赫勒:《日常生活》,衣俊卿译,黑龙江大学出版社2010年版。

［美］艾朗诺撰,杜斐然、刘鹏、潘玉涛译:《美的焦虑——北宋士大夫的审美思想与追求》,上海古籍出版社2013年版。

(清)爱新觉罗·弘历编选:《御选唐宋文醇》,乾隆三年武英殿四色套印本。

(唐)白居易撰,谢思炜校注:《白居易诗集校注》,中华书局2006年版。

［美］保罗·麦吉:《幽默的起源与发展》,阎广林、王小伦、张增武译,南京大学出版社1992年版。

(刘宋)鲍照著,丁福林校注:《鲍照集校注》,中华书局2012年版。

(宋)毕仲游撰:《西台集》,《丛书集成初编》第1945册,中华书局1985年版。

［英］Colin S. C. Hawes: *The Social Circulation of Poetry in the Mid-Northern Song: Emotional Energy and Literati Self-Cultivation*, State University of New York, 2005.

蔡清和撰:《欧阳修集古录跋尾之研究》,花木兰文化工作坊,2005年。

蔡世明撰:《欧阳修的生平与学术》,文史哲出版社1986年版。

(宋)蔡絛撰,冯惠民、沈锡麟点校:《铁围山丛谈》,中华书局1983年版。

(汉)蔡邕撰:《琴操》,人民文学出版社1990年版。

曹宝麟撰:《中国书法史·宋辽金卷》,江苏教育出版社1999年版。

曹清华撰:《富弼年谱》,《宋人年谱丛刊》第二册,四川大学出版社

2003 年版。

（宋）晁补之撰：《鸡肋集》，《景印文渊阁四库全书》第 1118 册。

（宋）晁补之撰，乔力校注：《晁补之词编年笺注》，齐鲁书社 1992
年版。

（宋）晁说之撰：《嵩山文集》，《四部丛刊续编》集部第 9 种，商务
印书馆 1934 年版。

（宋）陈鹄撰：《西塘集耆旧续闻》，中华书局 2002 年版。

（宋）陈模撰：《怀古录》，《历代文话》本，复旦大学出版社 2007
年版。

（宋）陈善撰：《扪虱新话》，《丛书集成初编》第 0310 册，中华书局
1985 年版。

（宋）陈师道撰，任渊注，冒广生补笺，冒怀辛整理：《后山诗注补
笺》，中华书局 1995 年版。

（宋）陈师道撰：《后山诗话》，（清）何文焕辑《历代诗话》本，中
华书局 1981 年版。

（清）陈廷焯撰：《词坛丛话》，《词话丛编》本，中华书局 1986
年版。

陈湘琳撰：《欧阳修的文学与情感世界》，复旦大学出版社 2012
年版。

（清）陈衍撰：《石遗室论文》，民生印书馆 1936 年版。

（宋）陈旸撰：《乐书》，《中华再造善本》本，第 30 册，北京图书馆
出版社 2004 年版。

陈幼石撰：《韩柳欧苏古文论》，上海文艺出版社 1983 年版。

（宋）陈元靓撰：《事林广记》，中华书局 1999 年版。

（宋）陈振孙撰：《直斋书录解题》，上海古籍出版社 1987 年版。

（宋）程俱撰：《麟台故事校证》，中华书局 2000 年版。

成玮撰：《制度、思想与文学的互动：北宋前期诗坛研究》，复旦大
学出版社 2013 年版。

褚斌杰撰：《中国古代文体概论》（修订本），北京大学出版社 1990
年版。

［日］川合康三撰：《中国的自传文学》，中央编译出版社 1998 年版。

丁锡根编：《中国历代小说跋集》，人民文学出版社 1996 年版。

（清）丁祥修，刘绎等纂：《光绪吉安府志》，江苏古籍出版社 1996
年版。

［日］东英寿撰：《复古与创新——欧阳修散文与古文复兴》，上海古籍出版社 2005 年版。

［日］东英寿考校，洪本健笺注：《新见欧阳修九十六篇书简笺注》，上海古籍出版社 2014 年版。

［日］东英寿撰：《欧阳修研究新见——新发现书简九十六篇》，花木兰文化出版社 2015 年版。

（唐）杜甫撰，（清）仇兆鳌注：《杜诗详注》，中华书局 1979 年版。

（宋）范纯仁撰：《范忠宣公文集》，《宋集珍本丛刊》第 15 册，线装书局 2004 年版。

（宋）范公偁撰：《过庭录》，中华书局 2002 年版。

（宋）范镇撰，汝沛点校：《东斋纪事》，中华书局 1980 年版。

（宋）范仲淹撰，李勇先、王蓉贵校点：《范仲淹全集》，四川大学出版社 2002 年版。

（清）方苞撰，刘季高校点：《方苞集》，上海古籍出版社 1983 年版。

（元）方回选评，李庆甲汇评校点：《瀛奎律髓汇评》，上海古籍出版社 1986 年版。

（宋）方勺撰，许沛藻、杨立扬点校：《泊宅编》，中华书局 1983 年版。

［法］费尔南·布罗代尔著，顾良、施康强译：《十五至十八世纪的物质文明、经济和资本主义 第 1 卷 日常生活的结构：可能和不可能》，商务印书馆 2017 年版。

冯云鹏、冯云鹓编：《金石索》，书目文献出版社 1996 年版。

冯志弘撰：《北宋古文运动的形成》，上海古籍出版社 2009 年版。

傅璇琮、谢灼华主编：《中国藏书通史》，宁波出版社 2001 年版。

［荷］高罗佩撰，宋慧文、孔维锋、王建欣译：《琴道》，中西书局 2013 年版。

（宋）葛立方撰：《韵语阳秋》，上海古籍出版社 1984 年版。

谷曙光撰：《贯通与驾驭 宋代文体学述论》，人民文学出版社 2016 年版。

（清）光聪谐撰：《有不为斋随笔》，光绪十三年刻本。

龚延明撰：《宋代官制辞典》，中华书局 1997 年版。

（宋）龚颐正撰：《芥隐笔记》，《丛书集成初编》第 0312 册，中华书局 1985 年版。

郭绍虞撰：《宋诗话考》，中华书局 1979 年版。

郭绍虞编选、富寿荪点校：《清诗话续编》，上海古籍出版社 1983 年版。

顾随撰：《驼庵词话》，朱崇才编《词话丛编续编》第 5 册，人民文学出版社 2010 年版。

（清）顾炎武著，华忱之点校：《顾亭林诗文集》，中华书局 1983 年版。

顾永新撰：《欧阳修学术研究》，人民文学出版社 2003 年版。

（宋）韩琦撰：《安阳集》，《景印文渊阁四库全书》第 1089 册。

（唐）韩愈著，钱仲联集释：《韩昌黎诗系年集释》，上海古籍出版社 1984 年版。

（唐）韩愈著，刘真伦、岳珍校注：《韩愈文集汇校笺注》，中华书局 2010 年版。

（宋）韩元吉撰：《南涧甲乙稿》，《丛书集成初编》第 1982 册，中华书局 1985 年版。

何寄澎：《唐宋古文新探》，北京大学出版社 2010 年版。

何寄澎：《北宋的古文运动》，上海古籍出版社 2011 年版。

（明）何孟春撰：《馀冬诗话》，《丛书集成初编》，第 2580 册，中华书局 1985 年版。

（清）何绍基：《光绪重修安徽通志》，江苏广陵古籍刻印社 1986 年版。

（清）何文焕辑：《历代诗话》，中华书局 1981 年版。

何勇强：《钱氏吴越国史论稿》，浙江大学出版社 2002 年版。

（清）和瑛撰：《易简斋诗钞》，《续修四库全书》集部第 1460 册，上海古籍出版社 2002 年版。

（清）贺裳撰：《载酒园诗话》，郭绍虞编选、富寿荪点校《清诗话续编》本，上海古籍出版社 1983 年版。

［法］亨利·伯格森著，乐爱国译：《笑与滑稽》，广东人民出版社 2000 年版。

洪本健编：《欧阳修资料汇编》，中华书局 1995 年版。

洪本健：《欧阳修和他的散文世界》，上海古籍出版社 2017 年版。

（宋）洪迈：《容斋随笔》，上海古籍出版社 1978 年版。

胡可先：《宋代诗词实证研究》，浙江大学出版社 2019 年版。

胡适：《白话文学史》，上海古籍出版社 1999 年版。

胡晓明：《中国诗学之精神》，江西人民出版社 2001 年版。

（宋）胡仔：《苕溪渔隐丛话》，人民文学出版社 1962 年版。

黄惠贤、陈锋主编：《中国俸禄制度史》，武汉大学出版社 1996年版。

（元）黄潘：《金华黄先生文集》，《四部丛刊》本。

黄美铃撰：《欧、梅、苏与宋诗的形成》，文津出版社 1998 年版。

（宋）黄庭坚著，马兴荣、祝振玉校注：《山谷词》，上海古籍出版社 2001 年版。

黄一权撰：《欧阳修散文研究》，华东师范大学出版社 2003 年版。

（宋）黄震撰：《黄氏日钞》，《景印文渊阁四库全书》第 708 册。

（清）黄宗羲：《南雷文约》，《四库全书存目丛书》集部 205 册。

（宋）惠洪撰，陈新点校：《冷斋夜话》，中华书局 1988 年版。

［日］吉川幸次郎撰，李庆、骆玉明等译：《宋元明诗概说》，复旦大学出版社 2012 年版。

（明）计东撰：《改亭诗文集》，《续修四库全书》集部第 1408 册，上海古籍出版社 2002 年版。

（清）纪昀撰：《四库全书总目提要》，中华书局 1965 年版。

（明）焦循撰：《孟子正义》，中华书局 1987 年版。

（宋）江少虞辑：《宋朝事实类苑》，上海古籍出版社 1981 年版。

（宋）江休复撰：《江邻几杂志》，《全宋笔记》第一编第五册，大象出版社 2003 年版。

（明）金人瑞撰，林乾编：《金圣叹评点才子全集》，光明日报出版社 1997 年版。

［德］康德著，宗白华译：《判断力批判上卷》，商务印书馆 1964 年版。

孔德铭主编：《安阳韩琦家族墓地》，科学出版社 2012 年版。

（宋）孔平仲撰：《孔氏谈苑》，《丛书集成初编》第 2861 册，中华书局 1985 年版。

（宋）黎靖德编：《朱子语类》，中华书局 1986 年版。

（宋）李昉等：《太平御览》，《四部丛刊三编》本，商务印书馆 1935 年版。

（宋）李纲撰：《梁溪先生文集》，《宋集珍本丛刊》第 36 册，线装书局 2004 年版。

李剑亮撰：《唐宋词与唐宋歌妓制度》，浙江大学出版社 1999 年版。

（宋）李清照撰，徐培均笺注：《李清照集笺注》，上海古籍出版社 2002 年版。

（宋）李焘撰，上海师大古籍所、华东师大古籍所点校：《续资治通鉴长编》，中华书局 1995 年版。

李献奇、郭引强编：《洛阳新获墓志》，文物出版社 1996 年版。

（宋）李心传：《旧闻证误》，中华书局 1981 年版。

（宋）李之仪撰：《姑溪居士后集》，《丛书集成初编》第 1939 册，中华书局 1985 年版。

李贞慧：《历史叙事与宋代散文研究》，中国社会科学出版社 2015 年版。

（清）厉鹗辑：《宋诗纪事》，上海古籍出版社 1983 年版。

（清）厉鹗撰：《樊榭山房集》，《四部丛刊》本。

梁启超撰：《梁启超讲国学》，凤凰出版社 2008 年版。

（清）梁章钜撰：《退庵随笔》，《续修四库全书》子部第 1197 册，上海古籍出版社 2002 年版。

（清）林纾撰：《林纾选评古文辞类纂》，浙江古籍出版社 1986 年版。

（宋）刘攽撰：《中山诗话》，（清）何文焕辑《历代诗话》本，中华书局 1981 年版。

（清）刘宝楠撰：《论语正义》，中华书局 1990 年版。

（宋）刘敞撰：《公是集》，《宋集珍本丛刊》本，线装书局 2004 年版。

刘德清撰：《欧阳修论稿》，北京师范大学出版社 1991 年版。

刘德清撰：《欧阳修纪年录》，上海古籍出版社 2006 年版。

（宋）刘克庄撰：《刘克庄集》，中华书局 2011 年版。

（宋）刘跂撰：《学易集》，《丛书集成初编》第 1941 册，中华书局 1985 年版。

（清）刘熙载撰：《艺概》，上海古籍出版社 1978 年版。

刘咸炘撰：《刘咸炘学术论集·文学讲义编》，广西师范大学出版社 2007 年版。

（南朝）刘勰撰，詹瑛义证：《文心雕龙义证》，上海古籍出版社 1989 年版。

（元）刘壎撰：《隐居通议》，《丛书集成初编》第 0212—0215 册，中华书局 1985 年版。

（唐）刘知几撰，（清）浦起龙释：《史通通释》，上海古籍出版社 1978 年版。

刘子健撰：《欧阳修的治学与从政》，新文丰出版公司 1984 年再版。

龙榆生:《龙榆生词学论文集》,上海古籍出版社 2009 年版。

(宋)陆游著,钱仲联校注:《剑南诗稿校注》,上海古籍出版社 1985 年版。

(宋)罗大经:《鹤林玉露》,中华书局 2008 年版。

罗联添撰:《韩愈研究》,天津教育出版社 2012 年版。

(宋)罗愿:《鄂州小集》,《丛书集成初编》第 2033 册,中华书局 1985 年版。

吕思勉撰:《宋代文学》,商务印书馆《万有文库》本,1929 年版。

(宋)吕祖谦撰:《历代制度详说》,《吕祖谦全集》第九册,浙江古籍出版社 2008 年版。

(明)茅坤撰:《茅鹿门先生文集》,《续修四库全书》集部第 1345 册,上海古籍出版社 2002 年版。

(明)茅坤撰:《唐宋八大家文钞》,《景印文渊阁四库全书》第 1383 册。

(宋)梅尧臣撰,朱东润编年校注:《梅尧臣集编年校注》,上海古籍出版社 1980 年版。

(宋)孟元老撰,邓之诚注:《东京梦华录》,中华书局 1982 年版。

缪荃孙撰:《云自在龛随笔》,商务印书馆 1958 年版。

缪钺、叶嘉莹撰:《灵溪词说》,上海古籍出版社 1987 年版。

[日]内藤湖南:《概括性的唐宋时代观》,林晓光译,《东洋文化史研究》,复旦大学出版社 2016 年版。

[德]尼采撰,周国平译:《悲剧的诞生》,三联书店 1986 年版。

[美]诺曼·N. 霍兰德著,潘国庆译:《笑:幽默心理学》,上海文艺出版社 1991 年版。

(宋)欧阳修撰,李逸安点校:《欧阳修全集》,中华书局 2001 年版。

(宋)欧阳修撰:《欧阳修全集》,中国书店,1986 年版。

(宋)欧阳修撰:《欧阳文忠公全集》,《四部丛刊初编》第 886—921 册,商务印书馆 1922 年版。

(宋)欧阳修撰,洪本健校笺:《欧阳修诗文集校笺》,上海古籍出版社 2009 年版。

(宋)欧阳修撰,刘德清、顾宝林、欧阳明亮笺注:《欧阳修诗歌编年笺注》,中华书局 2012 年版。

(宋)欧阳修撰,黄畲笺注:《欧阳修词笺注》,中华书局 1986 年版。

(宋)欧阳修撰,胡可先、徐迈校注:《欧阳修词校注》,上海古籍出版社 2015 年版。

（宋）欧阳修撰，欧阳明亮校笺：《欧阳修词校笺》，中华书局 2019 年版。

潘美月撰：《宋代藏书家考》，学海出版社 1980 年版。

（明）潘游龙辑：《古今诗余醉》，辽宁教育出版社 2003 年版。

（宋）庞元英撰：《文昌杂录》，《丛书集成初编》第 2792 册，中华书局 1985 年版。

彭梅芳撰：《中唐文人日常生活与创作关系研究》，人民出版社 2011 年版。

（清）浦起龙撰：《古文眉诠》，乾隆九年三吴书院刊本。

祁琛云撰：《北宋科甲同年关系与士大夫朋党政治》，四川大学出版社 2015 年版。

（宋）钱愐撰：《钱氏私志》，《景印文渊阁四库全书》第 1036 册。

钱基博撰：《中国文学史》，中华书局 1993 年版。

钱钟书撰：《管锥编》，三联书店 2007 年版。

［日］青山宏著，程郁缀译：《唐宋词研究》，北京大学出版社 1995 年版。

（清）阮元撰，邓经元点校：《揅经室集》，中华书局 1993 年版。

（宋）阮阅辑：《诗话总龟》，人民文学出版社 1987 年版。

（宋）邵博撰，刘德权、李剑雄点校：《邵氏闻见后录》，中华书局 1983 年版。

（宋）邵伯温撰，刘德权、李剑雄点校：《邵氏闻见录》，中华书局 1983 年版。

（宋）邵雍著，郭彧、于天宝点校：《邵雍全集》，上海古籍出版社 2015 年版。

邵祖平撰：《词心笺评》，复旦大学出版社 2007 年版。

（清）邵祖寿撰：《张文潜先生年谱》，《宋人年谱丛刊》第五册，四川大学出版社 2003 年版。

（宋）沈括撰，胡道静校注：《新校证梦溪笔谈》，中华书局 1957 年版。

沈松勤：《北宋文人与党争》，人民出版社 1998 年版。

（宋）释文莹撰，郑世刚、杨立扬点校：《湘山野录玉壶清话》，中华书局 1984 年版。

（宋）司马光撰：《司马光集》，四川大学出版社 2010 年版。

（清）宋长白撰：《柳亭诗话》，《续修四库全书》第 1700 册，上海古籍出版社 2002 年版。

（清）宋大樽撰：《茗香诗论》，《丛书集成初编》第 2599 册，中华书局 1985 年版。

（宋）宋敏求撰，诚刚点校：《春明退朝录》，中华书局 1980 年版。

（宋）苏轼撰，孔凡礼点校：《苏轼文集》，中华书局 1986 年版。

（宋）苏轼撰，（清）王文诰辑注，孔凡礼点校：《苏轼诗集》，中华书局 1982 年版。

（宋）苏轼著，朱孝臧编年，龙榆生校笺：《东坡乐府笺》，上海古籍出版社 2009 年版。

（宋）苏轼撰：《商刻东坡志林》，《全宋笔记》第一编第九册，大象出版社 2003 年版。

（宋）苏舜钦撰，沈文倬校点：《苏舜钦集》，上海古籍出版社 1981 年版。

（宋）苏象先撰：《丞相魏公谭训》，《四部丛刊三编》第 36 册，商务印书馆 1936 年版。

（宋）苏洵撰，曾枣庄、金成礼笺注：《嘉祐集笺注》，上海古籍出版社 1993 年版。

（宋）苏辙撰，曾枣庄、马德富校点：《栾城集》，上海古籍出版社 2009 年版。

（宋）苏籀：《栾城先生遗言》，《景印文渊阁四库全书》第 864 册，台湾商务印书馆 1986 年版。

（五代）孙光宪：《北梦琐言》，《全宋笔记》第一编，大象出版社 2003 年版。

孙克强：《唐宋人词话》，河南文艺出版社 1999 年版。

（清）孙希旦撰，沈啸寰、王星贤点校：《礼记集解》，中华书局 1989 年版。

（元）陶宗仪：《说郛》，《说郛三种》，上海古籍出版社 1988 年版。

（宋）唐庚：《唐先生文集》，《四部丛刊三编》第 50 册，商务印书馆 1936 年版。

唐圭璋编：《全宋词》，中华书局 1965 年版。

唐文治：《国文经纬贯通大义》，《历代文话》第九册，复旦大学出版社 2007 年版。

（宋）田况撰：《儒林公议》，《全宋笔记》第一编第五册，大象出版社 2003 年版。

全相卿：《北宋墓志碑铭撰写研究》，中国社会科学出版社 2019年版。

（元）脱脱等撰：《宋史》，中华书局 1977 年版。

（清）汪懋麟：《百尺梧桐阁集》，《清人别集丛刊》本，上海古籍出版社 1989 年版。

（宋）王安石撰，李壁笺注，高克勤点校：《王荆文公诗笺注》，上海古籍出版社 2010 年版。

（宋）王安石撰：《临川先生文集》，中华书局 1959 年版。

（宋）王安石撰，刘成国点校：《王安石文集》，中华书局 2021 年版。

（唐）王昌龄著，李云逸注：《王昌龄诗注》，上海古籍出版社 1984年版。

（宋）王栐撰：《燕翼诒谋录》，中华书局 1981 年版。

（宋）王偁撰：《东都事略》，《景印文渊阁四库全书》第 382 册，台湾商务印书馆 1986 年版。

（宋）王得臣撰，俞宗宪点校：《麈史》，上海古籍出版社 1986 年版。

（宋）王定国撰：《甲申杂录》，（清）曹溶辑，陶樾增订《学海类编》本，广陵书社 2007 年版。

（清）王夫之：《宋论》，中华书局 1964 年版。

王国维撰：《人间词话》，上海古籍出版社 1998 年版。

王国维撰，傅杰编校：《王国维论学集》，中国社会科学出版社 1997年版。

王季思撰：《玉轮轩古典文学论集》，中华书局 1982 年版。

（元）王礼：《麟原文集》，《景印文渊阁四库全书》第 1220 册。

（宋）王明清：《挥麈后录》，上海书店出版社 2001 年版。

（金）王若虚撰：《滹南遗老集》，《四部丛刊初编》第 1357 册，商务印书馆 1922 年版。

王水照撰：《王水照自选集》，上海教育出版社 2000 年版。

王水照、崔铭撰：《欧阳修传：达者在纷争中的坚持》，天津人民出版社 2008 年版。

王水照、朱刚编：《中国古代文章学的成立与展开 中国古代文章学论集》，复旦大学出版社 2011 年版。

王水照、侯体健编：《中国古代文章学的衍化与异形 中国古代文章学二集》，复旦大学出版社 2014 年版。

王水照、侯体健编:《中国古代文章学的阐释与建构 中国古代文章学三集》,复旦大学出版社 2017 年版。

(唐)王维著,陈铁民校注:《王维集校注》,中华书局 1997 年版。

(宋)王昉撰:《道山清话》,《丛书集成初编》第 2785 册,中华书局 1985 年版。

(宋)王象之撰:《舆地纪胜》,《中国古代地理总志丛刊》本,中华书局 1992 年版。

王毅撰:《中国园林文化史》,上海人民出版社 2004 年版。

(宋)王铚撰,朱杰人点校:《默记》,中华书局 1981 年版。

(唐)韦庄著,聂安福笺注:《韦庄集笺注》,上海古籍出版社 2002 年版。

(宋)魏泰撰:《东轩笔录》,中华书局 1983 年版。

(宋)魏泰撰:《临汉隐居诗话》,《历代诗话》本,中华书局 1981 年版。

(明)文翔凤撰:《皇极篇》,《四库禁毁书丛刊》集部第 49 册,北京出版社 1997 年版。

(清)翁方纲:《石洲诗话》,郭绍虞、富寿荪校点《清诗话续编》本,上海古籍出版社 1983 年版。

(明)吴宽撰:《匏翁家藏集》,《四部丛刊初编》第 1567 册,商务印书馆 1922 年版。

吴孟复撰:《唐宋古文八家概述》,安徽教育出版社 1985 年版。

(明)吴讷:《文章辨体序说》,人民文学出版社 1998 年版。

(清)吴乔撰:《围炉诗话》,郭绍虞编选,富寿荪校点《清诗话续编》本,上海古籍出版社 1983 年版。

(清)吴伟业撰:《吴梅村全集》,上海古籍出版社 1990 年版。

(宋)吴曾撰:《能改斋漫录》,上海古籍出版社 1979 年版。

(清)武亿:《授堂文钞》,《丛书集成初编》本,中华书局 1985 年版。

(宋)谢采伯撰:《密斋笔记》,《丛书集成初编》第 2782 册,中华书局 1985 年版。

(宋)谢深甫撰:《庆元条法事类》,《续修四库全书》史部第 861 册,上海古籍出版社 2002 年版。

(宋)谢维新:《事类备要》《景印文渊阁四库全书》,第 939 册。

[日]兴膳宏撰,戴燕译:《异域之眼——兴膳宏中国古典论集》,复

旦大学出版社 2006 年版。

（清）徐松辑：《宋会要辑稿》，中华书局 1957 年版。

许健撰：《琴史初编》，人民音乐出版社 1982 年版。

许伯卿：《宋词题材研究》，中华书局 2007 年版。

（汉）许慎撰：《说文解字》，中华书局 1963 年版。

严杰撰：《欧阳修年谱》，南京出版社 1993 年版。

（清）严可均辑：《全上古三代秦汉三国六朝文》，中华书局 1958 年版。

杨海明撰：《唐宋词史》，天津古籍出版社 1998 年版。

（宋）杨万里撰，辛更儒笺校：《杨万里集笺校》，中华书局 2007 年版。

杨晓山：《私人领域的变形——唐宋诗歌中的园林与玩好》，江苏人民出版社 2009 年版。

（元）杨载撰：《诗法家数》，（清）何文焕辑《历代诗话》本，中华书局 1981 年版。

叶国良撰：《宋代金石学研究》，台湾书房出版有限公司 2011 年版。

叶国良撰：《古典文学的诸面向》，大安出版社 2010 年版。

叶嘉莹撰：《唐宋词十七讲》，河北教育出版社 2000 年版。

（宋）叶梦得撰：《避暑录话》，《全宋笔记》第二编第十册，大象出版社 2006 年版。

（宋）叶梦得撰：《岩下放言》，《全宋笔记》第二编第九册，大象出版社 2006 年版。

衣俊卿：《现代化与日常生活批判》，人民出版社 2005 年版。

佚名编：《锦绣万花谷》，《北京图书馆古籍珍本丛刊》第 73 册，书目文献出版社 1998 年版。

（宋）尹洙撰，时国强校注：《尹洙集编年校注》，中华书局 2019 年版。

余敏辉撰：《欧阳修文献学研究》，人民出版社 2010 年版。

余英时撰：《士与中国文化》，上海人民出版社 2003 年版。

余英时撰：《朱熹的历史世界——宋代士大夫政治文化研究》，三联书店 2011 年版。

［美］宇文所安撰：《中国文论：英译与评论》，上海社会科学院出版社 2003 年版。

［美］宇文所安撰：《华宴 宇文所安自选集》，南京大学出版社 2020 年版。

袁行霈:《中国诗歌艺术研究》,北京大学出版社 2010 年版。

[荷] 约翰·胡伊青加著,成穷译:《人:游戏者》,贵州人民出版社 2019 年版。

(宋) 曾巩撰,陈杏珍、晁继周点校:《曾巩集》,中华书局 1984 年版。

曾枣庄、刘琳主编:《全宋文》,上海辞书出版社、安徽教育出版社 2006 年版。

(宋) 曾慥撰:《高斋漫录》,《全宋笔记》第四编第五册,大象出版社 2008 年版。

曾昭岷等编:《全唐五代词》,中华书局 1999 年版。

詹安泰撰:《詹安泰文集》,中山大学出版社 2004 年版。

(宋) 詹大和等撰:《王安石年谱三种》,中华书局 1994 年版。

张伯伟撰:《中国古代文学批评方法研究》,中华书局 2002 年版。

张高评:《宋诗特色研究》,长春出版社 2002 年版。

(宋) 张耒撰:《张耒集》,中华书局 1990 年版。

(宋) 张耒撰:《明道杂志》,《全宋笔记》第二编第七册,大象出版社 2006 年版。

(宋) 张齐贤撰:《洛阳搢绅旧闻记》,《全宋笔记》第一编第二册,大象出版社 2003 年版。

(宋) 张载撰,章锡琛点校:《张载集》,中华书局 1978 年版。

(晋) 张湛注,陈明校点:《列子》,上海古籍出版社 2014 年版。

章华英撰:《宋代古琴音乐研究》,中华书局 2013 年版。

(后蜀) 赵崇祚编,杨景龙校注:《花间集校注》,中华书局 2014 年版。

(宋) 赵德麟著,孔凡礼点校:《侯鲭录》,中华书局 2002 年版。

(宋) 赵明诚撰:《金石录》,中华书局 1991 年版。

(清) 赵翼:《陔余丛考》,商务印书馆 1957 年版。

(宋) 赵与时撰:《宾退录》,上海古籍出版社 1983 年版。

赵园:《家人父子——由人伦探访明清之际士大夫的生活世界》,北京大学出版社 2015 年版。

(宋) 郑樵撰:《通志》,中华书局 1987 年版。

中国文物研究所、河南省文物研究所:《新中国出土墓志》河南壹,文物出版社 1994 年版。

钟振振编:《词学的辉煌:文学文献学家唐圭璋》,南京大学出版社

2001 年版。

　　（宋）周必大撰：《文忠集》，《景印文渊阁四库全书》第 1147—1149 册。

　　（宋）周必大撰：《二老堂诗话》，（清）何文焕辑：《历代诗话》，中华书局 1981 年版。

　　（清）周济撰，顾学颉校点：《介存斋论词杂著》，人民文学出版社 1959 年版。

　　钟克豪撰：《宋代小说考证》，新文丰出版股份有限公司 1987 年版。

　　（宋）朱弁撰：《曲洧旧闻》，中华书局 2002 年版。

　　（宋）朱长文撰：《琴史》，《景印文渊阁四库全书》第 839 册。

　　朱东润编：《梅尧臣诗选》，人民文学出版社 1980 年版。

　　朱刚、刘宁主编：《欧阳修与宋代士大夫》，上海人民出版社 2007 年版。

　　朱刚撰：《唐宋四大家的道论与文学》，东方出版社 1997 年版。

　　朱刚撰：《唐宋"古文运动"与士大夫文学》，复旦大学出版社 2013 年版。

　　朱光潜撰：《诗论》，上海古籍出版社 2005 年版。

　　（宋）朱熹撰，朱杰人、严佐之、刘永翔主编：《朱子全书》，上海古籍出版社、安徽教育出版社 2002 年版。

　　朱庸斋撰：《分春馆词话》，张璋、职承让、张骅、张博宁编《历代词话续编》下册，大象出版社 2005 年版。

　　（宋）祝穆辑：《新编古今事文类聚》，日本中文出版社 1989 年版。

　　祝尚书：《北宋古文运动发展史》，巴蜀书社 1995 年版。

二　期刊论文

　　安芮璿：《宋人笔记研究》，复旦大学 2005 年博士论文。

　　（Colin Hawes）柯霖：《凡俗中的超越——论欧阳修诗歌对日常题材的表现》，朱刚、刘宁主编：《欧阳修与宋代士大夫》（思想史研究第四辑），上海人民出版社 2007 年版。

　　蔡显良：《宋代论书诗研究》，博士学位论文，南京艺术学院，2007 年。

　　蔡显良：《宋代论书诗的主要题材与特色》，《书画艺术学刊》2008 年第 5 期。

　　曹逸梅：《午枕的伦理：昼寝诗文化内涵的唐宋转型》，《文学遗产》

2014 年第 6 期。

曹逸梅：《中唐至宋代诗歌中的南食书写与士人心态》，《文学遗产》2016 年第 6 期。

常建华：《从社会生活到日常生活——中国社会史研究再出发》，《人民日报》2011 年 3 月 31 日理论版。

陈芳：《东坡笔下的日常生活情趣——苏轼日常生活题材诗歌创作初探》，硕士学位论文，安徽大学，2006 年。

陈尚君：《欧阳修与北宋文学革新的成功》，《研究生论文选集·中国古代文学分册》，江苏人民出版社 1983 年版。

陈尚君：《欧阳修著述考》，《复旦学报》1985 年第 3 期。

陈尚君：《关于新发现的欧阳修佚简》，《东方早报》2012 年 5 月 6 日。

陈湘琳：《夷陵与滁州：一个主题性空间的建构》，《长江学术》2008 年第 2 期。

陈晓芬：《宋六家"人情"观念及其散文走向》，《华东师范大学学报》2004 年第 2 期。

程章灿：《尤物：作为物质文化的中国古代石刻》，《学术研究》2013 年第 10 期。

崔铭：《滁州：作为文学与文化的存在》，《西南民族大学学报》2009 年第 10 期。

崔铭：《欧阳修与宋代戏谑诗风的兴起》，《2014 年绵阳欧阳修国际学术研讨会论文集》。

崔铭：《扬州之政：欧阳修的反思与坚持》，《东华理工大学学报》2020 年第 1 期。

［日］东英寿：《新见九十六篇欧阳修散佚书简辑存稿》，《中华文史论丛》2012 年第 1 期。

邓淞露：《礼物：苏轼的诗歌创作与文化效力》，《浙江学刊》2020 年第 5 期。

傅璇琮、徐吉军：《论中国藏书史的内涵》，《阴山学刊》2001 年第 3 期。

高峰：《榷酒制度与宋词》，《南京师范大学文学院学报》2008 年第 1 期。

葛景春：《李白与唐代酒文化》，《河北大学学报》1994 年第 3 期。

巩本栋：《欧阳修的经学与文学》，《江西社会科学》2014 年第 1 期。

谷曙光：《"以论为记"与宋代古文革新发微》，《中国人民大学学报》2014 年第 1 期。

韩经太：《论宋诗谐趣》，《中国社会科学》1993 年第 5 期。

韩梅：《唐宋词与唐宋文人日常生活》，博士学位论文，浙江大学，2007 年。

何李：《唐代记体文研究》，博士学位论文，华东师范大学，2010 年。

何忠礼：《宋代官吏的俸禄》，《历史研究》1994 年第 3 期。

洪本健：《略论六一风神》，《文学遗产》1996 年第 1 期。

洪本健：《论欧阳修碑志文的创作》，《井冈山师范学院学报》2004 年第 2 期。

洪本健：《东英寿教授新见欧阳修散佚书简解读》，《武汉大学学报》2012 年第 3 期。

洪本健《欧阳修书简略论》，《福州大学学报》2014 年第 5 期。

洪本健：《欧阳修承前启后引领营造记演变的贡献》，《福州大学学报》2019 年第 6 期。

胡可先、徐迈：《风格 渊源 地位——欧阳修词论》，《河南社会科学》2012 年第 2 期。

黄敏：《南宋茶诗研究——以茶与文人的日常生活为中心》，硕士学位论文，华中师范大学，2017 年。

黄若舜：《"游戏"与"规范"：谈论中的宋代诗学》，《文学遗产》2014 年第 3 期。

黄强：《中国古代诗歌史上的千年约定——"居丧不赋诗"习俗探析》，《文学遗产》2015 年第 1 期。

黄一斓：《异彩纷呈的明晚期民间日常生活》，博士学位论文，浙江大学，2007 年。

蒋寅：《语象 物象 意象 意境》，《文学评论》2002 年第 3 期。

金程宇：《东亚汉文化圈中的〈日本刀歌〉》，《学术月刊》2014 年第 1 期。

金传道：《北宋书信研究》，博士学位论文，复旦大学，2008 年。

李红雨：《简论由宋至清公共休假制度》，《中央民族大学学报》2013 年第 4 期。

李华瑞：《宋代非商品酒的生产和管理》，《河北大学学报》1991 年第 3 期。

李菁：《宋代金石学的缘起与演进》，《中国典籍与文化》1998 年第

3 期。

　　李强：《沟通与认同：欧阳修书简中的文人世界》，《史林》2013 年第 1 期。

　　李清良：《论〈六一诗话〉写作动机与内在逻辑》，《江海学刊》1994 年第 3 期。

　　李卫东：《论寡母抚孤视角下的欧阳修》，《江西科技师范学院学报》2005 年第 2 期。

　　廖可斌：《回归生活史和心灵史的古代文学研究》，《文学遗产》2014 年第 2 期。

　　梁建国：《朝堂内外：北宋东京的士人交游》，《文史哲》2009 年第 5 期。

　　刘成国：《宋代俳谐文研究》，《文学遗产》2009 年第 5 期。

　　刘成国：《北宋党争与碑志初探》，《文学评论》2008 年第 3 期。

　　刘承华：《文人琴与艺人琴关系的历史演变》，《中国音乐》2005 年第 2 期。

　　刘德清：《欧阳修的"人情说"与平易文风》，《江西社会科学》2010 年第 11 期。

　　刘德清：《欧阳修"人情说"与执政理念》，《社会科学战线》2011 年第 1 期。

　　刘德清：《范仲淹神道碑公案考述》，《西南交通大学学报》2005 年第 1 期。

　　刘桂鑫、戴伟华：《论自我命名在古代自传文学中的功能》，《社会科学研究》2013 年第 2 期。

　　刘金柱：《欧阳修的目疾及先天因素》，《宋史研究论丛》第六辑，河北大学出版社 2005 年版。

　　刘静贞：《北宋前期墓志书写活动初探》，《东吴历史学报》2004 年第 11 期。

　　刘景会：《杜甫诗歌中的日常生活物象》，硕士学位论文，江西师范大学，2007 年。

　　刘珺珺：《论唐宋记体文的意义演进——以营造记为中心》，《南京大学学报》2018 年第 2 期。

　　刘宁：《叙事与"六一风神"：由茅坤风神观切入》，《文学遗产》2011 年第 2 期。

　　刘新成：《日常生活史：一个新的研究领域》，《光明日报》2006 年 2

月 14 日理论周刊。

陆草：《论近代文人的金石之癖》，《中州学刊》1995 年第 1 期。

罗昌繁：《北宋党争中党人碑志的书写策略》，《华中学术》（第九辑）。

罗弘基：《欧阳修词集斠疑》，《求是学刊》1990 年第 3 期。

［美］罗素·W. 贝尔克：《财产与延伸的自我》，《物质文化读本》，北京大学出版社 2008 年版。

洛阳市第二文物工作队：《富弼家族墓地发掘简报》，《中原文物》2008 年第 6 期。

吕肖奂：《中有万古无穷音——欧阳修之琴趣与琴意》，《焦作大学学报》2007 年第 1 期。

吕肖奂：《从琴曲到词调——宋代词调创制流变示例》，《中国韵文学刊》2008 年第 3 期。

吕肖奂：《韩愈琴诗公案研究——兼及诗歌与器乐关系》，《社会科学战线》2011 年第 3 期。

吕肖奂：《欧阳修远佛亲道倾向与晚年出儒入道论》，《井冈山大学学报》2013 年第 1 期。

马东瑶：《论宋代的日记体诗》，《文学遗产》2018 年第 3 期。

马里扬：《欧阳修词与政治心态的内在转向》，《北京大学学报》2012 年第 1 期。

马里扬：《宋代士大夫歌词特质形成之内在动因与历史心理——以欧阳修词"互见"与"艳情"问题为中心》，《汉学研究》2011 年第 29 卷第 2 期。

［日］埋田重夫著，李寅生译：《从视力障碍的角度释白居易诗歌中眼疾描写的含义》，《钦州师范高等专科学校学报》2001 年第 1 期。

孟二冬：《无弦琴的认同与启示》（下篇），《国学研究》第 14 卷，北京大学出版社 2004 年。

莫砺锋：《饮食题材的诗意提升：从陶渊明到苏轼》，《文学遗产》2010 年第 2 期。

欧明俊：《从新发现的 96 通书简看欧阳修的日常生活》，《武汉大学学报》2012 年第 3 期。

欧阳明亮：《欧阳修词论稿》，博士学位论文，华东师范大学，2012 年。

欧阳明亮：《欧阳修词系年、本事考补》，《词学》第三十三辑。

欧阳明亮：《欧阳修艳词创作的重新透视——以欧阳修的〈诗经〉解读为视角》《词学》第二十六辑。

庞明启：《"剥落"的"老丑"：宋诗衰病书写与身体审美转向》，《中山大学学报》2020 年第 5 期。

钱建状：《宋代文人与墨》，《文学遗产》2020 年第 2 期。

钱建状：《几案尤物与文字之祥：宋人文人与砚》，《中山大学学报》2020 年第 5 期。

钱素芳、庆振轩：《欧阳修藏书考论》，《兰州大学学报》2011 年第 4 期。

钱志熙：《〈醉翁亭记〉前实后虚笔法论——从苏唐卿篆书碑文的异文说起》，《古典文学知识》2008 年第 1 期。

庆振轩：《其奥妙在醒醉之间——欧阳修贬滁心态散论》，《兰州大学学报》2011 年第 6 期。

邱丽清：《苏轼诗歌与北宋饮食文化》，硕士学位论文，西北大学，2010 年。

阮娟：《寻找"精神家园"：欧阳修"颍州情结"探论》，《安徽师范大学学报》2010 年第 1 期。

阮娟：《欧阳修与颍州三题》，《阜阳师范学院学报》2010 年第 1 期。

沈松勤、楼培：《词坛沉寂与"南词"北进——宋初百年词坛考察》，《北京大学学报》2013 年第 1 期。

史正浩：《宋仁宗对宋代金石学兴起的贡献》，《南京艺术学院学报》（美术与设计版），2013 年第 1 期。

宋冬霞：《宋代婚姻方式之姊亡妹续探析》，《贵州师范学院学报》2010 年第 5 期。

苏碧铨：《趣味·身份·情感：作为"交游录"的〈集古录〉》，《齐鲁学刊》2020 年第 1 期。

孙艳红：《宋词的女性化特征演变史》，博士学位论文，吉林大学，2012 年。

孙宗英：《论欧阳修的物质生活与文学创作》，《浙江学刊》2015 年第 3 期。

孙宗英：《释"六一"：欧阳修日常生活的心态转向及历史考察》，《浙江学刊》2016 年第 5 期。

孙宗英：《有力之强：论欧阳修集古的物质基础》，《宁波大学学报》2017 年第 1 期。

孙宗英：《转向闲适的日常：论〈归田录〉的体式创格及笔记史意义》，《海南大学学报》2018 年第 3 期。

孙宗英：《论欧阳修的衰病书写》，《国学学刊》2018 年第 4 期。

［日］田中谦二作，邵毅平译：《欧阳修词论》，《中国文学研究》2002 年第六辑。

童庆炳：《作家的童年经验及其对创作的影响》，《文学评论》1993 年第 4 期。

王宏生：《〈集古录〉成书考》，《史学史研究》2006 年第 2 期。

王瑞来：《范吕解仇公案再探讨》，《历史研究》2013 年第 1 期。

王水照：《从〈先君墓表〉到〈泷冈阡表〉——欧阳修修改文章一例》，《文史知识》1981 年第 2 期。

王水照：《欧阳修所作范〈碑〉尹〈志〉被拒之因发覆》，《江西社会科学》2007 年第 9 期。

王水照：《醉翁琴趣外篇的真伪与欧词的历史定位》，《词学》第十三辑。

王启玮：《“今之韩愈”的负累——欧阳修晚年的角色自觉与书写策略》，《北京社会科学》2018 年第 7 期。

王启玮：《尹洙之死：唐宋思想变迁中的死亡及其书写》，《国学学刊》2021 年第 4 期。

王晓骊：《澄江霁月清无对——论宋代山水词的“清”美风格》，《兰州学刊》2011 年第 5 期。

王晓骊：《论宋代山水词的艺术特色》，《文学遗产》2011 年第 3 期。

王行宽、范金茹、戴小良：《风眩病名病位及病因病机诠释》，《中医药学刊》2003 年第 9 期。

王英杰：《陆游诗歌日常化书写研究》，硕士学位论文，山东师范大学，2020 年。

魏娜：《论中唐诗歌自注的纪实性及文献价值》，《文献》2010 年第 2 期。

魏玮、刘锋焘：《花间词意象特色论》，《齐鲁学刊》2012 年第 2 期。

文师华：《论欧阳修的书法美学观》，《江西社会科学》1998 年第 10 期。

夏汉宁：《朱熹、周必大关于欧阳修〈范公神道碑〉的论争》，《江西社会科学》2004 年第 3 期。

肖鹏、王兆鹏：《欧阳修朝中措词的现场勘查与词意新释》，《北京大学学报》2018 年第 1 期。

肖瑞峰、周斌：《唐宋戏题诗论略》，《浙江社会科学》2016 年第 7 期。

谢兴存：《欧阳修〈泷冈阡表〉的语言修改艺术》，《西安教育学院学报》1995 年第 1 期。

谢琰：《文法交融与风景变容——唐宋记体文发展轨迹管窥及"破体说"反思》，《文化与诗学》2014 年第 2 期。

谢桃坊：《欧阳修词集考》，《文献》1986 年第 2 期。

谢泳：《"寡母抚孤"现象对中国现代作家的影响——对胡适、鲁迅、茅盾、老舍童年经历的一种理解》，《中国现代文学研究丛刊》1992 年第 3 期。

熊礼汇：《初读欧阳修九十六通佚书所想到的》，《长江学术》2012 年第 2 期。

熊礼汇：《略论欧阳修书简的艺术特色：从日本学者新发现的 96 通书简说起》，《武汉大学学报》2012 年第 3 期。

熊莹：《汉代文学中的日常生活》，硕士学位论文，华中师范大学，2012 年。

徐庭云：《隋唐五代时期的"寡母抚孤"》，《北京理工大学学报》2000 年第 2 期。

严杰：《欧阳修与佛老》，《学术月刊》1997 年第 2 期。

严杰：《欧阳修诗歌创作阶段论》，《文学遗产》1998 年第 4 期。

姚华：《诗到相嘲雅见知：论宋代交游文化语境中的"戏人之诗"》，《浙江学刊》2017 年第 3 期。

杨海明：《唐宋词中的富贵气》，《文学遗产》1995 年第 5 期。

叶帮义：《试论欧阳修词与诗之关系》，《中国社会科学院研究生院学报》2007 年第 6 期。

叶培贵：《集古录目跋尾的书法史学》，《书法研究》2000 年第 2 期。

衣若芬：《复制、重整、回忆：欧阳修集古录的文化考察》，《中山大学学报》2008 年第 5 期。

衣若芬：《好古思想之审美文化心态试论》，《中山大学学报》2010 年第 2 期。

余敏辉：《集古录成书年代辨》，《史学史研究》2004 年第 3 期。

曾枣庄：《论宋启》，《文学遗产》2007 年第 1 期。

查晓英：《金石学在现代学科体制下的重塑》，《中山大学学报》2008

年第 3 期。

詹安泰：《简论晏欧词的艺术风格》，吴承学、彭玉平编：《詹安泰文集》，中山大学出版社 2004 年版。

詹绪左：《论宋代书学中的人格主义倾向》，《文艺研究》1996 年第 4 期。

张斌：《宋代的古琴文化与文学》，博士学位论文，复旦大学，2006 年。

张海明：《欧阳修〈六一诗话〉与〈杂书〉、〈归田录〉之关系——兼谈欧阳修〈六一诗话〉的写作》，《文学遗产》2009 年第 6 期。

张剑：《情境诗学：理解近世诗歌的另一种路径》，《上海大学学报》2015 年第 1 期。

张剑：《日常生活史与中国古典文学研究》，《苏州大学学报》2018 年第 1 期。

张亮：《魏晋交际诗的日常生活化研究》，硕士学位论文，中南民族大学，2011 年。

张蜀蕙：《北宋文人饮食书写的南方经验》，《淡江中文学报》2006 年 6 月第 14 期。

张万民：《杜甫戏谑诗中抒情主体的建构》，《长江学术》2011 年第 3 期。

张仲谋：《梅尧臣、欧阳修交谊考辨》，《徐州师范学院学报》1992 年第 4 期。

赵静：《北宋日常生活题材诗歌研究》，硕士学位论文，北方民族大学，2016 年。

钟晓峰：《论欧阳修"韩、孟之戏"与梅尧臣的自我认同》，《成大中文学报》，第四十一期，2013 年 6 月。

周裕楷：《以战喻诗：略论宋诗中的"诗战"之喻及其创作心理》，《文学遗产》2012 年第 3 期。

周裕楷：《痛感的审美：韩愈诗歌的身体书写》，《北京大学学报》2017 年第 1 期。

周治华：《试评欧阳修对梅尧臣及其诗的评价》，《南充师院学报》1982 年第 2 期。

庄子茵：《宋代尚意书风探赜》，《国立台中护专学报》2002 年第 1 期。

朱刚：《关于欧苏手简所收欧阳修尺牍》，《武汉大学学报》2012 年第 3 期。

　　朱刚：《"日常化"的意义及其局限——以欧阳修为中心》，《文学遗产》2013 年第 2 期。

后　记

　　本书是在我的同题博士论文基础上增补而成，历时七年，虽仍是卑之无甚高论，但总算大体完成这个题目在设计之初的基本构想，也是近年一些持续思考的总结，作为阶段性的纪念，它还算合格。

　　在此特别感谢博论外审专家的评审意见、答辩委员的详细指导以及后期资助评审专家的修订意见，后续增补工作主要由以上意见中的几条思路延伸开来。在匆忙草就的博论中，家庭生活、身体状况、以及下编中以诗词文为核心的阐述皆付诸阙如，增补完成后，在体系上略显完整。同时，思考过程中也深化了不少问题的认识，比如欧阳修集古的物质基础、欧阳修的遗孤心态、欧阳修的衰病书写、欧诗的戏谑特色等问题皆有更深体会。但这个论题的探讨总体上仍属个案研究范畴，因此本书的思考虽偶有涉及北宋前中期的时代背景及欧公诸多的文友同道，落脚点仍回到对欧阳修及其作品的阐述上来，很多视角和论点并不能扩展用之于他人，如何从宏观及线性上把握剖析日常生活与宋代文学的交织互动是此后拟思考的方向。

　　感谢我的导师胡可先老师。从入学之初的读书写作训练到构思博论题目，再到后来撰写过程、毕业就业事宜，老师皆关怀备至，给予高屋建瓴的引领。我工作后在指导学生时，常会念及老师的指导理念和方法，感慨老师沾溉绵长。老师孜孜矻矻的为学精神亦是学生一直追随的榜样。感谢肖瑞峰老师、沈松勤老师、陶然老师、钱建状老师，各位老师异彩纷呈的为学风范和精妙指导，让学生屡有望洋之叹。在工作后的数年间，仍能感受到老师们如春风化雨般的关怀。正是诸位老师的辛勤培育，让资质愚钝的我得以一窥学术门径，找到一方心安之地。感谢九州大学的东英寿老师，细致耐心地为我解决访学期间的诸多繁杂手续，让我有幸领略异域治学风格。同门众兄弟姐妹的鼓励切磋亦是珍贵回忆，西溪相伴是我们共同的青春。感谢我的家人，你们的支持始终是我的力量源泉。

　　感谢宁波大学人文与传媒学院对我的认可和培养，感谢赵树功老师、李亮伟老师、张如安老师对我科研、教学上的指导关怀以及学院、中文系诸位领导聂仁发老师、周景耀老师对本书出版给予的鼎力资助。我工作后的锻炼成长离不开文院这个友爱的大家庭。本书部分章节曾发表于《浙江学刊》《海南大学学报》《国学学刊》《中国社会科学报》《宁波大学学报》等刊物，在此对各位编审一并致以诚挚谢意。

　　至哉天下乐，终日在几案。愿欧公的至乐一直伴随左右，陪我前行。

孙宗英
2023 年 8 月 7 日记于宁波